KB117844

2020 한국경제 대전망

2020 ECONOMIC ISSUES & TRENDS

2020 한국경제 대전망

이근·류덕현 외 경제추격연구소, 서울대 비교경제연구센터 편저

21세기북스

불확실성과 싸우는 2020년 한국경제

| '외화내빈', '내우외환'에서 '오리무중 속 고군분투'로

『2018 한국경제 대전망』의 키워드는 외화내빈이었고, 『2019년 한국경제 대전망』의 키워드는 내우외환이었다. 그러면 2020년의 키워드는 무엇일까. 우리는 그것을 '오리무중 속의 고군분투'라고 잡았다. 2019년의 내우외환은 미중 갈등과 투자 부진, 잠재성장률 하락 등 안팎으로 어려운 상황을 드러냈다. 현 시점에서 보면, 상황이 별로 호전되지 않은 채 오히려 한일 경제 갈등이 추가되었다. 그렇다고 이를 설상가상이라고 표현하지 않고, "5리 거리에 안개가 짙게 끼었다."는 오리무중의 불확실성이라고 파악한 이유는 무엇일까.

우선 미중 간의 협상이 어떻게 정리되는가(스몰딜 이후 단계적 접근 등), 일본의 한국에 대한 규제 조치의 부작용이 생각보다 파괴적이 않지만 언제까지 갈 것인가, 미국경제마저 고꾸라지느냐 마느냐 등 이쪽저쪽도 아닌 불확실성 요인이 대외 경제를 지배할 가능성이 크다고 판단하기 때문이다. 국내로 눈을 돌리면, 주위의 원군 없이 한국경제가 그야말로 고립무원의 상황에서 분투하고 있는 것이 안타깝다. 2020년은 선거가 있는 해임에도 불구하고, 경제의 본격적 호전 기미가 약하고, 초반기 섣부른 정책 실수를 뒷수습하기에 바쁜 상황이다. 오히려 일본 덕에 혁신성장에 그나마 발동이 걸린 것이 전화위복인 셈이다.

▎ 안개 속의 한국경제, 미중, 한일 갈등의 불확실성이 문제

우선 1장과 2장에서 대외적으로 짙은 안개 속으로 들어가본다. 우선 미중 갈등의 경우, 2년 넘게 지속되다 보니 승자 없는 게임에서 오는 피로감의 누적으로 확전의 가능성보다는 절충적 타협으로 진행되고 있다. 즉, 중국이 받는 타격이 초기에는 있는 듯했으나 상당히 흡수해가는 양상인 반면, 미국의 대중 적자는 줄지 않고 오히려 미국경제의 침체로의 반전 가능성 부상 등이 타협 쪽으로 가게 하는 요인들이다. 그럼에도 불구하고, 트럼프의 개인적 성격과 관련된 예측불가능성과 미중 간의 헤게모니 갈등이 어떤 형태로든 지속될 것이라는 점이 향후 남은 불확실성의 주된 요소다. 반면에 일본의 한국에 대한 무역 규제는 한국 산업에 결정적 타격을 주지 못한 일본의 자충수였던 측면이 부각되고 있지만, 그렇다고 가까운 시일 내에 근본적 해결이 있을 것이라고 보기 어려운 여전한 불확실성이다.

미국경제가 최저의 실업률 등 실물지표상으로는 좋지만, 장단기 금리 역전 등 금융 자본시장 발 침체가 일어날 가능성도 불확실성 요인이고, 중국경제가 어느 선에서 성장률을 방어할지도 불확실하다. 유럽의 경우 점점 확실해지는 브렉시트도 그 구체적 파급 효과의 양적 측면에서는 여전히 불확실하다. 다만 미국경제가 어느 정도 하강적 상황을 보일지라도 급격한 침체의 확률은 적어 보이고, 일본에서는 아베의 '세 개의 화살' 정책이 어느 정도 효과를 보이고 있는 점 등이 그나마 긍정적 요소다.

2020년 경제 전망, 상저하고 예상

이어서 3장과 4장은 각각, 정부의 정책과 자본 금융 시장의 이슈와 동향을 살펴봄으로써 한국경제가 이 고군분투로부터 얼마나 잃고 얼마를 건질 것인가를 가늠해본다. 경제성장률 2%가 하나의 마지노선적 가늠자로 논쟁의 초점으로 부상한 상황에서, 이 책에서는 우선 2019년의 경제성장률이 2% 밑으로 기록될 것으로 보는 반면 오히려 2020년도에 대해서는 2%를 근소하게 상회할 수도 있다는 전망을 해본다. 이런 전망은 1년 전, 즉 2018년 10월쯤에 2019년도 성장률에 대한 시장의 컨센서스는 3%였으나, 이 책에서 2.5%로 가장 낮게 잡았음을 기억한다면 다소 의외로 보일 수도 있겠다. 결국 현시점에 보면, 이 책이 가장 덜 틀린 셈이 되었지만 그만큼 한국경제가 고전했음을 의미하는 것이어서 씁쓸할 따름이다. 이런 저성장에는 국내 정책 요인도 당연히 있지만, 미중 갈등과 관련해 10개월이 넘는 유례가 없는 수출 하락이 영향을 미쳤다. 실제로 한국보다 더 수출 비중이 높고(한국 42%, 독일 46%) 중국과의 거래가 많은 독일경제도 그동안 잘나가다가 2019년에는 두 분기나 마이너스 성장을 기록했다.

이렇게 볼 때 2020년이 2019년보다 성장률이 더 높을 수 있다는 전망이 실현되는 가장 큰 전제는 미중 간의 협상 타결이다. 하지만 2020년에도 미중 경제 갈등이 봉합되지 않는다면, 그래서 수출 회복이 없다면 예상은 빗나갈 수도 있다. 또한 이런 분석은 무역 의존도 70% 내외의 높은 개방성을 가진 한국경제가 그만큼 대외 변수에 민감함을 반영한다. 또 하나의 회복 가능성을 꼽는다면 5G 혁신으로 인한 반도체 사이클이 회복될 가능성이다. 그리고 일본의 대한 수출 규제 이후 정부가 그동안 4차 산업혁명 분야 대비, 찬밥 신세이던 소재·부품·장비 소위 '소부장' 산업 부문 및 각종 연구개발에 거의 10조 가까운 막대한 자금 투입 증액을 결정했다는 점도 감안할 수 있다. 즉, 투자율이 전년도보다 상승할 것을 고려한 것이다. 몇 가지 전제하에서, 상반기까지 심각한 침체를 겪은 후 하반기부터 조금씩 회복되는 이른바 상저하고(上底下高)의 양상을 예상해본 것이다.

내수 부문 중 정부 소비는 확장적 재정 정책의 지속과 소득주도성장 정책으로 여전히 견조한 모습을 보일 것이나 민간 소비는 회복세가 주춤할 것으로 전망된다. 고용, 복지, 보건 쪽으로 방향을 튼 새로운 소득주도성장 정책 수단들과 이전 지출 증가만으로 민간 소비를 회복으로 이끌기는 쉽지 않을 전망이다. 건설 투자의 경우 국토 균형 발전과 생활형 SOC 확충, 안전 및 도시재생 사업 등에 대한 재정 투입의 영향이 2020년 하반기부터 나타날 것으로 예상되지만 민간 투자로의 확산은 두고 볼 일이다. 즉, 정부의 재정 지출이 2년 연속 9% 중반의 지출 증가율을 보이는 확장적 재정 정책이 민간으로 파급되는지가 경기 회복의 관건이라고 볼 수 있다. 금리 또한 전반적 인하라는 세계적 추세와 크게 어긋나지 않은 수용적 기조가 유지될 것으로 보이나, 가계 부채나 부동산 측면에서의 부작용을 잡기 위해 대출 기조는 더 조이는 방향으로 갈 것으로 예상된다. 한편, 또 하나의 축인 공정성장 정책, 구체적으로 상법 개정이나 자본시장법 시행령 등도 선거 등 정치·경제 상황에 따라 어찌될지 두고 봐야 할 일이다. 노사 관계나 고용 정책도 마찬가지다. 이미 집권 후반기로 들어서는 2020년에 새로운 노동 시장 개혁 방안을 추진하는 등의 극적 변화는 어려워 보이며, 오히려 대형 이슈가 없어서 큰 불확실성이 없다는 소극적 차원에서의 다행이라고 해야 할 상황이다.

크게 볼 때 2020년의 성장률이 2019년보다 비슷하거나 약간이라도 나을 수 있다면 그런 근거 중의 하나는 2019년의 성과가 워낙 안 좋았던 데에 따른 소위 기저효과일 것이다. 즉, 전반적으로 지난 2년의 경제 정책이 새로운 성장성을 창출하기보다는 과도한 최저임금 인상 같은 기존 정책의 부작용을 흡수하는 차원의 것들이 대부분이지 않았나 하는 인식과 궤를 같이 한다. 주식 시장이 2020년에는 조금이나마 나아질 것이라는 전망도 몇 가지 전제 조건(미중 타협, 반도체 회복, 금리 약세 기조)이 있긴 하지만, 위에서 성장 전망을 할 때 언급한 기저효과 비슷한 경기순환성을 고려한 것으로 보인다.

그나마 유일하게 새로운 성장성을 지향하는 적극적 정책이 일본 덕에 힘을 받은 '소부장' 중심의 혁신성장 정책이다. 그런데 여기에 퍼붓는 재정 효과가 가시화되기 위해서는, 주 52시간제의 탄력적 적용, 화학물질과 관련된 각종 규제(소위 화평법, 화관법) 등이 같이 다루어져야 한다는 의견도 5장 등에서 다루어지고 있다. 더 나아가서 6장에서는, 한국 산업이 4차 산업혁명과 이에 따라 도래한 디지털 사회 2.0 시대에 맞는 새로운 디지털 인프라에 대한 투자가 필요함을 설파한다. 즉, 과거 한국이 디지털 사회 1.0에 맞는 초고속 인터넷망에 과감히 투자한 것이 한동안 성장을 이끌었듯이, 디지털 사회 2.0이 필요로 하는, 교육, 헬스, 노동 시장, 도시 등 여러 분야에 걸친 새로운 디지털 인프라에 대한 투자가 필요함을 6장은 역설하고 있다.

즉, 기저효과 등으로 인해 경기가 단기적으로 상하로 변동하는 것은 당연한 현상인데, '단기 변동 속에 추세적 하락'이라는 한국 경제의 근본적 리스크를 대비하는 장기 성장책이 보이지 않고 있다. 새로운 성장성을 확보하지 못하고, 경제성장률이 2년 연속 2% 부근이나 그 밑으로 하락한다면, 이런 경제 상황에 더 민감하거나 취약한 계층의 불만으로 이어지고, 이는 집권 만 3년이 되는 시점에 치르는 중간평가라는 불리한 프레임 아래 선거를 치러야 하는 집권당에게 어려운 요인으로 작용할 것이다. 그러나 경제 상황의 어려움만으로는 표가 크게 바뀌지 않을 수도 있고, 북핵 협상의 반전이라는 변수가 집권당에는 남아 있다. 또한 여러 유리한 조건들을 야권이 얼마나 잘 활용하는가에도 선거 결과는 영향을 받을 것이다. 어쨌든 2020년 선거 결과는 현 정부의 남은 2년간의 경제 정책에 상당한 영향을 미칠 것이기에 기업들은 이에 촉각을 곤두세울 것이다.

안개 속에서 고군분투하는 한국경제

이상에서 큰 주제와 이슈들을 개략적으로 살펴보았지만, 이 책은 기본적으로 43명의 경제 전문가들의 글을 모은 것이기에 각각의 글들을 실제 읽어 보면 매우 다양한 견해와 깊이의 글들을 만나게 될 것이다. 또한 정치적 입장들도 동질적인 것은 아니어서,

그 최종적 판단은 독자의 몫이다. 다만 아래 이름이 열거된 대표 저자들은 각기 다른 PART를 맡아서, 주관적 서술을 최대한 배제하고 객관적 사실 중심으로 글들이 쓰이도록 하는 차원의 조정과 개입을 했음을 밝힌다. 물론 글은 필자의 고유 권한임을 고려할 때 여기에도 한계가 있긴 하다. 즉, 각각의 글은 말미에 이름이 표기된 개별 필자의 판단과 책임하에 출판되는 것이며, 이 프로젝트를 지원한 경제추격연구소나 서울대 비교경제연구센터의 공식적 견해가 아님을 밝힌다. 이 책이 5리에 걸친 안개 속에서 고군분투하는 2020년의 우리 경제, 기업 및 경제인들에게 조금이라도 위안과 도움이 되었으면 하는 바람이다. 『2017년 한국경제 대전망』 출간 이후 현재까지 계속 이 전망서의 출판을 해오며 제작에 애쓰신 21세기북스의 김영곤 사장, 윤예영, 이아림 씨에게 감사드린다.

2019년 11월
43명의 필자들을 대신하여,
이근, 류덕현, 김호원, 최영기, 김주형, 지만수, 송홍선

CONTENTS 2020 한국경제 대전망

| 프롤로그 | 불확실성과 싸우는 2020년 한국경제

PART 1 2020년 세계경제의 향방은?

▶ ▶ ▶ Introduction   16

1. 불확실성 속의 세계경제, 출구는 있는가?   19
2. 미국의 경기 침체론, 사실인가 과장인가?   30
3. 아베노믹스는 정말 일본경제를 구했나?   41
4. 브렉시트로 인한 혼란에 대비하라   51
5. 베트남, 중국을 대체하는 글로벌 파트너가 될까?   68
6. 한국경제, 2020년에는 침체의 끝을 볼 수 있을까?   80

PART 2 미중-한일 경제 전쟁의 소용돌이와 한국경제

▶ ▶ ▶ Introduction   92

1. 신냉전이라는 뉴노멀 시대의 세계경제   97
2. 미중 경제 전쟁과 중국경제 리스크   107
3. 미중 경제 전쟁에 대처하는 한국의 외줄타기   120
4. 미중 무역 전쟁, 기술 패권 경쟁의 승자를 가리다   130
5. 미중 경제 분쟁과 한중 경제 협력   139
6. 한일 갈등, 극적 타결인가 파국인가?   148
7. 일본 경제 보복에 대처하는 기술안전망 구축   157

PART 3 정부 정책으로 바라보는 2020년 한국경제

▶ ▶ ▶ Introduction   170

1. 소득주도성장과 거시 정책 전망   176
2. 갈림길의 한국경제, 혁신성장 정책에 올인할까?   186
3. 공정경제를 향한 끊임없는 노력과 시도   199
4. 아직도 갈 길이 먼 고용노동 정책의 미래   212
5. 정책 방향과 국정철학을 보여주는 재정 정책의 방향은?   224
6. 한국의 복지 정책, 어디로 가고 있나?   235
7. 한국 사회의 미래를 결정할 키워드, 인구 구조 변화   245
8. 남북 경제 교류의 두 가지 포인트, 비핵화와 개혁개방   254

PART 4 금융과 자산 시장 전망: 떨어지는 금리, 커지는 위험

▶▶▶ Introduction 264

1. 통화정책, 중앙은행의 적극적 역할이 필요하다 266

2. 2020년 국내 주식 시장 전망은? 276

3. 외환 시장, 원화 가치 안정될까? 291

4. 자산 운용, 복원력 높은 포트폴리오를 구성하라 301

5. 쏟아지는 부동산 정책과 다시 들썩이는 시장 313

PART 5 2020년 차세대 산업과 한국 기업의 기회

▶▶▶ Introduction 332

1. 수소 경제, 한국의 미래 산업에 도전하다 336

2. 국내 반도체 산업은 위기인가? 348

3. 조용히 밀려오는 인공지능의 쓰나미 361

4. 2020년 한국 바이오헬스 산업의 재도약 373

5. 글로벌 흐름에 역행하는 한국의 공유경제 385

6. 토큰경제 선점을 향한 왕좌의 게임이 시작되다 395

7. 차세대 에너지 산업의 미래 비전 406

PART 6 미래 디지털 사회를 향한 패러다임 전환

▶▶▶ Introduction 422

1. 새로운 정치 패러다임, 한국 정치의 미래를 묻다 426

2. 디지털 혁신으로 만들어가는 인간 중심 경제 436

3. 한국 미래 사회 일자리의 비전 446

4. 블록체인, 분권화된 디지털 금융 시스템 458

5. 하이터치 · 하이테크, 대전환 시대의 교육 혁명 472

6. 데이터와 AI가 주도하는 미래 의료 산업 481

7. 혼합 현실을 이용한 스마트 시티, 스마트 리빙 493

| 후주 | 506

| 저자 소개 | 515

2020년
세계경제의 향방은?

1. 불확실성 속의 세계경제, 출구는 있는가?

2. 미국의 경기 침체론, 사실인가 과장인가?

3. 아베노믹스는 정말 일본경제를 구했나?

4. 브렉시트로 인한 혼란에 대비하라

5. 베트남, 중국을 대체하는 글로벌 파트너가 될까?

6. 한국경제, 2020년에는 침체의 끝을 볼 수 있을까?

2020년 세계경제는 주요국 경기가 동반 둔화하는 '하방 동조화'의 한 해가 될 전망이다. 가격 발견과 충격 반응이 즉각 동조화하는 글로벌 금융 시장과 달리, 실물경제는 글로벌 경제위기 상황을 제외하면 동조화보다 각국의 고유한 경기 순환이 특징이다. 2019년을 돌아봐도 미국경제가 전후 최장의 호황을 누리는 동안 중국이나 한국, 일본, 독일 등 주요국 경제는 경기 하강의 골이 깊어지는 한 해였다. 그런데 2020년은 견고한 확장세에 있던 미국경제가 하강을 시작하면서 주요국의 경기가 동반 하강하는 한 해가 될 가능성이 높다.

물론 무역 전쟁, 브렉시트 등 비전통적 불확실성이 2019년 수준을 유지하는 중립적 시나리오 아래서는 동반 하강이라고 해도 경제의 역성장이 아닌 성장률의 둔화를 의미할 것이다. IMF도 2019년 7월 전망에서 2020년 선진국 경제성장률을 2019년보다 0.2%포인트 낮은 1.7%로 전망하며 경기 둔화를 전망했다. 불확실성에 따른 극단위험tail risk의 현재화 가능성을 완전히 배제할 수는 없으나, 2020년 미국 대선 일정이나 글로벌 위기 공조 능력 등을 감안할 때 현재의 불확실성은 어느 정도 관리 가능한 것으로 판단된다. 불확실성이 글로벌 침체Recession의 공포로 표현되며 시장 심리와 지표에 선반영되고 있으나 급격한 침체 징후는 확인되지 않고 있다. 미국의 소비, 고용 지표는 양호하며 2019년 교역 둔화 수준으로부터 무역 전쟁의 영향은 가늠이 되었다. 오히려 반작용도 있다. 경기 침체에 대응한 글로벌 정책 공조다. 글로벌 차원의 확장적 통화·재정 정책이 선제적으로 진행되며 미국 무역 전쟁의 유탄과 불확실성에 의해 가중되는 경기 침체의 하단을 지지해주는 모양새다.

한국은 다른 선진국보다 앞선 2019년 하반기부터 선행종합지수, 생산, 고용 등 일부 지표에서 경기 저점 가능성을 확인할 수 있는 신호가 나오고 있다. 2020년에는 지표상으로 완만하나마 저점을 다지면서 회복 신호가 확인될 것으로 판단된다. 회복 강도가 문제인데, 중립적인 대외 환경 시나리오 아래서는 급격한 회복보다 완만한 회복 가능성이 높다. 재정 확장과 기저효과로 수출과 투자가 완만하게 회복되는 L자형 경기 곡선이 예상되며, 소비 회복은 미미해 체감경기와 괴리는 지속될 것이다.

한편 2020년은 경기 저점 확인 속에 경제 구조적으로 새로운 질서를 잉태하는 과정이 될 것이다. 미중 무역 전쟁, 한일 경제 전쟁, 보호무역주의 등 비전통적 불확실성이 글로벌 공급망의 변화

가능성을 높이며 소부장(소재, 부품, 장비) 산업 육성 등 자국 중심 산업 생태계 완결을 위한 산업 정책의 중요성을 각인시킬 것이다. 동시에 중국을 대체하는 신시장(베트남 등)으로 글로벌 공급망이 확대되며 우리 수출과 경제 구조에도 의미 있는 변화가 나타날 것이다.

▶▶ 송홍선

01 불확실성 속의 세계경제,
출구는 있는가?

2019년의 세계경제는 미국과 중국의 무역 전쟁과 국제 교역의 둔화를 배경으로 경기 회복세가 약화되었고 각국 정부는 이에 대응하기 위한 노력을 기울이고 있다. 국제통화기금IMF이 2019년 7월에 발표한 세계경제 전망 업데이트에 따르면 2019년 세계경제의 성장은 지지부진한 상황이다. IMF에 따르면 세계의 국내총생산GDP 성장률은 2018년 3.6%였는데, 2019년에는 3.2%, 2020년은 3.5%로 전망한다. 이는 4월의 전망보다 0.1%포인트 낮아진 수치다. 미중 무역 전쟁과 보호무역주의 그리고 브렉시트 등 세계경제 질서의 교란과 불확실성의 증대가 그 중요한 배경이었다. 국제 교역량은 2018년 4분기에 전년 동기 대비 2% 미만의 성장을 보였고 2019년 1분기에는 0.5% 감소했는데 특히 동아시아 국가에서 심각했다.

지역별로 보면 IMF는 선진국의 2019년 경제성장률을 1.9%, 2020년 1.7%로 전망한다. 미국의 2019년 성장률은 2.6%로 높게 전망되지만 재정 확장의 효과가 사라지는 2020년에는 1.9%로 낮아질 전망이다. 유로존은 독일의 성장 둔화와 함께 2019년 성장률이 1.3%로 전망되고 2020년은 1.6%로 전망되고 있다. 일본의 성장률 전망치는 2019년 0.9%지만 2020년에는 2019년 10월 소비세 인상 등을 배경으로 성장률이 0.4%로 둔화될 것으로 전망된다. 신흥국과 개도국 경제는 2019년 4.1%, 2020년 4.7% 성장이 전망되어 세계경제의 불확실성 심화와 함께 이전에 비해 전망치가 낮아졌다. 계속 하락하고 있는 중국의 경제성장률 전망치는 2019년 6.2%, 2020년 6.0%로 이전 전망치에 비해 0.1%포인트 낮아졌다.

IMF에 따르면 특히 2019년 하반기 이후 무역 전쟁으로 인한 무역과 기술의 공급사슬 분열 가능성, 세계경제의 위험성 증가, 성장 둔화로 인한 디플레이션 압력 증대 그리고 기후변화와 정치적 위험 등 경기의 하방 압력이 지배적인 상황이다. 이에 대응해 각국의 적극적인 정책 대응이 요구되고 있다. 먼저 국제적인 차원에서 무역과 기술의 갈등을 극복하고 브렉시트나 북미자유무역협정NAFTA과 같은 장기적인 무역 협정의 변화와 관련된 불확실성을

[도표 1-1] IMF의 세계 경제성장률 전망

	2017	2018	예상치		4월 전망치와 차이	
			2019	2020	2019	2020
세계	3.8	3.6	3.2	3.5	-0.1	-0.1
선진국	2.4	2.2	1.9	1.7	0.1	0.0
·미국	2.2	2.9	2.6	1.9	0.3	0.0
·유로존	2.4	1.9	1.3	1.6	0.0	0.1
·일본	1.9	0.8	0.9	0.4	-0.1	-0.1
신흥 경제와 개도국	4.8	4.5	4.1	4.7	-0.3	-0.1
· CIS	2.2	2.7	1.9	2.4	-0.3	0.1
· 아시아 신흥 개도국	6.6	6.4	6.2	6.2	-0.1	-0.1
· 중국	6.8	6.6	6.2	6.0	-0.1	-0.1
· 유럽 신흥 개도국	6.1	3.6	1.0	2.3	0.2	-0.5
· 라틴아메리카	1.2	1.0	0.6	2.3	-0.8	-0.1
· 중동·북아프리카 등	2.1	1.6	1.0	3.0	-0.5	-0.2
· 사하라 남부 아프리카	2.9	3.1	3.4	3.6	-0.1	-0.1
세계 무역량	5.5	3.7	2.5	3.7	-0.9	-0.2
· 선진국	4.4	3.1	2.2	3.1	-0.6	0.0
· 신흥경제와 개도국	7.4	4.7	2.9	4.8	-1.4	-0.3
소비자 물가 상승률						
· 선진국	1.7	2.0	1.6	2.0	0.0	-0.1
· 신흥 경제와 개도국	4.3	4.8	4.8	4.7	-0.1	0.0

출처: 월드이코노믹 아울렛 업데이트(World Economic Outlook Update), 2019. 7. 23

줄이기 위한 노력이 필요하다. 관세 부과와 같은 보호무역주의를 극복하고 원칙에 기초한 다자간 무역 체제를 확립해야 한다는 것이다. 국내적 차원에서는 선진국의 확장적인 통화정책과 금융 불안정에 대응해 거시건전성과 감독을 위한 정책 대응이 요구되고 있다. 특히 총수요를 관리하고 구조 개혁을 지원해 성장잠재력을 높이며 안전망을 보완하기 위한 적극적 재정 정책의 역할이 중요하다. 또한 IMF는 신흥 시장과 개도국은 인플레의 둔화 앞에서 중앙은행의 보다 확장적인 통화정책, 인프라스트럭처 투자와 효과적인 사회적 지출 확대를 위한 재정 정책, 그리고 부채와 금융 불안정의 관리를 위한 노력이 필요하다고 지적한다.

세계경제, 2020년에도 확장적 재정 정책 지속

▶ 미국

미국경제는 경제 성장과 노동 시장의 성과 면에서 다른 선진국에 비해 상대적으로 나은 모습을 보여주고 있지만 앞으로 성장세가 둔화될 것이라는 우려가 존재한다. 미국은 이에 대응해 보다 확장적인 통화정책을 추진하고 있다. 연방준비제도(연준)는 2019년 7월 31일 기준금리인 연방기금금리를 2.25~2.50%에서 2.00~2.25%로 0.25% 인하했으며, 9월 FOMC 회의에서는 한 차례 더 인하해 1.75~2.00%가 되었다. 연준은 2008년 글로벌 금융

위기 이후 그해 12월 제로금리 수준까지 금리를 인하하고, 2015년 말 이후 아홉 차례 금리를 인상했다. 2018년에도 네 차례 금리를 인상한 연준은 2019년 상반기까지도 금리의 인상 기조를 이어가고자 했지만, 상황이 변함에 따라 금리 인하와 확장적 통화정책으로 돌아선 것이다. 연준은 이미 6월 연방공개시장위원회 직후 금리 조정에 관해 "인내심을 가질 것"이라는 표현 대신 "확장을 유지하기 위해 적절히 대응하겠다."고 밝힌 바 있다. 연준은 7월의 금리 인하에 관해서도 경기 둔화의 불확실성과 위험에 대해 선제적으로 대응하기 위한 '보험적인' 측면이 있다고 발표했고, 9월의 금리 인하에 대해서는 미미한 인플레이션과 글로벌 경제의 둔화를 고려한 것이라고 발표했다.

미국경제는 실업률이 50년 만에 최저인 3.6%에 달하고 경제성장률도 나쁘지 않지만, 보호무역과 관련된 불확실성이 높아지자 연준도 이에 적극적으로 대응하고 있는 것이다. 실제로 2019년 미국의 1분기 성장률은 연율로 3.1%를 기록했지만 2분기는 연율로 2.1%를 기록해 경기가 상대적으로 둔화되고 있다. 또한 2020년 대선에서 재선을 노리는 트럼프 대통령도 연준에 계속 금리 인하를 위한 압력을 넣어왔다. 연준의 금리 인하는 하반기에 한두 차례 더 이루어질 수 있다고 전망되며, 세계경제의 상황에 따라 2020년에도 계속될 가능성이 있다. 이러한 금리 인하와 경기 부양은 일단 자산 시장에는 호재일 수 있지만, 자산 시장의 변화는 무엇보다도 성장세가 얼마나 강화될 수 있을지에 달려 있을 것이다. 한편 트럼프 정부는 상대적으로 경기가 좋음에도 불구하고 감세와 재정 지출 확대를 지속해 미국의 재정 적자가 최근 크게 증가했다. 2018년 미국의 경제성장률은 2.9%를 기록했지만 재정 확장이 지속되어 재정 정책이 교과서와 달리 친경기적 모습을 띠고 있다고 비판하는 목소리도 제기되고 있다.

▶ 일본

2018년 실질 GDP 성장률이 0.8%로 낮았던 일본의 2019년 1분기 성장률은 전기 대비 0.7%, 2분기 성장률은 전기 대비 0.4%를 기록해 강한 회복세를 보였다. 최근 인플레이션이 높아지고 있지만 여전히 목표치 2%에 미치지 못하고 경기 회복도 견조하지 않아서 일본은행은 완화적인 통화정책을 고수하고 있다. 일본 정부는 특히 2019년 10월 소비세를 8%에서 10%로 인상했기 때문에 소비세 인상이 경제에 주는 충격을 피하기 위해 많은 노력을 기울이고 있다. 실제로 2014년에 있었던 1차 소비세 인상은 소비에 악영향을 미쳐서 일본경제를 크게 둔화시켰다. 따라서 일본은행의 통화정책에서도 중앙은행의 장단기 금리의 수익률 곡선 통제와 같은 양적·질적 완화가 지속될 전망이다.

또한 2019년 2차 소비세 인상은 세수를 증가시켜 재정 적자가 축소될 전망이지만 거시경제에는 악영향을 미칠 수 있기 때문에 이를 극복하는 적극적인 재정 확장이 필요할 것이다. 이미 일본 정부는 2차 소비세 인상의 상당 부분을 재정건전화가 아니라 보육과 고등교육 무상화에 지출하는 등 민간 소비의 위축을 막기 위한 적극적인 정책을 펴겠다고 발표했다. 최근 올리비에 블랑샤르 Olivier Blanchard 등의 거시경제학자들은 일본경제에 관해 GDP 성장률에 비해 국채 금리가 낮은 현실에서 기초 재정수지의 적자를 유지하는 적극적인 재정 확장이 장기적으로도 경제와 재정에 긍정적이라고 제언하고 있다. 특히 아베노믹스 2단계에서 추진되고 있듯이 출산율을 높이기 위한 적극적인 재정 정책이 요구되고 있는 현실이다. 한편 일본은 최근 순수출의 경제 성장 기여도가 높아졌지만 2019년 들어서는 무역 전쟁을 배경으로 수출이 계속 감소하고 있어서 우려가 높아지고 있다. 따라서 일본 정부는 수출 둔화에 대응하고 내수를 촉진하기 위해 2020년의 거시경제 정책도 확장적 기조를 유지할 전망이다.

▶ 유럽연합

유럽 역시 경제 상황이 그리 좋지 않은 현실에서 유럽중앙은행의 통화정책은 확장적 기조를 유지할 것이다. 2018년 유로존의 경제성장률은 1.8%, 독일은 1.5%를 기록했는데, 특히 독일의 2018년 성장률은 2017년 2.2%에 비해 크게 낮았고 5년 내에 가장 낮은 수치였다. 독일경제는 2019년 1분기 전 분기 대비 경제성장률이 0.4%였지만 무역 전쟁과 수출 둔화를 배경으로 급속히 냉각되어 2분기에는 경제성장률이 전 분기 대비 -0.1%를 기록했다. 독일경제는 2018년 3분기에도 분기 성장률이 -0.1%를 기록한 바 있다.

유럽 국가 중 이탈리아는 2분기 제로 성장을 기록했고, 독일, 프랑스, 그리고 스페인 등이 모두 1분기보다 2분기 성장률이 하락했다. 따라서 유로존의 경제성장률은 2019년 1분기 0.4%에서 2분기 0.2%로 하락했는데, 이는 역시 유로존 경제의 수출 의존도가 상대적으로 높기 때문이다. 2018년 유로존의 GDP 대비 수출이 차지하는 비율은 46%인데 반해 미국은 12%, 중국은 20%였다.

유럽중앙은행은 2019년 6월 기준금리를 현행 0%로 유지하고 다른 정책 금리들도 변동시키지 않았다. 유로존의 인플레와 성장 회복을 배경으로 2015년 3월부터 시작된 2조 6,000억 유로 규모의 양적 완화는 2018년 12월 종료되었다. 한편 미국과 달리 금리 인상은 이루어지지 않았고 2020년 상반기까지는 현행 금리를 유지한다는 입장이었다. 그러나 2019년 9월 남유럽 국가들의 디플레이션 등 유럽의 경기 둔화가 심각해지자, 드라기Mario Draghi 총재는 3년 반 만에 시중은행 초과지준금의 중앙은행 예금 금리를 -0.4%에서 -0.5%로 인하하고 11월부터 월 20억 유로 수준의 양적 완화를 실시할 것이라 발표했다. 기준금리는 여전히 0%를 유지했지만 유럽도 적극적인 통화 완화 정책으로 돌아선 것이다. 특히 유럽중앙은행은 은행의 수익성 악화를 막기 위해 초과지준금에 차등 금리를 도입해 필요 지준금의 6배까지는 -0.5%가 아니라 0%의 금리를 매기기로 했으며, 장기대출프로그램LTRO의 금리도 인하하고 기간도 연장했다.

한편 유로존의 재정 정책은 2010년 재정수지가 GDP 대비 약

6% 적자를 기록한 후 차츰 줄어들어 2018년에는 GDP 대비 재정 적자가 1%보다 낮아져서 긴축 기조가 유지되어왔다. 그러나 계속 감소해오던 GDP 대비 재정 지출이 2018년 이후에는 약간 증가하고 재정 적자도 확대되어 재정 정책도 확장적 기조로 전환되고 있다. 특히 재정 정책에 매우 보수적인 입장을 지닌 독일 정부도 급속한 경기 둔화에 직면해 확장적 재정 정책을 검토하고 있다는 것이 특징적이다. 각국의 재정 상황과 유로존의 구조적 한계가 존재하지만, 유럽도 2020년 경기 하방의 위험에 대응해 확장적 재정 정책이 지속될 것으로 보인다.

| 미중 무역 전쟁의 결과와 각 나라의 정책 대응이 중요

　글로벌 경제의 관점에서 보면 선진국의 확장적 거시경제 정책과 경기 부양 노력은 세계경제의 총수요와 교역 확대에 긍정적인 영향을 미칠 수 있다. 그러나 무역 전쟁으로 대표되는 보호무역의 흐름과 국제 교역의 둔화가 세계경제의 총수요와 교역을 억제해 각국의 거시경제에 악영향을 미칠 수 있다는 점을 잊지 말아야 할 것이다. 따라서 문제는 선진국의 확장적인 거시경제 정책이 무역 전쟁의 불확실성과 관련이 큰 세계경제의 둔화를 극복할 수 있을 것인가 하는 점이다. 앞서 보았듯이 세계경제의 성장세는 2019년 들어 약화되고 있으며 2020년도 불확실성이 매우 높다.

최근 미국에서 장기 국채 금리가 급락했고, 장기 금리가 단기 금리보다 낮아지는 장단기 금리의 역전 현상이 나타난 현실은 앞으로 불황이 닥쳐올 수도 있다는 우려로 이어지고 있다. 2019년 8월 14일 미국의 10년 만기 국채의 수익률이 2년 만기 국채의 수익률보다 낮아졌다. 1978년 이후 이러한 국채 금리 역전 현상이 다섯 번 일어났는데 모두 불황으로 이어졌고 가장 최근인 2005년 12월에도 약 2년 후 글로벌 금융위기가 발생했다. 한편 8월 15일에는 30년 만기 국채 수익률이 2%보다 낮아졌고 기준금리보다도 낮은 현실이다. 장기 국채 금리가 이렇게 낮아진 것은 투자자들이 중장기적으로 경제가 침체될 것으로 생각하고 중앙은행의 금리 인하를 예상한다는 것을 시사한다. 또한 세계경제 전체에서도 일본과 유럽 대부분 국가들의 국채가 만기를 불문하고 이미 수익률이 마이너스가 되었고, 마이너스 금리 국채가 2019년 이후 거의 2배나 증가해 8월 현재 약 16조 달러에 이를 정도로 증가했다. 미래 경제의 어두운 전망으로 인해 금융 시장의 작동이 전반적으로 왜곡되고 있는 것이다.

2020년 세계경제를 위협하고 있는 가장 중요한 요인은 역시 미중 간의 무역 전쟁으로 인한 불확실성이다. 미국은 2018년 이후 현재까지 중국으로부터 수입되는 약 2,500억 달러의 제품에 10~25%의 관세를 부과했고, 중국은 이에 대한 보복으로 미국산 수입품에 약 1,100억 달러의 관세를 부과했다. 또한 미국의 트럼프 대통령은 2019년 7월 말 상하이의 고위급 회담이 결렬된 후 8월

5일 25년 만에 중국을 다시 환율 조작국으로 지정했다. 하지만 최근 미국 정부는 경기 둔화를 배경으로 12월 15일까지 계획된 관세 부과를 연기하기도 했다. 이러한 미중 간의 무역 전쟁과 보호무역주의는 2008년 글로벌 금융위기 이후 위축되어온 국제 교역을 더욱 둔화시켜 세계경제의 성장에 악영향을 미칠 것이다. IMF는 미중 무역 전쟁이 격화되면, 최악의 경우 전 세계 GDP 성장률이 0.5%포인트 하락할 것이라고 전망하고 있으며 글로벌 경제에 미치는 피해액이 약 6,000억 달러에 이를 것이라는 전망도 제기되고 있다. 특히 글로벌 가치사슬에 깊이 편입된 한국과 같은 동아시아 국가들의 피해가 클 것이다.

미중 갈등은 무역뿐 아니라 기술과 세계경제의 패권을 둘러싼 패권 경쟁이기 때문에 단기적인 해결은 쉽지 않을 것으로 보인다. 그러나 보호무역주의가 미국경제에 미치는 악영향에 대한 비판도 높아지고 있으며 경제 성장의 둔화를 배경으로 양국이 협상을 통한 타협을 추진할 가능성도 존재한다. 앞으로 미중 무역 전쟁과 양국의 협상이 국제 교역과 세계경제의 미래에 커다란 영향을 미칠 것이다. 결국 2020년 세계경제의 향방은 미중 갈등과 같은 국제 경제 질서의 교란과 불확실성으로 인한 경제의 둔화 압력이 얼마나 클 것인지, 그리고 이에 대응하는 확장적 거시경제 정책과 같은 각국의 노력이 어떤 성과를 거둘 것인지에 달려 있다.

▶▶ 이강국

02 미국의 경기 침체론, 사실인가 과장인가?

❙ 주목받는 미국 경기 침체에 대한 우려

2019년 8월 현재 언론은 하루가 멀다 하고 미국 경기가 조만간 하강국면을 나타낼지 모른다는 기사를 쏟아내고 있다. 그 근거 중 하나로 많은 이들이 지난 5월 이후 나타난 미국 국채 시장에서의 장단기 금리 역전Inverted Yield Curve 현상을 들고 있다. 다시 말해 10년 만기 재무성 채권 수익률이 3개월 만기 채권 수익률을 밑돌고 있다는 얘기다. 이는 오랜 기간 동안 자금이 묶이게 되는 장기 채권 수익률이 단기 이자율보다 높게 형성된다는 소위 이자율 기간 구조term structure of interest rates의 정상적 형태로부터 괴리되는 현상이다. 장단기 금리 역전은 대체로 경기 전망이 부정적일 때 나타나는 경향이 있고, 이런 부정적 전망은 실제 경기 후퇴로 이어지는 경우가 많다. 사실 2000년 들어 발생했던 두 번의 경기 불황(2001년, 2008~2009년) 직전에 금리 역전이 관측된 바 있다.

이와 관련 뉴욕 연방준비제도가 수익률 곡선Yield Curve에 기반해 미국 경기 침체 확률을 추정, 발표하고 있는데, 이 확률이 최근 급격히 상승하고 있음을 볼 수 있다([도표 1-2] 참조). 특히 8월 기준으로 향후 1년 내 침체가 발생할 확률(점선 이후)이 금융위기 직전 수준에까지 근접하고 있어 급속한 경기 하강이 조만간 시작될 가능성이 크다는 견해에 한층 무게를 실어주고 있다.[1]

사실 이런 비관론은 올 초에도 등장한 바 있다. 1월초 미국 「월스트리트저널」이 주관한 경제 전망 조사에 참가한 73명의 미국경제 전문가 중 약 80%가 2020~2021년에 불황이 시작될 것으로 전망했는데, 공고했던 당시 경제 지표에 비춰볼 때, 이러한 비관론을 미국경제의 기초체력과 연관해서 이해하기는 다소 어려운 점이 있었다. 조사를 행하기 직전인 2018년 4/4분기 당시 GDP 경제성장률은 경기 침체가 종료된 2010년 이후 평균 실질 경제성장률인 2.3%는 물론 당시 잠재성장률 2.0%를 상회하고 있었고, 실업률 역시 4%를 밑돌고 있었다. 변동성이 큰 음식과 에너지를 제외한 소비자 물가 지수Core CPI 인플레이션도 2% 수준을 유지하고 있어 경기 하강 시 나타날 수 있는 디플레이션과는 거리가 먼 모습이었다.

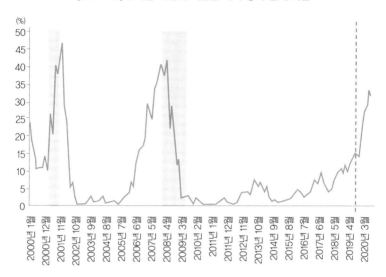

[도표 1-2] 수익률 곡선에 기반한 미국 경기 침체 확률

출처: 뉴욕 연방준비제도

　따라서 이러한 비관론은 경제 외부적 요인에 기반한 것으로 생각된다. 실제로 여러 전문가들이 그 근거로 트럼프 행정부의 대중무역 정책 및 미국 중앙은행인 연준의 통화정책 등 경제 정책의 불확실성에 대한 우려 사항을 든 바 있다. 안타깝게도 미국 행정부의 이러한 정책 불확실성은 현재 오히려 더욱 심화되고 있는 양상을 보이고 있다. 이를 반영하듯 지난 8월 발표된 전미실물경제협회NABE 조사에서도 약 75%의 응답자들이 2021년까지 경기 하강이 있을 것이라 예상한 것으로 나타났다. 그럼 거시경제 데이터를 통해 이러한 미국경제의 침체 가능성에 대해 좀 더 상세히 살펴보도록 하자.

우선 데이터를 통해 본 미국경제의 기초체력은 그리 나쁘지 않은 것으로 생각된다. 실질 GDP의 경우 2018년 평균 성장률 2.9%에 미치지는 못하지만 2019년 전반기 평균 2.5%의 성장률을 나타내고 있고, 민간의 실질 투자 증가율도 큰 등락 없이 4~5%를 유지하고 있다. 실업률과 신규 실업수당 신청 건수 등도 금융위기 종식 이후 꾸준히 감소해 1970년 이후 역대 최저 수준을 보이는 등 노동 시장 여건도 양호하다. 금융 부문 지표들도 나쁘지 않다. 시카고 연준과 세인트루이스 연준 등에서 제공하는 금융안정지수Financial Stress/Conditions Index도 안정적인 모습을 보여주고 있으며, 공포지수fear index로 불리는 CBOE VIX도 다소 부침이 있기는 하지만 크게 우려할 만한 수준은 아니다. 단기 신용 위험을 보여주는 3개월 TED 스프레드도 매우 낮은 수준을 유지하고 있다.

리스크 프리미엄의 지표로 사용되는 무디스 회사채 수익률과 10년 만기 재무성 채권 수익률의 차이spread가 2018년 이후 꾸준히 상승해 2019년 상반기 2.3% 수준에서 등락을 하고 있다는 점이 조금 우려스러울 수도 있다. 하지만 이는 위험 자산인 회사채의 수익률이 감소(회사채 가격 상승)하는 가운데 무위험 자산인 재무성 채권 수익률이 더 빠른 속도로 급락(재무성 채권 가격 상승)한 데서 기인한 것으로, 기업의 경영 환경이 나빠진 것과는 거리가 멀다. 오히려 세금을 제한 기업 이윤이 최근 1조 8,000억 달러를 웃도는 등 역대 최고 수준을 나타내고 있어, 민간 경제의 기초체력은 여전히 문제가 없는 것으로 생각된다.

현재의 경제 상황에 대한 이러한 제반 데이터 외에도 시장 참여자들이 향후 경제를 어떻게 전망하고 있는지를 살펴볼 필요도 있다. 이를 위해 필라델피아 연준이 1968년부터 민간 부문 전문가들에 대한 설문조사를 통해 구축해온 SPF_{Survey of Professional} Forecasters 데이터를 살펴볼 수 있다. 연준의 경제학자들이 직접 만드는 그린북Green Book 데이터가 존재하지만 이는 5년의 시차를 두고 공개되는 까닭에 단기 경기 예측에는 적절하지 못하다. SPF 데이터에 나타난 민간의 향후 경제 전망 역시 그렇게 나쁘지는 않다. 먼저 2020년 실질 GDP 증가율이 예년보다 다소 둔화된 1.72%~2.20%로 예상이 되고 있지만 여전히 견조한 수치이고 실질 소비 증가율도 2.08%~2.49%의 안정된 모습을 보일 것으로 예측되었다. 다시 말해서 경제 성장세가 어느 정도 둔화할 것으로 생각되기는 하나, 미국경제가 급속도로 침체 국면에 접어들 가능성이 높다는 근거를 민간 부문 전망에서도 여전히 찾기가 쉽지 않다.

다만 앞서 논의했던 바와 같이 무위험 자산의 대표주자인 10년 만기 재무성 채권 수익률이 최근 급락했다는 것에서 볼 수 있듯이 민간 부문에서 위험 기피의 양상이 나타나고 있다는 점에 주목할 필요가 있다. 이미 살펴본 바와 같이 미국경제의 기초체력은 큰 문제가 없어보이므로 이러한 위험 기피 현상은 2020년 11월 대선을 앞두고 보호무역주의 신호를 한층 강화하고 있는 트럼프 행정부가 만들어낸 정책 불확실성에 기인했을 가능성이 높다. 이에 더해 트럼프는 연준에 대한 지속적 금리 인하 압력을 통해 무역 전쟁에 이은 환율 전쟁 가능성을 부추기고 있다.

미국경제 정책은 어디로 가고 있나?

경기 침체 가능성의 근거가 되는 가장 중요한 요소로는 역시 세계경제의 양대 축인 미국과 중국 간의 무역 분쟁을 들 수 있다. [도표 1-3]에서 볼 수 있듯이 양국의 무역 정책에 대한 불확실성은 트럼프 행정부하에서 극에 달하고 있다. 그나마 다행스러운 것은 연준의 통화정책에 대한 불확실성 지수가 대체로 안정적인 모습을 보여주고 있다는 점이다.

연준은 최근 2018년 12월 이후 처음으로 정책 금리를 인하했다. 금융위기로 인해 2008년 12월 정책 금리를 0% 수준으로 내린 이래 연준은 8년여의 긴 시간 동안 금리를 더 이상 인하할 수 없는 상황에서 양적 완화를 이용한 비정상적 통화정책을 시행해왔다. 이후 연준은 견조한 경제 성장세에 힘입어 마침내 2015년 12월을 시작으로 아홉 번의 금리 인상을 단행했다. 그런데 계속되는 트럼프 대통령의 압박에도 불구하고 통화정책의 정상화를 위해 나아가던 연준이 마침내 7월말 금리를 0.25%포인트 인하했고 9월 중순 추가로 0.25%포인트 금리 인하를 단행했다. 그렇다면 연준은

[도표 1-3] 경제 정책 불확실성 인덱스

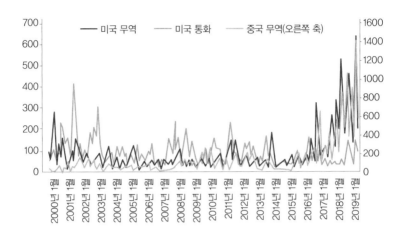

출처: PolicyUncertainty.com

트럼프가 바라는 금리 인하의 신호탄을 올린 것인가?

그런 것은 아닐 것으로 생각된다. 이번 금리 인하에 대해 연준 총재 제롬 파월Jerome Powell이 결국 트럼프의 압력에 굴복했다고 비판하는 주장을 자주 볼 수 있는데, 아직은 연준이 적절히 대응하고 있다고 판단된다. 우선 최근 금리 인하는 가속되고 있는 트럼프 행정부의 매파적 무역 정책이 가져올 실물경제에 대한 위험에 선제적으로 대응한 성격이 크고, 이러한 위험이 경기 하강의 가시화로 이어질 경우 연준이 보다 공격적인 금리 인하에 나설 수도 있음을 보여주기 위한 의도로 읽혀진다.

실제로 8월 23일 열린 잭슨 홀 미팅에서 파월 의장은 글로벌 경기의 둔화 가능성을 잘 인지하고 있으며 지속가능한 경제 성장을 위해 적절히 대응할 것임을 분명히 했다. 하지만 현재 물가 안정과 완전 고용이라는 두 가지 목표 달성에 큰 문제가 없음을 지적해 적극적 금리 인하의 가능성을 배제한 바 있어 균형 잡힌 정책에 대한 의지를 보였다. 무역 정책에 대한 불확실성이 여전히 존재하고 있지만 경제 지표가 양호한 현시점에서 트럼프 정부가 요구하는 대로 당장 적극적으로 금리 인하에 나서는 것은 정당화되기 힘들 뿐 아니라 환율 전쟁을 촉발할 가능성도 있다.

한편 트럼프 특유의 좌충우돌식 정책은 미국뿐 아니라 세계경제의 질서를 무너뜨리고 있어 큰 우려를 낳고 있다. 일례로 2019년 8월 초 위안화 가치가 달러당 7위안 수준으로 떨어지자 트럼프 정부는 기존 절차를 무시하고 즉각 중국을 환율 조작국으로 지정했다. 이 조치는 공식적으로는 1988년 종합무역법The Omnibus Trade and Competitiveness Act of 1988 3004조에 따른 것이지만 스티븐 므누신Steven Mnuchin 재무장관이 시사한 바대로 트럼프 대통령의 지시에 의한 것으로 볼 수 있다. 잘 알려진 대로 미국 재무성은 매년 4월과 10월에 발간되는 환율 보고서에서 무역수지, 경상수지, 외환 시장 개입 규모 등과 관련해 정해진 세 가지 기준에 해당하는 국가를 환율 조작국으로 지정한다. 현재 중국은 그중 단 한 가지에만 해당한다. 그럼에도 불구하고 정치적 고려에 의한 독단적 조치가, 그것도 세계경제의 리더라 할 수 있는 미국에 의해 강제되었다는 점에서 유감스러운 일이라 하지 않을 수 없다.

다시 말해서 오랜 시간에 걸쳐 정립되어온 경제 질서가 일순간에 무너질지 모르는 상황이 전개되고 있고, 이로 인해 가중된 불확실성이 민간의 위험 기피 현상을 가속화하고 있다. 최근 관찰되고 있는 미국 국채의 수익률 하락, 즉 미국 국채의 가격 상승은 이러한 정책적 불확실성을 상당 부분 반영하고 있는 것으로 보인다. 이런 현상이 지속될 경우 민간 부문에서의 투자와 소비 감소로 이어져 결국 경기 하강으로 귀결될 수도 있다.

미국경제의 침체 주장은 과장된 염려

앞서 언급한 바와 같이 많은 전문가들이 미국의 경기 침체가 목전에 있다고 주장하고 있다. 경기 침체를 암시하는 장단기 수익률 역전 현상이 출현했고, 미국과 중국의 무역 전쟁에 대한 우려로 전 세계 국채 가격이 크게 오르고 있기 때문이다. 선제적 조치로 연준이 금리를 인하했으나 많은 이들이 이것으로는 부족하다고 주장하고 있다.

반면 재닛 옐런Janet Yellen 전 연준 총재가 최근 나타난 장단기 금리 역전이 경기 불황에 대한 잘못된 시그널일 가능성이 있다고 얘기한 것을 곱씹어볼 필요가 있다. 거시경제 지표에서 어느 정도 경기 하강의 모습이 보이는 것도 사실이나, 데이터에 나타난 미국경제의 기초체력은 여전히 좋아 보이며, 최근 대두된 경기 후퇴에 대한 우려는 정책 실패와 같은 경제 외부적 요인에 기인한 것일 가능성이 매우 크다. 다시 말해 이는 너무 늦지 않은 시간 내에 정책이 바른 궤도로 재진입한다면 경기 하강이 나타나지 않을 수도 있다는 얘기다.

트럼프 행정부의 매파적 무역 정책에 따른 폐해는 고스란히 미중 양국이 떠안게 되는 승자 없는 전쟁으로 끝날 수밖에 없다. 중국에 대한 고율의 관세는 수입 가격 상승을 통해 미국 소비자들에 고통을 안겨줄 것이며 중국의 보복 관세는 미국 기업에도 치명적 손실을 입힐 수 있다. 다행인 것은 트럼프 행정부의 압력에 연준이 그나마 잘 대응하고 있다는 점이다. 만약 연준마저 굴복해 적극적 금리 인하에 나설 경우, 이는 무역 정책을 넘어 전반적 경제 정책의 불확실성을 키우게 되어 세계경제가 걷잡을 수 없는 난국에 빠지게 될 수도 있다.

물론 트럼프 대통령도 이러한 사실을 모르지는 않을 것이다. 하지만 데이터 저널리즘 기관 파이브서티에이트에 따르면 9월 초 현재 41.5%에 머물고 있는 지지율은 2020년 11월 재선을 앞두고 큰 부담이 되고 있어, 당분간 보다 매파적 무역 정책을 통해 선명성을 강화하고 지지 세력을 결집하려 할 수도 있다. 반면 가능성이 크지는 않지만 미중 무역 분쟁으로 인한 실질적 피해가 전방위적으로 나타나기 시작할 경우, 미 행정부는 보다 온건한 방향으로 무역 정책을 수정할 수도 있다. 실질적 피해는 재선을 노리는 트럼프 대통령에게도 이로울 것이 없기 때문이다. 이 중 어느 시나리오를 따르더라도 경기 불황이 머지않았다는 세간의 주장은 다소 과장된 측면이 있다.

종합해보면 2020년에는 어느 정도 경기 하강이 있을 것으로 보이기는 하나 미국경제가 급격한 침체 국면으로 들어설 것이라 예상하기는 무리가 있어 보인다. 현재 미국경제의 기초체력은 매우 견실하며, 미국 행정부의 강성 무역 정책에도 불구하고 연준이 정책적 중립성을 잘 지켜나가고 통화정책을 안정적으로 유지한다면 미국의 경기가 급속히 냉각될 가능성은 적을 것으로 생각된다.

▶▶ 김형우

03 아베노믹스는 정말
일본경제를 구했나?

　기록적인 저성장에서 일본경제를 구하고자 이차원의 양적 완화를 시작으로 재정 확대와 성장 전략을 포함한 '세 개의 화살'로 구성된 아베노믹스가 2014년 4월부터 실시되었다.[2] 아베노믹스가 실시될 시점에 상정된 시나리오는 이차원의 양적 완화를 통해서 통화 공급을 늘려 엔화의 가치를 하락시키면 기업, 특히 수출 기업의 수익성이 개선되어 기업의 일본 내 설비 투자 확대 및 고용의 증가가 이루어지고, 그 결과 가처분 소득이 증가되면서 내수의 확대로 물가 상승과 경제 성장이 이루어지는 선순환이 나타난다는 것이었다.

우선 아베노믹스가 상정한 시나리오대로 선순환이 이루어져 일본경제가 극적으로 부흥했는지를 세밀히 살펴보자. 아베노믹스가 직면한 주요한 과제 중 하나는 일반물가 수준의 장기적인 하락이라는 디플레이션이었다. 일본 경제의 70%를 점하는 서비스 산업에 속한 기업의 수익을 압박하는 디플레이션은 시급히 해결해야 할 과제였다. 그렇기에 아베 정부는 통화량의 공급을 극단적으로 증가시키는 금융 완화 정책을 실시했다. 물가 상승의 목표치는 2%로 설정했다. 이차원의 금융 완화로 M2(광의 통화)가 1,031조엔(2019년 7월 기준)에 이를 정도로 통화 공급은 순조롭게 증가했지만, 소비자 물가는 여전히 0%대의 낮은 상태에 머물고 있다. 2019년 6월 시점에 신선식품과 에너지를 제외한 종합 소비자 물가지수는 0.5% 상승에 그치고 있다. 일반물가 상승을 의도했던 아베노믹스는 일본경제를 디플레이션 상태에서 빠져나오게 했지만, 목표한 물가상승률을 달성하지 못했다는 점에서 절반의 성공이라고 할 수 있다.

물가에 대한 효과와 달리 기업의 수익은 크게 개선되었다. 2013년부터 2017년까지 5년 연속으로 기업의 경상이익은 과거 최고 수준을 경신했고, 2017년의 전 기업의 경상이익 합계액(일본의 법인 기업 통계 데이터)이 약 84조 엔에 이를 정도로 기업의 수익 구조가 개선되었다. 법인·실효 세율을 2012년에 비해서 7% 내렸음에도

2017년에 법인세 수입이 전년 대비 16.1% 증가한 것으로 보아 수익의 개선이 일부 수출 대기업에 국한되지 않고, 기업 전반에 걸쳐 개선되었다고 할 수 있다. 기업의 수익 개선은 즉각적으로 주가에 영향을 미쳤다. 아베노믹스 이전인 2012년에 동경주가 지수 TOPIX가 860대에서 2018년에는 1495 정도로 높아졌다. 또한 높아진 수익은 설비 투자와 고용 사정의 개선으로 이어졌다. 일본경제의 구조적인 문제 중의 하나인 과잉 저축 문제의 해결과 잠재 성장력을 높이기 위해서는 설비 투자와 연구개발 투자의 증가가 필요한데, 아베노믹스 이후 꾸준히 국내 설비 투자가 늘고 있다. 설비 투자가 2012년에 비해서 2016년에 9조엔 이상 늘었다. 연구개발 투자도 매년 조금씩 증가하고 있다.

이러한 기업들의 활발한 투자 활동으로 일본의 총요소생산성 TFP, Total Factor Productivity도 2009년에서 2016년 사이에 G7 국가 중에서 가장 높은, 매년 1.2%씩 상승했다. 하지만 기업의 투자가 늘어남에도 불구하고 기업 수익 개선 속도가 빨라서 기업 저축이 늘어나는 부작용도 발생하고 있다. 2019년 3월말에 일본의 비금융법인 기업이 보유하고 있는 현금·예금 보유액이 273조 엔에 이를 정도다.

기업의 수익 개선과 설비 투자 증가와 더불어 2012년 말부터 최근까지 약 400만 개의 일자리가 창출되었고, 실업률도 완전 고용 수준에 가까운 2% 전반까지 하락해 고용 사정은 크게 개선되었다. 2015년 이전까지는 고용 증가의 대부분을 비정규직 노동자가 차지했지만, 2015년 이후 정규직 노동자의 고용도 증가하고 있다. 전체 고용 사정의 개선과 더불어 그동안 노동 시장에서 차별을 받았던 여성과 청년들의 고용 사정도 눈에 띄게 좋아졌다. 2013년 1~3월과 2019년 1~3월 사이에 여성의 비정규직 고용의 연평균 성장률은 2.6%, 정규직 고용의 연평균 성장률은 1.5%로 좋아졌다. 여성에 대한 정규직 채용 증가는 국제적으로도 널리 알려진 일본의 남녀 간 심각한 격차를 줄이는 데 기여할 것으로 생각된다. 또한 아베노믹스 실시 전에 15~39세 사이의 청년들의 실업률이 약 6%에 이를 정도로 좋지 않았지만, 2019년에 약 3%로 떨어져 청년들의 고용 사정도 개선되었다. 결혼 적령기 청년들의 고용이 회복되면서 혼인율과 출생률도 조금씩 높아지고 있다.

일본의 버블경제 붕괴와 아시아 금융위기의 영향으로 일본경제가 위험할 때인 1993년부터 2005년 기간을 '취직 빙하기'라고 부른다. 이때 최종 학교를 졸업하고 새롭게 노동 시장에 진입한 세대는 좋은 조건의 직장을 잡지 못했고, 현재 35~54세가 된 취직 빙하기 세대는 여전히 저임금과 불안정한 고용 상태에 있다. 이 세대 중에서 비정규직 상태로 남아 있는 사람이 2015년 기준으로 약 273만 명(주로 남성)으로 알려져 있다.

이렇게 열악한 고용 환경에 놓인 대량의 중년 비정규직 노동자는 노동 시장에서뿐만 아니라 결혼에서도 차별을 받았기 때문에, 일본 인구 감소의 주요한 요인 중에 하나라고 할 수 있다. 아베노믹스가 청년실업 문제를 완화한 측면은 높이 평가받아야 할 부분이다. 고용 사정의 개선으로 2010년의 동일본 대재난의 사상자보다 많은 연간 3만 명이 넘던 자살자 수도 2만 명대로 떨어졌다. 이는 사회적 측면에서도 안정성을 회복하는 빙증이라고 생각된다.

아베노믹스는 물가 상승의 목표를 달성하지 못한 것을 제외하면 기업의 수익 개선, 그 결과로 설비 투자, 연구개발 투자의 증가 및 생산성의 상승, 고용 사정의 개선은 당초에 계획된 시나리오대로 이루어졌다고 할 수 있다. 경제 정책으로는 소기의 목표를 달성했다고 보아도 과언이 아니다. 하지만 경기 회복의 선순환은 작동하지 않고 있다.

지금부터는 선순환의 마지막 고리가 왜 연결되지 않았는지 살펴볼 필요가 있다. 즉 투자가 늘고, 고용 사정이 좋아졌음에도 왜 물가도 오르지 않고, 경제 성장을 체감하지 못하는지 검토해보자.

▎ 아베노믹스의 효과를 제한하는 요인

아베노믹스가 시행된 이후 기업의 경상이익이 전후 최고 수준을 매년 경신하고, 노동 시장의 수급 여건을 나타내는 유효 구인 배율은 2018년에 1.63배로 버블경제기를 상회하는 노동력 부족에 직면해 있음에도 일본의 노동자 평균 임금은 상승하지 않고 있다. 상용 노동자(일반 노동자+파트타임 노동자)의 평균 임금 수준을 보여주는 현금급여총액(소정내 임금+소정외 임금+특별 급여)은 1997년

월평균 37만 7,000엔에서 2012년 31만 4,000엔으로 바닥을 친 후 2017년 31만 7,000엔으로 약간 회복되었으나, 1997년 수준에는 미치지 못하고 있다. 명목임금 상승이 낮은 물가 상승에도 미치지 못한 관계로 실질임금은 오히려 감소하는 상황이 되었다. 노동력 부족임에도 왜 임금이 오르지 않는지에 대해서는 겐다 유지의 책[3]에 잘 정리되어 있다. 임금이 오르지 않고 있는 요인으로는 비정규직 노동자의 급증, 고임금 고령자의 대량 은퇴, 고령자 및 여성의 노동 시장 참여율 증가, 명목임금의 하방 경직성에 기인한 명목임금의 상방 경직성, 외국인 주주 비율의 증가에 기인한 지배구조의 변화, 그에 따른 성과급 임금제의 확대, 서비스 업종에서의 정부 규제, 인적 자본 축적의 약화, 일본 기업의 국제 경쟁력 약화와 비관적인 장래의 전망을 들 수 있다.

위와 같은 임금 정체의 요인은 국제 경쟁력의 약화를 제외하면 종신 고용제, 연공 임금제, 기업별 노조, 내부 노동 시장으로 대표되는 일본 고용 시스템의 내재적 문제다. 국제 경쟁력의 약화는 고용 시스템이 안고 있는 내재적 문제가 증상으로 나타난 현상이라고 할 수 있다.

1990년대 중반 이후 국제 경쟁의 격화에 따른 경쟁력 확보를 위해서 총인건비 압축을 중요한 경영 전략으로 설정하고 이를 달성하기 위한 수단으로 정규 인력의 감축, 비정규직 노동자 확대, 연공형 임금 인상의 억제, 베이스업 억제를 강력하게 실시했고, 소정 급여와 같이 한 번 올리면 경기가 악화되더라도 인하하기 어려운 경비 요인, 즉 하방 경직성이 있는 임금에 대해서는 단기적으로 경기가 회복되더라도 좀처럼 인상하지 않는 경영 전략을 구사해왔다. 아베노믹스 이후의 경기 회복과 수익 개선이 이루어졌음에도 임금을 올려서 노동 분배율을 개선시키는 데 기여하기보다는 부채의 상환, 자사주 매입과 배당의 증가에 사용하거나 앞에서 말한 것처럼 기업 내부 유보금을 증가시키고 있는 실정이다.

아베노믹스로 가장 큰 혜택을 누린 기업 부문에서 임금을 올리지 않아서 생긴 실질임금의 하락으로 민간의 소비 지출은 억제되고 있다. 2018년 민간 소비는 전년도에 비해 0.4%밖에 증가하지 않았다. 그뿐만 아니라 청년층의 평균 소비 성향은 계속 감소하고 있다. 이러한 상황에서 내수를 늘리고, 그에 따라 물가를 올려서 기업의 수익을 높이고, 그 결과로 다시 투자와 고용을 확대해서 지속적인 경제 성장을 하려는 선순환은 이루어지기 어렵다. 여기서 우리는 일본경제의 부흥을 위한 아베노믹스가 완전한 성공을 거두지 못한 병목 지점이 임금의 정체에 있었음을 알 수 있다. 아베 정권도 이러한 문제를 인식하고 2016년 9월부터 '일하는 방식 개혁'이라고 불리는 노동 시장의 구조조정과 최저임금의 인상을 도모해오고 있다.

아베노믹스의 성공을 위한 마지막 연결 고리는 임금 인상이다. 이를 위해서 아래와 같은 정책을 실시하고 있다.

첫째, 앞서 언급한 '일하는 방식 개혁'이다.

정보통신 기술과 디지털 기술의 발달, 글로벌화, 저출산·고령화, 인구 감소 등으로 인해 새로운 경제 환경이 조성되고 있는 가운데, 일본 노동 시장의 특징인 종신 고용, 연공 임금, 기업별 노조, 내부 노동 시장과 이를 토대로 형성된 회사 우선 기업 문화, 장시간 노동 문화가 과거처럼 긍정적 역할을 하지 못하면서 노동 시장의 구조 개혁이 추진되고 있다. 개혁의 구체적인 내용은 다음과 같다. 명목임금 3% 인상 목표를 설정했고 여성, 청년, 고령자, 외국인 노동자의 노동 시장 참여 확대를 통해 노동력 공급을 확충하고자 하며, 장시간 노동을 철폐하고 업무 생산성의 증진 환경을 정비하고, 전직과 재취업 기회 확대와 근무 형태의 유연화를 통해서 우수한 인재의 활용도를 높이고, '동일 노동, 동일 임금' 원칙을 시행해 부당한 차별을 철폐하는 등의 내용을 담고 있다.

위의 정책 중에서 2018년 6월부터 직무 내용과 능력에 상응하는 균형 있는 대우를 하도록 파트타임 노동법, 노동 계약법, 노동자 파견법 등을 개정했고, 기업에는 처우의 차이가 있을 경우 내용과 이유를 설명하도록 의무화하는 '동일 노동, 동일 임금' 실현, 연간 720시간 이상 노동을 하지 못하도록 하는 장시간 노동 철폐,

연봉 1,075만 엔 이상의 전문직 고소득자들은 노동 시간과 관계없이 성과에 따라 임금을 정하도록 하는 탈시간급 제도 등을 실시하고 있다. 이러한 조치들을 통해서 정규직과 비정규직 간 임금 격차를 해소해서 전체 임금을 올리고자 하는 시도다.

둘째, 최저임금의 인상이다.

아베 정부는 사실 2013년부터 최저임금 인상의 필요성을 알고, 성장 전략에 '지속적인 경제 성장을 향한 최저임금 인상의 환경 정비'를 명기하고 있다. 실제로 후생노동성 장관이 2013년 7월 중앙최저임금심의회에 출석해 최저임금의 인상을 요청하기도 했다. 그 결과 최저임금 인상률이 2013년부터는 2%, 2016년부터는 3%에 이르게 되었다.

3%의 인상률은 2000년 이후 가장 높은 인상율이다. 일본 정부는 계속해서 기업에 수익의 증가에 상응하는 임금 인상을 요구해왔지만, 개별 기업의 경영 전략이 우선적으로 기업 생존에 맞추어져 있었기 때문에 임금 인상이 이루어지지 않은 측면이 강하다. 또한 낮은 임금으로 노동자를 고용할 수 있기 때문에 실제로는 시장에서 사라져야 할 한계(좀비) 기업이 시장에 남아서 경제 전체의 자원 배분 효율성을 떨어뜨리고 있는 측면이 있다.

최저임금 인상을 통해서 전체 노동자 임금을 올리고, 한계 기업의 정리를 통해서 경제 전체의 자원 배분 효율성을 높여야 한다는 주장도 있다. 한국처럼 급격한 최저임금 인상보다는 점진적으로 최저임금을 올릴 것으로 예상된다.

결론적으로 아베노믹스는 일본경제를 부분적으로 구했다고 할 수 있다. 임금 인상 조치로 아베노믹스의 병목 현상을 해소하고, 경제의 선순환 구조를 확립한다면 아베노믹스는 일본경제를 완전히 구할 수 있을 것이다. 하지만 일본경제를 둘러싼 대내외적 환경이 만만치 않다. 내적으로는 소비세 인상과 올림픽 이후의 경기 감속에 대한 우려가 강하고, 대외적으로는 미국과 중국 무역 전쟁, 한국과의 갈등, 중동의 긴장 고조로 인한 에너지 수급의 문제 등이 아베노믹스의 발목을 잡을 가능성이 높다.

앞으로 아베노믹스의 성공 여부는 임금 인상에 의한 경제의 선순환 구조 확립으로, 일본 기업의 수익과 직결되는 미국과 중국의 무역 전쟁으로 인한 피해를 줄일 수 있는지, 그리고 AI, 빅데이터, IoT, 전기자동차와 같은 디지털 기술 혁명의 진척 속도에 일본 기업과 사회가 대응할 충분한 여유를 확보할 수 있는지에 달려 있다.

▶▶ **권혁욱**

04 브렉시트로 인한 혼란에 대비하라

　지난 1년 간 영국과 유럽연합 양측은 브렉시트 방식을 두고 치열한 협상을 통해 브렉시트 안에 합의했다. 그러나 합의된 브렉시트안이 영국 의회에서 계속 부결되자 테레사 메이Theresa May 총리가 사임하게 되고 2019년 7월 브렉시트 강경론자인 보리스 존슨Boris Johnson이 신임 총리로 선출되었다. 영국과 유럽연합에는 브렉시트 외에도 미중 무역 전쟁 여파, 미국의 유럽연합에 대한 무역 압력, 이탈리아의 총리 사임에서 연정 붕괴에 따른 정치 및 경제 불안이 또 다른 부담으로 작용하고 있다.

　이와 더불어 전 세계적으로 일어나고 있는 자동차 산업의 변화는 영국과 유럽연합에 추가적 부담이자 목표가 되고 있다. 이 장에서는 이러한 정치·경제·사회적 변화와 압력에서 영국과 유럽연합이 어떻게 대응하는지 알아보고자 한다.

합의된 브렉시트 안의 부결과 신임 총리 선출

영국과 유럽연합은 브렉시트 이후 2년간의 이행 기간과 백스톱 조항을 바탕으로 합의된 브렉시트 안을 2018년 11월 14일에 발표했다. 유럽연합 국가들은 2018년 11월 25일에 이 브렉시트 안을 승인했다. 그러나 영국 의회는 이 합의안을 2019년 1월부터 3월까지 계속 부결시켜왔다. 이처럼 소프트 브렉시트를 기반으로 한 영국과 유럽연합의 합의안은 영국 의회의 표결에서 통과되지 못했고, 영국 의회는 국민투표를 다시 하는 방안을 포함해 다양한 안을 표결에 부쳤으나 합의하지 못하면서 브렉시트는 어느 방향으로도 갈 수 없는 상황이 되었다. 그러자 메이 총리는 유럽연합과 합의된 브렉시트 안이 의회를 통과하지 못한 데 대해 책임지고 사임했다.

이후 2019년 7월 브렉시트 강경파인 보리스 존슨이 총리로 선출되었다. 이에 따라 브렉시트는 새로운 국면을 맞이하게 된다. 신임 총리는 노딜 브렉시트를 감수하고서라도 브렉시트를 완료할 것이라고 천명하고 2년의 이행 기간 없이 2019년 10월 31일까지 브렉시트를 완수하겠다고 발표했다. 그리고 이를 위해 영국 정부는 기존 합의안에서 조금의 재협상도 없다고 공식적으로 밝히는 유럽연합과 백스톱 조항을 중심으로 재협상에 나섰다.

그러자 영국과 유럽연합은 각각 노딜 브렉시트를 포함해 모든 시나리오를 대비한 실질적 준비에 들어간 양상이다. 각국의 국경에서는 여권을 검사할 인력과 시스템을 구축하고 있다. 영국은 2019년 10월 31일 이후부터는 유럽연합 시민들의 자유로운 영국 입국이 제한될 것이라고 밝혔다. 따라서 취업 또는 90일 이상 거주하려는 경우, 영국 비자를 취득해야 한다. 지난 2년간 영국은 영국 내 5년 이상 거주한 유럽연합 시민에게 체류자격settled status을 부여했는데, 이 자격을 부여받지 않은 영국 내 유럽연합 시민은 건강보험과 복지 혜택에 있어 차별될 것으로 예상된다. 현재까지 영국 내 약 360만 명의 유럽연합 시민 중 약 200만 명 이상은 체류자격이 없다. 영국이 아직 구체적인 이민 규정을 제정하지 않았기 때문에 영국 내 많은 유럽연합 시민과 가족은 불안한 상황이다.

왜 백스톱이 문제가 되는 것일까?

현재 브렉시트 관련 가장 큰 문제가 되는 것은 백스톱이다. 이는 아일랜드의 백스톱, 즉 안전장치에 대한 부분이다. 백스톱이란 브렉시트 이후에도 영국의 북아일랜드와 유럽연합의 다른 국가인 아일랜드 간에 자유로운 왕래와 통관을 허용하기 위해 영국 전체를 최소 1년 이상 유럽연합 관세동맹에 남도록 하는 것을 말한다. 이는 역사상 갈등이 많았으나 국경 없이 분쟁이 잦아든 북아일랜드와 아일랜드 간 물리적 국경 구축을 피하고자 하는 데도 배경이 있다. 하지만 영국 하원이 이 브렉시트 안을 계속 부결시켰다. 또한 존슨 총리도 백스톱을 바탕으로 합의된 브렉시트 안은 진정한 의미에서 브렉시트가 아니라고 주장하며 반대하고 있다. 이에 따라 영국은 이 백스톱 조항에 대한 재협상이 불가능하다는 유럽연합과 치열한 협상을 이어왔다.

▎ 야당인 노동당의 분열과 무기력의 문제

2016년 브렉시트 국민투표 이후, 영국 제1야당인 노동당이 브렉시트 이슈를 적극적으로 이끌고 갈 수 있는 기회가 있었으나 이 기회들을 놓쳤다.

첫째, 영국 노동당은 브렉시트에 대한 일치된 의견을 내놓지 못했고 적극적인 대안을 제시하지 못했다. 국민들은 노동당이 소프트 브렉시트, 하드 브렉시트, 노딜 브렉시트 중 무엇을 당론으로 원하는지 알 수가 없었다. 개별 국회위원들이 각자가 다른 주장을 함으로써 여당인 보수당에 대항하는 일치되는 목소리를 내지 못했다.

둘째, 노동당의 수장인 제러미 코빈Jeremy Corbyn이 노동당 내부에서 발생한 반유대주의 사건들에 대해 조기에 진화하지 못해 많은 유대인들과 친유대인들이 노동당으로부터 돌아서는 계기가 되었다. 즉, 노동당이 유대인에 대한 모호한 입장 또는 당내 유대인에 대한 부정적 언급을 옹호하는 태도를 보이면서 빠른 수습을 하지 못해 매우 큰 역공을 받았다.

▍ 내부 결속으로 브렉시트 동력을 삼다

현재 영국은 강력범죄, 특히 칼에 의한 범죄가 급격히 증가하고 있다. 2014년 가장 낮은 수준을 보이던 칼로 인한 상해 범죄가 2019년까지 계속해서 증가하고 있다. 2019년 3월까지 12개월 동안 4만 3,500여 건의 칼 관련 범죄가 발생했고 이는 2014년을 기준으로 80%가 증가한 수치다. 2018년 런던에서만 132명이 칼에 의해 사망했다. 이러한 강력범죄는 영국 전역에서 생성되고 있는 다양한 폭력 조직과 관련이 있다. 또한 영국은 이들 폭력 조직의 마약 판매로 인한 범죄와 문제가 급속도로 증가하고 있다.

이에 대한 구체적인 예방책에 대해서는 다양한 의견이 있으나 범죄 조직이 안정적인 수준으로 줄어들기까지는 30년 이상이 걸릴 것으로 보는 시각도 있다. 이러한 범죄 문제에 대한 국민의 불만을 인식한 듯, 보리스 존슨은 총리가 되자마자 치안을 위해 2만 명의 경찰을 채용하겠다고 발표했다. 이는 영국 보수당이 영국 경찰 수와 예산을 줄여 범죄가 증가했다는 국민들의 불만을 빠르게 불식시키고 초기에 보리스 존슨이 원하는 브렉시트 방향으로 국민 여론을 집중시키려는 것으로 풀이된다.

강력범죄의 증가와 더불어 런던 지역과 런던 외 지역의 경제적 불평등이 심하기 때문에 이는 사회적 불안요소로 자리 잡고 있다. 이에 따라 런던 지역과 런던 외 지역의 경제적 불평등을 완화하는 것이 역대 정부의 목표였다. 이를 완화하기 위해 존슨 정부는 기획된 고속철도 HS2를 빠르게 진행하기로 발표하면서 그동안 논란이 되었던 고속철도 HS2의 선로를 결정했다. 경찰 증원 발표와 마찬가지로 고속철도 관련 정책을 초기에 발표한 것은 그동안 팽배했던 내부적 불만을 줄여서 모든 관심을 브렉시트로 집중시키고자 하는 데 그 배경이 있다고 보인다.

▎ 새롭게 합의된 브렉시트 안이 영국 의회에서 기한 내 통과되지 못하다

영국 정부와 유럽연합은 2019년 10월 17일에 영국 전체가 유럽연합의 관세동맹에서 탈퇴하고 북아일랜드와 아일랜드 간 자유롭게 상품이 이동하되 최종 목적지에 따라 세금 환급을 적용하는 새로운 브렉시트 안에 합의했다. 이에 따라 기존 안과 달리 영국 전체가 유럽연합 관세동맹에서 벗어나면서도 북아일랜드와 아일랜드 간의 세관 설치는 불필요해졌다. 그러나 이 합의안에 대해 유

럽 의회가 빠르게 비준한 것과 달리, 영국 하원이 총리가 요청한 신속 처리안을 거부하면서 10월 31일까지 브렉시트가 시행되기 어렵게 되었다. 이렇게 되자, 영국과 유럽연합은 노딜 브렉시트를 피하기 위하여 2019년 10월 31일까지 기한이었던 브렉시트 협상 기한을 2020년 1월말까지 3개월 연장하였다. 이처럼 브렉시트가 연장되자 보리슨 존슨 총리는 과반수 의석을 확보하기 위하여 2019년 12월 조기총선을 제안하였고 야당인 노동당이 합의하였다. 따라서, 2019년 12월 총선 결과에 따라 브렉시트 협상의 방향과 속도가 달라질 수 있다.

영국경제와 유럽경제가 위축되고 있다

브렉시트로 인한 불확실성이 계속되고 노딜 브렉시트 가능성이 커졌던 2019년 영국경제는 성장률과 생산에 있어 모두 부정적인 면을 보였다. 영국 통계청 자료에 따르면 영국은 2019년 1사분기에 0.5%의 성장을 보였으나 2사분기에는 -0.2%의 성장을 보였다. 세부적으로는 생산과 건설이 전 분기 대비 각각 0.5%와 0.8%가 떨어진 수치를 나타냈고, 생산 중 제조에서는 1.1% 떨어졌다. 영국경제에서 가장 큰 부분을 차지하는 서비스 분야는 2019년 7월 0.2%의 성장을 나타냈으나 약한 성장을 보이고 있어 우려된다. 같은 기간 무역 적자는 화학제품, 자동차 등의 수입이 줄어서

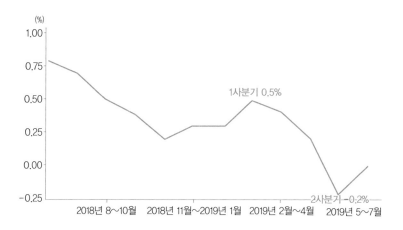

[도표 1-4] 영국의 3개월 연속 성장률

(%)

1사분기 0.5%

2사분기 -0.2%

2018년 8~10월   2018년 11~2019년 1월   2019년 2월~4월   2019년 5~7월

출차: 영국 통계청 GDP 월간 추정 보고서

일부 좁혀졌다.

영국 공장 구매관리자지수UK factory PMI가 2019년 7월 48.0에서 8월 47.4로 떨어져서 2012년 7월 이후로 최저로 나타났다. 이는 브렉시트, 미중 무역 전쟁 등 대내외 경제 환경에 많은 불확실성이 있고 향후 단기간적으로 불확실성이 제거될 가능성이 많지 않기 때문으로 해석된다. 또한 유럽 대륙에 위치한 고객사가 영국에 위치한 제조사를 피하려고 하기 때문이기도 하며 2019년 들어 계속되는 독일 공장 생산 감소가 영향을 끼친 것으로 보여진다.

영국의 실업률은 2019년 5~7월에 3.8%로 나타나 1975년 이후 최저치를 나타냈다.[4] 실업률에는 아직 브렉시트에 의한 영향이 크지 않은 것으로 보인다. 그러나 실업의 내용을 살펴보면 큰 변화가 나타나고 있다. 영국의 소매업은 민간 분야에서 가장 큰 고용 분야로 300만 명 이상을 고용한다. 최근 온라인 쇼핑의 증가, 소비자 신뢰 지수 하락, 높은 비용 부담, 물리적 공간의 한계로 인해 소매업의 고용이 크게 줄어들고 있다. 2019년 6월까지 5만 7,000여 명이 소매업에서 실직한 것으로 나타났다. 특히 [도표 1-5]에서 나타나듯 영국 소매업 고용이 제조업에 비해서 빠르게 줄어들고 있음을 알 수 있다. 이러한 추세는 영국 내 대형 소매점들이 점포 수를 줄일 예정인 2020년에도 계속 나타날 것으로 예상된다. 이에 따라 소매업 직종의 많은 부분을 차지하는 여성 노동 인력, 저임금 노동 인력, 파트타임 노동 인력이 큰 타격을 받을 것으로 판단된다.

2019년 유로존의 일부 국가를 제외하면 경기 침체 양상을 보였다. 이러한 경기 침체 흐름이 2020년도 계속될 것으로 예상된다. 특히 경제를 주도하는 주요국이 보이는 경기 하강 징후와 스페인, 이탈리아 등 남부 유럽에서 나타나는 경제 정책 불확실성이 문제로 대두되고 있다. 독일 중앙은행의 자료에 따르면 유럽연합의 최대 경제 대국인 독일이 2분기 연속 마이너스 성장률을 나타내면서 뚜렷한 경기 하강을 나타내고 있다. 유로존의 2019년 7월의 산업 생산은 예상치보다 낮은 0.4가 수축한 수치를 나타냈는데, 이는 지난 해 같은 달에 비해 2%가 감소한 것이다.[5] 독일이 연간 5.3%의 감소를 보이며 가장 큰 하락을 보였고 스페인은 조금 상승을 나타내고 프랑스는 조금 하락한 수준을 보였다.

유로존의 제조업 구매관리자지수PMI를 살펴보면 유럽의 생산

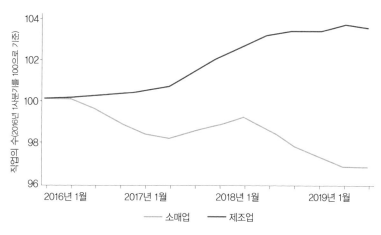

[도표 1-5] 2016년 이래 제조업과 소매업의 직업 수 변화 추이 차이

출처: 영국 통계청

이 뚜렷하게 둔화되고 있음을 알 수 있다.[6] PMI가 50을 나타내면 전달에 비해 변화가 없음을 나타내고, 50 이상이면 산업이 확대되고 50 미만이면 산업이 위축되고 있음을 나타낸다. 2019년 8월 그리스(54.9), 네덜란드(51.6), 프랑스(51.1)가 제조업에서 성장을 보이고 있으나 스페인(48.8), 이탈리아(48.7), 아일랜드(48.6), 오스트리아(47.9), 독일(43.5)이 둔화되고 있음을 알 수 있다. 제조업에 활력을 불어넣어줄 새로운 요소가 많지 않고 주요 제품에 대한 수요가 줄어들고 있기 때문에 이러한 유럽 지역의 제조업 성장 둔화는 2020년에도 계속될 것으로 예측된다.

이에 따라 2019년 9월 유럽중앙은행ECB은 2016년 이후 처음으로 예금 이율을 -0.5%로 조정하여 예금을 맡기면 이자를 받는 것

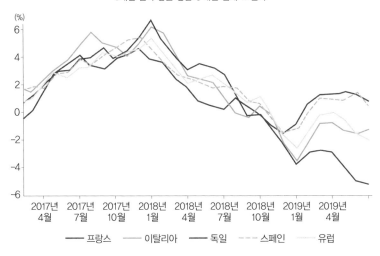

[도표 1-6] 유로존의 산업 생산 위축 추이

3개월 연속 평균 생산에 대한 연례 % 변화

프랑스　　이탈리아　　독일　　스페인　　유럽

출처: Refinitiv, Eurostat @FT

이 아니라 예치금을 더 내도록 했다. 이는 시중에 자금이 더 돌도록 하여 경제를 뒷받침하려는 의도로 경기 하강 국면의 가능성이 높아지면서 유럽중앙은행이 이에 대하여 양적 완화를 강화하려는 시도로 보인다. 또한 순자산 매입을 다시 시작했다. 이에 대해 수출 촉진을 위해 유로화의 가치를 고의로 떨어뜨리려 한다는 미국의 비난도 있으나, 실제 다가오는 2020년 그리고 이후의 경기 하강에 대해 대비하려는 정책이라는 해석이 더 많은 설득을 받는다.

　세계 자동차 산업이 전반적으로 고전하고 있다. 고전하는 이유로 ① 자동차 수요 감소 ② 배출가스 규제에 대한 부담 증가 ③ 전기차로의 산업 전이 ④ 자동차 소유에 대한 소비자 인식 변화 등이 뽑히고 있다.[7] 영국도 이러한 부담을 피할 수 없었다. 영국 총수출품의 12%를 담당하는 자동차 산업은 약 18만 명의 직접 고용과 85만 6,000명의 간접 고용을 통해 영국 제조 산업의 중심축을 이루고 있다. 영국의 주요 자동차 산업 단지로 선덜랜드 산업 단지(닛산의 완성차 생산), 브리젠던(포드의 엔진 공장), 스윈던(혼다의 완성차 공장) 그리고 기타 지역(재규어 랜드로버 생산 공장)이 있다. 그러나 2019년 2월 혼다는 영국 내 유일한 생산 시설인 스윈던 공장을 2021년까지 폐쇄하겠다고 발표해 약 3,500여 명의 직원이 일자리를 잃게 되었다.

　포드 역시 2020년 브리젠던 생산 시설을 닫으면서 약 1,700여 명을 고용 해지하겠다고 밝혔다. 이뿐만 아니라 재규어 랜드로버 또한 중국 수요 감소로 인해 약 4,500여 명을 감원할 것이라고 발표했다. 그 외 닛산도 생산을 줄이고 감원할 계획이라고 알려졌다. 이에 따라 2020년부터 영국의 자동차 산업은 크게 위축되고 영국 경제에 부정적인 영향을 줄 것으로 보인다.

　한편 유럽연합의 자동차 산업도 세 가지 어려움에 직면하고 있다. 첫째는 중국 시장 축소 및 브렉시트로 인한 수출 감소이고 둘째는 미국 도널드 트럼프 행정부의 유럽 생산 자동차에 대한 세금 부과 가능성이고 셋째는 전기자동차로의 시장 변화다.[8] 자동차 산업에 있어 유럽연합의 가장 중요한 국가는 독일이다. 독일의 경우 실업률은 통독 이후 가장 낮은 수치지만 전반적인 산업에서 약세를 보이고 있고, 특히 자동차 산업의 상황은 심각하다.

총생산의 77%를 수출하는 독일 자동차 산업은 2019년 상반기에 생산량이 12% 줄어들었다. 벤츠를 생산하는 다임러는 미국과 중국의 판매 부진으로 2019년 2사분기에 16억 유로의 손실을 기록했고 아우디는 전년 대비 2019년 상반기에만 4.5%가 줄었다. 약 82만여 명을 직간접 고용하고 GDP에 약 5%를 차지하는 독일의 자동차 산업이 독일에 기여하는 비율이 크다. 그렇기에 자동차 산업의 생산 감축, 판매 부진, 이익 감소는 독일경제에 부정적인 영향을 끼칠 뿐 아니라 유럽연합 국가의 자동차 부품 관련 중소기업 또는 대기업들에도 위기로 작용해 유럽연합 국가 전반에 큰 부담으로 작용할 것이다.

영국은 유럽에서 가장 큰 자동차 시장이지만 영국 자동차 수요 역시 줄어들고 있다. 더욱이 노딜 브렉시트가 발생하면 독일 자동차의 영국으로의 수출량이 약 30% 줄어들 수 있다는 예상이다. 그렇다면 현재도 고전하고 있는 독일 자동차 시장이 더 큰 타격을 피하기 어려울 것으로 판단된다.

독일 자동차 주요 3사는 전기차 개발을 위해 약 300억 유로를 투자한다. 이러한 대규모 투자를 하는 동안에, 독일 주요 자동차 회사들은 그 외 비용을 줄이려고 노력할 것이다. 현재 전기자동차 산업은 기술 면에서나 시장, 인프라 면에서 중국과 미국이 선도하고 있다. 따라서 독일의 전기자동차 기술 개발 집중과 산업 전이가 계속되는 2020년에는 독일 자동차 산업의 고전이 계속될 것으로 예상된다. 또한 이러한 독일 자동차 산업의 침체는 유럽연합 전체 경제에 부정적인 영향을 끼칠 것으로 보여진다.

영국·유럽연합의 미국과의 외교 전략

영국과 유럽연합은 미국과의 외교적인 관계에 있어서 미묘하지만 다른 양상을 보이고 있다. 미국은 영국의 브렉시트 정책을 적극 지지하면서 브렉시트 이후 미국이 가장 강력한 우방으로서 긍정적인 미영 경제 조약을 빠르게 구축하기를 희망하고 있다. 이에 반해 미국은 유럽연합에 대해서는 북대서양조약기구NATO에 대한 군사비 부담 증액을 요청하고 유럽 생산 자동차에 대해 높은 관세를 매길 예정이라고 발표했다. 이와 더불어 미국은 이란과 갈등하며 이란 핵합의, '포괄적 공동 행동 계획'을 탈퇴한 데 대해 프랑스와 독일이 지지하지 않고 있는 것에 불만을 표시하고 있다.

이뿐 아니라 미국은 이란을 견제하기 위해 구축하고자 하는 호르무츠해협 호위 연합체에 독일 등 유럽연합 국가들의 참여를 유도하고 있으며 또한, G7에서 제외된 러시아의 재가입을 계속 주장하고 있다. 이처럼 영국과 유럽연합 앞에는 미국과의 정치, 외교, 군사, 경제적 협력과 갈등이 공존한다. 미국이 군사 및 외교 이슈를 이용해 경제 이슈를 해결하고 때로 경제 이슈를 이용해 군사 및 외교 이슈를 자신들이 원하는 방향으로 이끌어오려고 하는 상황에서 영국은 브렉시트를 진행하면서 자국에 유리한 레버리지로 사용하는 전략을 펼 것으로 예상된다.

브렉시트에 따른 한국의 대처 방안

브렉시트는 이제 피할 수 없는 현실로 보인다. 브렉시트를 반대하는 측에서는 총리 불신임 카드를 가지고 압력을 행사할 것으로 예상되지만 현재로서는 브렉시트가 발생하는 방향으로 모멘텀이 더 몰려 있다. 그러나 무리하게 노딜 브렉시트를 몰아붙이게 되면 영국은 또다시 브렉시트와 관련한 깊은 갈등의 소용돌이에 빠져들 것이다. 이는 마치 2018년 상황과 유사하거나 더 심각한 수준이 될 것이다. 이렇게 되면 빠르게 브렉시트를 마무리하려는 보리스 존슨 총리의 의도와는 달리, 아무 방향으로도 가지 않고 국민 간 또는 영국과 유럽연합 간 갈등만 계속 증폭될 수 있다.

우리나라 정부는 브렉시트와 관련한 다양한 시나리오를 검토하고 있다. 기본적으로 우리나라는 브렉시트가 발생하더라도 양국 간 협력 관계를 유지한다는 전략이다. 영국은 2019년 8월 21일 브렉시트 이후 빠른 시일 내에 일본과 FTA를 체결하기로 합의했다. 한편 미중 간 무역 전쟁에서 어느 나라가 승리하든지 그에 대한 여파는 미중뿐 아니라 영국, 유럽연합 내 국가들, 우리나라에도 부정적인 영향을 끼칠 것이다. 따라서 유럽연합과 기존 무역 체제를 유지하고, 영국과 빠르게 FTA를 체결하면서 산업별로 가격 경쟁력 우위를 점할 수 있도록 해야 한다. 주지해야 할 것은 만약 노딜 브렉시트가 일어난다면 그 충격이 전 세계에 얼마나 오래갈지는 현재로서는 가늠하기도 힘들다는 사실이다.

그러나 영국과 유럽연합이 브렉시트를 하게 되면 영국에 진출하고자 하는 국가에는 새로운 기회가 될 수 있다. 예를 들어 현재 말레이시아의 팜오일은 유럽연합 국가에는 수출이 금지되어 있다. 팜오일이 환경을 파괴한다는 이유에서다. 이에 따라 말레이시아는 브렉시트를 팜오일(야자유) 수출의 큰 기회로 여기고, 말레이시아는 브렉시트 이후 영국에 팜오일 수출을 위해 많은 공을 들이고 있다.

유럽연합과 영국에 대해 우리나라 제조 산업 가치사슬 측면에서 보자면 재료나 부품 수입보다는 우리나라가 완성품을 수출하는 양이 많다. 따라서 제조 가치사슬보다는 완성품 수출사슬과 관련이 높다. 이에 따라 현재 일본과 벌어지고 있는 부품 소재 무역 및 수입에 대한 갈등을 조정하면서 국내 수출 채널을 다변화하는 한편 FTA 협정 시 새로운 산업 기회를 포착하는 것이 중요하다.

영국과 유럽연합의 브렉시트가 세계에 미치는 영향으로 영국과 유럽연합이 외교적으로 단기간 소원해질 가능성이 있으나, 영국과 유럽연합 모두 전통적으로 러시아와 적대적인 관계에 있기 때문에 이를 위해 상호 협력할 것으로 보인다. 또한 현재 미중 무역 전쟁의 일부로 벌어지고 있는 화웨이 5G 네트워크 설치에 대해서도 미국과 공조를 취할 것으로 보인다. 그러나 브렉시트가 이뤄진다면 영국과 유럽연합은 경제적 또는 외교적으로 전혀 다른 새로운 국면을 맞게 된다. 그 방향과 충격이 얼마나 될지 예상하기 쉽지 않다. 더불어 이러한 복잡한 갈등 상황과 전 세계적으로 닥친 전기자동차, 온라인 소매업으로의 산업 전이와 미중 무역 전쟁에 있어 어떤 결과로 나타날지 잘 지켜봐야 한다.

▶▶ **박재환**

05 베트남, 중국을 대체하는 글로벌 파트너가 될까?

| 한국의 베트남에 대한 신규 법인 설립 건수 3년 연속 1위

2020년 베트남은 중국을 대신할 글로벌 가치사슬 관리의 가장 중요한 파트너가 될 것으로 전망된다. 이러한 베트남의 중국을 대체하는 투자처로서의 기능은 베트남에 대한 한국 기업들의 해외 신규 법인 설립 건수의 변화에서 여실히 확인할 수 있다.

[도표 1-7]에서 보이는 바와 같이 한국 기업의 베트남에 대한 신규 법인 설립 건수는 미국, 중국을 제치고 단연 1위에 올라 2017년 이후 3년째 1위 자리를 지키고 있다. 2015년 500건을 돌파한 베트남에 대한 신규 법인 설립 건수는 2018년에는 822건으

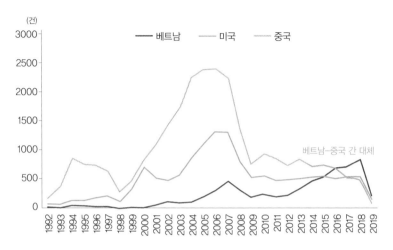

출처: 수출입은행 해외 투자통계, 2019년은 1~3월까지 통계

로 증가하면서 중국 491건, 미국 543건을 제치고 독보적인 1위를 기록하고 있다. 2019년 1/4분기까지의 통계를 보면 그 숫자는 211건으로 미국 144건, 중국 111건의 합계에 육박하고 있으며, 단순 선형 추계로 봐도, 2019년에도 최대치인 2018년을 능가하는 추세를 보일 전망이다. 여기서 주목할 점은 중국에 대한 신규 법인 설립 건수는 감소하는 추세인 반면, 그만큼의 신규 법인이 베트남에 설립되고 있는 베트남-중국 간의 대체 현상이다. 미국의 경우 해외 법인 설립 동기가 베트남이나 중국과는 다소 다른 동기에 의해 이루어진다. 이런 측면을 고려할 때, 신흥국 시장에 대한 일반적 투자 동기인 생산 기지와 초기 내수 시장 공략을 동시

에 염두에 둔 관점에서 중국 투자보다 베트남 시장에 대한 투자가 확대일로라는 점은 향후 베트남 시장에 대한 성장 가능성과 한국과의 경제 관계 확대를 전망할 수 있는 중요한 선행 변수라할 수 있다.

일반적으로 투자는 한꺼번에 대규모 투자를 하기보다는 신규 법인 설립 후 점차적으로 확대되면서 연관된 법인 설립이 추가적으로 이루어진다. 이런 점을 고려할 때, 베트남에 대한 향후 지속적인 투자 확대가 이루어질 가능성이 높아 보인다. 이러한 추세는 최근 미중 무역 분쟁으로 중국에 대한 투자 리스크 증가와 한국 정부의 신남방 정책 확대 등으로 2020년 이후까지 더 가속화될 가능성이 높다. 또한 아직 전체 신규 법인 설립 건수가 중국 2만 7,400여 개, 미국 1만 4,800여 개인 반면 베트남은 6,400여 개로, 한국 기업의 기존 해외 투자 역량 측면에서 볼 때 확대될 여력이 충분해 보인다.

| 미중 무역 분쟁으로 인해 베트남의 중국 대체 효과가 가속화될 전망

한편 최근 미중 무역 분쟁으로 인해 베트남은 오히려 다국적 기업의 글로벌 가치사슬 관리 면에서 중국을 대체하는 역할을 수행하면서 대미 수출이 급격히 증가하는 등 그 역할이 확대되고 있는 양상이다. 이러한 추세는 2020년 이후 미중 무역 분쟁이 해결되는

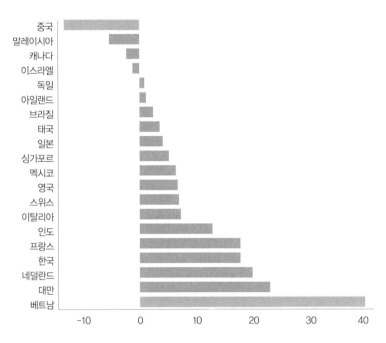

[도표 1-8] 2019년 1~4월 미중 무역 전쟁에 따른 미국의 각국 제품 수입 증감률

출처: 『파이낸셜 타임스』(2019. 06. 22) https://www.ft.com/content/4bce1f3c-8dda-11e9-a1c1-
51bf8f989972

방향에서도 관성 효과로 쉽게 되돌려지지 않을 것으로 전망된다.

미국 국제무역위원회International Trade Commission의 자료를 활용해 『파이낸셜타임스』가 분석한 결과에 따르면, 미중 무역 분쟁이 한창이던 지난 2019년 1~4월까지의 베트남의 대미 수출은 [도표 1-8]에서 보이는 바와 같이 작년 같은 기간에 비해 약 40%나 급증했다. 이것은 미국에 수출하는 40대 수출국 중 가장 큰 증가로 분석되었으며, 같은 기간 중국의 대미 수출은 2009년 이후 두 번째로 큰 13%나 감소한 것으로 나타났다고 한다. 품목별 분석 결과에서도 직물뿐 아니라 해산물에서 반도체에 이르기까지 다양한 분야에서 베트남의 대미 수출이 확대되는 반면, 중국의 대미 수출은 감소하고 있다. 구체적으로 베트남의 대미 휴대폰 수출은 전년 대비 두 배 이상 증가한 반면 중국의 수출은 27% 감소했으며, 베트남의 컴퓨터 수출은 79% 증가한 반면 중국의 수출은 13% 감소했고, 베트남에서 대미 어류 수출은 40% 이상 증가한 반면, 미국의 중국산 수입은 감소한 것으로 분석됐다.

이는 일부 가격적 요인에 의한 수입 대체로 볼 수 있으나 대부분 공산품의 경우 다국적 기업의 베트남에 대한 해외 직접 투자 확대를 통한 글로벌 가치사슬 조정 결과로 해석할 수 있다. 즉, 미중 무역 분쟁에 의한 관세 급등에 따른 무역에서의 단기적 대체 효과와 함께 해외 직접 투자의 조정에 의한 중장기적 글로벌 가치사슬 조정의 결과인 것이다. 일례로 삼성전자는 2019년 9월 중국 후이저우의 스마트폰 생산 공장을 폐쇄하고, 베트남으로 이전해 삼성전자의 베트남 생산 비중을 전체 생산 능력의 57%에서 70%까지 늘릴 예정이라고 한다.[9] 이러한 조정 과정은 중국 및 베트남의 지역적 요인에 기인하는 측면이 강하며, 이와 함께 미중 무역 분쟁이라는 거시적인 외부 효과가 더해진다면 2020년 더욱 가속화될 것으로 전망된다.

앞에서 언급된 한국을 비롯한 외국 기업의 투자 확대와 중국을 베트남으로 대체하는 수요의 확산으로 향후 베트남 경제성장률은 기존의 IMF 등이 제시한 6% 중반([도표 1-9] 참조)보다는 더 높게 나타날 것으로 판단된다. ADB는 2020년 전망치를 IMF보다는 다소 높은 6.7%로 전망하고 있다.[10] 그러나 글로벌 가치사슬 관점으로 봤을 때 중국의 가치사슬이 미중 무역 분쟁으로 인해 베트남으로 이전되고 있는 긍정적 효과는 기존 전망 보고서에서는 찾아보기 힘들며, 오히려 미중 무역 분쟁의 부정적인 영향만을 반영하고 있는 것으로 확인되기 때문에 다소 과소평가된 측면이 존재한다. 실제로 신용평가사들이 보고 있는 베트남에 대한 평가는 오히려 지속적으로 개선되는 방향을 유지하고 있는 것이 확인되고 있으며,

[도표 1-9] IMF **베트남 경제 주요 지표 전망**

	단위	2017	2018	2019	2020
GDP 증가율	%	6.8	7.1	6.5	6.5
GDP 규모	억 달러	2,204	2,413	2,605	2,824
1인당 GDP	달러	2,353	2,551	2,728	2,929
CPI	%	3.5	3.5	3.6	3.8
외환 보유액	억 달러	492	553	662	777

출처: IMF(2019), 2019 Article IV Consultation Press Release; Staff Report; And Statement by the Executive Director for Vietnam, IMF Country Report NO.19/235, pp.5를 참조해 재구성

[도표 1-10] 최근 5년간 베트남 국가 신용 등급 변화

신용평가사	등급	전망	날짜
피치	BB	긍정적	2019년 5월
S&P	BB	안정적	2019년 4월
무디스	Ba3	안정적	2018년 8월
피치	BB	안정적	2018년 5월
피치	BB-	긍정적	2017년 5월
무디스	B1	긍정적	2017년 4월
피치	BB-	안정적	2014년 11월
무디스	B1	안정적	2014년 7월
피치	B+	긍정적	2014년 1월

출처: https://tradingeconomics.com/vietnam/rating, tradingeconomics

[도표 1-11] 베트남 방문 외국인 관광객 수

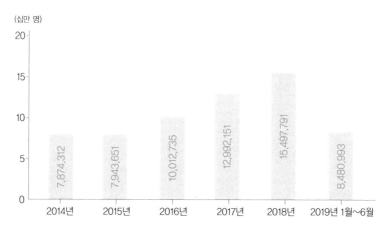

출처: http://vietnamtourism.gov.vn/에서 tourism statstics 참조

제조업뿐 아니라 관광업 등 다양한 산업 분야가 빠르게 성장하고 있는 것이 확인되고 있다.

| 베트남 로컬 기업 그룹의 다각화 성장 확대 전망

이러한 글로벌 가치사슬이 중국에서 베트남으로 대체가 가능하게 된 공급적 요인은 베트남 내의 로컬 기업의 성장이며, 이들의 성장은 2020년 이후에도 확대될 전망이다. 이런 전망의 이유로 다국적 기업의 직접 투자와 이 과정에서의 직간접적인 기술 이전 효과, 로컬 기업의 성장, 정부의 적극적 지원 등이 거론된다. 대표적인 예가 '베트남의 삼성'으로 불리는 1위 기업 빈그룹Vingroup이다. 빈그룹의 2019년 상반기 총매출은 61조 5,000억 동(약 3조 1,000억 원)을 기록했고, 세후 순이익은 작년보다 89.5% 증가한 3조 3,000억 동(약 1,700억 원)으로 나타났다.[11]

최근 완공된 빈그룹의 자동차 자회사 빈페스트의 공장 준공식에 참가한 베트남 총리는 빈그룹의 자산 규모가 베트남 GDP의 5.7%에 해당하며, 토요타, 현대, 메르세데스, BMW 및 GM과 같은 글로벌 자동차 회사뿐만 아니라 삼성, LG와 같은 다른 대기업과 밀접한 관련을 가진 것으로 자랑하고 있는 상황이며, 해외 투자 기업과 합작을 통한 베트남 로컬 기업의 성장에 적극적인 지원을 약속하고 있다.[12]

베트남의 각종 인프라는 아직 수요에 비해 공급이 많이 부족한 상황이며, 이러한 결과는 1인당 GDP가 아직 약 2,000달러 수준이라는 점만 봐도 향후 지속적인 투자 확대가 이루어질 것을 쉽게 예상할 수 있다. 실제로 베트남에 대한 한국 기업들의 인프라 투자 등 복합형 투자가 빠르게 확대되고 있는 것을 최근 언론 기사에서 쉽게 확인할 수 있다. 이러한 복합형 베트남 투자 또한 2020년 이후에도 지속될 것이 예상된다. 한국 정부 또한 최근 새롭게 설립한 공기업인 KIND(한국해외인프라도시개발지원공사)를 통해 하노이 인프라 협력 센터를 설립하고 1억 달러 규모의 펀드를 조성하기로 발표했다.

베트남, 일시적 이익이 아니라 장기적 안목에서 접근해야

한국에서의 베트남에 대한 투자는 말 그대로 '베트남 러시' 상황인 것으로 판단되며, 이는 한국경제와 베트남경제 모두에 긍정적이고 매우 중요한 성장 기반이 될 것으로 예측된다. 이러한 단면으로 국내 유명 로펌의 베트남 관련 세미나는 오픈 즉시 마감되며, 대기자 수가 수백 명에 달한다고 한다. 이러한 베트남 러시는 앞에서 살펴본 해외 투자 신규 법인 추이 통계 현장의 단면이라

[도표 1-12] **최근 베트남 대규모 인프라 투자 계획 및 진행 현황**

프로젝트명	개요(규모 및 사업 기간)	참여 기업
SK, 빈그룹 지분 6.1% 인수[13]	2019년 5월 16일, SK그룹은 베트남 하노이에서 빈그룹 JSC의 지분 6.1%를 1조 2,000억 원에 매입하는 계약을 체결하고 전략적 제휴를 맺음.	SK그룹 (SK이노베이션, SK텔레콤, SK E&S, SK하이닉스)과 빈그룹
대우건설 하노이 스타레이크 개발[14]	2020년 7월에 착공 예정, 대우건설이 베트남 하노이 스타레이크 신도시에 추진하는 호텔, 오피스 등 복합 개발 사업에 국내 기관투자자들이 1085억 원 규모로 대거 참여함.	대우건설, 제이알투자운용, KDB산업은행, 부산은행, KB증권
삼성전자, 하노이 모바일 R&D센터 3,000명 규모로 확충[15]	2020년에 착공해 2022년에 완공 예정, 베트남 하노이 시내 서호 주변 1만 1,600제곱미터 규모의 땅에 지하 3층, 지상 15층인 독립 건물 신축해 R&D센터를 세우고 현지 연구개발 인력을 3,000명까지 늘릴 계획. 하노이 시와 베트남 투자계획부 등 관련 부처는 토지 임대료 면제, 소득세 감면 등을 제공.	삼성전자
KIND, 하노이 인프라 협력 센터 설립, 1억 달러 펀드 조성[16]	2019년 7월 18일, 우리 기업의 베트남 민관 합작 투자 사업(PPP)을 지원하기 위해 베트남 하노이에 협력 센터를 설립, 민관 협력 펀드를 1억 달러 규모로 조성. 베트남 정부와의 교류 확대를 통해 사업기회 발굴과 사업화 지원 예정.	한국해외인프라도시개발지원공사(KIND), 베트남 교통부
부산, 후에성 발전소 및 항만건설 제안[17]	2019년 8월 18일, 부산경제진흥원 원장은 베트남 인민위원회 위원장에게 후에성 펀머이-랑꼬 경제구역에 200메가와트 규모의 수소 연료 전지 발전소 투자 프로젝트를 제안, 발전소 연료 수송과 항만 건설 투자 제안.	부산경제진흥원

출처 : 「동아일보」, 「파이낸셜뉴스」, 「연합뉴스」 「에너지데일리」 등 각종 자료 종합

[도표 1-13] 한국 기업의 주요국 해외 투자 신규 법인 설립 건수 추이

연도	합계	베트남	미국	중국	일본
1990	367	1	87	25	17
1991	472	1	82	70	27
1992	532	9	64	174	24
1993	715	19	60	388	16
1994	1,521	48	127	850	17
1995	1,384	45	139	761	34
1996	1,529	43	200	751	29
1997	1,398	29	225	646	28
1998	649	6	132	279	20
1999	1,147	22	321	472	44
2000	2,188	29	711	799	147
2001	2,266	60	522	1,082	128
2002	2,615	109	470	1,435	83
2003	2,952	101	564	1,728	70
2004	3,969	118	863	2,229	119
2005	4,721	205	1,111	2,365	150
2006	5,504	301	1,307	2,393	209
2007	6,073	454	1,303	2,213	262
2008	4,297	312	797	1,363	170
2009	2,672	173	530	767	162
2010	3,069	235	544	919	195
2011	2,943	197	472	858	147
2012	2,785	214	493	742	188
2013	3,039	333	508	834	201
2014	3,048	459	525	722	170
2015	3,215	545	548	737	195
2016	3,349	670	521	697	217
2017	3,426	697	543	535	262
2018	3,540	822	543	491	242
2019	893	211	144	111	62
합계	77,563	6,470	14,844	27,446	3,743

출처: 수출입은행 해외 투자 통계, 2019년은 1~3월까지 통계

볼 수 있다.

베트남 러시에서 보다 더 성공적인 성과를 달성하기 위해 중요한 요소는 베트남 로컬 기업과의 협력 확대와 복합형 인프라 투자 확대를 통한 장기 경제 관계 확대를 추구하는 것이 필요하다. 단지 한국 기업의 저임금 제조 가치사슬을 확보해 글로벌 가치사슬 관리에서의 일시적인 상호 이익을 추구하는 전략이 아니라 장기적으로 양국 모두가 고부가가치 영역에서의 가치 창조를 통한 업그레이드로 나아갈 수 있는 전략을 공동으로 추진해나가는 것이 필요하다. 한국의 신남방 정책에서 추구하는 상호 번영 전략 또한 가치사슬 공동 업그레이드 전략이 그 핵심이 되어야 할 것이다.

▶▶ 정무섭

06 한국경제, 2020년에는 침체의 끝을 볼 수 있을까?

│ 2019년 한국경제, 침체의 골 깊어

2019년 우리나라 경제성장률은 1.9%로, 경제위기 때를 제외하면 역대 최악이었다. 경제개발 5개년 계획이 시작된 1962년 이래 경제성장률이 2% 아래로 떨어진 것은 1998년 외환위기(-5.5%), 1980년 석유 파동(-1.7%), 2009년 미국 발 글로벌 금융위기(0.8%) 이후 이번이 네 번째다. 가장 큰 이유는 수출이 급감하면서 제조업이 위축되고, 설비 투자가 크게 줄었기 때문이다. 2017~2018년에 각각 15.8%, 5.4% 증가했던 수출이 2019년 상반기 -8.5%로 추락했다. 중국, 일본, 유럽 등 주요국의 경기가 저조한 데다, 세계경

[도표 1-14] 2020년 한국경제 전망

구분		2017	2018	2019년(E)			2020년(E)		
				상	하	연간	상	하	연간
국민계정	경제성장률(%)	3.2	2.7	1.9	1.9	1.9	2.0	2.5	2.3
	민간 소비(%)	2.8	2.8	2.0	2.1	2.0	2.0	2.3	2.1
	건설 투자(%)	7.3	-4.3	-5.1	-2.1	-3.6	-3.5	-2.3	-2.9
	설비 투자(%)	16.5	-2.4	-12.3	-4.2	-8.5	-0.6	3.8	1.6
	지식재산 투자(%)	6.5	2.3	2.8	2.7	2.7	3.6	4.4	4.0
대외거래	경상수지(억 달러)	752	764	218	330	548	160	350	510
	수출(%: 통관 기준)	15.8	5.4	-8.5	-9.1	-8.8	-1.2	5.2	2.0
	수입(%: 통관 기준)	17.8	11.9	-5.0	-5.2	-5.1	0.8	7.8	4.3
신규 취업자 수 (만명)		31.6	9.7	20.8	37.1	26.2	23.2	20.5	21.9
실업률(%)		3.7	3.8	4.3	3.4	3.9	4.2	3.5	3.9
소비자 물가(%)		1.5	1.2	0.6	0.4	0.5	0.8	1.1	1.0

출처: 이준협(2019)

제를 이끌던 미국마저 정점을 지나 둔화기로 접어들었기 때문이다. 곧 타결될 것 같던 미중 무역 전쟁은 오히려 격화되었으며, 주력 수출품인 반도체의 가격이 급락한 것도 큰 영향을 끼쳤다. 수출 주도 한국경제의 취약함이 민낯을 드러낸 2019년이었다.

수출길이 막히자 기업의 투자 심리가 가장 먼저 얼어붙었다. 2017년 16.5% 증가했던 설비 투자가 2018년 -2.4%, 2019년 -8.5%로 위축됐다. '기술 한국'을 떠받치는 지식재산 투자도 2017년 6.5%에서 2018~2019년 2%대로 하락했다. 4차 산업혁명 시대에서 살아남기 위해 연구개발 투자가 긴요함을 모든 기업이 알고 있으나, 수익률 저하로 선뜻 나서지 못한 것이다.

건설 투자는 2018년 -4.3%, 2019년 -3.6%로 2년 연속 마이너스를 기록했다. 2015년부터 급증한 착공 물량 상당수가 2018년 초에 완공되었고, 정부의 집값 안정 대책으로 민간 부문 신규 건설이 크게 줄었다. 정부가 2018~2019년에 사회간접자본SOC 투자를 줄인 것도 영향을 끼쳤다.

정부가 추경을 포함해 적극적인 재정 확대에 나선 덕분에 경기 침체의 골을 조금이나마 완화시킬 수 있었다. 정부의 재정 지출이 2018년 433조 원에서 2019년 470조 원으로 8.5% 증가하면서 정부 소비의 성장 기여도가 1%포인트를 상회했다. 2019년 성장의 절반 이상을 정부 소비가 담당한 것이다.

민간 소비는 2018년 2.8%에서 2019년 2.0%로 떨어졌다. 고용 여건이 좀처럼 개선되지 못하면서 임금근로자의 근로 소득과 자영업자의 사업 소득이 정체되고, 저출산·고령화에 따른 노후 불안과 주거비 부담도 소비 심리를 위축시켰다. 그나마 정부가 기초 연금과 아동수당, 근로장려세제EITC를 확대하고 고교 무상 교육을 새로 도입하면서 2% 아래로 떨어지는 것은 피할 수 있었다.

신규 취업자 수는 2018년 10만 명에서 2019년 26만 명으로 증가했지만, 기저효과를 감안하면 여전히 고용 한파에서 벗어나지 못했다. 취업자보다 실업자가 더 빨리 증가하면서 실업률은 2018년 3.8%에서 2019년 3.9%로 상승했다. 소비자 물가는 2018년 1.2%에서 2019년 0.5%로 역대 최저치로 떨어졌다. 경기 침체, 국제 유가·농축수산물 가격 하락뿐만 아니라 정부의 유류세 인하와 복지 확대도 물가 하락에 영향을 끼쳤다.

│ 2020년 한국경제에 드리운 주요 이슈들

수출 주도 한국경제에 가장 큰 영향을 끼치는 외부 요인은 역시 미중 무역 전쟁이다. 양국의 충돌이 격렬할수록 한국경제는 침체의 골이 깊어지고, 이 전쟁이 타결되는 시점에야 한국경제도 회복되기 시작할 것이다. 정부 지출로 근근이 버티는 상황에서, 미중 무역 전쟁 타결로 수출이 되살아나지 않는다면 딱히 반등의 모멘텀을 찾을 수 없기 때문이다.

미중 무역 전쟁은 2020년 상반기에 타결될 가능성이 크다. 칼

자루를 쥐고 있는 트럼프 미국 대통령은 미중 무역 전쟁에서 전리품을 챙겨 11월 대선에 임할 심산이며, 중국을 압박할 수단도 충분하기 때문이다. 하지만 중국의 저항도 만만치 않아 양국은 타결 직전까지 치킨게임을 벌일 것이다. 이미 미국은 5,500억 달러 규모의 중국 제품에 15~30%의 관세를 부과했고, 이에 맞서 중국도 750억 달러 규모의 미국 제품에 5~10%의 관세를 매기기 시작했다. 또한 미국이 중국을 환율 조작국으로 지정하면서 관세 전쟁이 환율 전쟁으로 확산되고 있다.

미국은 점점 더 높은 관세 장벽을 쌓음과 동시에 중국을 지식재산권 우선협상국으로 지정해 비관세 장벽까지 둘러칠 것이다. 그래도 중국이 버틴다면, 트럼프는 정치적·군사적 압박 카드까지 꺼내들 수도 있다. 사드 배치에 이은 중거리 핵전력 배치, 양안 문제 및 남중국해 분쟁 개입, 인권 문제 등 압박 수단은 무궁무진하다. 합의안 타결 가능성을 점치는 이유다. 다만 중국이 미국의 차기 정부와 협상할 요량으로 끝까지 저항한다면, 2020년 내내 미중 무역 전쟁이 이어질 가능성도 배제할 수 없다.

일본의 저강도 경제 보복은 2020년 내내 이어질 전망이다. 우리나라 대법원의 강제 징용 판결에 반발해 2019년 7월부터 시작된 일본의 경제 보복은 아베의 '국내 정치용' 성격이 짙다. 아베는 일본을 전쟁 가능 국가로 만드는 개헌이 완수될 때까지 외부의 적이 필요하며, 이를 위해 한국을 희생양으로 삼고 있는 것이다. 일본의 경제 보복이 장기화될 수밖에 없는 이유다. 다만 세계무역

기구WTO 등 국제사회의 눈과 2020년 7~8월 도쿄올림픽을 의식해 강력한 보복에 나서지는 못할 것이다. 일본의 저강도 경제 보복으로 한국경제가 입는 직접적인 피해는 그리 크지 않지만, 만에 하나 일본산 소재 부품 공급 차질로 멈춰서는 공장이 생겨난다면 투자 심리와 소비 심리가 크게 위축될 수 있다. 정부가 기업과 협조해 그런 일이 발생하지 않도록 세밀하게 대응해야 한다.

또 하나, 우리나라의 통화·금융 정책 여건이 변하고 있다. 미국을 비롯해 주요국과 신흥국이 금리 인하 행렬에 나서면서 우리나라도 금리를 추가로 인하할 여력이 생겼다. 다른 한편으로 미중 무역 전쟁이 치열해질수록 국제 금융 시장이 불안해지고 환율 변동성이 확대될 것이며, 아르헨티나 등 몇몇 신흥국이 외환위기에 빠질 가능성이 크다. 미중 무역 전쟁으로 위안화/달러 환율이 요동칠 가능성이 높은데, 위안화-원화 동조화가 심하기 때문에 원/달러 환율도 덩달아 출렁일 가능성이 크다. 정부와 한국은행은 경기 활성화를 위해 통화·금융 정책을 완화적으로 운용하되, 기준금리 인하에만 의존하는 것이 아니라 금융중개지원대출, 정책금융을 적절히 병행해 돈이 실물경제(투자·소비)로 흐르도록 유도해야 한다.

국제 금융 시장 불안이 한국 금융 시장 불안과 수출 감소로 전이되지 않도록 컨틴전시플랜을 가동하고, 특히 원/달러 환율에 대한 기대 심리가 비정상적으로 한곳으로 쏠리지 않도록 적극적인 환율 안정에 나서야 한다.

한국경제는 2020년 상반기까지 심각한 침체를 겪은 후 하반기부터 조금씩 회복되는 상저하고(上低下高)의 양상을 띨 전망이다. 상반기에는 미중 무역 분쟁이 격화되면서 수출과 설비 투자 감소세가 지속되나, 분쟁 타결 이후에는 증가세로 반전될 것이다. 건설 경기는 하반기까지 계속 감소하며, 민간 소비의 정부 소득 지원 효과는 반감될 것이다. 다만 정부의 적극적인 재정 확대가 상반기에 침체의 골을 완화하고 하반기 경기 회복에 힘을 보탤 것이다.

한국 수출(통관 기준)은 2019년 -8.8%에서 2020년 2.0%로 반등할 전망이다. 미국, 중국, 일본, 유럽 등 주요국의 경기는 둔화되지만, 중국을 제외한 신흥국 경기가 반등하면서 세계경제가 미약하나마 개선될 것이다. 또한 미중 무역 전쟁 타결로 세계 교역이 점차 회복되고, 반도체 가격도 반등할 것으로 예상된다. 다만 미중 무역 전쟁의 타결이 막판까지 불확실성을 나타내며, 타결 이후에도 서너 달의 시차를 두고 수출이 개선될 것이다.

설비 투자는 2019년 -8.5%에서 2020년 1.6%로 반등하고, 연구개발 투자도 2.7%에서 4.0%로 개선될 전망이다. 미중 무역 전쟁의 먹구름이 걷히고 미래 경기 전망이 개선되면서 기업들이 미뤄놨던 설비 투자와 연구개발 투자에 본격적으로 나설 것이기 때문이다. 4차 산업혁명 관련 신산업 창출과 전통 산업의 신기술 접목이 이뤄지고, 특히 일본의 경제 보복 이후 정부의 전폭적인 지원 아래 소재·부품·장비 투자가 증가할 것이다. 정부가 연구개발 예산을 21조 원에서 24조 원으로 17.3% 늘리고 산업·중소기업·에너지 예산을 19조 원에서 24조 원으로 27.5% 증액 편성한 것이 마중물 역할을 할 것이다.

건설 투자는 2018~2019년에 이어 2020년에도 마이너스(-2.9%)를 기록하며 혹한기가 이어질 전망이다. 2018~2019년에 건설 수주가 줄어든 것을 감안하면 2020년에 건설 투자가 증가세로 돌아설 가능성은 희박하다. 정부가 2018~2019년과는 달리 2020년에 사회간접자본 투자를 20조 원에서 22조 원으로 늘리고 도시재생 사업 확대와 기업 투자 프로젝트 조기 착공 지원에 나서고 있지만, 흐름을 반전시키기에는 역부족이다. 정부가 대출 규제, 분양 원가 공개에 이어 민간 택지 분양가 상한제까지 점점 더 강력한 집값 안정 대책을 내놓는 것도 투자 심리를 위축시키는 요인이다.

민간 소비는 2019년 2.0%, 2020년 2.1%로 정체될 전망이다. 제조업 고용 부진과 명목임금 상승률 둔화, 내수 부진으로 가계 소득이 정체될 것이다. 미중 무역 전쟁으로 불확실성이 확대되고 경기 둔화 우려가 커지면서 소비 심리는 2020년 하반기에나 회복될 듯하다. 기초연금 등 정부의 소득 지원이 2019년까지 크게 증가했으나, 2020년에 증가폭이 줄어든 것도 소비 정체의 한 이유다. 전월세 가격 안정과 소비자 물가 안정으로 소비 여력이 소폭 개선된 것은 그나마 다행이다.

한편 정부의 재정 지출 확대는 2019년에 이어 2020년에도 경기 침체를 완화하는 효자 노릇을 톡톡히 해낼 전망이다. 정부는 재정 지출을 2019년 470조 원에서 2020년 514조 원으로 9.3% 확대할 계획이다. 2018년에는 주로 정부 소비와 민간 소비를 떠받쳤지만, 2019년에는 산업·중소기업·에너지 예산과 SOC 예산이 급증하면서 설비·지식재산·건설 투자까지 자극할 것이다.

신규 취업자 수는 기저효과로 2019년 26만 명에서 2020년 22만 명으로 소폭 줄어들 전망이다. 정부가 일자리 예산을 21조 원에서 26조 원으로 21.3% 확대하고 외국인 관광객이 늘면서 서비스업 취업자가 계속 증가할 것이나, 제조업과 건설업에서는 업황 부진으로 취업자가 감소할 것이다. 실업률은 3.9%로 비슷한 수준을 유지할 것이다. 소비자 물가는 2019년 0.5%에서 2020년 1.0%로 저물가 흐름이 지속될 전망이다. 세계경제 회복이 지연되면서 유가가 떨어지고, 기업의 실적 둔화로 임금상승률도 낮은 수준에 머물며, 농축수산물 가격도 안정될 것으로 예상된다.

2020년, 혁신성장 위한 천재일우의 기회

4차 산업혁명은 사람의 삶과 경제·산업 지형을 송두리째 바꾸고 있다. 예전에 없던 신산업이 끊임없이 창출될 뿐만 아니라, 전통 산업도 신기술을 접목하고 수요 변화에 적응해야만 생존할 수 있는 처지에 놓였다. 미국, 중국 등 주요국이 발 빠르게 치고나가는 반면 우리나라 기업과 정부는 다소 굼뜬 모양새다.

　다행히도 정부가 2019년 들어 경제 정책의 무게중심을 소득주도성장에서 혁신성장으로 옮기고 있다. 혁신성장 전략을 필두로 제조업 르네상스 비전, 서비스 산업 혁신 전략, AI·데이터 전략, 5G+ 전략, 시스템 반도체 전략, 바이오헬스 전략 등 50개가 넘는 산업별·제품별 혁신 전략을 쏟아냈다. 촘촘한 실행 계획이 미흡하긴 하지만, 첫 단추를 꿴 셈이다. 정책 전환의 결정적 계기는 역시 일본의 경제 보복이었다. 이에 분노해 국민과 기업, 정부가 한마음으로 '기술 강국'을 선언했고, 정부는 2020년도 연구개발·중소기업·에너지 예산을 20% 넘게 늘리면서 실탄도 장착했다. 한국경제가 또 한 번 도약할 천재일우의 기회가 찾아왔다.

　이 기회를 제대로 살리기 위해 '산업별·지역별 혁신 동맹'을 제안한다. 산업별·지역별로 끊임없이 혁신이 일어나도록 기업과 정부, 연구 기관, 노동자, 소비자가 참여하는 혁신 동맹을 맺자는 것이다. 혁신 동맹 참여자는 혁신에 꼭 필요한 연구개발 과제와 규제 개혁 과제를 적극 발굴하고, 정부와 국회는 정책·예산·입법으로 이를 뒷받침하자는 것이다. 혁신을 통해 생산성을 높이고, 파이를 키워 기업과 노동자, 소비자 모두 윈윈win-win하는 것, 이것이 혁신 동맹의 취지다. 혁신적 포용 성장 혹은 현 정부의 혁신적 포용 국가와도 일맥상통한다.

　예를 들어 5G 관련 통신사와 제조사, 노동자, 소비자, 연구자가 참여하는 '5G+ 혁신 동맹'을 상상해보자. 이들 모두가 5G 선도 국가를 소망하기 때문에 참신하고 긴요한 연구개발 과제와 규제 개혁 아이디어를 쏟아낼 것이다. 5G와 빅데이터·인공지능 융합을 위해 개·망·신법(개인정보보호법·정보통신망법·신용정보법) 개정을 요구할 수도 있다. 이런 아이디어까지 반영해 정부와 국회가 정책·예산·입법을 한다면 좀 더 빨리 혁신성장을 달성할 수 있을 것이다.

또 하나, 혁신성장은 필연적으로 이해충돌을 낳기 때문에 사회 갈등을 완화하는 방안이 함께 마련되어야 한다. 공론화위원회 방식을 접목한 '국민 참여 법안 심사'도 상상 가능한 아이디어다. 예를 들어 개·망·신법 개정안을 심사하기 위해 이해관계가 전혀 없는 국민대표 500명을 구성하고, 이들에게 최종 판단을 맡기면 어떨까. 법안 발의자와 관련 부처, 시민단체, 5G+ 혁신 동맹 참여자는 물론 일반 시민도 자유롭게 의견을 개진할 수 있다. 개인정보 유출을 우려하는 목소리와 개인정보보호를 위한 기술적·제도적 아이디어가 쏟아질 것이며, 법 개정으로 인한 편익에 대해서도 국민 대표들은 심사숙고할 것이다. 500명 국민 대표의 집단지성은 결코 국회의원의 법안 심사 능력에 뒤지지 않을 것이다. 물론 헌법상 입법권이 국회의원에게 있기 때문에 최종 결정은 국회의원의 몫일 수밖에 없지만, 국민 대표의 법안 심사 결과를 완전히 무시할 수는 없을 것이다. 국민참여재판에서 일반 국민으로 구성된 배심원단의 판단을 판사가 존중하는 것과 같은 이치다.

▶▶ **경제추격연구소**

미중-한일 경제 전쟁의 소용돌이와
한국경제

1. 신냉전이라는 뉴노멀 시대의 세계경제
2. 미중 경제 전쟁과 중국경제 리스크
3. 미중 경제 전쟁에 대처하는 한국의 외줄타기
4. 미중 무역 전쟁, 기술 패권 경쟁의 승자를 가리다
5. 미중 경제 분쟁과 한중 경제 협력
6. 한일 갈등, 극적 타결인가 파국인가?
7. 일본 경제 보복에 대처하는 기술안전망 구축

미중 무역 분쟁은 이제 전면적 경제 전쟁과 전략적 대결 국면으로 치닫고 있다. 양국의 협상은 어디까지나 그 전쟁의 한 부분일 뿐이다. 설사 특정 분야에서 양국이 협상을 타결하더라도, 그것은 새로운 대결의 출발점이 될 가능성이 높다. 문제는 G2의 본격적인 경제 전쟁이 야기하는 글로벌 경제의 불확실성이다. 2020년부터 우리 경제 주체들은 전혀 익숙하지 않은 이슈들을 둘러싼 어려운 의사 결정에 직면하게 될 것이다.

2019년의 미중 무역 협상 과정에서 미국은 단지 양국 간 무역 불균형이 아니라, 중국의 국가 주도적 경제 체제 자체가 근본적인 문제임을 분명히 했다. 미국은 중국이 국내적으로는 이른바 '사회주의와 시장경제의 조화'를 이루었다고 주장하지만, 과연 중국이 그동안 '중국 사회주의'와 '세계 시장경제'를 조화시킬 수 있을 만큼 변화했는가라는 근본적인 문제를 제기하고 있는 것이다. 2019년 「포춘Fortune」 글로벌 500대 기업 중 중국 기업이 119개에 달하고(미국 121개) 그중 대다수가 국유 기업이라는 사실은 중국의 국가 주도적 경제 체제 문제가 결코 일국의 국내 문제일 수는 없다는 미국의 주장에 힘을 실어주고 있다.

이에 대해 중국은 체제 선택은 주권의 문제지 협상의 대상이 될 수 없다는 입장을 분명히 했다. 지난 40년간의 개혁개방이 시장화와 세계화를 통해 기존의 글로벌 경제 질서에 통합되는 과정이었다면, 시진핑 시대의 중국은 '중국 특색 사회주의'의 발전을 통해 남이 뭐라던 자신의 길을 가겠다는 의지가 분명하다. 이처럼 미국과 중국이 근본적으로 상반된 인식을 갖고 있는 상황에서 양자 사이의 타협점을 찾는 데는 아마도 매우 오랜 시간이 걸릴 것이다. 우리가 이를 '신냉전' 또는 '뉴노멀' 시대라고 따로 명명하는 것은 그 때문이다. 신냉전 시대를 맞아 글로벌 경제는 다양한 영역에서 심각한 불확실성에 직면할 것이다. 2020년은 그 불확실성이 본격적으로 발현되는 해다.

물론 미국의 대선을 계기로 양국 간 타협이 조기에 실현될 것이라는 일각의 기대도 있다. 그러나 일시적인 타결이 이루어지더라도 경제 주체들이 이를 양국 간 경제 전쟁의 종결로 받아들일 것이냐는 또 다른 문제다. 이미 2019년에 진행된 협상 과정을 통해 양국 간에는 타협하기 어려운 근본적 대립이 있다는 것이 확인된 상황이다. 때문에 기업들은 향후 미중 협상이 어떻게 진행되든 간에, 미중 양국은 이미 경제 전쟁과 전략 대결 국면에 진입했다는 것을 전제하고 자신의 의사 결정을 해야만 한다.

신냉전이 시작되는 상황에서 미국과 중국 사이의 시비나 승패를 따지는 것은 호사가들이 할 일이다. 우리가 해야 할 일은 미중 경제 전쟁이 야기할 글로벌 경제 환경의 불확실성에 대한 지도를 미리 작성하는 것이다. 승패는 미래의 일이고 불확실성은 당장 눈앞의 현실이다. 실제로 2019년 우리는 미중 경제 전쟁의 동북아시아판이라고 할 수 있는 일본의 무역 제재에 직면한 바 있다. 따라서 'PART 2'에서는 2020년 우리가 직면할 불확실성의 지도를 주요 이슈별로 그려보는 데 집중했다.

우선 미중 경제 전쟁의 새로운 전장이 되고 있는 신산업 신기술 분야에서 양국의 기술 경쟁이 미래 산업의 플랫폼 형성에 어떤 영향을 미칠 것인지 점검해볼 필요가 있다. 미중 경제 전쟁으로 주요 산업에서 글로벌 가치사슬이 분리된다면, 그것은 이미 가치사슬이 정착된 기존 산업보다도 신기술에 의존하는 신산업에서 먼저, 더 쉽게 나타날 것이기 때문이다. 특히 몇몇 신기술 분야에서 미중 양국은 사실상 대등하게 경쟁하고 있는데, 이 때문에 5G, AI, 미래 자동차 등 관련 신산업에서 미중에 의한 가치사슬과 산업 플랫폼의 블록화가 오히려 더 촉진될 수도 있다는 점에 유의해야 한다.

또한 미중 경제 전쟁이 촉발하는 산업별 가치사슬의 재편, 신사

업 플랫폼의 블록화, 기업 활동에 대한 정치·안보적 제약, 일본의
부품 및 원자재 수출 제한 등은 우리 기업들에는 익숙하지 않은
새로운 종류의 환경 변화이자 불확실성이다. 이 때문에 기술 개
발, 투자 확대, 시장 선택과 관련한 기업의 의사 결정 과정은 점점
더 어려워질 것이다. 이러한 기업 환경은 거시경제 전체적으로는
설비 투자의 지속적인 둔화로 연결될 가능성이 크다. OECD에 따
르면 이미 2019년 들어 주요국에서 무역뿐 아니라 설비 투자의 둔
화도 나타나기 시작했다. 설비 투자 둔화에 따른 충격을 완화하기
위해서는 재정 투자 확대 등 정부의 적극적인 정책 대응도 필요한
시점이다.

　우리의 가장 큰 수출 시장이자 이번 경제 전쟁의 당사자인 중국
의 경제 상황에 대한 점검도 중요하다. 2020년 중국은 이미 성장
둔화, 부채 증가, 외화 유출 등 다양한 위험에 노출되어 있다. 미
중 경제 전쟁과 중국이 현재 안고 있는 위험 요인이 결합해 새로
운 위기를 촉발하는 것은 아닌지, 이에 대응하기 위해 중국 정부
가 무엇을 할 것인지를 확인해볼 필요가 있다. 특히 앞으로 중국
이 독자적 기술 개발에 나섬과 동시에 미국의 요구를 일부 수용해
시장 개방을 대폭 확장하게 된다면 이에 따르는 기회와 위협에 우

리가 어떻게 대응할 것인가에 대한 고민이 필요하다.

불확실성의 지도는 함께 그려볼 수도 있다. 그러나 미지의 해역을 실제로 항해하는 책임은 기업과 기업인의 몫이다. 2020년은 어느 때보다도 기업인들의 도전 정신의 회복이 필요한 한 해가 될 것이다.

▶▶ **지만수**

01 신냉전이라는
뉴노멀 시대의 세계경제

| 전장을 확장해가는 미중 무역 전쟁

2018년 여름 서로를 향해 전례 없는 관세 폭탄을 주고받으면서 본격화된 미중 무역 전쟁이 장기화되고 있다. 자신의 발등을 찍는 관세 전쟁은 '트럼프의 쇼'라면서 조기 종결될 것이라던 세간의 기대는 배반되었다. 오히려 관세 전쟁은 기술 전쟁, 인재 전쟁, 환율 전쟁으로 확대되었다. 2018년 12월 부에노스아이레스 G20 정상회의에서의 90일간의 휴전 기간 동안 워싱턴과 베이징을 오가는 협상이 있었지만, 타협으로 이어지지 못했다. 관세 폭탄은 더욱 커졌고, 전선은 무역에서 투자, 기술, 과학, 인력 교류 등 전방

위로 확대되어갔다. 2019년 6월 오사카 G20 정상회의에서 미중은 추가적인 도발을 중단하고 다시 협상에 돌입하는 것에 합의했지만, 아직 무역 전쟁을 종결시킬 합의로 가는 길은 안개 속에 가려져 있다.

트럼프와 시진핑의 잠정 휴전은 여름을 넘기지 못했다. 미국과 중국은 서로의 무기고에서 더 크고 묵직한 폭탄을 찾아내어 상대를 향해 쏘아 올렸다. 9월의 첫날, 미국은 지금까지 관세 폭탄 투하 구역에서 벗어나 있던 중국산 소비재에 고관세를 부과하기 시작했다. 앞서 8월 초엔 중국을 환율 조작국으로 지정했다. 중국도 질세라 미국산 수입품에 대해 추가 관세로 맞불을 놓았다. 앞서 5월 미국은 중국의 세계적인 통신제조 기업 화웨이에 미국산 제품 수출 금지 명령을 내렸다. 미국산 핵심 부품에 의존해온 화웨이는 치명타를 입었다. 설상가상으로 안드로이드 운영 체계를 제공해온 구글, 반도체 설계 기술을 제공해온 영국 ARM의 사업 중단 선언은 화웨이에겐 청천벽력이었다.

미국의 초강경 압박에 중국은 '결사항전'을 다짐하고 있다. 시진핑 주석은 전략 무기 카드로 만지작거리고 있는 희토류 생산 지역을 순시하고, 과거 공산당이 임시 정부를 꾸렸다가 패주했던 장시를 방문해서 결의를 다졌다. 중국 곳곳에는 지금 "미국의 행태는 중국 현대사의 굴욕을 가져다 준 제국주의 시대의 서구처럼 강압적이고 비도덕적이지만, 인민들은 동요하지 말고 길고 험난한 세월을 견디어 내면 혁신 역량이 강한 중국이 결국은 이길 것"이라는 붉은 물결이 일렁거리고 있다. 미국의 압박을 구조적 하강기에 접어든 불안한 중국경제에 대한 내적 불만을 외부로 표출하는 계기로 삼고 있다.

┃ 미중 간의 합의는 가능한가?

미중 무역 전쟁을 시작한 것은 트럼프 대통령이지만, 전쟁의 빌미를 제공한 것은 중국의 공세적인 진격이다. 세계 2위의 경제 대국으로 성장한 중국이지만, 중국 체제는 개혁을 외면하고 오히려 퇴행하고 있다. 중국을 향한 관세 폭탄 부과는 중국을 협상 테이블로 끌어들이기 위한 미국의 전략적 수단이다.

21세기가 시작될 때 미국경제의 10% 규모이던 중국은 이제 65% 규모로까지 치고 올라왔다. 지금의 중국 경제를 만들 수 있었던 것은 중국의 세계무역기구 가입이었다. 세계 최대의 시장인 미국에 다른 국가들과 같은 조건으로 시장 접근을 획득한 중국은 질주에 질주를 거듭했다. 2007년 독일을 제치고 세계 3위의 경제 대국으로 부상했고, 2010년에는 일본을 제치고 세계 2위의 경제 대국으로 등극했다.

중국은 더 이상 경제 대국에 만족하지 않는다. 경제 강국이 되려고 한다. 미래를 선도할 핵심 10개 분야를 선정해 중국산 점유율을 2025년까지 70% 수준으로 끌어올린다는 '중국 제조 2025'는 기술 패권을 잡으려는 중국의 야심을 적나라하게 보여주고 있다 (이 계획이 발표되던 2015년 중국산 점유율은 10% 이하였다).

미국이 국내적인 반발에도 불구하고 공산당 독재 체제의 중국을 포용한 것은 중국이 더 개방되고 개혁되리라는 기대 때문이었다. 그러나 그 기대는 배반당했다. 인터넷이 정치적 자유를 가져와 중국 정치 체제가 여론에 더 민감한 연성 정치로 변화할 것이라는 기대 역시 빗나갔다. 개혁개방이 지속되면서 운전대를 잡은 것으로 생각되었던 민간 분야는 이제 뒷좌석으로 밀려났다. 시진핑 등장 이후 공산당은 전면에 나서고 민간 분야는 확연히 후퇴했다. 빵의 문제를 해결하기 위해 자본주의 체제를 도입하는 유연성을 보였던 중국은 정치적 안정과 패권을 위해 공산당을 전면에 내세우는 이념성을 보이고 있다.

미국의 포용과 전략적 인내가 중국 체제를 원하는 방향으로 변화시키는 데 실패했다고 결론 내린 미국은 중국과의 관계를 리셋하려고 한다. 기울어진 운동장, 편파적인 심판, 무용지물이 된 경기 규칙, 모든 것을 싹 바꾸려고 한다. 기울어진 운동장을 이대로 둘 수 없다면서 국가 주도의 중국 경제 체제를 근본적으로 바꾸려는 미국과 '숫자는 타협 가능하지만, 시스템은 협상 불가'라는 중국 사이에 합의 영역을 찾아내기는 쉽지 않다.

2020년 미국 대선에서의 승리를 위해 트럼프 대통령은 '미국 무역수지 적자 해소, 미국산 농산물 수입 확대'를 주요 내용으로 하는 '스몰 딜Small Deal'에 유혹을 느낄 수 있다. 이 합의가 살아남을지는 불투명하다. 합의를 손바닥 뒤집듯 하는 트럼프의 행태와 미중 경제 전쟁의 핵심 갈등은 여전히 해소하지 못한다는 근본적인 문제 때문이다. 중국 경제 체제를 바꾸지 않는 한 어떤 합의가 나오더라도 잠시 갈등을 봉합하는 것일 뿐, 얼마 후에는 서로의 다른 경제 체제가 필연적으로 야기할 무역 충돌에 기존 합의는 무색해지고 무력해질 것이다.

미중 경제 전쟁, 어디까지 갈 것인가?

"중국은 국영 기업, 민간 기업, 학자, 유학생 등 모든 수단을 총동원해 미국의 정보, 연구개발, 혁신, 기술 등 지적재산을 빼가려는 장기적인 계획을 지속적으로 추진해오고 있다. 중국은 미국의 미래에 대한 심각한 위협이다. 우리 앞엔 붉은 경고등이 번쩍거리고 있다." 크리스토퍼 레이Christopher Ray 미국연방수사국FBI 국장이 2019년 4월 미국외교협회 공개 강연에서 던진 말이다. 일부 중국 학자들의 미국 비자가 취소되고, 미국 대학에 입학 허가를 받는 중국 출신 학생의 숫자는 확연히 감소하고 있음은 이런 인식의 연장선상이다. 같은 시기, 세계적 권위를 인정받는 미국 텍사스의 앤더슨 암센터가 중국 정부를 위해 스파이 행위를 했다는 혐의로 과학자 세 명을 해고했다. 의학 분야의 거대한 연구 자금을 관리하는 미국국립보건원NIH이 미국 정부의 예산 지원을 받는 대학,

연구소에 해외 기술 유출 혐의가 있는 연구자들을 색출하는 작업을 벌이고 있음은 첩보 영화의 한 장면이 아닌 실제상황이다.

2019년 1월, 미국 상원 정보위에 제출된 미국 정보국의 세계적 위협 평가 보고서는 군사적으로 민감한 자본집약적 고기술 분야에서 미중 간의 격차가 급속한 속도로 줄어들고 있다고 지적했다. 세계 최고의 수준이라는 중국의 얼굴 인식 기술은 빅데이터와 딥러닝 덕분에 그 정확도를 더 높여가고 있다. 중국의 얼굴 인식 기술은 전 세계 권위주의 국가 통치자들에게 새로운 비밀 병기로 수출되고 있다. 최근 중국은 법정 가상화폐를 만들겠다는 구상을 발표했다. 국가의 공권력에 대한 불신에서 시작된 사이버 공간에 존재하는 가상화폐를 국가가 주도해 도입하겠다는 중국의 발상은 사이버 공간에서 중국 정부의 통제력이 어디까지인가라는 질문을 던지게 한다. 중국의 디지털 통제는 경제 대국 중국을 조지 오웰 George Orwell의 『1984』를 방불케 하는 통제 사회로 변모시키고 있다. 디지털 시대는 중국 사회의 통제만 가져온 것이 아니라, 서방 세계의 자유, 법치 인권이라는 보편적 가치를 조롱하고 위협하는 무기로 변모했다.

디지털 대전환기에 중국이 5G, AI 선두주자로 부상하는 사태는 미국을 경악으로 몰아넣었다. 어느새 턱밑까지 추격해온 중국의 기세에 미국은 충격과 전율을 느끼고 있다. 미중 기술 전쟁은 이제 시작이다. 일찍이 경험하지 못했던 겨울이 오고 있다. 체제가 달라도 경제적 이익을 위해 미국과 중국이 협력해오던 그런 세상은 이제 역사 속으로 사라져가고 있다. 경제적 이익을 안보와 분리시켜주었던 차단벽은 사라졌다. 기술은 국적을 초월한다는 말은 이제 박물관에서 찾아야 되는 뉴노멀New Normal의 시대가 도래했다. 한때 '차이메리카(차이나+아메리카)'라고까지 불렸던 미국과 중국의 경제적 상호 의존성은 해체되고 붕괴될 전망이다.

공산당 독재국가이지만 세계경제와의 연결고리가 강해지면 중국이 정치적으로 유연해질 것이라는 기대로 가득했던 중국 포용론은 폐기되었다. 미국과 중국이 세계 경제위기, 기후변화, 테러와의 전쟁 등, 글로벌 문제를 위해 협력 공간을 모색하던 G2의 시대는 퇴조했다. 중국은 기술 강국, 군사 강국의 야욕을 노골화하고 있고, 미국은 그런 중국의 굴기를 제압하려 한다.

중국의 최대 수출 시장이자 핵심 기술 공급처이고, 인력 양성과 과학 기술의 학습기지였던 미국은 중국과의 연결고리를 끊으려고 한다. 미 의회는 여야 합의로 미국에서의 중국 자본의 인수합병을 통한 기술 획득에 대한 감시를 강화하고 제재의 수위를 높이는 법안을 통과시켰다. 미국 대학은 중국의 세계적 통신 기업인 화웨이와의 산학협력을 중단하고 있다. 무역, 투자, 기술, 과학, 인력 교류 등 곳곳에 장벽이 세워지고 있다. 미중 대격돌이 현실화되면 중국과 미국을 연결한 글로벌 가치사슬은 분리되고 와해될 수밖에 없다. 세계 기업들의 중국 탈출도 시작될 전망이다. 세계화의 상징이었던 애플 아이폰의 중국 생산 기지는 축소될 운명이다.

구조적 경기 하락세가 이미 진행 중인 중국에 미국과의 연결고리 해체는 중국경제를 더 어려움으로 몰고 갈 전망이다. 미국의 중국 봉쇄가 오히려 중국 기술 자립의 계기가 될 것이라는 전망도 있다. 그 전망이 현실로 등장하려면 '모방창신'으로 혁신을 추구해온 중국이 '모방'할 대상에 접근이 어려워진 상황을 극복해야 가능하다.

지구전을 각오하고 있는 중국이지만, 트럼프 재선 여부를 불문하고 미국의 대중국 강경 기조는 계속될 것이다. 인권과 자유롭고 통제 없는 인터넷의 가치를 강조하는 민주당은 트럼프의 변덕스러운 임기응변적 접근보다 더 강경할 것이다. 공산당 체제를 위협하지 않는 범위 내에서만 경제적 자유를 허용했던 '중국 특색 사회주의'는 중국의 미래를 구할 수 있을 것인가 고민할 시점이다.

지금까지 가보지 않은 길로 접어든 세계경제

미중 무역 전쟁은 제2차 세계대전 이후 70년 동안 유지되어왔던 자유무역 질서를 와해시키고 있다. 세계 2위 경제 대국 중국이 자유무역 질서의 혜택만 향유하면서 책임 있는 경제 대국의 모습을 보여주지 못하고 있고, 그 체제의 설계자이자 최대주주였던 미국이 스스로 파괴자가 되고 있음은 충격적인 사실이다.

미국과 중국이 그간 공존할 수 있었던 것은 '무역 확대를 통한 중국의 성장이 결국에는 중국의 정치적 자유를 가져올 것'이라는 미국의 신념이 있었기에 가능했다. 그렇기 때문에 미국은 중국의 세계무역기구 가입을 허용했고, 중국을 최종 조립지로 하는 글로벌 가치사슬이 형성되었다. 미국은 그 가치사슬에서 핵심 기술 공급과 최종 소비 시장의 역할을 담당했다. 신냉전의 시작은 그러한 신념 자체가 무너졌음을 의미한다. 기존의 글로벌 가치사슬은 와해될 운명에 처해 있다.

정치 체제의 상이함에도 불구하고 윈윈을 추구했던 경제적 합리성이 주도했던 시대는 종언을 고했다. 국내적인 반발에도 불구하고 자유경제 체제를 수호하기 위해 정치적 자산을 쏟아부었던 미국은 이제 무대에서 사라졌다. 지금이 아니면 중국을 길들일 수 있는 기회는 없다는 미국의 결기, 미국의 요구를 중국 발전 모델에 대한 도전, 체제 위협으로 간주하는 중국. 미중 경제 전쟁은 21세기 패권 경쟁의 또 다른 이름이다.

미중 경제 전쟁은 미국과 중국이 경쟁하면서 협력을 모색했던 시대와 결별하고, '대립과 견제'의 본격적인 패권 경쟁의 시대로 돌입했음을 의미하는 전환기적인 사건이다. IMF는 미중 무역 전쟁을 세계경제의 정상 운행을 저해하는 최고의 암초로 지목했다. 무역 전쟁은 세계 최대 경제 대국인 미국과 중국의 경제성장률 저하를 가져오고, 그 영향은 세계 무역의 위축, 투자 감소, 경제 심리 위축, 경영 리스크로 이어지는 확대 악순환을 가져온다는 우울한 전망이다. 미국과 중국이 자신의 목표를 위해 기존의 규범과 제도를 무시하고 힘으로 상대국을 몰아붙이는 '뉴노멀' 시대가 시작되었다. 미중 패권 경쟁의 가속화, 미국 정치의 인기영합주의, 중국의 경제민족주의화가 맞물려 만들어내고 있는 뉴노멀은 세계경제를 지금까지 익숙한 세상에서 생소한 곳으로 끌고 갈 것이다.

▶▶ **최병일**

02 미중 경제 전쟁과
중국경제 리스크

| 2019년 미중 분쟁 격화와 중국경제의 위기 우려

　2019년 미중 무역 분쟁은 전면적 경제 전쟁 양상을 보이고 있다. 일부 투자은행 사이에 중국경제의 2020년 성장률이 급락하고 경상수지도 적자로 전환되면서 위기가 발생할 것이라는 주장이 제기되고 있다. 실제로 미국의 관세 부과로 인한 중국경제의 성장률 평균 하락폭 예상치가 1%포인트 내외라고 평가된다. 이미 수년 전부터 성장률 둔화와 하방 압력을 겪고 있는 중국경제에 이는 상당한 부담이 될 것이다. 특히 중국경제가 안고 있는 내적 리스크 요인들이 미중 경제 전쟁을 계기로 표면화될 수 있다는 점이

우려되고 있다.

미중 무역 분쟁 격화로 중국경제가 경착륙하거나 크게 위축된다면 우리 경제 역시 큰 충격을 받게 된다. 우리 경제는 대외 의존도가 높고 중국경제와의 연관성이 실물과 금융 부문 모두 밀접하기 때문이다. 실물 측면에서 중국은 우리나라의 1위 수출 대상 국가이며, 금융 측면에서도 채권뿐 아니라, 은행 간 콜 거래나 차입 등 분야에서 중국에 대한 익스포져가 1~2위 수준일 정도로 중국의 영향력이 절대적이다.[1]

이에 따라 이 장에서는 2020년 중국경제가 직면하게 될 리스크 요인을 평가하고 이러한 리스크가 경제위기로 현실화될 가능성을 진단하고자 한다.

│ 미중 무역 분쟁과 중국경제의 3대 리스크

미중 무역 분쟁은 중국 경제가 안고 있는 내재적 리스크 요인인 기업 부채 문제, 외화 유출 문제, 부동산 문제를 악화시키는 계기가 될 가능성이 크다.

1) 기업 부채 리스크

먼저 가장 많은 주목을 받고 있는 기업 부채 문제다. 중국 기업의 총부채 규모는 2008년 리먼 사태 당시 4조 5,000억 달러에

[도표 2-1]
주요국 GDP 대비 기업 부채 비율

[도표 2-2]
중국의 회사채 디폴트 규모 및 건수

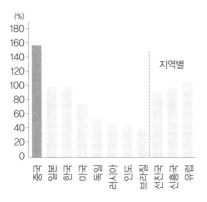

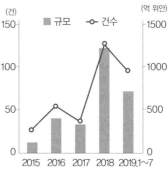

출처: CEIC. 2019년은 상반기 기준

서 2018년 20조 3,000억 달러로 4.7배 증가했다. 기업 부채 총액의 GDP 대비 비율도 93.1%에서 155.1%로 상승해 주요국 중 가장 높은 수준이다([도표 2-1] 참조). 더욱이 2018년 회사채 디폴트 규모가 4배 가까이 급증해 1,000건을 돌파한 후 2019년 상반기에도 유사한 수준을 유지하는 등 기업 부문의 신용 불안이 지속되고 있다([도표 2-2] 참조). 특히 민간 대형 투자회사인 중국민생투자가 2019년 8월 2일 5억 달러의 달러채 상환 불가를 발표(7/19일)하면서 중국 기업의 신용 리스크가 한층 더 고조되고 있다. 2020년까지 회사채 만기 도래 규모가 연평균 60% 가량 급증할 전망이다. 이러한 상황에서 미중 무역 분쟁으로 수출과 경제 심리가 위축될 경우 기업의 수익성이 악화되고 회사채 투자 심리도 위축되면서 기업 부채가 표면화될 가능성이 높다. 중국 은행의 공식 부실 채권 비율은 2013년 1.0%에서 2019년 3월 1.8%로 상승했고 같은 기간 금액 기준으로는 2.6배 증가했다.

더욱이 중국은 신용등급이 AAA인 기업의 비중이 13.0%(AA 이상 29.8%)에 달할 정도로 신용 평가가 관대하다. 미국의 경우 1.5%에 불과하다. 회사채 시장의 신용 평가 시스템 미흡은 기업 부채 문제의 잠재적 불안 요인으로 작용한다.

2) 해외 자본의 유출 리스크

두 번째는 미중 무역 분쟁과 직접 연관성이 높은 자본 유출 문제다. 2019년 상반기에는 중국의 외환 시장이 표면적으로는 안정되는 것처럼 보였다. 그러나 향후 대내외 환경이 악화될 경우 위안화 절하 및 자본 유출 압력이 확대되면서 중국 정부의 정책 어려움이 커질 가능성이 매우 높다.

실제로 2019년 8월 5일 위안화의 환율이 심리적 지지선인 7위안을 상회한 이후 9영업일 연속 절하되었다. 이는 중국 당국이 그동안 위안화 가치 하락을 억제해오다가 미국의 관세 부과 발표(3,000억$, 10%)에 대한 대응으로 절하를 허용한 데 주로 기인하는 것으로 보인다. 2020년까지 위안화는 소폭의 추가 절하가 예상되나, 그 변동성이 커지면서 국제 금융 시장의 불안을 확대시키는 요인으로 작용할 가능성이 크다. 위안화 환율에 관한 투자은행의 위안화 전망은 다양하나, 2019년 중 3% 내외의 추가 절하를 예상하는 시각이 우세하다. 그러나 일부는 미국의 관세 부과 영향을 감안할 경우 9% 내외의 절하를 예상하고 있다. 특히 향후 달러화가 강세로 전환될 경우 위안화 절하 압력이 더욱 커질 수도 있다.

이는 중국의 경상수지 및 국제수지 불안 문제와도 연결되어 있다. 미중 무역 분쟁이 장기화하는 가운데 2018년 중국의 경상수지 흑자가 490억 9,000달러로 전년 대비 74.8% 감소했고 특히 2019년 1분기에는 16년 만에 처음으로 적자(-341억 달러)를 기록했다. 2020년부터는 적자로 전환될 가능성도 있다. 특히 미국의 관세 부과가 2020년까지 지속될 경우 중국의 수출이 1,000~1,500억 달러 감소하고 경상 흑자는 700억 달러 내외가 감소되어 소폭의 적자로 전환될 여지가 크다. IMF는 2022년 중국의 경상수지가 적자로 전환될 것으로 전망하고 있다.

경상수지와 달리 금융수지(계정)는 최근 3년간 흑자 기조를 유지해 경상수지 흑자 축소를 보완했다. 금융수지의 흑자는 그 주축이 되는 직접 투자와 증권 투자가 각각 300억 달러 내외 흑자를 기록한 데 주로 기인한다. 그러나 그 내용을 살펴보면 정부의 통제를 통해 인위적으로 흑자가 만들어진 측면이 있다. 중국 정부는 2015년 자본 이탈에 대응해 해외 직접 투자ODI 규제를 크게 강화했다. 실제로 외국인 직접 투자FDI는 최근 3년 연속 정체되고 있는 반면, 자국인의 해외 직접 투자ODI는 2017~2018년 중 연평균 약 18%나 감소했다. 앞으로 미국의 관세 인상 및 중국의 비관세 장벽 강화 등으로 중국 내 외자 기업의 경영 환경이 악화되면서 제조업을 중심으로 탈중국이 가속화되면 중국의 외환 수급 상황이 악화될 우려가 있다. 더욱이 국제수지 중에서 출처가 불분명한 자금인 오차 및 누락의 유출 규모가 최근 3년 간 연평균 2,000억 달러에 달하는데, 이는 중국의 경상수지 흑자 규모보다 크고 금융수지의 4배에 달한다([도표 2-3] 참조). 외환 유출입에 대한 중국 당국의 통제에도 빈틈이 있는 것이다.

현재 중국의 외환 보유액이 3조 달러를 상회하고 있으나 GDP 대비 외환 보유액 비율은 2010년 47.6%에서 2019년에는 22%로 하락했다. 현재 중국의 GDP 대비 외환 보유고 규모는 자유변동 환율 제도를 운용해 외환 보유액이 상대적으로 적게 소요되는 여타 신흥국 수준이다([도표 2-4] 참조). 그런데 SGSociete Generale는 자유변동 환율 제도가 관리 환율 제도에 비해 외환 보유액이 40~50% 정도 적게 소요되는 것으로 분석했다. 즉 중국이 보유하고 있는 3조 달러가 충분한 수준은 아닐 수도 있다는 것이다.

또한 장기적으로 중국 정부가 경상수지 적자 전환 등 구조적 변화에 대응해 자본 시장 개방이 가속화할 경우, 오히려 외국인 자금 유출입 등의 변동성이 크게 확대될 가능성이 있다. 특히 대내외 불안 요인이 심화되면서 자본 유출 압력이 커질 경우 중국 정부의 대외 차입 및 국내외 자산 매각 조치 등과 연결된 2차 리스크가 발생할 가능성도 배제하기 어렵다.

[도표 2-3] 중국의 항목별 국제수지

주: 자본수지는 IMF의 기준 변경으로 영업권 및 판매권 매각, 자산 소유권의 무상 이전 등의 항목으로 금액이 매우 미미

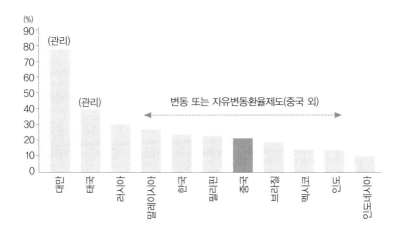

[도표 2-4] 주요 신흥국의 GDP 대비 외환 보유액 비율

3) 부동산 시장 리스크

마지막으로는 여타 리스크와 연결되어 복합적 위기의 트리거가 될 수 있는 부동산 시장 리스크다. 2020년까지 단기간에 중국 부동산 시장이 붕괴될 가능성은 크지 않으나, 시장이 크게 위축될 여지는 충분하다. 이미 중국 부동산 시장은 가격이 소득 대비 급격히 높아지면서 과도한 부동산 가격 상승을 억제해야 하는 정부의 정치적 부담이 큰 상황이다. 최근 경기 하방 압력이 큰 가운데에서도 2019년 7월 개최된 공산당 정치국 상무회의에서는 부동산 시장이 투기의 대상이 아니라고 강조하면서 가격 억제 정책을 유지할 방침을 재확인했다.

문제는 향후 부동산 시장 위축이 실물경제 위축으로 직결될 수 있다는 점이다. 중국의 경우 부동산 시장이 기업-은행-지방 정부 간 연결고리의 핵심이고, 부동산 관련 산업의 경제 성장 기여도가 약 30%에 달한다. 이는 부동산 시장이 성장 동력인 투자와 밀접한 관련이 있기 때문이다. 최근 10년간(2009~2018년) 중국의 GDP 성장에서 투자의 평균 기여도는 49.6%에 달하고, 과거 계획경제의 특성상 국유 기업 등 관 주도의 투자 규모가 민간 부문을 크게 상회하고 있다. 중국의 GDP 대비 총투자율이 2011년을 정점(48.0%)으로 완만히 하락했음에도 불구하고 2018년 여전히 44.2%로 미국 등 주요 선진국(평균 21.0%)은 물론 여타 브릭스BRICS 국가(평균 23.3%)에 비해서도 크게 높다. 절대 규모 기준으로도 세계 2위인 미국의 1.6배에 달한다.

[도표 2-5] **중국 정부의 전체 수입 중 토지 사용권 매각 비중**

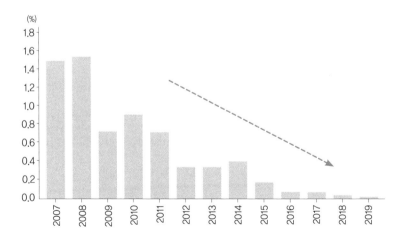

[도표 2-6] **중국의 전체 부동산 투자 중 외국인 비중**

출처: IMF 및 CEIC

더욱이 현재와 같이 중국 정부가 재정 지출을 통해 성장을 뒷받침하는 상황에서 부동산 시장 위축이 정부의 재정 수입을 감소시켜 결국 경기 부양책의 여력을 제약하는 요인으로 작용할 수 있다는 점에도 주목해야 한다. [도표 2-5]를 보면 중국 정부의 전체 수입에서 토지 사용권 매각이 차지하는 비중은 20%를 상회하고 있다(2018년 26.0%). 부동산 가격의 하락은 가계 자산을 감소시켜 소비에도 영향을 줄 수 있다. 중국의 가계 자산 중 부동산 비중이 65% 내외다. 이는 미국·유럽연합 평균 20%를 크게 상회하는 수준이다.

미중 무역 분쟁이 중국의 부동산 가격 불안을 심화시킬 수 있다. 우선 외자 기업이 이탈하면서 중국 내 부동산 자산 매각을 확대하면 가격 하락과 투자 위축을 초래하고, 이는 자본 이탈 가속화와 경제 성장 둔화로 이어질 수 있다. 실제로 중국 내 외자 기업의 경영 환경이 크게 악화됨에 따라 외국인의 부동산 투자도 급감해 2019년 1~7월 전체 부동산 투자에서 외국인 비중이 역대 최저치를 기록했다([도표 2-6] 참조). 더욱이 무역 분쟁으로 경기 하방 압력이 커짐에 따라 부동산 시장의 가격 억제 정책을 유지하기 어렵고 이는 시장 거품을 방치하는 결과로 이어져 장기적인 위험이 더 커질 가능성도 있다.

　종합해보면 전반적으로 중국 금융의 불안정 요인이 악화되고 있는 추세인 것이 틀림없으나 동시에 중국 금융의 안정 요인들도 여전히 건재하다. 따라서 미중 무역 분쟁에도 불구하고 단기간에 중국의 금융위기가 발생할 것으로 보이지는 않는다. 그렇다 하더라도 미중 무역 전쟁은 기존의 불안정 요인과 시너지 효과를 내며 실물경제 전반에 타격을 주고, 실물경제의 침체가 금융 부문으로 파급될 가능성이 크다는 데 유의해야 한다. 2019년에는 중국경제의 성장률이 정부의 목표치 6.0%~6.5% 사이인 6.2% 내외를 유지할 것으로 보이나 2020년에는 미국의 관세 부과 및 비관세 장벽의 영향이 본격화되어 경제성장률이 5% 초반대로(투자은행 평균 전망치 5.9%) 둔화될 수 있다. 더욱이 무역 분쟁이 기업 수익성을 악화시키고 경제 심리도 위축시켜 정부 경기 부양책의 효과를 제약할 우려가 크다.

　여기에 중국 정부의 정책 변화가 가져오는 정책 리스크도 가세할 수 있다. 당분간 중국 정부가 자본 유출 압력에 대응해 자본 통제 중심의 기존 정책을 유지하나, 정책의 어려움이 커지면서 중기적으로 환율 유연성 제고를 통해 근본적으로 시장 개입을 축소할 가능성이 있다. 정부의 재정 건전성은 아직까지 양호한 수준이나 일대일로 등 정부 주도의 인프라 투자가 지속되면서 향후 지출 여력이 과거에 비해 축소될 것으로 보인다. 전반적인 경기 대응 능력이 약화되는 것이다.

한편 기업 부채 문제 해소를 위한 근원적 조치인 국유 기업 개혁은 고용 불안, 소비 위축, 성장 목표와의 상충, 기득권과의 유착 관계 등이 걸림돌로 작용하고 있다. 정부가 국유 기업을 지원하기 위해 통화정책을 완화할 경우 당장에는 기업 부도를 회피할 수 있으나, 한계기업의 생명이 연장되면서 장기적으로 더 큰 신용 불안을 야기할 소지가 크다.

그렇지만 내수 위주로의 성장 기반 확충, 외채 건전성, 높은 저축률, 정부의 정책 여력 등이 실제 위기 발생을 억제하는 요인으로도 작용할 전망이다. 우선 GDP 대비 수출 비중이 2007년 34.1%에서 2018년 18.5%로 낮아져 대외 수요 둔화로 인한 충격 정도가 과거에 비해서는 완화된 것으로 평가된다. 내부적으로 도시화의 진전과 서비스업 성장이 장기 성장 동력으로 작용할 것으로 예상된다. 도시화는 난개발 등 부작용에도 불구하고 농업 인구의 서비스업 전환 등으로 과거 성장 동력인 공업화에 비해 성장 제고 효과가 크다. 서비스업의 경우 2019년 상반기 GDP 중에서의 비중이 이미 54.9%로 제조업 39.9%를 크게 상회했다. 한편 2018년 GDP 대비 대외 부채 비율은 14.7%로 여타 주요 신흥국 평균 57.3%(아시아 신흥국 33.6%)보다 낮고, 대외 순자산이 2조 1,000억 달러에 달해 대외 건전성도 양호하다. 중국의 저축률이 높다는 점도 중국경제의 안전핀으로 작용한다. 참고로 2018년 중국의 GDP 대비 총저축률은 44.6%로 여타 브릭스(24.5%) 및 선진국(22.7%)을 크게 상회한다. 중국 정부의 경기 대응 능력도 당분간은 유지될 것이다. 정부의 감세 등 재정 지출 확대로 인한 경제성장률 견인 효과가 0.7%포인트 내외로 미국의 관세 부과로 인한 성장률의 누적 하락폭 1.0% 내외를 일정 수준 상쇄할 전망이다

▶▶ 이치훈

03 미중 경제 전쟁에 대처하는 한국의 외줄타기

| 탈냉전의 최대 수혜자 중국 기업

　　1978년 중국의 개혁개방과 1991년 구소련 체제의 붕괴 이후 탈냉전의 시기가 도래하면서 과거 공산권 국가들이 자유 시장경제에 하나둘씩 편입되기 시작했다. 시장경제 체제하에서 기업들은 무역과 직접 투자를 통해 새로운 국제 분업international division of labor 체계를 형성하기에 이른다. 특히 중국은 1989년 톈안먼 사태를 경험하는 등 우여곡절을 경험하기도 했지만 2001년 세계무역기구에 가입하면서 본격적으로 글로벌 경제의 일원으로 활약하기 시작했다. 그 결과 중국의 성장은 새로운 신화를 쓰기 시작했고,

중국 기업은 글로벌 플레이어로 하나둘씩 성장했다. 중국 기업은 탈냉전 시기에 최대의 수혜자라고 볼 수 있다.

「포춘」이 선정한 글로벌 500대 기업(전년도 매출액 기준)의 국가별 분포를 살펴보면 1990년대 전혀 존재감을 드러내지 않았던 중국 기업들이 이제 세계를 주름잡고 있다. 미중 경제 전쟁의 와중에도 중국 기업들의 약진은 계속되고 있다. 2019년 글로벌 500대 기업에 포함된 중국 기업 수는 129개(대만 기업 10개 포함)로 미국의 121개를 제치고 처음으로 1위를 차지했다. 중국 기업은 2018년보다 8개 증가했지만 미국 기업은 5개 줄었다.

「포춘」은 글로벌 500대 기업의 분포가 바뀌고 있는 것은 세계 경제 지형이 바뀌고 있음을 보여주는 것이라고 설명하고 있다. 사실 미국 트럼프 행정부가 중국의 굴기를 제어하겠다는 것도 경제 영역에서는 중국 기업의 놀라운 성장 속도를 꺾어보겠다는 것에 다름 아니라고 볼 수 있다. 세계 1위 기업은 미국 최대의 유통 기업인 월마트가 차지했다. 그러나 2위와 4위는 중국의 국영 석유 회사가 차지했다. 중국 공상은행(26위), 중국 건설은행(31위), 중국 농업은행(36위) 등 중국의 국유 상업은행들도 모두 상위권을 차지했다. 미 상무부의 표적이 되고 있는 화웨이는 61위를 차지했고, 샤오미는 창업 9년 만에 468위로 500대 기업에 진입했다.

글로벌 500대 기업에 속한 중국 기업의 3분의 2가 국유 기업이다. 국유 기업은 중국 정부로부터 금융 및 산업 정책 측면에서 전폭적인 지지를 받고 있다. 국유 기업의 비중이 그만큼 높다는 사실은 세계시장에서 공정한 게임의 룰을 위반할 수 있다. 중국은 국유 기업에 대한 지원을 합법적인 산업 정책이라고 합리화하고 있지만 미국, 유럽연합, 일본은 중국을 여전히 시장경제로 인정하고 있지 않다.

▎ 슬로벌라이제이션과 글로벌 가치사슬의 재편

중국의 개혁개방, 구소련 체제의 붕괴 이후 자유무역 질서는 전성기를 맞는 듯했다. 수출로 먹고 사는 한국 기업들은 중국 기업 못지않게 안정된 자유무역 질서의 수혜자였다. 그러나 2008년 글로벌 금융위기 이후 보호무역주의의 조짐이 보이기 시작했다. 급기야 미중 무역 전쟁으로 자유무역 질서가 크게 흔들리고 있다. 글로벌라이제이션Globalization의 속도가 급격히 늦어지고 있다. 슬로벌라이제이션Slowbalization이라는 신조어가 등장하게 된 배경이다.

이제 국제 교역은 GDP 성장률을 밑돌기에 이르렀다. IMF는 2019년 7월 23일 세계경제 전망 수정치를 발표하면서 2019년 세계경제의 성장률을 0.1%포인트 낮춘 3.2%로 조정했다. 반면에 상품과 서비스를 포함한 무역(물량기준)은 단지 2.5% 성장할 것으로 추정했다. 실제로 2019년 1분기 무역은 전년 동기 대비 0.5% 성장하는 데 그쳤다. 또한 세계무역기구가 매 분기마다 발표하는 세계

무역전망지수World Trade Outlook Indicator를 보면 2분기 96.3으로 기준치 100을 넘지 못하고 있을 뿐만 아니라 9년 만에 가장 낮은 수준을 기록하고 있다. 국제 항공 운수, 자동차 생산 및 판매, 농산물 등 3개 지수는 각각 92.3, 92.2, 92.4를 기록해 세계 무역의 하강을 이끄는 요인으로 지적되었다.

우리나라의 수출은 9월까지 10개월 연속 전년 대비 감소했다. 세계 전체로는 아직 미약하지만 성장세를 보이고 있는 데 반해 우리나라는 계속 감소세를 보이고 있다. 우리 기업의 수출이 세계 경제의 둔화, 미중 무역 갈등에 따른 영향을 받고 있다는 점은 무역 통계를 통해 확인할 수 있다. 수출 감소 추세는 2015년 1월부터 2016년 7월까지 19개월 연속 마이너스를 기록한 이후 최장 기간이다. 국가별로 한국의 최대 시장인 중국으로의 수출 감소가 두 자릿수로 가장 두드러졌다. 우리나라의 2대 수출 시장인 미국도 감소했다. 품목별로는 반도체, 석유화학, 석유 제품의 수출이 가장 부진하다. 특히 반도체의 경우 제품 단가 하락이 가장 중요한 요인으로 지적되고 있다. 그나마 선박 수출이 높은 증가세를 보이고 있는 점이 위안이 되고 있을 뿐이다.

엎친 데 덮친 격으로 일본이 전략 물자 수출 통제에 나서면서 우리나라를 백색국가 리스트에서 제외하기에 이르렀다. 우리나라도 물론 맞대응에 나섰다. 아직 3개 품목에 불과하지만 우리나라 주요 수출품에 필수적으로 사용되는 핵심적인 소재 등에서 수급에 차질이 생길 가능성이 높아졌다. 향후 냉랭한 한일 관계의 기류가 더욱 악화될 경우 한일 양국은 극단적 조치를 취할 가능성도 배제할 수 없다. 미중 통상 분쟁이 한일 통상 분쟁으로 확산되면서 국제 무역 질서가 안보를 명분으로 보호주의로 회귀하고 있는 가운데 글로벌 가치사슬에 묶인 한국 기업은 이중고에 시달리고 있다.

유엔무역개발회의UNCTAD가 매년 발표하는 세계투자보고서World Investment Report에 따르면 2000~2010년 선진국의 경우 매년 11%, 개도국의 경우 매년 13%로 글로벌 가치사슬에 참여하는 비중이 증가했다. 그러나 2010~2017년 기간 동안 글로벌 가치사슬 참여 증가율은 선진국의 경우 1%, 개도국의 경우 3%로 감소했다. 세계 무역의 둔화 현상과 함께 가치사슬 구조가 점차 성숙 단계로 진입한 것으로 볼 수 있다. 그러나 미중 무역 분쟁의 전개 양상에 따라 가치사슬 구조는 새롭게 재편될 것이다. 미국은 관세가 부과되지 않았던 3,000억 달러 상당의 상품에 대해서도 관세 부과를 시작했다. 9월 1일 1,030억 달러 제품에 15%의 관세를 부과했다. 또한 10월 중 2,500억 달러 상당의 제품에 부과한 25%의 관세를 30%로 인상할 예정이다. 일각에서는 관세율이 50%까지 상승할 가능성도 배제할 수 없다는 주장도 나오고 있다. 관세 인상의 시점과 품목에 다소 변경이 있을 수 있지만 미중 통상협정이 타결되기 전까지 미국의 관세 인상 카드는 여전히 유효하다. 이 경우 중국이 참여하는 가치사슬 구조는 상당한 영향을 받을 수밖에 없을 것이다. 예를 들어 아직 관세 인상의 대상이 아닌 아이폰에 대해

관세가 부과된다면 미국의 애플사가 중국 심천에서 생산하는 스마트폰 생산을 더 이상 폭스콘Foxconn에 위탁하지 않는 극단적인 경우도 상정해볼 수 있을 것이다. 미국으로 수출하는 중국의 최종 소비재가 미국이 부과하는 보복 관세로 영향을 입게 된다면 중간 재와 자본재를 중국에 수출하는 한국, 대만, 일본 등은 타격을 입을 수밖에 없다. 여기에 더해 일본이 전략 물자 수출 통제의 품목 수를 늘리게 되면 한중일 3국간 가치사슬 구조는 해체 위기에 처할 수도 있다.

기업의 측면에서 이러한 변화는 물론 위기이면서 기회다. 대중국 수출 의존도가 높은 기업들은 매출과 영업 이익에서 일정 부분 타격을 입을 것이 분명하다. 2018년 기준 칠레, 브라질, 페루 등 원자재를 수출하는 국가를 제외하고 대만(28.8%), 한국(26.8%), 베트남(17.3%)의 순서로 대중국 수출 의존도가 높다. 의도적으로 대중국 의존도를 줄이기는 힘들 것으로 보이지만 무역과 투자가 긴밀히 연계되어 있다는 점을 감안할 때 우리 기업들은 투자 다변화를 심각히 고려해야 할 것이다. 다행인 것은 중국이 미중 경제 전쟁의 와중에도 지속적으로 외자 기업의 투자 제한 철폐 및 금융 시장 개방을 강화하고 있다는 점이다. 의료, 교육 등 서비스 산업의 개방은 현재 진행 중인 한중 FTA 서비스·투자 협상과도 맞물려 있다. 이 협상에서 우리 협상단은 관광·의료 등 서비스 시장 개방 확대를 위한 노력을 기울여야 할 것이다. 한편 미국의 대중 수입 감소로 인해 중국과 경합도가 높은 제품의 경우 미국 시장 진출 확대를 위한 기회로 적극 활용해야 할 것이다. 이를 위해 미국이 초점을 맞추고 있는 '중국 제조 2025' 제품에서 우리 기업이 전략적으로 경쟁 우위를 발휘할 수 있는 품목이 있는지 면밀한 분석이 필요하다.

▌ 거시경제 침체와 불확실성의 증대

미중 경제 전쟁이 어떤 양상으로 해소될 것인지, 언제쯤 해소될 것인지 아직도 갈피를 잡기 힘든 상황이다. 트럼프가 재선에 성공할 경우 앞으로도 5년 동안 트럼프 방식으로 미중 갈등이 계속 진행된다면 국제 무역 질서는 많은 변화를 겪게 될 것이다. 때로는 긴장 관계가 고조되고 때로는 진정되는 굴곡이 있을 것이다. 반이민, 반중국 노선을 분명히 하고 있는 트럼프 정부는 중국이 완전히 백기를 들지 않는 한 공세를 멈추지 않을 것이다. 이런 불확실한 환경에서 우리 기업들의 투자는 위축될 수밖에 없다. 중국이 러브콜을 해도 사드 사태 이후 큰 피해를 입은 아픈 기억을 갖고 있는 우리 기업이 중국에 선뜻 투자를 하기는 힘들 것이다. 또한 미국의 대중 무역 제재 카드가 여전히 유효한 상황에서 중국 내수 시장을 파고드는 투자가 아닌 이상 중국으로 향하는 우리 기업의 발길이 그만큼 뜸할 것으로 예상된다.

한 가지 다행스러운 것은 IMF를 비롯한 주요 국제기구의 전망을 보면 2020년이 2019년보다는 나아질 것으로 보인다는 점이다. 그러나 독일, 영국, 이탈리아 등 유럽 국가들의 2분기 경제성장률은 마이너스를 기록했다. 소위 경기 침체의 공포감이 금융 시장을 덮치고 있다. 경기 침체의 신호로 여겨지는 장단기 금리의 역전 현상도 나타나고 있다. 결코 낙관할 수 없는 상황이다. 또한 미 연준이 앞으로 어떤 행보를 보일지 모르겠지만 통화정책의 기조가 바뀌었다고 볼 수 있다. 미 연준은 7월 31일 트럼프의 기대에는 못 미쳤을지 모르지만 기준금리를 0.25%포인트 인하했으며, 9월에도 연이어 0.25%포인트 인하했다. 당분간 미국을 비롯해서 유럽, 일본 모두 완화 기조를 유지할 것으로 예상된다. 중국도 기준금리를 건드리지 않고 있지만 지급준비율을 낮추고 대출 금리 인하를 유도하고 있다. 다른 중앙은행들이 경쟁적으로 통화를 증발할 가능성도 논의되고 있지만 통화정책의 완화 속도는 신중 모드로 전개될 가능성이 높다. 저금리 기조하에서 비교적 풍부한 유동성은 분명히 미중 경제 전쟁으로 위축된 투자 심리에 긍정적 기여를 할 수 있을 것이다. 그러나 인공지능, 5G 등 디지털 전환이 새로운 투자를 주도하기에는 아직 역부족이다. 신성장 동력을 찾기 위해 기업들이 분주하게 움직이고 있지만 아직 확실한 한 방을 찾지 못한 것 같다.

미중 경제 전쟁은 신냉전의 양상을 띠면서 안보 전쟁으로 치닫고 있다. 특히 경제 전쟁의 핵심에는 중국 기업의 기술 추격이 있다. 이제 중국은 허접스러운 모방품만 만드는 국가가 아니다. 전기차, 드론, 5G 등 미래의 먹거리가 될 신산업 분야에서도 약진하고 있다. 미 트럼프 행정부가 중국에 부과하는 관세 인상의 논거도 중국의 지식재산권 탈취, 강제 기술 이전, 사이버 안보의 위협에 따른 경제 안보 논리에 근거하고 있다.

미국의 대중 압박은 의회 차원에서 당파적 이익을 넘어 전개되고 있다. 트럼프를 비판하면서도 민주당 역시 중국을 견제해야 한다는 데는 한목소리를 내고 있다. '2019년 국방수권법National Defense Authorization Act of 2019'을 통해 중국의 대미 투자가 안보적 위협을 가하고 있다고 주장하면서 중국의 기업 인수에 제동을 걸기 시작했고, 화웨이의 5G 기술에 대해 강한 견제구를 날리기도 했다. 미국 기업의 화웨이 관련 수출에 대해 통제가 시작되었고, 반화웨이 전선에 동맹국들이 참여하기를 강하게 희망하고 있다. 이런 가운데 '2020년 국방수권법'에서는 북한 제재와 관련한 BRINKBanking Restrictions Involving North Korea 법안이 포함되었다. 북한에서 사망한 오토 웜비어Otto Warmbier의 이름을 따서 '오토 웜비어 대북 은행업무 제한법'이 2017년 중순 발의되었으나, 미북 간 대화가 진행되면서 2018년 말 자동 폐기된 이후 2019년 3월 재발의되어 곧 시행을 앞두고 있다. 북한과 거래하는 모든 개인과 기업에 2차 제재 조치Secondary Boycott가 적용된다. 즉 제3자 금융 제재를 대폭 강화하고 제재 시행에 법적 구속력을 부여한 것으로 특히 북한과 거래하는 중국 은행을 겨냥한 것이라고 볼 수 있다.

미국은 북핵 문제의 완결한 해결을 원하고 있다. 북핵 문제의 해결에 중국을 의심의 눈으로 쳐다보고 있다. 또한 중국-러시아 의 안보 동맹 체제가 강화되는 가운데 미국은 한미일 동맹을 축으 로 인도-태평양 전략에 한국이 핵심 국가로 참여할 것을 희망하고 있다. 그러나 한일 간 갈등이 증폭되는 가운데 중국은 내심 한미 일 동맹이 와해되기를 희망하고 있는 눈치다. 경제와 통상의 측면 에서 중국은 여전히 우리에게 중요한 국가다. 안보 측면에서 북핵 문제가 완전히 해소되지 않는 한 한미 동맹 관계를 굳건히 해야 한다는 점은 아무리 강조해도 지나치지 않을 것이다. 경제와 안보 가 서로 맞물려 있는 상황에서 우리 기업은 신냉전 시대의 거친 파고를 잘 헤쳐 나가야 할 것이다. 우리 정부는 미국과 중국의 줄 다리기에 어느 한편에 힘을 보태기 어려울 수 있다. 그럴수록 기 업은 시장의 논리에 더욱 충실할 수밖에 없을 것이다.

▶▶ 왕윤종

04 미중 무역 전쟁, 기술 패권 경쟁의 승자를 가리다

2017년 미국의 대중국 무역 적자가 사상 최대를 기록하면서 촉발된 미중 무역 전쟁은 미중 간 상호 경쟁적으로 상대국에 대한 고율의 관세를 부과하면서 격화되는 양상을 보이고 있다. 그러나 미국의 엄청난 무역수지 적자가 미중 무역 전쟁의 진짜 이유였다면 협상은 진작에 타결되었어야 했다. 2018년 3월 무역 전쟁이 본격적으로 발발한 이후 협상 과정에서 중국은 미국산 대두, 수수, 천연가스 등 농산물과 에너지, 공산품에 대해 향후 약 1조 2,000억 달러 규모의 수입 확대를 약속했다. 그럼에도 불구하고 협상은 타결되지 않았다.

무역 협상이 좀처럼 타결되지 않는 이유는 그 배후에 기술 패권 전쟁이 자리 잡고 있기 때문이다. 지난날 세계의 생산 공장 역할을 담당했던 중국은 이제 주요 부품, 소재를 기술 선진국으로부터 조달해 완제품을 조립하는 생산 기지가 아니라 기술 원천 국가로 탈바꿈을 시도하고 있다. 특히 ICTInformation and Communication Technology 융합을 통한 제조업의 고부가가치화를 핵심 전략으로 삼고 있는 중국은 슈퍼컴퓨터, 인공지능으로 대표되는 ICT 신기술에 대한 독자적 기술 역량을 확보해 첨단 산업을 육성하고자 한다. 실제로 중국은 1990년대 이후 연구개발 투자를 빠르게 늘리면서 2009년 일본을 제치고 세계 2위의 연구개발 투자 국가로 부상했으며, 2017년에는 일본을 제치고 특허 출원 건수 2위에 올랐다. 전 세계 연구개발 투자 1위 국가, 특허 출원 건수 1위 국가인 미국을 턱밑까지 추격하고 있는 형국이다.

중국이 2015년 5월에 발표한 '중국 제조 2025'는 2025년까지 기술 혁신 역량을 끌어올려 10개 첨단 산업 분야 핵심 부품 자급률을 70%까지 달성하고, 제조업과 정보통신의 융합을 강화해 독일, 일본 수준의 제조업 경쟁력을 확보하겠다는 것이다. '인터넷 플러스'는 전국 단위의 인터넷망을 구축하고 이를 경제·사회 각 부문에 활용해 사회 변혁을 유도하는 ICT 중심 산업 정책으로서 11개 분야에서 새로운 산업 모델을 창출하겠다는 야심찬 계획을 담고 있다. 미국으로서는 중국의 거센 추격이 부담스럽고 신경 쓰일 수밖에 없다. 실제로 '중국 제조 2025'가 2018년 미중 무역 분쟁의 도화선 역할을 했다는 게 지배적인 시각이다. 이에 미국은 중국이 '중국 제조 2025' 정책을 기술 탈취의 수단으로 삼고 있다고 비난하는 한편 중국은 후발국의 따라잡기를 억제하는 불공정 행위라고 반박하고 있다.

미국 무역대표부USTR가 2019년 4월 발표한 스페셜 301조 보고서에는 중국의 기술 탈취에 대한 미국의 불편한 심기가 잘 드러나 있다. 스페셜 301조 보고서는 중국 내 불합리한 투자 환경으로 인해 미국 기업이 중국 진출 시 강제적인 기술 이전을 강요받고 지식재산권을 침해한다고 주장한다. 구체적으로 미국 기업의 피해 조사 사례 등을 6개 분야(불공정한 기술 이전, 허가 규제 등의 차별대우, 해외 투자, 중국의 미국 내 투자 영향, 미국 데이터망 내 불법 침입, 기타 중국 내 규제)로 구분해 상세히 적시했다. 보고서에서 미국 무역대표부는 미국은 중국의 기술 탈취와 지식재산권 침해로 인해 최소 500억 달러 규모의 피해를 입고 있다고 주장한다.

한편 미국 정부는 첨단 기술 획득을 목적으로 이루어지는 중국 정부의 해외 투자 개입과 지원을 견제하기 위해 외국인투자위원회CFIUS의 권한을 확대하고, 중국을 타깃으로 하는 특별관심국의 투자가 미국의 기술 및 산업에 미치는 영향을 평가해 투자거래 중지를 명령할 수 있는 권한을 부여했다. 뿐만 아니라 2018년 11월 19일, 미 상무부 산하의 산업안보국BIS은 수출 통제 개혁 방안에 따라 수출 규제 검토 대상 14개 신기술 분야[2]를 선정했는데 4차 산업혁명을 주도하는 ICT 신기술이 다수 포함되어 있다. 수출 규제 또한 중국을 정조준한 것이다. 이처럼 다양한 정책 수단을 통해 미국과 중국의 첨단 기술 선점에 대한 경쟁과 견제가 심화되는 상황에서 슈퍼컴퓨터, 인공지능 기술 등 주요 ICT 신기술 분야에서 중국은 미국을 위협할 정도로 성장했다.

신산업 신기술을 둘러싼 패권 경쟁

4차 산업혁명과 디지털 전환을 가능케 하는 기술은 단연 5G라 불리는 차세대 이동통신과 컴퓨팅의 결합이라 할 수 있다. 5G 이동통신의 특징은 초고속speed, 초저지연latency, 초연결connection이다. 5G는 최대 속도가 20Gbps로 LTE에 비해 속도가 20배가량 빠르고 처리 용량은 100배 증가한 기술로서 기존 산업의 생산성을 높이고 새로운 제품 및 서비스를 창안하고 신산업을 창출할 것으로 기대가 모아지고 있다. 때문에 미국과 중국은 5G 시장 선점을 위한 관련 표준, 애플리케이션, 인프라 부문에서 치열하게 경쟁하고 있다.

5G 네트워크를 활용한 상용 서비스는 미국이(2019년 4월) 중국(2019년 10월 이후)을 앞섰으나, 여기에 사용되는 모바일 기기와 통신장비 시장에서는 중국이 앞서는 모양새다. 글로벌 시장 조사 업체 IDC는 세계 5G용 스마트폰 출하 대수는 2020년 1억 1,000만

대에서 2022년 3억 대로 전체 스마트폰 시장의 18.2%를 차지할 것으로 내다봤다. 중국은 스마트폰 시장에서 샤오미의 '미믹스3 5G', ZTE의 '앤손10 프로', 레노버의 'Z6 프로'를 앞세워 공격적으로 5G 스마트폰 시장을 공략하고 있으며 화웨이와 오포비보도 2020년 내 5G 출시 계획이 잡혀 있다. 반면 미국은 애플이 퀄컴과의 특허 분쟁으로 5G 스마트폰 출시가 불투명했으나 극적으로 분쟁이 타결되어 뒤늦게 5G용 아이폰 출시가 가능해졌다.

통신장비 시장에서 화웨이는 2019년 3월 말 전 세계적으로 40개의 상업용 5G 계약을 체결하며 7만 개 이상의 5G 기반 스테이션을 수출했다. 통신장비 시장을 중국의 화웨이가 선도하는 만큼 미국의 견제는 거세다. 미국 상무부 산업안보국은 화웨이와 68개 계열사를 수출 통제 기업 목록에 추가했다. 화웨이는 스마트폰 생산에 필요한 OS, SW, 반도체 부문에서 미국에 대한 의존도가 매우 높기 때문에, 수출 관리 규정에 의해 미국의 주요 부품 조달에 차질이 생겨 최악의 경우 조업 중단 사태까지도 준비해야 하는 상황에 직면했다.

4차 산업혁명은 기술적으로는 통신 기술과 컴퓨팅 기술 결합의 토대 위에서 이루어진다. 특히 슈퍼컴퓨팅 기술력은 국가 과학 기술 역량을 나타내는 바로미터다. 이를 통해 시간과 비용의 문제로 실제 환경에서 모사할 수 없는 대규모의 연산이 필요한 실험들을 컴퓨터 시뮬레이션을 활용해 초고속으로 수행할 수 있게 한다. 실제로 슈퍼컴퓨터는 기상·기후 예측, 입자물리, 천문우주, 생명공학 등 첨단 과학 기술 분야에서 과학적 난제를 해결하는 주요 도구로 활용될 뿐만 아니라, 실험이 매우 어렵거나 불가능한 핵실험 등 국방·안보, 자동차, 항공, 신약 개발 등 다양한 산업 분야에서도 활용도가 매우 높다.

슈퍼컴퓨팅 분야에서 적어도 2012년까지 미국은 종주국이라 할 만했다. 시스템 메모리와 같은 슈퍼컴퓨터를 구성하는 주요 부품의 원천 기술 국가인 동시에 슈퍼컴퓨터 개발·구축 역량을 지닌 주요 기업들 또한 미국 기업이었기 때문이다. 전 세계에서 가장 우수한 슈퍼컴퓨터의 순위를 매겨 발표하는 TOP500 프로젝트에서 미국의 컴퓨터는 줄곧 1위를 차지했다.

그런데 2013년 6월 중국은 TOP500 프로젝트에서 미국을 따돌리고 1위로 부상했다. 중국 국립국방기술대학NUDT에서 개발한 톈허2Tianhe-2가 미 에너지부에서 보유하고 있는 전기前期 챔피언인 타이탄Titan에 2배 가까운 성능을 보이며 1위를 차지한 것이다. 타이탄은 초당 1경 7,000조 번의 연산이 가능한 데 반해 톈허2는 초당 3경 3,000조 번의 연산이 가능한 컴퓨터였다. 하지만 톈허2가 1위를 차지했음에도 불구하고 컴퓨팅 성능의 원천이 미국 인텔의 프로세서였다는 점에서 한계를 노출했다.

미국은 중국의 '슈퍼컴퓨팅 굴기'에 위기를 느끼고 견제에 들어갔다. 오바마 행정부는 2015년 미국은 중국의 슈퍼컴퓨팅 굴기를 견제하기 위한 조치로서, 핵무기 제조 및 적성국가 수출 등과 관련한 수출입 금지 조항 위배를 이유로 들어 주요 시스템 메모리 기업들의 대중 수출을 제한했다. 중국은 이에 굴하지 않고 연산 처리 장치 연구개발 성과에 힘입어 2016년 자체 기술로 슈퍼컴퓨터 '선웨이 타이후라이트Sunway TaihuLight' 개발에 성공했다. 중국 국가과학원이 중심이 되어 2006년부터 연산 처리 장치 개발에 지속적으로 투자한 결과, 2016년 연산 처리 장치, 메모리 통신망, 운영 체제 등 슈퍼컴퓨팅의 요소 기술을 자체 기술력으로 개발해 TOP500 프로젝트 1위를 차지한 것이다. 2017년 11월 발표된 TOP500 랭킹에서 중국의 슈퍼컴퓨터는 각각 1, 2위를 차지하며, 2013년 6월 이후 5년 연속 1위를 차지했고, 이때 미국의 슈퍼컴퓨터 타이탄은 5위까지 밀리며 미국의 자존심에 큰 상처를 입혔다. 그러나 2018년 6월 미 에너지부 산하 오크리지 국립연구소가 4년간에 걸쳐 개발한 슈퍼컴퓨터 '서밋Summit'이 1위를 차지하며 다시 패권을 탈환했다.

현재 TOP500 기준, 슈퍼컴퓨팅 기술 분야에서 미국과 중국 모두 독보적인 우위를 선점하지 못하고 있으며 등재 시스템 수에서는 중국이 미국을 앞서기 시작했다. 2001년 6월 TOP500 순위에 한 대의 시스템도 이름을 올리지 못했던 중국은 16년 만인 2017년 11월 시스템 수에서 미국을 따돌리고 1위를 차지했으며 성능 1위, 2위 슈퍼컴퓨터에 등재했다.

인공지능 분야에서도 미중의 기술 주도권 경쟁이 가장 치열하게 펼쳐지고 있다. 특히 이 분야에서 중국은 초기부터 선도 그룹으로 부상하고 있다. 2000년대 중반부터 중국은 엄청난 양의 인공지능 연구 성과물을 쏟아내고 있다. 인공지능 연구 역량 측면에서 주요국 대비 중국과 미국은 절대적으로 많은 논문을 발표하고 있으며, 중국은 양적인 측면에서 미국을 앞서기 시작했다. 풍부한 데이터와 정부의 적극적인 산업 육성 전략을 내세운 중국과 세계 최고 수준의 알고리즘과 하드웨어 역량을 확보한 미국의 용호상박이 펼쳐지고 있는 것이다.

미중 간 기술 패권 전쟁은 미래 산업의 플랫폼 전쟁

미중 간 기술 패권 경쟁은 ICT 신기술 분야에 집중되고 있다. 양국 모두 4차 산업혁명의 핵심 기술인 고성능 컴퓨팅(하드웨어) 분야와 인공지능(소프트웨어) 기술에서 세계 최고가 되고자 하고 있다. 화웨이 등 중국 ICT 기업들을 겨냥한 미국의 공세와 이로 인한 기술 분야의 냉전은 단순히 5G, IoT, 빅데이터, 메모리 또는 인공지능으로 통용되는 특정 기술 요소의 따라잡기와 견제에 국한된 것이 아니다.

이들은 플랫폼 위에서 한 몸처럼 움직인다. 통신 기술과 IoT 센서는 기존보다 비교할 수 없을 정도의 빠른 속도로 더 많은 양의 데이터를 수집할 수 있게끔 하고, 수집된 데이터들은 빅데이터화되어 인공지능 기술을 통해 분석돼 유용한 정보 서비스로 제공되기 때문이다. 특히 중국은 기존 선진국의 우위가 뚜렷한 제조업 분야가 아니라 첨단 ICT 산업에 글로벌 주도권을 확보하기 위해서 공공과 민간의 역량을 총동원하고 있다. 각종 규제 정책을 통해 미국의 ICT 기업이 중국 시장에 진출하는 것을 효과적으로 차단하면서 정작 중국 기업들은 세계 시장으로 무대를 넓혀나가고 있다. 미국은 세계 무대를 중심으로 확장되는 플랫폼에 위협을 느끼기 시작했다. 중국의 불공정 관행을 더 이상 방관할 수 없다는 인식이다. 지금의 기술 패권 전쟁은 미래 산업의 플랫폼 전쟁이기도 하다.

▶▶ **심동녘**

05 미중 경제 분쟁과
한중 경제 협력

2019년 한국경제는 미중 분쟁, 일본의 대한국 수출 규제, 미국
의 개도국 지위 배제 압박, 여전히 풀리지 않는 한중 갈등 등 사면
초가 상태에 처해 있다. 2018년 이후 지속된 미중 분쟁이 관세 전
쟁을 넘어서, 기술, 환율을 포함한 전면적인 경제 전쟁으로 확전
되고 있다. 미중 간에는 제2라운드 관세 전쟁이 시작되었다. 미국
이 중국을 환율 조작국으로 지정하고, 환율 조작이 있는 국가를
상대로 상계관세CVD를 부과하는 규정을 마련하고 있다. 또한 미
국은 반도체, 5G 통신, 슈퍼컴퓨터 등 첨단 분야에서 중국 기업과

미국 기업 간 거래를 제한함으로써 중국의 기술적 부상을 견제하고 있다.

뿐만 아니라 옆 나라 일본은 한국을 화이트리스트에서 배제했다. 일본이 한국으로 수출하는 세 가지의 반도체 제조에 필요한 주요 핵심 소재 외에도 1,000여 개가 넘는 전략 물자 품목은 개별적인 수출 허가를 받아야 한다. 트럼프 미 대통령이 세계무역기구 개발도상국 우대 체계를 시정해야 한다고 밝히면서 한국, 멕시코, 터키를 경제협력개발기구 회원국이면서 개도국 지위를 유지하는 나라로 거론했다. 한중 관계도 사드 배치 결정 이후 냉각기에서 여전히 벗어나지 못하고 있다. 미국은 중거리핵전략조약INF 탈퇴 이후 아시아 지역에 중거리 미사일을 배치하고 싶어 하고, 중국은 한국과 일본이 미국의 아시아 정책의 총알받이가 돼선 안 된다고 경고한다.

수출로 먹고사는 우리 경제에 도움이 될 만한 대외 여건은 보이지 않는다. 특히 중단기적으로 한국경제에 가장 큰 부담으로 작용할 요인은 미중 분쟁이 될 것이다. 미중 분쟁이 관세를 넘어서 환율, 기술 문제로 복잡해지면서 한국은 선택 압력을 받고 있을 뿐 아니라, 전자통신 산업의 글로벌 가치사슬에서 부품 공급자로서의 역할도 위협받고 있다. 미중 갈등이 단순히 무역 불균형 해소가 아닌 패권 전쟁이라는 점에서 장기전이 될 가능성이 크다. 이것이 쉽게 답을 찾지 못하는 이유다. 따라서 미중 갈등이 2020년에도 지속되면서 과거에 우리가 경험했던 외환위기, 글로벌 금융

위기보다도 더 큰 위험이 닥칠 수도 있다. 특히 미중 분쟁이 장기화·복합화되면서 2020년에 우리 경제가 받게 될 충격에 어떻게 대응해야 할지를 깊이 있게 고민해야 한다.

| 중국에 의존하는 수출 구조와 미중 무역 전쟁의 영향

중국 통계를 기준으로 2018년 한중 교역액은 3,150억 달러를 기록했다. 세계 교역사에서 양자 간 교역이 3,000억 달러를 넘어선 사례는 미국과 중국, 미국과 캐나다, 미국과 멕시코, 중국과 홍콩, 중국과 일본, 그리고 한국과 중국 등 6건에 불과하다. 짧은 시간에 한중 무역이 사상 유례가 없는 속도로 성장할 수 있었던 것은 보완적 협력자 관계를 기반으로 중국의 부상을 잘 활용해왔기 때문이다. 즉, 글로벌 산업 가치사슬에서 중국의 노동력·시장과 한국의 기술·자본이 결합해 상호 보완적인 수직적 분업 구조를 유지했기 때문이다. 이러한 과정에서 우리의 수출이 중국에 과도하게 의존하고, 핵심 부품과 소재는 일본에 의존하는 무역 구조를 가지게 되었다. 2018년을 기준으로 중국에 대한 수출 의존도는 26.8%에 달하고, 홍콩을 포함할 경우 34.4%에 달한다. 2018년 말 누계를 기준으로 한국의 해외 투자에서 중국이 차지하는 비중도 투자 건수로는 35.7%로 1위를 차지하고 있으며, 투자액으로는 14.3%로 미국에 이어 2위를 차지하고 있다. 그러나 2019년 1~7월

중 한중 무역액은 전년 동기 대비 8.5%가 줄었으며, 대중국 수출 역시 전년 동기 대비 17%가 줄어들어 새로운 위기에 직면했다.

한중 간 분업 구조로 미중 무역 분쟁은 한국의 중간재 수출과 중국에 진출해 있는 우리 기업의 비즈니스에 직간접적 영향을 미치게 되었다. 중국에 대한 우리의 수출 의존도가 높기 때문이다. 2000년대 초반에는 미국, 독일, 일본이 가치사슬의 허브 역할을 담당했으나, 2001년 중국이 세계무역기구에 가입한 이후부터 동아시아 지역의 새로운 허브로 부상함으로써 현재는 미국, 독일과 더불어 중국 중심의 가치사슬이 형성되었다. 전자통신 분야에서는 특히 더 중국을 중심으로 재편되어왔으며, 이러한 과정에서 한국이 중요한 중간재 공급원 역할을 담당해왔다. 이것이 한국의 대중국 수출에서 중간재가 79%를 차지하고 있고, 중국 내 가공무역을 위한 수출이 42.7%에 달하는 이유다. 미중 마찰은 중국에 진출한 우리 기업의 경영 환경 악화로 이어지고, 이로 인해 한국의 대중국 수출이 타격을 입을 수밖에 없다. 재중 한국 기업의 투자 단위당 수출 유발 계수와 대중국 투자 잔액을 감안하면 2017년 대중국 수출액의 45%가 중국에 진출한 한국 기업에 의해 이루어진 것으로 추정된다.

따라서 미국이 대부분의 중국산에 대해 높은 관세를 부과할 경우 중국의 대미 수출이 줄어들고, 그로 인해 한국의 중간재 수출이 영향을 받게 된다. 우리 중간재 수출의 29.8%가 중국으로 향하고 있다. 특히 반도체의 41.2%, 평판디스플레이 및 센서의 46.8%,

석유화학 중간 원료의 81.4%, 반도체 제조 장비의 48.8%가 중국으로 향하고 있다. 미중 갈등이 기술 전쟁으로 확전되면서 앞으로는 대중국 수출의 50% 이상을 차지하고 있는 전자통신 분야 수출에 타격이 불가피해질 것이다. 그나마 다행인 것은 미중 관세 전쟁이 우리의 수출에 미치는 직접적인 영향은 제한적일 것이라는 점이다.

대외경제정책연구원의 분석에 따르면 2019년 12월 15일까지 예고된 추가 관세가 부과될 경우 한국의 미국과 중국에 대한 수출은 약 52억 달러가 감소할 것으로 추정된다. 우리가 우려하는 것보다 수출에 대한 직접적 영향이 작게 추정되는 것은 한중 간 분업 구조의 특수성에 기인한다. 한국은행에 따르면 한국이 중국으로 수출하는 중간재 중에서 중국 내에서 생산과 가공 과정을 거쳐 미국으로 수출되는 제품에 이용되는 비중은 5%에 불과하고, 중국에 진출해 있는 한국계 기업은 중국 내수와 한국으로 바이백buy-back 하는 매출 구조를 가지고 있기 때문이다. 재중 한국계 현지 법인의 매출처로서 현지 판매가 60.1%, 한국으로 수출이 30.5%, 제3국으로 수출이 5.1%를 각각 차지하고 있다.

미중 분쟁은 2020년 한중 협력에 위협인 동시에 기회

미중 분쟁은 단기적으로 한국의 수출에 부정적 요인으로 작용하겠지만, 중장기적으로는 중국의 정책 변화와 개방을 촉발시키는 계기가 될 수도 있다. 먼저 중국은 독자적인 기술 개발을 통해 수입 대체 속도를 가속화해나갈 것이다. 중국은 세계의 제조 대국(세계 공장)에서 제조 강국, 기술 강국으로 전환 중이다. 전통 제조업에서 세계 최대 생산량을 자랑하던 중국이 '중국 제조 2025'와 '인터넷 플러스', '인공지능 플러스' 전략으로 대표되는 산업 고도화를 추진하고 있다. 중국은 세계 2위의 연구개발 투자국이자, 국제 특허 출원국이며, 2020년에는 두 분야에서 모두 미국을 추월할 것으로 예상된다. 바이두·알리바바·텐센트·화웨이BATH로 대표되는 중국 기업이 중국은 물론 세계의 전자상거래, 공유경제, 차세대 통신의 선두주자로 부상했다. 미중 분쟁이 이러한 추세를 지연시킬 수는 있어도 근본적으로 막지는 못할 것이다.

한국의 대중 수출 경쟁력이 하락하고 글로벌 가치사슬 내 역학관계가 변화하면서 한중 경제 협력도 근본적인 변화를 요구받고 있다. 그러나 중국 내 수요 변화에 우리 수출의 공급 능력이 따라가지 못하고 있다. 중국이 경제 강국으로 부상하면서 현재와 같은 한중 간 협력(또는 상생) 관계가 유지될 수 있을지에 대한 의문이 제기되고 있는 이유다.

한편으로 미중 분쟁이 타결될 경우 중국의 시장 개방이 가속화될 가능성이 높다. 미중 무역 협상 타결 여부는 예측하기 어렵지만, 미중 양국이 모두 타결 의지를 버리지 않고 있다는 점에서 타결 가능성도 배제할 수 없다. 따라서 우리는 미중 협상의 타결 이후 나타날 새로운 변화에도 주목할 필요가 있다. 지난 4월 말에 있었던 제10차 미중 협상이 끝난 직후 트럼프 대통령은 "기념비적인 협상 결과를 보게 될 것이다."라고 했다. 래리 커들로Larry Kudlow 미 백악관 국가경제원장도 "역사상 가장 포괄적이고 깊이 있는 논의가 이루어지고 있다."고 언급했다. 이 말들을 되새겨볼 필요가 있다. 지금까지의 협상 과정에서 발표된 내용으로 추측해보면 미중 무역 협정에는 무역 불균형의 해소, 비관세 장벽, 서비스업, 농업, 환율, 지식재산권 보호, 기술 이전 강제 금지, 사이버 기술 도용 등 그동안 미국이 강력하게 요구해온 내용의 대부분이 담기게 될 것이다. 미중 협상이 마무리되지 못하는 가장 중요한 이유는 합의 이행을 담보하기 위한 방안에 관한 것으로 보인다. 특히 미국은 이번 협정에서는 중국의 시간 벌기를 용인하지 않을 것이라는 입장을 분명히 하고 있다. 중국은 협상 타결에 방점을 두고 있으나, 미국은 중국을 실질적으로 개방하겠다는 강한 의지를 보이고 있다. 따라서 중국이 합의를 철저히 이행하지 않을 수 없는 강제적인 메커니즘이 담길 것이라는 점에서 기념비적이라고 평가하는 듯하다.

중국의 개혁개방 역사에서도 미중 협상은 기념비적인 결과가 될 것이다. 개혁개방 정책 40주년을 맞이한 중국으로서도 '개방을 통해 개혁을 촉진한다以開放促改革'는 원칙 아래 미중 무역 전쟁을 국내 개혁의 기회로 활용해야 한다는 주장이 주류를 이루고 있다. 중국 내 전문가들은 현재진행형인 미중 무역 분쟁을 제2의 세계무역기구 가입으로 인식하고, 중국이 추구하고 있는 새로운 개방형

경제 체제new open economy system를 구축하는 기회로 삼아야 한다고 주장한다. 이러한 입장에서 미중 분쟁이 지속되는 과정에서 중국은 외국인 투자법 개정을 통한 기술 이전 강제 금지 조치, 관세 인하, 금융 및 서비스 시장 개방 등 독자적인 시장 개방 조치를 취해왔다. 외국인 투자에 대한 네거티브 리스트 제도를 도입하고, 개방 분야도 지속적으로 확대하고 있다. 미중 무역 협정이 체결될 경우 협정을 이행하는 과정에서 변화될 중국의 정책과 제도는 향후 한중 협력 관계를 근본적으로 바꾸게 될 것이다.

새로운 '중국 활용법'을 찾아라

미중 분쟁은 분명 한국경제에는 잘 숙지하고 있는 '회색 코뿔소grey rhino'다. 미중 기술과 경제 패권 경쟁 과정에서 미국과 중국으로부터 선택도 강요받을 수 있다. 미중 마찰의 단기적인 충격은 물론 장기화에 따른 위협도 지속될 것이다. 최근 중국과의 협력이 부진한 상황에서 미중 분쟁이라는 악재가 겹쳤다. 중국 수입 시장에서 한국의 점유율은 2005년 11.6%에서 2015년 10.4%, 2018년 9.6%로 하락세를 유지하고 있다. 더욱이 중국의 내수를 타깃으로 하는 중국의 일반 무역 수입 시장에서 한국의 점유율은 2018년 6.1%에 불과하다. 중국에 진출한 우리 기업의 투자액 대비 매출액 비율은 2013년 7.3배에서 2017년에는 4.5배로 급락했다. 중국 자동차 시장에서 한국산 브랜드의 점유율은 2014년의 9%에서 최근에는 5% 아래로 떨어졌고, 20%에 달했던 한국산 휴대폰의 중국 시장 내 점유율도 최근에는 1% 미만으로 하락했다. 이러한 결과를 반영해서일까? 최근 국내에서는 중국의 내수 시장을 포기해야 하는 것 아니냐는 목소리도 커지고 있다.

그러나 미중 분쟁이 한국경제에 가져다줄 수 있는 긍정적 측면도 간과하지 말아야 한다. 미중 분쟁은 중국이 내수 중심의 성장전략을 강화하는 기폭제가 될 것이며, 중국 시장이 보다 개방되고 제도적 투명성을 갖추게 되는 촉매제가 될 것이다. 우리 기업의 해외 생산 기지가 아니라 시장으로서 중국의 전략적 중요성은 더욱 커질 것이다. 앞으로 2~3년의 골든타임에 우리가 어떻게 준비하느냐에 따라 한중 관계의 미래가 결정될 것이다. 과거 중국이 제조 대국으로 성장하는 과정에서 한국은 중국에 중간재를 공급했고, 중국이 수출 대국으로 부상하는 과정에서 중국을 가공 무역 기지로 활용했듯이 새로운 '중국 활용법'을 찾아내야 할 때다. 중국 활용법은 중국이 경제 강국으로 전환되는 과정에서 새롭게 형성될 글로벌 가치사슬에 맞추어 우리의 새로운 먹거리를 만들어가는 것으로부터 시작되어야 한다. 특히 2020년은 새로운 한중 관계를 만들어가는 매우 중요한 한 해가 될 것이다.

▶▶ **양평섭**

06 한일 갈등,
극적 타결인가 파국인가?

2018년 10월에 한국 대법원이 신일본제철주금에 대한 강제 동원 배상 판결을 내린 이후 이를 강력하게 비판해 왔던 일본 정부는 2019년 7월 4일에 한국에 대해 반도체 및 디스플레이 재료인 불화수소, 플루오린 폴리이미드, 포토레지스트의 수출 규제에 나선 데 이어 8월 28일에는 한국을 수출 무역 관리 규제상의 혜택을 주는 소위 화이트리스트에서 제외함으로써 양국 간의 긴장 관계가 최고조에 달하고 있다.

일본은 이러한 무역 규제에 대해 표면적으로 "한국과의 신뢰 관계하에서 수출 관리가 어려워졌으며, 한국이 수출 관리상의 부적절한 사안이 발생했다."고 주장하고 있다. 그러면서 일본 정부는 3년간 양국의 당국자 간 협의가 이루어지지 않았다며 이에 따라 한국에 대해 보다 엄격한 수출 관리 제도를 운영하기로 한 것이라고 설명하고 있다. 그러나 일본 정부는 이러한 주장의 근거를 명확하게 뒷받침하지 못하고 있으며, 사소한 문제로 수출을 규제하는 과도한 조치를 단행한 것은 WTO 위반 소지가 있다.

무엇보다도 일본 정부의 보복 행동의 근본적인 의도는 강제 동원 문제에 대한 한국의 대응에 대한 불만인 것으로 보인다. 강제 동원 문제로 인해 일본 대표 기업의 재산이 압류되고 경제적 손실까지 발생할 것을 우려한 것이다. 일본 정부의 보복 행동은 무역 규제를 통해 한국 정부의 국민 지지율이 떨어지게 되면 한국 측이 양보할 것이라고 기대한 측면이 있다. 그러나 한국 정부는 일본의 예상보다 강하게 맞대응했다. 2019년 8월 12일에 일본을 전략 물자 수출 관리의 우대 대상국에서 제외하겠다고 발표한 데 이어 한일군사정보보호협정GSOMIA의 파기를 일본에게 통고한 것이다. 뿐만 아니라 일반 시민에 의한 자발적인 일본 제품 및 여행 불매 운동이 확산되면서 일본 정부의 의도는 한계에 직면했다.

일본이 선택한 분쟁의 방식, 즉 한국을 화이트리스트에서 뺀 것은 한국 제조업을 견제하는 의도도 있는 것으로 보인다. 일본의 새로운 무역 대상 국가 분류상 B국이 된 한국은 광범한 품목을 포함한 캐치올Catch-All(비전략 물자라도 대량 파괴 무기 등으로 전용될 수 있는 물품을 수출할 때 정부의 허가를 받도로 하는 제도) 규제의 대상국이 되고 일본 정부는 거의 대부분의 공업품의 수출 통제 조치를 선택적으로 취할 수 있게 되었다. 뿐만 아니라 관련된 기술, 지식, 설계도, 기술자 교류 등을 통한 한일 간의 협력도 규제 및 단속 대상으로 삼을 수 있게 되었다.[3] 아베 정권으로서는 앞으로 일본의 첨단소재, 헬스케어, 우주 비즈니스 등에서 한국으로의 기술 유출을 억제하려는 의도도 있는 것으로 보인다. 사실, 이번에 한일 마찰이 발생하기 이전부터 일본 정부는 기술 유출 방지 규제 조치를 강화하면서 각종 정책 검토 보고서에서 한국 기업에 대한 경계의 필요성을 강조해왔다. 보호주의가 강화된 새로운 세계 비즈니스 환경에서 통상 공세를 정치, 산업 정책과 연계해서 전략적으로 추진(아베의 트럼프화)하려는 것이다.

| 한일 갈등, 극적 타결과 치명적 파국의 갈림길

이번 한일 간 무역 규제 갈등으로 인해 한일 산업 및 기업이 얼마나 밀접하게 연결되고 한일 양국의 첨단 산업 발전에 기여해왔는지 확인되었다. 앞으로 이러한 관계가 장기적으로 악화될 경우 양국 경제에 적지 않은 타격이 될 수 있다. 일본 기업으로서도 한국 기업과의 협력 기회가 감소할 경우 차세대 반도체나 디스플레이용 소재 및 장비 기술 혁신에 치명적인 손실로 이어질 수 있다.

[도표 2-7] 일본의 한국에 대한 무역 규제가 글로벌 공급사슬에 미칠 충격

글로벌 서플라이 체인 붕괴로 세계경제 위기 발생 위험

휴대폰
2018년 18억 대 출하

PC
2018년 2억 6,000만 대 출하

서버
2018년 890억 달러 출하

미국, 중국, 일본, 동남아, 유럽 등 관련 산업(소프트웨어 등),
연계 산업(전산업, 관공서 등)이 영향을 받는 구조

〈한국의 DRAM〉
2018년 한국 기업의 세계 시장 점유율
72.4%, 생산 차질 발생 시 휴대폰, PC, 서버
등의 생산 차질로 파급되어 막대한 충격 발생

〈한국의 디스플레이〉
2018년 한국 기업의 세계 생산 능력 점유율
LCD 24%, OLED 90%(DSCC: Display Supply
Chain Consultants)

〈한국의 반도체 소재, 장치 대일 의존도(%)〉
포트레지스트 93.2%, 불화수소 41.9%, 에폭시 수지 87.4%, 인산 95.9%, 실리콘 웨이퍼 52.8%,
포트마스크 74.6%, 마스크 브랜크스 65.5%, 레지스트 도포 장치 98.7%, 드라이 에칭 장치 38%

지난 1990년대 말의 한국의 외환위기로 인해 일본 반도체 장비
기업이 한국 기업에게 현금 거래를 요구하자 한국은 네덜란드의
ASML사와의 협력 관계를 강화하였다. 그로 인해 반도체 생산에
서 가장 중요한 노광 장치 시장에서 일본 기업의 세계시장 점유율
이 급격하게 하락하고 ASML사가 세계 1위로 도약하는 계기로 작

용한 바도 있다. 또한 이번 사태로 인해 만약 한국의 반도체 및 디스플레이가 뒷받침하고 있는 전 세계 연간 18억 대의 휴대폰, 2억 6,000만 대의 PC 등의 생산이 차질을 빚을 정도로 일본이 규제 조치를 강하게 운영할 경우 거의 모든 산업의 공급사슬에 치명적인 충격이 발생해 한국과 일본의 경제뿐만 아니라 세계경제까지 위축되면서 커다란 위기에 빠질 위험이 있다.

2020년은 최악의 사태를 막기 위한 양국 정부 간의 대화와 협력이 중요한 시점이라고 할 수 있다. 양국 정부가 더 이상의 보복을 자제하고 초점이 된 무역 관리 규제상의 협의를 진행하면서 강제 동원 문제에 대한 외교적인 타협점을 모색할 가능성은 남아 있다. 사실, 일본 정부는 2019년 8월 8일 수출을 규제해왔던 포토레지스트에 관해서 수출 허가를 내준 데 이어 8월 29일에 불화수소의 수출도 허가되었다.

한국에 대한 무역 보복은 관련 소재 등을 생산하는 일본 기업으로서도 매출과 수익의 악화 요인이 되기 때문에 부담이 아닐 수 없다. 한국에 대한 수출 비중이 높고 불화수소를 전문으로 사업을 하고 있는 일본 기업의 경우 대한국 수출 규제가 기업의 생사를 좌우할 수도 있는 문제이기도 하다. 이에 따라 일본 정부에 대한 산업계의 불만도 크다. 게다가 한국의 불매 운동으로 인해 일본의 지방 관광지의 경우 적지 않은 타격을 받고 있다. 일본 내에서도 한국에 대한 무역 보복이 잘못된 것이라는 비판 여론이 더욱 확산될 경우에는 한일 양국이 합의에 도달할 가능성이 높아질 것으로 보인다.

다만 악화된 한일 관계를 고려할 경우 양국의 협상만으로는 타협점을 찾기가 어려운 것도 사실이다. 다행히 한국의 지소미아 종료 통고로 동아시아에서의 입장 약화를 우려하는 미국이 한일 중재에 보다 적극적인 자세로 변했다. 그렇지만 트럼프 대통령의 한일 분쟁에 대한 관심도는 아직 높지 않다. 한일 간의 관계 악화로 인해 양국의 정치·군사적인 협력 관계도 약화될 경우 미국의 동아시아 안보 체제에도 부정적 영향이 크다. 그렇기 때문에 미국이 점차 한일 관계 개선을 중재하는 데에 보다 적극적인 자세를 보일 가능성은 있다. 한일 양국 간에서 정치·외교적인 현안에 관한 협상으로 스스로 타협점을 모색하면서 미국의 중재가 명분으로서 작용할 가능성도 있는 것이다.

한편으로 한일 양국의 보복전이 경제적 피해를 발생시키면서 양국의 국민 감정이 더욱 악화되고, 과격한 행동이 고조되고, 양국 정부가 점차 양국 문제에 대한 통제력을 상실할 우려도 있다. 양국의 정치 및 외교 현안에 관한 수습책이나 합의를 어렵게 하는 여론 속에서 경제적 이익이 손상되고, 기업 경영 환경이 더욱 악화될 사태가 발생할 수 있다.

반도체 및 디스플레이 관련 3개 품목에 대한 수출 규제로 인해 반도체 기업의 조업 단축 등 실제 피해가 발생할 수도 있다.

한편 강제 동원 문제와 관련해서 일본 기업의 압류된 자산이 현금화될 경우 일본 내 여론이 극도로 악화되면서 일본 정부로서도 강력한 추가 보복을 감행할 가능성이 높다고 할 수 있다. 이로 인해 일본 정부가 정치적 의도로 한국 산업에 피해를 줄 수 있는 품목의 수출 심사를 선택적으로 추가해나간다면 악영향은 더 커질 것이다.

일본의 추가 보복이 무역뿐만 아니라 금융, 비자 등 다방면에서 모색될 가능성도 남아 있는 것은 사실이다. 2019년 3월 12일에 아소 다로 일본 재무장관은 국회 금융위원회에서 한국에 대한 보복의 구체적인 검토 사안으로서 관세, 송금 정지, 비자 혜택 정지 등을 언급한 바 있기 때문이다. 일본은 세계 최대의 순채권국이며, 일본의 저금리 자금이 세계 각국 정부 및 기업에 대한 자금 공급의 마중물이 되고 있어서 일본 자금의 협력 없이는 구미 자금의 조달에도 부정적인 영향이 발생할 수밖에 없다. 미중 무역 갈등 속에서 중국경제에 이어 미국경기가 하강하고 아르헨티나를 비롯한 신흥국 금융 시장 불안이 확산되는 가운데 한일 갈등 심화로 금융 시장까지 불안정해질 경우 2020년도의 한국경제에 심각한 악영향이 발생할 우려가 있다. 이에 따른 고용 문제 악화, 기업 수익 악화 및 부도 확대, 성장세 추락 등을 고려하면 한일 양국이 파국적인 상황만은 피하기 위해 최소한의 협력을 모색할 가능성이 높다.

이렇게 보면 2020년 한일 관계는 극적인 타결과 치명적인 파국의 갈림길에 서 있다. 앞으로 최소한의 협조를 통해 추가 보복을 자제하면서 더 이상의 악화를 막는 동결 상태가 지속될 것으로 보인다. 이러한 불안정한 한일 관계 속에서 글로벌 경제 및 금융위기가 심화되고 초엔고와 한국 원화의 폭락, 양국 금융 시장 혼란 사태 등이 발생할 경우에는 양국 간에 갈등 해소를 위한 계기가 마련될 가능성도 있다.

악화된 관계는 장기화될 가능성이 높다

이번 일본의 무역 보복전으로 촉발된 한일 관계 악화의 배경을 보면 양국 관계의 근본적인 개선은 상당 기간 쉽지 않을 것으로 보인다. 한일 양국의 협력 관계의 기초가 근본적으로 흔들리고 있으며, 이에 따라 이번 사태를 계기로 한일 관계가 보다 허심탄회하게 대화할 수 있는 관계로 발전하기보다 냉랭한 이웃 관계가 장기적으로 지속될 가능성이 높다.

일본으로서는 아시아 각국 전반으로 확산될 수 있는 배상 문제에 대해 양보하기 어려운 상황이며, 재정적으로도 한계를 갖기 때문에 쉽게 물러나지 않을 것이다. 게다가 한국경제의 성장에 대한 견제 심리와 한반도 평화 프로세스에 대한 견제 심리도 깔려 있고, 일본의 우경화, 혐한 강경 우파의 정치 및 행정 부문에 대한 영향력 강화도 한일 관계를 어렵게 할 것으로 보인다.

한일 양국이 국가적 차원에서 협력을 통한 공동 번영의 이익을 추구할 수 있는 기반이 상당 기간 약해질 것으로 보이는 가운데, 민간 기업이나 시민사회, 학술·학생 교류 등 민간 차원에서 개별적으로 공동 이익을 추구하는 활동이 더욱 중요해질 것으로 보인다.

물론, 한일 양국의 협력 관계 약화로 인해 그동안 일본 산업을 활용하면서 한국이 선진국을 추격해 반도체, 디스플레이, 전기차 등에서 새로운 제품을 개발해왔던 혁신 패턴이 약화되는 영향은 어느 정도 피하기가 어려울 것으로 보인다. 중기적으로는 한국이 소재, 부품, 기계류 등 기반 제조업에서의 국산화 등 내실 강화에 주력하면서 첨단 산업 자체보다도 이를 개발할 수 있는 혁신 생태계의 기초를 강화하는 데 경제적 자원을 투입할 것으로 보인다. 일본 산업과의 분업보다도 일본 기업이 강점을 가진 분야에서의 한일 간 경합이 더욱 강해지면서 일부 품목에서는 국산화에 어느 정도 성과를 거두게 될 것으로 예상된다.

▶▶ 이지평

07 일본 경제 보복에 대처하는 기술안전망 구축

최근 일본의 부당한 경제 보복에 대한 우리 정부의 강력한 비판 및 지소미아 종료 선언으로 인해, 이번 사태는 장기화될 가능성이 커졌다. 대화를 통해 풀어야 할 역사 문제를 구실 삼아 경제 보복에 나선 일본 정부의 태도는 비판받아 마땅하다. 하지만 이번 일본 경제 보복의 배경 중에는 비단 역사 문제만 있는 것이 아니라 경제 문제도 있다는 점에 주목할 필요가 있다.

1990년대 이후 '잃어버린 20년'을 거치며 일본경제가 추락하는 동안 한국은 꾸준한 성장을 달성함으로써 양국 간의 경제 격차가 급격히 축소되었다. 1965년 한일협정 당시 일본의 10분의 1이었던 한국의 1인당 국민소득은 2018년 10분의 8까지 따라왔고

5~10년 뒤면 일본과 비슷하거나 더 커질 것으로 예상된다. 산업 측면에서도 반도체나 휴대폰, LCD(액정표시장치) 등에 있어서 한국은 일본을 앞섰다는 평가를 받는다.

이는 경제 성장의 엔진 역할을 하는 기술에 있어서 한국이 일본에 대한 캐치업(따라잡기)에 성공했다는 것을 의미한다. 그러나 우리 경제의 기술이 모든 분야에서 골고루 혁신을 달성하지 못하면서 일본에 의존한 부분이 많았고, 그 부분을 일본이 노린 것이 이번 경제 보복의 본질이다. 따라서 이번 사태가 양국 간에 외교적으로 수습되지 않는 한 일본은 우리의 취약한 기술적 고리를 노리고 경제 보복의 강도를 높일 것이다. 이에 대해 우리가 적절하게 대처하기 위해서는 기술적 관점에서 일본 경제 보복의 본질을 파악하고 우리의 대응 전략을 세워야 한다.

| 슘페터의 전통에 입각한 기술 혁신 연구와 산업 분류

기술을 이야기할 때 우선 구분해야 할 것이 제품 기술product technology과 공정 기술process technology이다. 하나의 제품을 가지고 이야기하면, 그 제품의 구조나 특성이 담겨 있는 것이 제품 기술이라면, 생산 현장에서 그 제품을 만드는 기술이 공정 기술이다. 즉, 제품의 설계도가 제품 기술에 해당한다면, 그것에 입각해서 사람이나 기계가 제품을 생산하는 기술이 공정 기술에 해당한

산업분류	대표 산업	혁신 원천	주요 혁신 성격
공급자 주도형	섬유, 의류, 목재	설비, 원재료 공급자	공정 혁신을 통한 노동생산성 향상
규모 집약형	자동차, 가전, 철강	엔지니어링, 대기업 자본력	공정 혁신(자본생산성) 제품 혁신(신제품 개발)
전문 공급자형	공작기계, 측정기기, 핵심부품	숙련·노하우 축적, 장인정신	공정 혁신(성능 향상) 제품 혁신(신기술 확보)
과학 기반형	전자, 화학, 바이오	R&D 연구, 기초기술 확보	제품 혁신을 통한 신제품 개발

출처: 케이스 패빗, 「기술 변화의 패턴(Patterns of Technical Change: Towards a Taxonomy and a Theory)」, 『리서치 폴리시』 Vol. 13, 1984.

다. 따라서 제품 자체가 새롭게 바뀌는 것을 제품 혁신이라고 한다면, 만드는 기술이 향상되는 것은 공정 혁신에 해당한다. 우리가 기술 혁신이라고 말할 때에는 이 두 혁신 모두를 가리킨다.

슘페터Joseph Schumpeter에 의해 기술 혁신의 중요성이 강조된 이후 오늘날까지 이 문제는 기술경제학 또는 진화경제학 영역에서 활발히 연구되어왔다. 이와 같은 연구에 있어서 기술 혁신의 특성을 중심으로 산업을 분류할 때, 가장 빈번하게 인용되는 것은 케이스 패빗Keith Pavitt의 연구다.

이 연구에서 패빗은 당시 영국에서 이루어졌던 약 2,000개 혁신 사례를 활용해 전체 산업을 공급자주도형supplier dominated, 규모집약형scale intensive, 전문공급자형specialized supplier, 과학기반형 science based 등 네 가지 산업군으로 분류하고 있다([도표 2-8] 참조).

섬유나 목재 등이 포함되는 공급자 주도형 산업군에서의 혁신은 다른 산업(공급자)에서 제공되는 자본재나 중간재를 사용하면서 이루어지며 공정 혁신을 통한 노동생산성 향상이 중요하다. 그리고 자동차나 가전, 철강 등의 조립 가공이나 장치 산업이 중심인 규모집약형 산업군에서는 규모의 경제를 통한 자본생산성 향상이 중요한 반면 제품 혁신 영역에서는 신제품 개발이 중시된다. 한편 공작기계나 측정기기 및 그 핵심 부품과 같은 전문공급자형 산업군에서는 숙련과 노하우의 축적을 통한 부품·기계 성능의 향상이 중요시되며 타사보다 앞선 신기술 확보도 경쟁력의 요건이 된다. 끝으로 전자나 화학, 바이오산업 등이 포함되는 과학기반형 산업군에서의 혁신은 주로 R&D 연구를 통한 신제품 개발이나 기초과학의 발달을 통해 이루어진다.

| 기술적 우월성으로 무장한 일본의 경제 보복

패빗의 산업 분류에 따르면, 한일 양국의 경제 성장은 시기적 차이는 있으나 섬유나 의류 등의 공급자주도형 산업군으로부터 시작되어 철강, 가전, 자동차 등의 규모집약형 산업군으로 이어졌다는 공통점을 갖는다. 그런데 이들 산업을 기술적으로 지탱하는 자본재, 즉 전문공급자형 산업군의 발전에 있어서 양국은 차이를 보인다.

일본은 국내에서 기계와 부품 산업이 꾸준히 발전하며 기술의 축적을 이어간 반면, 한국의 경우에는 경제 성장 초기부터 이 기술들을 일본에 의존한 것이다. 규모집약형 산업군에 속하는 기업들은 주로 대기업들인 반면 전문공급자형 산업군에 속하는 기업들은 중견, 중소기업들이 대부분이다. 따라서 일본의 경우에는 국내에서 자본재의 수요 기업에 해당하는 대기업과 공급 기업인 중소기업 사이에 유기적 관계를 형성하며 양 산업군의 기술을 동시에 발전시켰다. 하지만 한국의 대기업들은 일본으로부터 부품, 기계를 수입해 국내에서 생산한 완성품을 미국 등의 글로벌 시장에 수출하는 패턴으로 성장했다.

이러한 차이는 오늘날 한일 양국 모두가 과학기반형 산업군을 육성하는 과정에서도 그대로 나타난다. 일본은 자국에서 만든 소재나 부품, 장비를 활용하며 전자나 바이오산업 육성에 나서는 반면, 한국의 경우에는 핵심 소재나 부품 기술을 일본에 의존하며 첨단산업 육성에 나서고 있다. 이 과정에서 한국은 부품이나 장비와 같은 전문공급자형 산업군뿐만 아니라 핵심 소재와 같은 일부 과학기반형 산업군에서도 일본에 대한 기술적 의존을 심화시켜왔다.

한국의 대일 무역 적자 내역을 보면 한일 사이의 기술 격차 현실을 정확히 파악할 수 있으며, 향후 일본이 수출 통제에 나설 수 있는 핵심 품목들은 한국이 큰 폭의 무역 적자를 기록하는 품목들과 일치함을 알 수 있다. [도표 2-9]는 2018년 시점 대일 무역 적자가 10억 달러를 넘는 8개 품목과 각각에 해당하는 화이트리스

[도표 2-9] 한국의 주요 대일 무역 적자 품목 및 일본의 화이트리스트 제외 품목

HS 코드	품목명	무역 적자	화이트리스트 제외 품목	산업 분류
29	유기화학품	1,281	탄화수소의 할로겐화유도체	과학기반형
38	각종 화학 공업 생산품	1,981	티타늄화합물, 반응촉진제	과학기반형
39	플라스틱과 그 제품	1,491	아크릴수지 플라스틱 소재	과학기반형
72	철강	2,768	특수강으로 만든 블룸	규모집약형
84	원자로·기계류 및 부분품	8,574	수치제어식 선반·연삭기	전문공급자
85	전자기기 및 부분품	4,329	감광성 반도체 디바이스	규모＋전문
87	차량 및 부분품·부속품	1,304	특수용도 차량 및 부속품	규모＋전문
90	광학·정밀기기 및 부분품	3,570	반도체 제조용 X선 분석기	전문공급자

주: 무역 적자는 2018년 시점의 금액으로서 단위는 백만 달러다.
출처: 관세청 수출입무역통계

트 제외 품목을 예시하고, 각 품목이 패빗 산업 분류의 어디에 속하는가를 나타낸 것이다.

몇 가지 논점을 정리하자면, 우선 이들 소재, 부품, 기계 장비 관련 8개 품목에서의 무역 적자가 전체 대일 무역 적자(약 240억 달러)에서 차지하는 비중이 90.3%로서 거의 대부분을 차지한다는 점이다. 그중에서도 HS코드 84류에 해당하는 기계, 부품에 있어서의 무역 적자가 전체의 1/3이 넘는다는 점에 주목할 필요가 있다. 그리고 우리나라가 일본으로부터의 수입에 의존하는 화학이나 플

라스틱 등의 소재의 경우 과학기반형 산업군에 속하는 반면, 부품이나 기계의 경우에는 전문공급자형 내지는 규모집약형+전문공급자형 산업군의 성격을 갖고 있다고 말할 수 있다.

한일 간의 기술 격차를 좁히기 위한 방안

2019년 8월 말 일본은 화이트리스트에서 한국을 제외하는 조치를 시행함으로써 이후 일본 정부는 평균 3개월 간 각 품목에 대한 수출 심사를 하게 된다. 향후 문제는 '군수전용이 가능한'이란 문구를 이용해 민간 수요 대상의 품목에 대해서도 일본 정부가 자의적인 해석을 내려 수출 통제에 나설 수 있다는 점이다.

2020년에 한일 갈등이 어떻게 될 것인가를 예측하는 것은 쉽지 않지만, 대략적으로 다음과 같은 전망이 가능하다. 국내외 많은 전문가들은 2020년 7월 말 개최되는 도쿄올림픽을 분기점으로 보고 있다. 강경한 입장을 견지하는 아베 정부가 이번 사태를 적어도 올림픽까지 끌고 갈 것이라는 전망이 우세한 가운데, 올림픽 이전에 갈등이 수습된다면 우리 경제 입장에서는 그나마 다행일 것이다. 그러나 올림픽 이후까지 한일 갈등이 장기화되어 일본의 경제 보복 강도가 높아진다면, 우리 경제는 심각한 타격을 입을 것이다.

그런데 이번 갈등의 조기 수습 여부와 상관없이 우리는 중요한 교훈을 얻었다. 그것은 앞으로 우리가 반드시 보다 안정적인 기술 구조를 만들어야 한다는 것이다. 왜냐하면 향후에도 한일 관계의 여하에 따라 일본이 또다시 기술적 우월성에 입각한 경제 보복에 나설 수 있기 때문이다. 따라서 이번 사태를 교훈 삼아 우리는 외부 충격에도 견딜 수 있는 '기술안전망' 구축에 적극 나서야 한다.

기술안전망 구축이란, 단기적으로는 수입처 다변화를 가리키지만 궁극적으로는 기술의 국산화 실현을 의미한다. 기술안전망 구축을 위해 우리 정부와 기업들은 산업 사이의 기술적 특성의 차이를 충분히 고려한 전략을 세운 후 2020년부터 본격 추진해야 한다.

한국이 일본에 기술적으로 의존해온 양대 축은 과학기반형 및 전문공급자형 산업군이다. 앞의 두 도표를 통해 알 수 있듯이, 화학 제품이나 소재가 포함된 과학기반형 산업군에서는 제품 혁신을 통한 신제품 개발이 중시된다. '과학기반형'이란 용어가 의미하듯이 이 분야에서의 제품 혁신을 위해서는 높은 기초과학 기술의 확보가 요구된다. 24 대 0, 이는 노벨과학상 수상자 수에 있어서 일본과 한국의 격차다. 따라서 이 수치가 나타내는 양국의 기초과학 수준의 격차가 과학기반형 산업군에서의 기술 격차로 이어졌다고 말할 수 있다.

그러므로 이 산업군에서 우리가 일본과의 기술 격차를 좁히기 위해서는 '기초과학 분야에서 왜 일본이 강한가'에 대한 근본적인 검토가 필요하다. 이를 통해서 한 분야에서 깊게 파는 장인정신이 높게 평가받는 풍토, 연구개발에 있어서의 유기적인 기업-정부-

대학產官學 연계, 총리가 직접 진두지휘하는 지식재산 전략 등 일본의 강점에 대한 철저한 인식과 벤치마킹이 요구된다.

일본에 대한 기술 의존이 초래한 위기

전문공급자형 산업군에서는 신기술 확보와 같은 제품 혁신도 중요하지만, 동일한 설계도에 의해 생산되는 부품이나 기계라도 생산 현장에서 어떻게 정밀도나 내구성을 높일 것인가 하는 공정 혁신이 더욱 중시된다. 특히 [도표 2-9]에서 알 수 있듯이, 이 산업군에서 우리 경제가 기록하는 대일 무역 적자는 앞서 본 과학기반형 산업군에서의 무역 적자를 세 배 이상 웃돈다. 2020년 이후까지 한일 갈등이 장기화해서 일본의 수출 통제 수위가 높아진다면 실제 우리 경제에 큰 부담이 될 분야는 전문공급자형 산업군일 것이다.

이 산업군에서 우리가 구축해야 할 기술안전망에 대해서는 구체적인 사례를 통해서 살펴볼 필요가 있다. 부품 및 기계장비 관련해서 한국의 대기업뿐 아니라 중소기업들까지 일본에 의존하고 있는 대표적 품목은 공작기계다. 현재는 CNC(컴퓨터 수치 제어) 공작기계가 이 산업의 중심에 있는데 기계 작동에 있어서 두뇌에 해당하는 것이 CNC 시스템이다. 그런데 현재 우리나라에서 사용되는 전체 CNC 시스템의 91%가 일본 제품이며 그중에서 85%가 일본 화낙Fanuc사의 제품이다. 따라서 만약 일본이 이 분야에까지 수출 통제를 가한다면 그 여파가 어떨 것인가는 충분히 상상할 수 있을 것이다.

그러므로 이 분야에 대한 기술안전망 구축은 그 무엇보다도 중요하다. 우선 단기적 방안으로 수입처 다변화를 생각할 수 있는데 화낙의 대안으로는 독일 지멘스Siemens를 고려할 수 있다. 현재 우리 기업들이 사용하는 CNC 시스템 중에는 화낙으로부터 지멘스로 시스템 선택을 변경할 수 있는 것도 있지만, 상당수는 새롭게 지멘스로부터 수입을 해야 한다. 이 경우 그 비용 부담도 문제가 되지만, 화낙 시스템에 익숙했던 근로자들이 새롭게 지멘스 시스템에 적응해야 하는 문제도 발생한다. 우리 기업과 근로자들이 극복해야 할 과제다.

다음으로 중장기적으로는 이 분야 기술의 국산화를 달성해야 하는 과제가 있다. 1991년에 국내에서 최초로 CNC 시스템을 개발한 이래 두산공작기계 등의 우리 기업들도 CNC 시스템을 자체 생산하고 있다. 하지만 우리 기업들의 기술 수준은 2축이나 3축 CNC 선반용 시스템 개발 정도에 머물고 있으며, 4축 이상이나 다기능을 갖는 멀티태스킹 CNC 공작기계용 시스템을 개발하는 데에는 이르지 못하고 있다.

결국 CNC 시스템에 있어서 기술안전망을 구축하기 위해서는 관련 제품 기술의 확보와 함께 공정 기술의 축적이 요구된다. 제품 기술 확보를 위해서는 우리 기업들의 독일 지멘스사 등과의 기술 협력 강화와 함께 정부의 지원책 확대가 요구된다. 또한 공정

기술의 축적을 위해서는 생산 현장에서의 CNC 시스템 성능 향상을 위해 노력해야 하며, 이와 함께 현장supplier과 기업·교육기관user 사이의 신뢰성 테스트 등의 협업 강화에 전력을 다해야 한다.

한일 정부의 협상을 통해서 부당한 일본의 경제 보복 조치는 조속히 철회되어야 한다. 이를 통해 한일 산업 기술 분업망이 회복되는 것이 양국의 미래 경제 성장에 있어서 매우 중요하다.

우리는 이번 사태를 통해서 값진 교훈을 얻었다. 지난 경제 성장 과정에서 당연시 여겼던 일본에 대한 기술 의존이 위기 시에는 우리에게 커다란 위협이 된다는 사실이다. 이제부터라도 우리의 기술안전망 구축을 시작해야 한다. 단, 그것은 어느 정권 내에서 실현할 수 있는 것이 아니다. 길게 보고 중단 없이 추진해야 가능하다. 그리고 이를 통해서 현재의 위기를 교훈 삼아 미래의 강한 한국경제를 만들어가야 한다.

▶▶ **정승연**

정부 정책으로 바라보는
2020년 한국경제

1. 소득주도성장과 거시 정책 전망

2. 갈림길의 한국경제, 혁신성장 정책에 올인할까?

3. 공정경제를 향한 끊임없는 노력과 시도

4. 아직도 갈 길이 먼 고용노동 정책의 미래

5. 정책 방향과 국정철학을 보여주는 재정 정책의 방향은?

6. 한국의 복지 정책, 어디로 가고 있나?

7. 한국 사회의 미래를 결정할 키워드, 인구 구조 변화

8. 남북 경제 교류의 두 가지 포인트, 비핵화와 개혁개방

소득주도성장은 문재인 정부 경제사회 정책의 트레이드마크로서 많은 논란에도 불구하고 집권 후반기까지 지속적으로 추진될 것으로 보인다. 다만 전반기와 달리 정부가 직접 저소득 계층의 가계 소득을 지원하는 쪽으로 진화하고 있다는 점에서 차이가 있다. 2018~2019년 최저임금을 연이어 대폭 인상하면서 소득주도성장에 대한 비판이 최고조에 달했지만 2019년 이후 최저임금 인상보다는 정부 재정을 바탕으로 한 일자리 창출과 보건복지 정책의 강화 쪽으로 무게중심이 옮겨가고 있다. 2020년 최저임금 인상률을 2.9%(2019. 8 고시)로 급격히 낮춘 반면 기초생활보장을 비롯한 각종 복지 급여의 기준이 되는 2020년 기준중위소득은 2.94%(2019년 1.66%)까지 대폭 인상한 데다 2021년부터는 기준통계도 복지 수급자에 유리하게 바꾸기로 함으로서 최저임금의 속도 조절과 대비되고 있다. 이런 변화는 근로장려세EITC 예산을 2019년 4조 9,000억 원으로 전년대비 3배 가까이 늘린 데서도 확인할 수 있다. 소득주도성장이라는 간판은 유지하되 소득 분배를 개선하기 위한 정부의 책임을 크게 강화하는 방향으로 정책 메뉴가 바뀌고 있는 셈이다.

재정 정책도 이를 뒷받침하는 방향으로 짰였다. 특히 2019~

2020년의 예산은 매년 8~9% 대의 증가율을 보이는데 이는 5년 국가재정운용계획(2019~2023)상의 연평균 증가율 6.5%를 크게 상회하는 것이다. 또한 분야별 재원 배분에서도 정부의 경제사회 정책 기조가 관철되고 있다. 보건복지와 노동 일자리 분야 예산을 5년간 매년 9.2%씩 증가시켜 2023년에는 전체 예산 대비 39.8%(2019, 34.3%)에 이르도록 했다. 이는 OECD 국가 대비 80% 수준의 사회복지 지출 수준에 달하는 것이다. 그렇더라도 지난 30여 년에 걸친 복지 지출 과소-경제 지출 과다의 불균형이 시정되는 것은 아니지만 복지 국가로 나아가는 큰 진전임에는 틀림없다. 이는 정부가 표방하는 포용적 사회보장 체계와 포용 성장의 정책 기조와도 부합하는 재정 운용이라고 할 수 있다. 2019~2023년의 제2차 사회보장기본계획에서 제시하고 있는 대로 고교 무상교육과 기초생보의 부양 의무자 기준 폐지, 한국형 실업 부조의 도입 등이 실현된다면 복지 사각지대 해소에 크게 기여할 것으로 기대된다. 문제는 선진국형 복지 국가를 실현하는 데에 소요되는 재원 조달 가능성과 지속가능성에 대한 우려가 가시지 않는다는 점이다. 당분간 낮은 금리 부담 등을 감안할 때 국채로 충당하는 것이 가장 유력한 대안으로 보이지만 도입하면 되돌리기 어려운 복지 제도의 확대에 따른 재정을 어떻게 안정적으로 조달한 것인가는 여전히 숙제로 남아 있다.

　다만 4차 산업혁명 관련 산업과 제조업 르네상스, 그리고 일본에 의존했던 소재·부품·장비 업종을 지원하기 위한 과감한 재정 투자 수요가 확대되고 있는 점을 감안해야 한다.

　문재인 정부는 전반기에 상대적으로 소홀했던 혁신성장과 공정 경제 분야에서 구체적인 성과를 내기 위해 2019년 이후 다양한 메뉴들을 제시하고 있다. 한국형 규제샌드박스 시행을 비롯한 규제 개혁과 함께 수소 경제 활성화(1월) 등 3대 중점 육성 산업 선정, 제조업 르네상스 선언(6월) 그리고 소재·부품·장비 경쟁력 강화 대책(8월) 등을 연이어 쏟아냈다. 그러나 정부의 적극성에도 불구하고 시장의 반응은 차가울 뿐이다. 공유경제와 데이터 관련 규제가 그대로이고 친노동 정책 기조가 변하지 않는 한 예산 투입만으로 공급 역량을 혁신하고 시장을 움직이기는 어려울 것이다. 문재인 정부가 당면한 '좋은 위기'를 낭비하지 않기 위해서는 정책의 근원적인 재검토가 필요하다.

　공정거래 정책은 혁신성장, 소득주도성장과 함께 문재인 정부 경제 정책을 지탱하는 세 바퀴 중 하나로서 정부 출범 초기부터 힘을 기울여왔고 성과도 있었지만 제도적인 개혁의 관점에서는 큰 변화가 없다. 지배구조 개선을 중심으로 한 정부의 공정거래법 전면 개정안(2018. 11)과 여러 상법 개정안이 국회에 계류돼 있고, 공정경제 시스템의 불가역적인 안착을 위해서는 법 개정이 불가피하지만 20대 국회에서 처리될 가능성은 높지 않다.

이에 따라 정부는 시행령 개정을 통해 공정경제 관련 정책을 추진하고자 하는데 대표적인 것이 바로 자본시장개정법을 개정하는 것이다(2019. 9). 여기에는 주주총회를 내실화하고 주주활동 촉진을 통해 대주주 감시를 강화하는 방안이 담겨 있다.

또 하나 주목할 사항은 스튜어드십 코드에 따른 국민연금의 주주활동 확대를 위한 일련의 조치들인데 이는 기관투자자의 의결권 행사나 주주활동 동기 등에 직접 영향을 줘 의미 있는 변화를 불러일으킬 수 있다.

한국 사회의 미래를 결정할 두 키워드는 인구 구조 변화와 남북관계의 변화 가능성이다. 경제를 일본형의 장기 불황에 빠트릴 가장 큰 위험은 생산 인구의 감소와 출생아 수의 급격한 감소다. 합계 출산율이 2018년 0.98로 역대 최저치를 기록한 것과 함께 출생아 수도 32만 명대로 떨어졌다. 출생아 수 감소는 당분간 계속되어 20만 명대로 떨어질 가능성이 높다. 이러한 급격한 출생아 수 감소는 저출산 추세와는 다른 차원의 우려를 낳고 있다. 대부분의 국내 경제사회 시스템과 행정 체계가 신생아 수 60만 명 이상이었던 시기에 형성된 것들이어서 교육과 노동 시장, 병역과 의료 체계들의 개편과 조정이 시급한 과제로 부각되고 있다. 2020년 구체화될 4차 저출산기본계획(2021~2025)에서는 보육에만 치중됐던 저출산 대책에서 벗어나 인구 구조 변화에 대응하기 위한 법적 제도적 개혁과 함께 외국인 인력 정책의 변화도 검토될 것으로 예상된다.

많은 기대를 모았던 2019년 북미 하노이 회담이 결렬된 이후 교착 상태에 빠져 있던 북미 실무 협상이 10월 재개되면서 관심은 타협 가능한 북한의 비핵화 정도와 미국의 제재 해제 수준에 모아지고 있다. 그에 따라 북한의 개혁개방 수준이나 남북 교류의 양과 질이 좌우될 것이기 때문이다. 제재 완화 초기 단계에서 개성공단 재개를 기대할 수도 있다. 개성공단은 비교적 투명하게 관리될 수 있다는 점에서 유력한 제재 해제 카드로 검토될 수 있다. 반면 금강산 관광은 제재 해제에 따르는 기술적 문제는 크지 않지만 대량의 현금이 유입될 수 있다는 점에서 개성공단 재개보다 순위가 밀린다. 2020년에 기대할 수 있는 남북 경제 교류의 최대치는 제재 완화와 제재 해제 사이의 어느 지점일 것이다. 북미의 비핵화 딜이 성사되어 부분적인 제재 완화가 있더라도 이것이 바로 대규모 남북 경제 교류로 이어질 가능성은 높지 않다.

▶▶ **최영기**

01 소득주도성장과 거시 정책 전망

소득주도성장은 문재인 정부 경제 정책의 트레이드마크로서 2020년에도 꾸준히 추진될 것으로 보인다. 다만 소득주도성장 정책들의 실제 포괄 범위는 매우 넓으므로 그 강조점은 상황에 따라 조금씩 변화할 것이다. 특히 정부 출범 이후 두 해에 걸쳐 이루어진 최저임금 대폭 인상과 같은 민감한 정책보다는 정부 재정을 바탕으로 한 일자리 및 복지 정책 쪽으로 무게중심이 옮겨갈 것으로 전망된다.

　그동안의 소득주도성장 정책은 어떤 효과가 있었을까. 여기에 대해서는 다양한 평가가 존재한다. 소득주도성장 특별위원회가 국민계정 통계를 이용해 분석한 자료에 따르면 2018년에 임금 소득이 5% 증가했다. 가계의 처분 가능 소득은 4.8% 증가했는데, 이는 2016년(2.5%)이나 2017년(3.6%)보다 높은 증가세다.[1] 이에 따라 2018년의 민간 소비 증가율은 물가를 감안한 실질치 기준으로 2.8%를 기록해 경제성장률 2.7%를 상회했다.

　아울러 2016~2017년에 하락했던 노동 소득 분배율도 2018년에는 상승 쪽으로 전환해 국민 소득 중 노동에 분배되는 몫이 다소 늘었다. 한국은행이 발표한 노동 소득 분배율은 2018년 63.8%로 2017년(62%)이나 2015년(62.6%)에 비해 상승했으며, 자영업자 소득 중 일부를 자본 소득이 아닌 노동 소득으로 간주해 조정한 노동 소득 분배율 지표들도 70% 내외를 기록하며 상승 추세를 보였다. '가계 소득-소비-일자리-성장'이라는 소득주도성장의 연결 고리 중 가계 소득과 소비 증가가 소폭이나마 현실화된 셈이다. 이런 변화는 그동안의 소득주도성장 정책, 즉 최저임금 인상, 기초연금·아동수당 등 이전 소득 확대 정책의 영향을 반영하고 있다는 것이 정부 측의 평가다.

　반면 소득주도성장 정책들, 특히 최저임금 대폭 인상과 관련해서는 부정적 평가도 쉽게 찾아볼 수 있다. 최저임금 인상이 경제적 약자들, 특히 청년들과 비숙련 노동자의 일자리에 좋지 않은 영향을 준다는 지적들이 정책 시행 초기부터 많이 쏟아져 나왔다. 성태윤·박성준의 논문 「소득주도성장 정책 쟁점과 분석 및 평가: 임금주도성장 논의 중심으로」(2019)에 따르면 2018년에 도소매 숙박음식점업 등 최저임금의 영향을 많이 받는 업종에서 고용이 부진했으며, 기업 경기와 생산 활동이 위축됐고, 임금 상승이 국제 경쟁력 저하로 이어져 수출 부진을 심화시킬 가능성도 있다고 한다.[2]

그러나 정확한 수량적 분석은 아직 이른 면이 있다. 어떤 평가든 그 근거가 되는 데이터는 정책 이외의 요인들, 즉 경기 변동, 인구 구조 변화, 제조업 구조조정 등의 영향을 복합적으로 받을 수밖에 없다. 또 최저임금 인상도 자영업 구조조정 등을 통해 다양한 중장기 피드백 효과를 가져올 수 있다. 이전 소득의 확대 역시 시행 초기이므로 종합적 효과를 판단하기에는 데이터가 충분치 않다. 소득주도성장이 추구하는 성장과 분배의 선순환 양상이 본격적으로 시작됐는지 여부를 정확히 판단하기에는 아직 자료가 충분하지 않고 외부적 교란 요인도 많다.

확장적 재정 정책으로 방향 전환 시도

문재인 정부 전반기 소득주도성장 정책에서 가장 논쟁적인 부분은 최저임금 대폭 인상이었다. 이 정책은 정부 재정보다는 영세 자영업자와 중소기업이 일차적으로 부담을 지게 한 측면이 있다. 이에 따라 최저임금 인상의 속도조절 필요성에 대한 사회적 합의가 어느 정도 이루어졌고, 이를 반영해 2020년의 최저임금 인상률은 2.9%로 이전에 비해 크게 낮아졌다. 대신 정부는 2020년 예산안을 513조 원 수준으로 편성하는 등 정부 지출이 8~9% 넘게 증가할 가능성이 커졌다.

재정 지출 확대는 고용·보건·복지를 중심으로 이루어질 것이다. 특히 재정을 통한 고용 창출은 베이비붐 세대의 은퇴가 본격적으로 이루어지기 시작하면서 그 필요성이 더욱 커질 전망이다. 노후 대비를 충분히 해놓지 않고 은퇴하는 이들에게 일자리가 일종의 복지 역할을 한다는 점을 정부는 간과할 수 없을 것이다. 생산 연령 인구(15~64세) 감소에 따른 취업자 수 하락 추세를 상쇄하고 고용률을 높이는 데에도 재정 일자리는 중요한 역할을 할 것이다.

또 미중 무역 갈등으로 무역 환경이 변화하고 반도체 경기도 위축돼 수출 수요가 줄었고, 이를 반영해 투자 수요도 위축되었으므로 거시경제의 총수요를 떠받치기 위해서라도 재정 지출을 통한 내수 확대의 필요성은 더욱 커질 수밖에 없다. 내수 확대는 이전 정부에서도 주요 과제였다. 이명박 정부는 토목을 중심으로, 박근혜 정부는 주택을 중심으로 건설 경기를 부양했다. 그러나 향후 동일한 방식의 경기 부양은 쉽지 않다. 주택 경기 부양은 가계 부

[도표 3-1] **GDP의 지출 구성 요소 추이**(계절 조정, 실질, 분기, %)

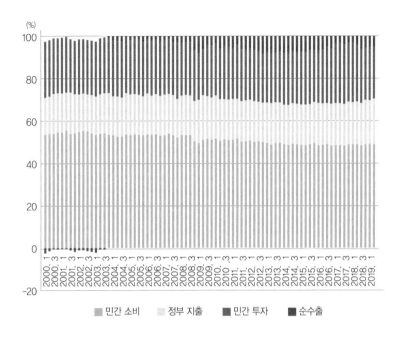

■ 민간 소비   ▨ 정부 지출   ■ 민간 투자   ■ 순수출

출처: 한국은행 국민계정(2015년 기준)

채 수준을 감안할 때 한계가 있고, 교통망 확충 등 공공 인프라 투자는 일정 정도 늘어날 수 있겠으나 4대강 수준의 대규모 토목공사는 쉽지 않다.

이런 사정을 감안하면 문재인 정부의 소득주도성장 정책은 가계 소득 및 소비를 내수 및 총수요 확대의 주된 타깃으로 삼을 것이다. 현재 민간 투자와 수출 수요가 구조적으로 위축된 상황이므로 정부 지출을 늘리고 이를 지렛대로 민간 소비와 투자의 확대를 유도하는 방향으로 갈 가능성이 크다([도표 3-1] 참조). 일자리 확대,

돌봄 체계 등 저출산 대책, 재교육 등이 당장 내수와 직결된 분야이고, 연구개발 투자 확대를 통한 국제 경쟁력 확보와 신산업 창출, 교통망 등 SOC 투자도 지속적으로 추진될 전망이다.

재정 지출 재원 마련은 국채 발행을 중심으로

　2020년에 늘어나는 재정 지출의 재원은 증세보다는 우선은 국채 발행을 통해서 마련될 것이다. 2019년 초 올리비에 블랑샤르 MIT 교수가 미국경제학회에서 장기적인 저금리 기조하에서 국채 활용 가능성이 매우 크다는 점을 역설한 이후 전 세계적으로 국채를 통한 정부 지출의 확대 필요성이 심도 있게 논의되고 있다. 특히 우리나라의 경우 GDP 대비 국채 잔액 비율이 2018년 현재 35.9%로서 상당히 낮아 재정 여력이 큰 것으로 평가되고 있다. 주요 신용 평가사들은 한국 국채의 신용등급이 일본, 중국보다 높고 영국, 프랑스와 대등한 수준이라고 보고 있다.

　한국뿐 아니라 미국, 유럽에서도 저금리 기조 속에 국채에 대한 이자 지급 비용이 낮아지고 있어 전 세계적으로도 국채 활용의 부담이 작아진 상황이다. 한국의 GDP 대비 정부 이자 지급 비용을 보면, 이 역시 최근 하락 추이를 나타내고 있어 한국의 '재정공간fiscal space'은 이전보다 넓어졌다고 볼 수 있다([도표 3-2] 참조).

　경제의 불확실성이 커져 안전 자산인 국채에 대한 수요가 계

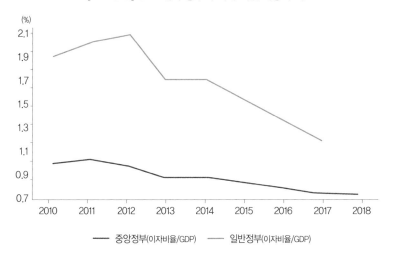

[도표 3-2] GDP 대비 정부의 이자 지급 비용 추이

(%)

— 중앙정부(이자비율/GDP)　— 일반정부(이자비율/GDP)

출처: 한국은행 국민계정(2015년 기준), 기획재정부

속 느는 것도 국채 금리를 장기간 낮게 유지하는 요인이므로 국채 활용에는 유리한 조건이 된다. 한국의 국채 금리는 명목 GDP 성장률보다 낮은 수준을 유지하고 있어 재정건전성의 장기적 조건($r < g$: 국채 금리 < 명목 GDP 성장률)을 대체로 만족하고 있다. 이 조건을 이해하기 위해 국채를 계속 돌려막기 하는 상황을 생각해보자. 이때 국채의 증가 속도는 국채 금리이고 GDP의 증가 속도는 성장률이라고 할 수 있는데, 만약 국채 금리가 명목 GDP 성장률보다 낮다면 국가 채무 비율(국채/명목 GDP)에서 분자(국채)의 증가 속도가 분모(명목 GDP)의 증가 속도보다 느려지므로 국가 채무 비율은 오히려 낮아진다. 따라서 국채 발행의 부담이 작아진다.

이런 논리에 대해서 장기적으로 명목 GDP 성장률이 국채 금리보다 더 떨어질 위험성을 고려해야 한다는 경고도 있다. 늘어난 재정을 생산적으로 써야 한다는 지적도 많다. 정부가 내국인에게 돈을 빌리는 경우는 문제가 생겨도 해결이 비교적 용이하지만 외국인에게 외화를 빌려 순대외 채무가 발생하면 위험이 있을 수 있다. 한국의 경우 달러를 찍어낼 수 없으므로 경상수지 적자를 야기하는 수준까지 국채 발행과 내수 확대를 추진하기는 어려운 측면이 있다. 따라서 경상수지의 대폭 적자를 회피하는 범위 내에서 재정 정책이 활용될 가능성이 크다.

또 한국의 경우 국가 채무 비율이 높아지는 데 따른 경계심이 큰 편이므로 국채 발행 증가 속도가 정치적 논란의 대상이 될 수도 있다. 하지만 수요 위축과 전 세계적 불확실성 증대로 인해 재정 지출 확대와 국채의 증가 추세는 계속될 것으로 전망된다.

▍수용적 통화정책 및 리스크 관리에 중점을 둔 금융 정책

재정 정책과 함께 거시경제 정책의 양대 축을 이루는 통화정책은 재정 정책 등 다른 정책들이 원활히 실행되도록 돕는 수준에서 수용적인 기조를 유지할 가능성이 크다. 2018년에만 해도 미국에서는 금리 인상 추세가 지속됐고 한국은행도 금리를 인상했으나, 2019년 들어 미중 무역 갈등이 심화되고 세계 경기의 불확실성이 커지면서 오히려 금리가 인하됐다. 지난 1년 동안 정책 금리의 움직임이 극적으로 전환된 데서 알 수 있듯이 통화정책 자체의 불확실성도 커졌다. 통화정책은 2008년 글로벌 금융위기 직후에는 경기 회복을 위한 주도적 수단으로 사용됐지만, 현재 국면에서는 경제 상황 변화에 따라 수용적으로 움직일 가능성이 크다.

앞으로 금리가 공격적으로 인하될 가능성이 있는지 살펴보자. 만약 전 세계 중앙은행들이 환율 전쟁에 돌입한다면 모두가 경쟁적으로 금리를 낮출 것이고, 한국은행도 그 흐름에서 벗어나기 어렵다. 그러나 유럽이나 일본 등은 이미 제로금리 상황이라서 추가적인 금리 인하 여력이 많지 않다. 미국은 아직 경기가 나쁘지 않으므로 금리 인하는 일종의 보험적 정책으로 여겨지고 있다. 보호무역 정책을 쓰는 나라 입장에서는 환율이 절상될 경우 보호무역의 이득이 모두 사라질 가능성이 있으므로 이를 막는 수준에서 완화적 통화정책을 쓰려고 할 수 있다.

공격적 금리 인하와 시장 개입을 통한 경쟁적 통화 가치 절하, 즉 환율 전쟁은 현재로서는 미국과 중국 사이에서 발생할 가능성을 생각해볼 수 있다. 다만 미국이 중국을 이미 환율 조작국으로 지정한 상황에서 중국이 환율을 공격적으로 절하하는 데에는 매우 큰 정치·외교적 부담이 따른다는 점을 고려해야 할 것이다.

따라서 현재 국면에서는 환율 전쟁을 염두에 두고 각국이 금리를 공격적으로 인하하는 시나리오보다는 무역 정책이나 재정 정책이 원활히 작동하도록 각국 중앙은행이 환경을 조성하는 차원에서 수용적으로 통화정책을 실행할 가능성을 우선적으로 고려할 필요가 있다. 한국은행도 대체로 이 기조를 따를 것으로 예상된다.

한편 적극적 재정 정책을 뒷받침하기 위해 수용적 통화정책이 실행된다고 할 때 완화된 금융 환경으로 인해 가계 부채가 증가하는 부작용이 있을 수 있다. 부채 증가를 기반으로 부동산 가격이 크게 오른다면 금융 부문과 거시경제의 리스크도 커진다. 따라서 금융 당국은 이러한 리스크가 현실화되지 않도록 하기 위해 리스크 관리에 더욱 많은 주의를 기울일 수밖에 없다. 특히 주택담보대출 등 가계 부채 증가 요인들에 대해서는 미시적 규제를 높은 수준으로 가져갈 가능성이 크다.

소득주도성장의 진화

문재인 정부 후반기의 소득주도성장 정책은 확장적인 거시경제 정책, 특히 재정 정책을 바탕으로 가계 소득 증대, 가계 지출 경감, 사회 안전망 및 복지 확충이라는 세 방향의 정책을 지속적으로 추진할 것으로 보인다.

또 최저임금 대폭 인상과 같이 재정을 덜 쓰면서 논쟁을 불러일으키는 정책보다는 정공법에 가까운 정책들이 더 적극적으로 활용될 가능성이 크다. 이러한 정책들은 주요 선진국들이 활용하고 있는 포용적 성장 정책 및 복지 정책으로 수렴할 가능성이 크다.

▶▶ **하준경**

02 갈림길의 한국경제, 혁신성장 정책에 올인할까?

　정권 초기 2년 동안 소득주도성장 정책에 중점을 둔 바 있는 문재인 정부는 2019년에는 혁신성장을 위한 정책을 더 많이 수립·발표하고 있다. 명시적으로는 소득주도성장, 공정경제, 혁신성장이라는 정책의 기조를 유지하고 있으나, [도표 3-3]에서 보는 바와 같이 미래 성장 동력의 확충, 규제 혁파, 투자 촉진 등을 위한 크고 작은 혁신성장 정책들을 연이어 양산하고 있다.

　이는 그동안 최저임금의 인상, 근로 시간의 단축 등 소득주도성장 정책들이 이론적 타당성, 추진 속도, 성과와 부작용에 대한 논란에도 불구하고 어느 정도 궤도에 올라, 해당 부처나 위원회를 중심으로 시장 수용성을 제고하기 위한 보완만 하면 된다는 판단

[도표 3-3] 2019년도 주요 혁신성장 정책의 핵심 내용

구분	주요 정책	핵심 내용
① 미래 성장 동력 창출	· 혁신성장 2.0 추진 전략(7월) · 수소 경제 활성화 계획(1월) 데이터·AI 경제 활성화 계획(1월) 시스템 반도체 비전과 전략(4월) 바이오헬스 산업 혁신 추진 방안(5월) 제조업 르네상스 비전 및 전략(6월) 서비스 산업 혁신 전략 (6월) 소재·부품·장비 경쟁력 강화 대책 (8월)	· 3+1 전략 투자 본격화 및 12대 선도 사업 확대 · R&D 혁신, 투자환경 개선, 인재 양성, 생태계 조성 등 분야별 세부 대책 제시
② 규제 개혁	· 규제 혁신 5법 입법 완료 · 한국형 규제샌드박스 모델 창출	· 정보통신융합법·산업융합촉진법(1. 17), 행정규제기본법(3. 28), 금융혁신법(4. 1), 지역특구법(4. 17) · 신속 확인, 실증 특례, 임시 허가 · 사례 조기 창출 및 사업화 종합 지원
③ 국가 균형 발전	· 국가 균형 발전 프로젝트 (1월) · 규제자유특구 지정 (7월)	· 23개 사업, 24.1조 원 지원 · 세계 최초로 전국 7곳 지정 · 원격 의료 등 58건 규제 특례 허용
④ 확장적 재정 기조	· 본예산 지속 확대 · 매년 추경 편성	· ('17) 400.5 → ('18) 428.8 → ('19) 469.6 → ('20) 513.5조 원 · ('17) 11.0 → ('18) 3.8 → ('19) 5.8조 원
⑤ 투자 촉진 세제 지원	· 세제 인센티브 3종 세트 마련	· 생산성 향상 시설 투자 세액 공제율 한시 상향, 투자세액 공제 적용 대상 확대, 가속상각제도 한시 확대

에 일부 기인한다.

그러나 근본적으로는 실물경제를 둘러싼 국내외 정책 여건이

악화된 데 그 이유가 있다. 2019년 들어 글로벌 경기 둔화가 심화되어 성장·교역 전망이 큰 폭으로 하향 조정되고 있고 글로벌 산업 생산과 제조업 경기도 빠르게 하락하고 있다. 이러한 대외 여건 악화 등으로 기업 투자가 크게 위축되면서 민간 부문의 활력이 저하되고 있고 그간 수출 증가세를 이끌어온 반도체의 수출이 격감함으로써 수출 또한 감소세가 지속되고 있다. 엎친 데 덮친 격으로 미중 무역 전쟁이 확대·장기화 될 조짐을 보이고 있고 한일 간 갈등도 증폭되고 있다.

이러한 경제적 여건의 변화는 앞으로도 개선되기보다는 불확실성이 확대될 우려가 크다. 2019년 7월 정부가 '2019 하반기 경제정책 방향'에서 경제 활력 제고와 리스크 관리, 체질 개선과 미래 대비, 포용성 강화를 향후 3대 정책 방향으로 제시하고 혁신성장을 위한 정책을 적극 보강·보완한 데 이어, 9월에 1조 6,000억 원의 '하반기 경제 활력 보강 추가대책'을 확정·발표한 배경이기도 하다.

2019년 들어 발표된 혁신성장 정책들의 주요 특징을 살펴보면 다음과 같다.

첫째, 그동안 터부시해오던 대기업에 대한 지원도 부분적으로 부활되었다는 점이다. 민간 부문의 투자를 촉진하기 위해 2019년 하반기 중 투자분에 한해 대기업도 생산성 향상 시설, 에너지 절약 시설 투자에 대해 세제 혜택을 주기로 하고, 일본의 부당한 수출 규제에 맞서 소재·부품·장비 산업의 경쟁력을 강화하기 위해

대·중소기업과 노사의 상생 협력을 강조한 것이 대표적인 사례다.

둘째, 규제 혁신을 위한 전기를 마련했다는 평가다. 국회·민간·정부의 협조로 규제 혁신 5법이 입법 완료되고 '한국형 규제샌드박스' 모델도 창출되었다. 영국은 신속 확인, 일본은 신속 확인·임시 허가와 유사 제도가 있으나 우리는 규제 신속 확인·임시 허가·실증 특례 등 3종 세트를 완비했다. 영국 등 외국에 비해 최단기간에 많은 사례를 적용한 것도 평가할 만하다.

셋째, 확장적 재정 기조를 지속한다는 점이다. 문재인 정부 들어 본예산이 2017년도 400조 5,000억 원에서 2019년도 469조 6,000억 원으로 매년 큰 폭으로 증대되어 왔고 추경예산이 매년 편성되고 있다는 점도 주목할 만하다.

| 정부와 시장의 체감온도가 다른 것은 왜일까?

정부의 정책 의지와 노력에 대해 시장은 어떻게 반응하고 있는가? 혁신성장 정책을 우선순위에 두기 시작한 정책 기조의 변화에 민간 기업과 경제 주체들은 만족하고 있는가?

지금까지 시장의 평가는 정부 정책이 도움이 안 되는 것은 아니지만 근본적인 처방은 아니라는 반응이다. 이러한 반응은 실물경제 지표에 고스란히 반영되고 있다. 지금 우리 경제는 벤처 투자 금액과 신설 법인 수가 역대 최고치를 기록하고 있고 국가 신용등

[도표 3-4] 2019 2/4분기 경제 주체별 성장 기여도(추정)

(전기 대비, %포인트)

구분	국내총생산	최종 소비 지출	총고정자본 형성
전체	1.1	0.7	0.4
민간	-0.2	0.3	-0.5
정부	1.3	0.4	0.8

참고: 2015 연쇄가격 기준, 계절 조정 계열
출처: 한국은행

급도 높게 유지하고 있는 등 좋은 지표도 일부 있지만 전반적인 거시경제 지표는 매우 부진한 실정이다.

우선, 시장의 주축이 되어야할 민간 부문의 활력이 점점 떨어지고 있다.

2019년 2분기 GDP 성장률이 1분기 대비 1.1%를 기록했지만 민간의 성장 기여도는 올 1분기 0.1%에서 2분기 -0.2%로 뒷걸음쳤다. 반면에 정부 기여도는 1.3%로 크게 높아졌다. 총고정자본 형성에서도 민간의 기여도는 1분기 -0.2%에서 2분기 -0.5%로 하락하고 정부의 기여도는 1분기 -0.6%에서 2분기 0.8%로 크게 증가했다. 시장은 정부의 재정에 기댄 성장을 언제까지 할 수 있을지 의문을 가지고 있다.

외국인 직접 투자는 절반으로 줄고 우리 기업의 해외 직접 투자는 사상 최고치다. 금년 상반기 기준 외국인 직접 투자액(도착 기준)은 56억 1,000만 달러로 전년 동기 대비 45.2% 급감한 반면, 1/4분기 해외 직접 투자액은 141억 1,000만 달러로 전년 동기 대비 44.9% 증가했다. 이는 기업하기 힘든 환경이 여전히 개선되지 않고 있다는 사실의 방증이기도 하다.

그리고 한국 기업의 이익 창출 능력이 하락하고 있으며 국내 증시도 나홀로 추락하고 있다. 2019년 6월 20일 「매일경제신문」이 유안타증권에 의뢰해 전 세계 주요국의 자기자본이익률ROE을 분석한 결과 국내 상장사들의 ROE는 2017년(12.2%)까지 상승세를 보였으나 2018년 10.3%를 기록한 데 이어 2019년에는 8.1%까지 떨어졌다. 이 수치는 신흥국 평균인 12.1%뿐만 아니라 선진국 14.3%, 전 세계 평균인 13.9%에도 한참 뒤처지는 수준이다. 한편 코스닥 지수도 올 8월 들어 문재인 정부 출범 초기 수준(642.68) 이하로 빠졌다. 이는 국내 증시가 주요국 증시와 달리 나홀로 부진한 흐름을 이어가고 있을 뿐 아니라 국내 역대 정권과 비교해도 가장 두드러진다. 혁신성장 강화를 외치고 있는 문재인 정부에 시장이 무덤덤하게 반응하고 있다고 할 수 있다.

한국과 주요국의 경제 디커플링(탈동조화)이 심화되고 있다. 2019년 세계경제의 비관적인 전망에도 불구하고 주요국의 1분기 경제 성적표는 나쁘지 않다. 2018년 4분기 GDP 성장률과 비교하면 미국 0.8%, 중국 1.4%, 일본 0.6%, 유럽연합 0.4%의 성장률을 각각 기록한 반면 한국은 -0.4%로 유일하게 마이너스 성장을 기록했다. 이는 넓게 봐서는 한국경제의 펀더멘털이 흔들리고 있다는 것이고 좁게는 그동안의 반기업·반시장 정책이 기업하기 나쁜 환경을 조성한 결과로 볼 수 있다.

정부의 다양한 노력에도 불구하고 시장은 왜 이러한 반응을 보이는가? 정부가 하고 있는 혁신성장 정책에는 어떤 문제점이 있는 것인가?

우선 큰 그림, 장기 비전 없이 임기응변식·땜질식 처방이라는 지적이 많다. 정책 환경 변화에 선제적으로 대응하지 못하고 사안이 발생하고 나서 허둥지둥 기존 대책들을 모아 발표한다는 것이다. 대표적 사례가 일본의 반도체 소재 관련 수출 규제에 대응해 2019년 8월 정부가 내놓은 소재·부품·장비 경쟁력 강화 대책이다. 불가피한 면도 없지 않지만 졸속이나 재탕은 없었는지 곰곰이 생각해볼 필요가 있다. 치밀한 분석과 철저한 준비로 대응 전략을 수립하는 일본은 차치하고라도 '중국 제조 2025' 정책을 구체적으로 집행하기 위해 '1+X' 실시 계획을 별도로 수립·추진하고 있는 중국 사례도 참고할 만하다.

둘째, 정책 내용이 본질적·근원적 접근을 하지 못하고 변칙적·우회적 접근이 많다는 지적이다. 정부에서 민간 투자 분위기를 확산하기 위해 투자 세액 공제율과 적용 대상을 확대할 계획이지만 이는 법인세율을 2017년 수준으로 원상 복귀하는 것이 더 낫다는 평가다. 정부에서는 '한국형 규제샌드박스'를 세계에서 가장 완성된 모델로 홍보하고 있으나, 신사업에 친화적인 규제 환경을 조성하기 위해서는 기본적으로 전체 규제 시스템이 시장 친화적이어야 하며 규제샌드박스는 영국처럼 새로운 시도를 할 때 활용되어야 하는 것이 원칙이다.

셋째, 정책 방향도 중요하지만 정책 타이밍이 더 중요하다는 점이다. 공유경제, 헬스케어, 빅데이터 관련 규제 등에서 보듯이 규제 개혁 방향이 글로벌 기준과 같은 방향으로 가는 것도 중요하지만 경쟁 국가들보다 시기적으로 늦어지면 글로벌 경쟁을 해야만 하는 기업들에게는 치명적이다.

끝으로 정책의 구체성이 부족하고 집행력을 담보하기 어렵다는 점이다. 제조업 르네상스 전략이나 서비스 산업 혁신 전략처럼 소요 예산 확보 대책이 불투명할 경우 수립된 정책이 제대로 시행되기 어렵다. 국회 예산정책처의 '2018 회계연도 결산 총괄분석 보고서'에 따르면 2018년 추경에 편성된 신규 사업 69건 중 실제 집행률이 50%에도 못 미치는 사업이 20건이라고 한다. 예산의 뒷받침이 없는 정책과 수요 예측을 잘못해 예산을 제대로 집행할 수 없는 정책 모두 문제다.

문재인 정부, 혁신성장으로의 올인은 없다

재레드 다이아몬드Jared Diamond는 최근 그의 책『대변동』에서 국가적 위기의 결과와 관련한 요인 열두 가지를 제시한 바 있다. 그중 우리의 경제 현실과 관련해 관심이 가는 요인은 세 가지다. 국가가 위기에 빠졌다는 국민적 합의, 국가의 위치에 대한 정직한 자기 평가, 상황에 따라 유연하게 대응하는 국가의 능력이 그것이다.

지금 한국경제는 위기인가? 우리 경제의 펀더멘털은 건재한가? 만일 한국경제가 위기 또는 위기 진입 국면이고 펀더멘털도 문제가 있다면, 우리는 경제 정책의 대전환을 이룰 수 있는 유연한 정부와 리더십을 가졌는가? 이러한 질문에 대한 답은 2020년도 정부의 경제 정책 방향과 직결될 것이다. 과연 시장이 요구하는 혁신성장 정책으로의 대전환이 이루어질 것인가는 정부와 민간의 인식 공유로부터 출발해야 한다.

그러면 과연 시장이나 민간 전문가들이 주장하는 혁신성장 정책으로의 대전환이란 무엇을 말하는가? 여기에 대해 통일된 목소리는 없으나 주로 거론되는 내용을 집약할 수 있다([도표 3-5] 참조).

문재인 정부는 과연 정책 기조의 대전환을 할 것인가? 결론적으로 2020년에도 문재인 정부의 경제 정책 대전환, 즉 혁신성장

[도표 3-5] **혁신성장 정책으로의 대전환 내용**

구분	현행	대전환
· 정책 기조	· 소득주도·고용집착 정책	· 투자주도·생산성 기준 정책 (생산성 혁명 운동)
· 정책 철학	· 친노조·반기업 (노동안전성 확보)	· 친시장·상생 (노동안전성과 유연성 조화)
· 산업 정책 운용	· 땜질식 정책 양산	· 장기 비전하 구체적 계획 · 집행의 담보력 확보·피드백
· 규제 개혁	· 네거티브 규제 원칙 명시 · 규제샌드박스 도입, 규제 자유 특구 선정	· 실질적인 효과가 발현될 수 있는 핵심 개별 규제 개혁(빅데이터, 공유 경제, 자본·노동 시장의 유연화 등)
· 재정 확대 방향	· 보편적 복지 확대	· 공급 혁신 역량 강화
· 세제 개편 방향	· 투자 촉진 세제 한시 확대	· 법인세 인하, 사업 승계 제도 개편

정책으로의 올인은 기대하기 어려울 것 같다.

촛불시민혁명으로 탄생한 문재인 정부는 서민과 노동자 등을 보호하고자 하는 이념으로 대선 공약을 내고 그것을 바탕으로 집권했으니 하루아침에 공약을 폐기하기가 쉽지 않을 것이다. 경제 상황이 조금씩 어려워지더라도 정책의 점진적 변화는 기대할 수 있지만 정책의 근본적인 변화는 쉽지 않을 것이다. 이념과 인식의 변화를 수반하는 용기와 결단이 요구되는 어려운 일이기 때문이다.

정부도 경제가 부진한 흐름이 지속되고 있음은 인정하고 있지만 우리 경제의 기초체력은 튼튼하고 근본적인 성장세는 건전하다는 입장을 보인다. 최근 2019년도 우리나라 경제성장률이 1%대로 떨어질 것이라는 어두운 전망이 갈수록 확산되고 있고 중장기적 잠재성장률도 당초 전망치보다 빠르게 하락할 것이라는 민간 연구소의 연구 결과에도 불구하고, 아직은 경제위기를 직시하기보다는 어떻게든 비켜나가려는 모습이다.

집권 여당과 정부의 주요 정책 결정자들이 큰 변화가 없다는 점도 고려사항이다. 대선 공약을 마련하는 데 직간접으로 관여했던 이들이 정책 대전환 시 정책 실패를 인정한다는 오해를 감수하기가 쉽지 않아 보인다.

513조 5,000억 원으로 편성된 2020년도 예산안을 살펴보면, 4대 혁신성장 분야(15조 9,000억 원), R&D(24조 1,000억 원), 부품·소재·장비 자립화(2조 원) 등 혁신성장과 경제 활력 제고 관련 예산이 대폭 증가되었다. 그러나 보건·복지·노동 예산이 전체의 35.4%인

181조 6,000억 원을 차지하고 있어 공급 혁신 역량 제고나 생산성 혁명 차원의 대대적 정책 기조 변화를 도모하는 데는 한계가 있을 것으로 예상된다.

　다만 남아 있는 변수는 남북 경제 교류를 논외로 한다면 2020년도 4월 총선이라는 정치적 행사다. 많은 전문가들이 예측하는 대로 2020년도 국내외 경제 상황이 점차 악화된다면, 4월 총선을 계기로 정부로서도 대대적 인적 개편과 정책 대전환을 검토하게 될 것이다.

｜ 우리에게 주어진 좋은 위기를 낭비하지 말자

　짐 로저스 Jim Rogers 는 최근 저서 『세계에서 가장 자극적인 나라』에서 소득 주도와 혁신이라는 두 개의 중심축을 기반으로 추진하고 있는 문재인 정부의 성장 정책에 대해 그 효과가 심히 의문이라고 지적한 바 있다. 이제라도 정부는 우리 경제 현실을 정확히 인식하고 국민의 눈높이에 맞는 보편타당한 시각을 가져야 한다. 그리고 이러한 인식의 공유를 기반으로 전반적인 정책을 재점검해야 한다. 만약 기존 정책이 잘못된 것으로 판명되었거나 정책 여건이 크게 변했다면, 땜질식 처방을 되풀이할 것이 아니라 근본적으로 정책 기조를 전환하는 데 주저함이 없어야 한다.

　2019년 들어 미중 무역 전쟁, 일본과의 갈등 등 내우외환이 중

첩되고 있는 상황이다. 그러나 이것은 우리에게 위장된 축복일 수 있다. 민관의 인식 공유와 협력 분위기, 대기업에 대한 긍정적 인식, 대기업과 중소기업 간 그리고 노사 간의 상생이 얼마나 중요한지를 절감하는 계기가 된 것 등은 축복이다. 중국경제의 부상 이후 경제적 돌파구를 찾지 못해 심리적으로 크게 위축되어 있는 기업들이 다시 한 번 의지를 다잡게 된 것도 큰 축복이다. 덜 일하고 규제로 기업을 옭아매고 세금을 더 물리면서 경제 전쟁에서는 이기길 기대하는 일부 반기업·반시장적인 정치권이 위기감을 갖게 된 것도 위안거리다.

"좋은 위기를 낭비하지 마라."는 윈스턴 처칠 전 영국 총리의 격언은 냉전 시대 국제 정치 가이드라인으로 널리 인용되었다. 의도치 않게 우리에게 불어온 외풍들을 한국경제에 축복의 전환점으로 만드는 지혜가 필요한 시점이다. 반시장·반기업 정서를 해소하고 과감한 규제 혁파와 세제 지원 등으로 기업을 신명나게 하는 혁신성장 정책이 꽃피는 2020년 한 해가 되기를 기대해본다.

▶▶ **김호원**

◄ ◄ ◄ 참고 문헌

- "2019 하반기 경제 정책 방향", 관계부처 합동(2019. 7. 3)
- "2019년도 제1회 추가경정 예산안 분석", 국회예산정책처(2019. 6)
- "'규제샌드박스 100일' 시행 성과와 향후 과제", 관계부처 합동(2019. 4. 25)
- "규제특구출범, 원격의료·블록체인·자율 주행 등 58건 규제 확 풀린다", 중소벤처기업부 보도자료(2019. 7. 24)
- 이재훈·정의영, 「규제샌드박스, 한국의 새로운 규제패러다임」, 『KISTEP Issue Paper』, 2019-03(통권 제 261호), 한국과학 기술기획평가원
- 「혁신성장과 규제개혁」, 한국규제학회·KCERN(2019. 6. 21)
- "2019년 2/4분기 실질국내총생산", 한국은행 보도자료(2019. 7. 25)
- 짐 로저스, 전경아·오노 가즈모토 옮김, 『세계에서 가장 자극적인 나라』, 살림, 2019
- 장대환, 『우리가 모르는 대한민국』, 매일경제신문사, 2019
- 표학길, "투자주도 성장 정책의 이론과 정책의 국제 비교", 대외경제 정책연구원 연구보고서 17-32, 2017
- 박정수, 「한국경제의 노동생산성과 임금」, 『한국경제포럼』, 제12권 제1호 81-112, 2019
- 제레드 다이아몬드, 강주헌 옮김, 『대변동』, 김영사, 2019
- 「잠재성장률 하락의 원인과 제고방안」, 『경제주평』 19-28(통권 851호), 현대경제연구원, 2019
- 이승석, 「우리 경제의 잠재성장률 추정 및 시사점」, 『KERI Insight』, 한국경제연구원, 2019. 6

03 공정경제를 향한
끊임없는 노력과 시도

| 공정경제는 혁신성장과 소득주도성장의 인프라

　근래 10여 년간 경제민주화 정책은 경제 정책의 중요한 화두 중 하나였다. 한국경제는 대기업 중심으로 산업화에 성공했지만 그 결과 경제력이 소수의 재벌 총수 일가와 대기업, 기업 집단에 과도하게 집중됐다는 뼈아픈 지적도 피할 수 없었다. 경제민주화는 그에 대한 반성에서 출발했으며, 문재인 정부에서 공정경제 정책으로 구체화됐다.

　공정경제는 경제 성장의 여러 측면에서 다수 국민의 소외를 막고, 성장의 과실을 공정하게 배분하는 경제 원칙이자 체계다. 기업, 기업집단, 공급사슬, 대·중소기업 생태계, 혁신 생태계 차원에서 그간 의사 결정 권한과 함께 성장의 과실 또한 대기업, 재벌 총수 일가로 사실상 집중됐다. 일부에 집중되는 과실이 자연스럽게 나머지 아래 집단, 계층에 흘러넘칠 거라는 기존의 낙수효과trickle down effect 모형이 정상 작동한다고 보는 논의는 이제 찾기 어렵다. 경제력 집중과 제도의 한계로 잘못된 경영 의사 결정에 책임을 묻기도 어려웠다. 이제 공정경제 정책은 권한과 책임이 비례하는 지배구조를 구축하고, 일하고 기여한 만큼 보상받는 환경을 조성하는 것을 목표로 한다. 이해관계자 간 건전한 경쟁과 협력 관계를 되살리고, 그 과실의 공정한 배분을 추진하자는 취지다. 공정경제 정책은 더 나아가 혁신 경제, 소득주도성장 정책과 함께 경제 정책이라는 수레를 지탱하는 세 바퀴 중 하나다.

세 가지 정책 틀은 상호 긴밀하게 연계된다. 혁신의 성과가 공정하게 배분되지 못한다면 혁신의 동기가 유지되기 어렵다. 가령 기술 개발에 성공하고도 공정한 보상을 받지 못하면 기술 개발 투자는 위축될 수밖에 없다. 원하청 구조 아래 단가 후려치기나 기술 탈취에 신음하는 중소기업에 괜찮은 일자리 창출을 기대하기는 무리다. 프랜차이즈 업체들은 소위 '물량 밀어내기'나 '광고비 떠넘기기' 같은 갑질로 대리점·가맹점을 운영하는 소규모 자영업자들을 괴롭힌다. 물론 그 부담은 최종적으로 알바 같은 경제적 최약자에게 전가된다. 불공정한 경제 구조, 거래 관계는 괜찮은 일자리와 적절한 소득, 혁신 역량과 동기를 유지하고 창출하는 경제의 능력을 심각하게 훼손한다. 공정경제는 이처럼 소득주도성장과 혁신성장을 뒷받침하는 인프라다.

공정경제 정책은 크게 ① 기업지배구조 개선, ② 갑을 문제 해소 및 자본시장 공정거래 강화, ③ 대·중소기업 간 상생 협력 강화, ④ 공정거래법 집행 역량 강화 및 소비자 권익 보호 등 4대 과제로 대략 구분된다. 문재인 정부 출범 때부터 관련 법제의 개정을 최소한으로 하면서 법 집행을 획기적으로 강화해 실효를 높이는 방식으로 여러 공정경제 정책이 동시다발적으로 추진됐다. 2019년과 2020년 정부에서 중점 추진할 공정경제 정책 과제는 기업지배구조 관련 법규 개정이다. 다중대표소송 같이 법으로만 가능한 제도를 도입하고, 공정경제의 원칙과 체계가 여러 법제에 단단히 뿌리박을 수 있게 하려면 필수적인 작업이다. 지금부터 이와 관련해 살펴보도록 하자.

지배구조법제 개정안, 언제쯤 통과될까?

기업지배구조 개선을 위해 추진하는 대표적인 과제가 상법 및 공정거래법 개정이다. 정부는 2018년 11월 공정거래법 개정안을 최종 발표했다. 민간 전문가로 구성한 특별위원회가 4개월여 논의를 거쳐 마련한 방안이 기초가 됐다. 2019년에는 개정안이 국회를 통과할 수 있게 주무부처인 공정거래위원회가 국회 협의 등에 주력했다. 개정안에는 재벌의 지배구조를 규율하는 기업집단법제를 상당 부분 개정하는 내용이 담겼다. 금융보험사의 의결권 행사, 총수 일가의 사익 편취, 순환출자, 공익법인, 지주회사 등 관련 쟁점이다. 오랜 기간 논의를 거친 개혁 방안들이기에 대부분 관련 의원 입법안이 국회에 제출돼 있다.

우선 금융보험사가 계열사 간 합병 안건에 의결권을 행사할 수 없도록 한 조항이 눈에 띈다. 총수 일가가 자기 이익을 위해 금융회사를 악용할 수 없도록 한 조치다. 국내 합병의 대다수를 차지하는 계열사 간 합병은 사실 경영권 방어와 무관하지만 지금까지는 금융보험사의 의결권 행사를 허용했었다. 공익법인의 경우에는 사실 재벌 총수 일가가 설립 취지와 무관한 경영 승계나 지배력 확대에 악용하는 문제가 있었다. 이를 감안해 개정안에서는 공익법인의 계열사에 대한 의결권 행사를 금융보험사와 마찬가지로 제한하고, 공익법인이 계열사 간 내부 거래를 하려면 이를 이사회가 검토해 승인하고 공시하도록 했다.

개정안에서 많은 주목을 받은 쟁점은 사익 편취 규제다. 이 규제는 총수 일가가 부적절한 내부 거래 등으로 계열사에 손해를 끼치면서 자기 또는 자기가 지분을 많이 가진 계열사 이익만 취하는 문제를 다룬다. 적용 대상은 총수 일가 지분율이 30% 이상인 상장 계열사와 20% 이상인 비상장 계열사다. 그런데 규제를 피하려고 지분율을 인위적으로 30% 미만으로 낮추는 사례들이 생겨났고, 규제의 효과에 심각한 의문이 제기됐다. 이를 막고자 적용 기준인 상장사 지분율을 20%로 낮췄고, 이들 적용 대상 회사가 지분을 50% 이상 소유한 자회사도 적용 대상에 포함시켜 자회사를 이용한 규제 회피도 어렵게 했다.

그밖에도 지주회사가 의무적으로 보유해야 하는 자회사 지분율을 상장 자회사의 경우 20%에서 30%로, 비상장 자회사의 경우 40%에서 50%로 높이고, 새로운 순환출자 고리가 나타나면 그 고리를 최종 형성한 계열사 간 출자에는 의결권 행사를 금지해 스스로 순환출자 고리를 끊도록 유도하는 내용도 포함됐다. 이상의 개정 방안들은 총수 일가의 경영 승계나 지배력 확대 등 사익 추구와 함께 경제력 집중을 억제하는 데 중요한 의미가 있다. 사실 해외 여러 선진국에서는 대개 지주회사가 자회사의 지분을 100% 보유하고, 순환출자는 사실상 불가능하며, 금융 자본과 산업 자본이 일부 예외를 제외하면 원칙적으로 분리돼 있다. 이를 감안하면 공정거래법 개정안의 내용은 국제 기준으로 보기에 아직도 추가 개선 필요성이 적지 않은 최소한의 조치에 가깝다. 그럼에도 논란이 격한 상황은 거꾸로 한국 자본시장이 가야 할 길이 아직 멀다는 사실을 보여준다.

법무부가 2019년 업무 계획에서 밝힌 상법 개정 추진 방안에도 기업의 지배구조 개선을 위한 핵심 조치들이 등장한다. 먼저, 모회사 주주가 (모회사의 보유 지분율이 50%를 초과하는) 자회사 이사를 상대로 손해배상을 청구할 수 있게 허용하는 다중대표소송 도입이다. 비상장인 자회사 이사의 불법 행위 등으로 손해를 입은 모회사 주주가 기존의 대표소송으로는 자회사 이사의 책임을 추궁할 수 없는 한계를 보완하는 것이다. 계열사 이사에도 책임을 물을 수 있게 해 그룹 차원에서 주주를 보호하고 지배구조를 강화하자는 취지다. 주주가 회사에 참석하지 않고도 의결권을 행사할 수 있게 지원하는 전자투표를 의무화하는 조치도 담겼다. 대상은 주주가 1만 명 이상인 상장사다. 많은 주주총회가 3월 셋째, 넷째 금요일에 집중돼 주주의 참석이 곤란한 국내 상황에서 주주의 부담을 줄이고 회사도 쉽게 의결 정족수를 채우는 데 요긴한 제도다.

감사위원 1인 이상을 이사 선임 단계에서부터 다른 이사와 분리 선임하도록 의무화하는 방안이 포함됐는데, 이는 대주주의 영향력을 줄여 감사위원 선임 과정에서 독립성을 높이자는 뜻이다. 대규모 상장사의 경우 2인 이상 이사 선임 시에 소수 주주가 청구하면 반드시 집중 투표를 시행하도록 하는 내용도 반영됐다. 집중 투표는 주주가 추천하는 독립적인 이사 후보가 주총 안건에 포함된 경우 각 주주가 보유 주식 1주당 전체 후보 수만큼의 의결권을 갖고 특정 후보에 몰표를 던질 수 있게 허용해 독립이사의 선임 확률을 높이는 제도다. 결국 감사위원 분리 선임과 집중 투표제 일부 의무화는 경영진을 감시할 감사위원과 사외이사의 독립성을 높이려는 취지다.

사실 상기 네 가지 기업지배구조 개선을 위한 상법 개정안은 이미 2013년에도 등장한 바 있다. 당시 법무부는 집행임원제 의무화까지 포함한 법 개정안 꾸러미를 제안하고 이를 추진하기 위해 노력했으나 재계의 강력한 반발 등에 부닥쳐 더 이상 논의를 진전시키지 못했다. 한동안 잠잠하다 문재인 정부 들어 공정경제 패러다임을 위한 핵심 과제에 포함되면서 다시 추진된 것이다. 이미 13건의 상법 개정안이 의원 입법으로 국회에 제출돼 법무부는 개정안 발표보다 법 통과를 위한 국회 협의에 치중한 탓에 소극적이어 보이는 것은 피할 수 없었다.

정부가 밝힌 대로 공정경제 시스템의 불가역적인 안착을 위해서는 법 개정이 필요하다. 개정 노력이 결실을 거둔다면 국내 기업(집단)의 지배구조를 개선하고, 총수 일가가 개인 이익을 추구하는 가운데 계열사나 이해 관계자에게 피해를 끼치는 행위를 억제하는 데 기여할 수 있다는 점은 분명하다. 기업 가치를 높이고 코리아 디스카운트를 최소화하는 데 도움이 될 것임은 물론이다. 안타까운 점은 그간의 논의 경험이나 최근 상황에 비추어 보건대 국회에서 개정안이 언제 논의되고 통과될지 기약이 없다는 사실이다. 다만 2020년에는 총선이 있는 만큼 그 결과에 따라 국회에서의 논의와 입법 가능성이 크게 달라질 것으로 예상한다. 현재의 개정안은 대개 국제 기준으로 최소한의 수준이거나 이미 오랜 논의를 거친 방안들을 담은 만큼 국회에서 속히 처리할 필요가 있다.

상법 등 개정 여부가 불투명한 상황을 감안해 정부와 여당은 2019년 9월 국회 논의 없이도 시행령 같은 하위 법령 개정만으로 추진 가능한 구체적인 방안을 추가로 내놨다. 여기에는 상당히 중요한 의미가 있는 조치들이 포함됐다. 대표적인 개선안이 주주총회 내실화 방안과 주주활동 촉진을 위한 자본시장법 시행령 개정안, 국민연금의 스튜어드십 코드 이행을 위한 주주활동 가이드라인 마련 등이다.

정부에서 발표한 주주총회 내실화 방안은 주주총회 개최와 관련한 일정을 개편해 보다 충실한 의결권 행사가 가능하게 하자는 것이다. 국내 상장사는 결산과 감사, 소집 공고 등을 거쳐 주주총회를 열고, 그 결과를 반영해 작성한 사업보고서를 제출·공시한다. 이런 일정에 따라 결산월이 12월인 국내 대다수 상장사는 3월 말까지 사업보고서를 공시하고, 그 직전에 주주총회를 개최한다. 많은 주주총회가 3월 2~4주에 몰리고, 소집 공고가 주총 2주쯤 전에야 촉박하게 이뤄지곤 하는 이유다. 사업보고서를 확인할 수 없으니 주주들이 찬반을 정할 때 참고할 정보도 크게 부족하다. 반면 미국, 영국, 독일, 호주 등 대다수 선진국에서의 주주총회 일정은 다르다. 12월 결산 법인이 결산·감사를 마치고 3월에 사업보고서를 공시하는 건 동일하나, 그 이후에 주주총회를 4~6월에 걸쳐 여유 있게 개최한다. 소집 공고도 주총 전 3주 대개는 한 달 전으로 여유 있고, 자사는 물론 타사, 특히 경쟁사의 사업보고서까지 확인해 의결권을 행사할 수 있다. 덕분에 기관 투자자는 기업과 활발하게 대화하고 국내보다 충실하게 의결권을 행사한다. 정부의 상법 시행령 개정안은 상장사가 주주총회 소집을 통지·공고할 때 사업보고서를 주주에게 송부하고 공시하도록 해 주주총회를 자연스럽게 사업보고서 공시 이후에 개최하도록 하는 내용이 핵심이다. (일본을 제외한) 선진국 기준에 맞추는 것이다. 2020년 주주총회 시즌부터는 주총을 둘러싼 일정, 정보 등 여건이 획기적으로 변화하게 될 것이다. 이는 주주총회가 기업의 명실상부한 최고 의사 결정 기구로서 역할을 수행하는 데 크게 기여하리라 본다. 주주총회가 통과의례에서 벗어나면 주주와 기업 간의 대화는 그만큼 활발해질 수밖에 없다. 물론 이는 최근 선진 자본시장의 주된 흐름이기도 하다.

이런 예측과 기대는 2016년 말에 민간에서 스튜어드십 코드를 제정해 시행 중인 상황과 중요한 관련이 있다. 원래 명칭이 '기관 투자자의 수탁자 책임에 관한 원칙'인 이 코드는 돈을 맡긴 사람의 이익을 위해 기관 투자자가 수탁자로서 투자대상 기업의 중장기 발전을 지향하는 주주활동을 적극 수행해야 한다는 원칙이다. 코드에 참여할지 말지, 어느 정도 수준으로 이행할지는 기관 투자자가 스스로 정하면 된다. 2019년 8월말 현재 100개 회사 남짓한 기관 투자자가 참여해 코드를 이행 중인데, 여기에는 유일한 연기금인 국민연금을 비롯해 주요 대형 운용사 10여 곳 외에 40여 군

데 운용사가 포함된다. 코드 시행 이후로 기관 투자자의 적극적인 주주활동은 한국 자본시장의 화두가 됐다. 도입 과정에서 재계 등의 반대가 거셌지만, 긍정적인 효과가 점차 확인된다. 두드러진 변화는 주주총회에서 나타났다. 전혀 반대가 없는 찬성 거수기였던 자산운용사들이 코드에 참여한 이후로 문제 안건에 적극 반대하기 시작했다. 반대 안건 비율이 대개 5%를 넘기는 것은 물론 개중에는 10%가 넘는 사례도 있다. 2018년 7월, 국민연금이 코드에 참여한 이후 효과는 더욱 극적이다. 2019년 주총 시즌에는 국민연금 2건을 비롯해 기관 투자자의 주주제안 안건이 늘었다. SK, 한화 등 내로라하는 그룹의 핵심 계열사들이 자발적으로 전자투표를 시행하고, 대표이사가 이사회 의장을 맡지 못하도록 정관을 변경했다. 전자투표 시행, 대표이사와 이사회 의장의 분리는 모두 주주 보호나 권익 증진을 위해 법제화를 시도하는 과제들인데, 여러 기업이 자발적으로 시행하게 된 것이다. 국민연금을 비롯한 기관 투자자들이 코드에 가입하면서 적극적으로 자기 목소리를 내기 시작한 데 따른 변화라는 데 이견이 별로 없을 것이다.

정부가 자본시장법 시행령을 고쳐 주식 등 대량 보유 보고 제도, 일명 '5% 룰'을 개정하려는 취지는 바로 기관투자자의 주주활동을 더욱 촉진하는 데 있다. '5% 룰'은 주주가 사외이사 추천 주주제안 같이 기업 경영권에 영향을 끼칠 목적으로 주주활동을 하려는 경우 이를 모든 투자자가 공평하게 확인하고 회사도 그에 대비할 수 있도록 주요 내용을 신속히 공시하게 하는 제도다. 단, 그런 목적이 없다면 공시 시기를 늦추고 공시 정보의 양도 줄여준다. 문제는 경영권에 영향을 끼칠 목적의 행위가 무엇인지 모호하고 많은 주주활동이 그렇게 해석될 여지가 있었다는 점이다. 공시 부담을 피하고 싶은 기관 투자자는 주주활동이 위축될 수밖에 없었다. 이에 정부는 개정안에서 경영권에 영향을 끼치는 행위의 범위를 합리적인 수준에서 명확히 해 공시 부담을 크게 줄였다. 가령 경영진의 위법 행위에 대항하는 소송 제기, 주주의 기본적 권리인 배당과 관련한 주주활동, 연기금이 미리 공개한 원칙에 따라 기업지배구조를 개선하기 위해 제출하는 정관 변경 등의 주주제안이 그런 행위에서 제외됐다. 개정 시행령이 2020년부터 시행된다면, 이미 관행으로 정착한 선진국 수준까지는 아니더라도 주주활동이 좀 더 활발해지는 데 도움이 될 것으로 기대된다.

또 하나 주목할 사항이라면 국민연금의 주주활동 확대를 위한 일련의 조치다. 가령 도입 초기에는 최소한의 선에서 예외적으로만 주주제안을 시행했다면 주주활동 가이드라인 개정안에서는 사외이사 추천이나 정관 변경 등 제안 대상을 크게 넓히고 관치 우려를 줄이는 방향으로 절차도 합리화했다. 자산운용사 선정 가이드라인 제정 초안에 따르면 운용사를 선정할 때 스튜어드십 코드 참여 운용사에 가점을 부여한다. 국민연금이 직접 수행하는 주주활동의 확대는 물론 운용사의 코드 참여 촉진, 이를 통한 시장 전반의 주주활동 확산과 투자문화의 개선을 기대할 만한 대목이다. 참고로 국민연금과 흔히 비교되는 네덜란드 연금 운용기관 APG

는 2018년 366곳의 투자 대상 기업과 대화했다고 밝히고 있다.

　앞서 공정거래법, 상법 개정안에는 대기업이나 총수 일가의 행위를 직접 제한하는 등의 경성 규제가 많다. 당연히 직접 효과는 크겠지만, 그만큼 반대도 커 합의에 이르기 어려운 경우가 잦다. 어떤 조치는 실효성에 한계가 있을 가능성도 있다. 예컨대, 지금 있는 대표소송 건수가 연평균 4건 정도인 현실에서 다중대표소송 제도가 도입된들 얼마나 활용될지 궁금하다. 다중대표소송 가능성만으로도 기업 경영진을 규율하는 효과는 분명히 있겠지만 말이다. 전자투표제는 의무 시행하더라도 개인 주주들이 활발하게 참여하도록 유도해야 하는 숙제가 남는다. 묻지마 전자투표를 방지하려면 현재보다 훨씬 많은 핵심 정보를 제공할 필요도 있다. 요컨대, 어떤 상징적인 의미가 있는 일부 제도의 도입 여부만으로 정책의 성패를 가늠하는 것은 바람직하지 않다. 정책 방안의 실질적 효과, 국회 통과의 현실적 가능성, 정책 간의 대체 및 보완 효과, 추가 보완 과제, 정부의 하위법 개정 의지 등을 전반적으로 고려해 판단하는 편이 적절하다. 이를 감안하면, 법 개정이 여의치 않은 현실에서 실질적 효과를 기대해볼 만한 하위 법령 개정을 시도하려는 정부의 노력과 의지에 대해서는 평가할 만하다. 주주총회 내실화나 주주활동 촉진, 국민연금의 역할 확대를 위한 시행령 등 개선안은 기관 투자자의 의결권 행사나 주주활동 동기, 비용 등에 직접 영향을 줘 의미 있는 변화를 불러일으킬 수 있으리라 본다. 수탁자로서 기관투자자의 책임을 강조하는 스튜어드십 코드의 시행이 여기에 중요한 계기임은 물론이다. 앞으로 변화한 주주총회 환경을 바탕으로 보다 적극적인 역할을 수행할 기관 투자자와 이에 대응하는 기업 간에 어떤 변화가 나타날지 유의할 필요가 있다.

지금 세계 자본시장의 화두는 기업과 주주 간의 대화다. EU에서 2017년 제정해 각 회원국이 올해부터 법규에 반영해 시행하는 주주권지침은 제목에 아예 "주주의 중장기 주주활동 촉진에 관하여"라는 문구가 들어가 있다. 1990년대 말 IMF 위기 이후 지배구조 관련 법제는 꾸준히 개선됐지만, 이를 적극 활용하는 기관 투자자 등의 주체는 거의 없고 주주총회는 망가진 상황에서 한국 시장에 대한 불신을 자초하는 대형 기업 스캔들이 계속됐다. 정부의 실용적인 노력이 한국 자본시장의 한계를 극복해 기업과 주주 간의 대화를 촉진하고, 공정경제를 여는 출발점이 될 수 있을지 귀추가 주목된다.

▶▶ 송민경

04 아직도 갈 길이 먼 고용노동 정책의 미래

| 브레이크를 밟은 최저임금 인상 정책

문재인 정부는 일자리 정부를 자처하고 노동 존중 사회 구현을 천명할 정도로 고용노동 정책에 강한 자신감을 보이며 출발했다. 대통령 취임과 동시에 내린 1호 업무 지시가 대통령직속 일자리위원회의 설치(2017. 5. 16)였다. 대통령이 직접 위원장을 맡고 청와대 일자리수석비서관이 위원회의 사무를 총괄하게 함으로서 자연스럽게 일자리 정책을 최우선 국정 과제로 다루게 했다. 그러나 일자리 정책이 정부를 가장 괴롭히는 국정 과제로 부각되는 데에는 채 1년이 걸리지 않았다. 돌이켜보면 고용노동 정책에 대한 문재

인 정부의 의욕은 충천했지만 전반적으로 준비는 턱없이 부족했던 것으로 드러났다. 대통령직인수위원회를 거치지 않고 출범한 '촛불' 정부의 준비 부족과 의욕 과잉의 부조화는 취임 2개월여 만에 결정된 최저임금의 급격한 인상에서 확인할 수 있다. 이는 정부가 추진하던 경제사회 정책 전반에 대한 신뢰와 지지를 약화시키는 요인으로 작용했고 더 나아가 문재인 정부의 전반기 내내 정책 주도권이 도전받게 된 빌미가 됐다.

2020년 최저임금 1만원 달성이라는 공약이 있었지만, 그래도 2018년의 성장률(2.7%)과 소비자 물가상승률(1.5%)을 감안할 때 16.4%의 최저임금 인상 결정은 충격이었다. 충격 완화를 위해 중소기업에 3조 원의 일자리안정자금 지원과 카드 수수료 인하 등 경상비용 절감 방안들을 쏟아냈지만 최저임금 인상을 상쇄하기엔 턱없이 부족했다. 급격한 최저임금 인상으로 취약 계층의 일자리가 감소할 수 있다는 우려가 있었지만 정부는 소득주도성장 정책의 일환인 양 임금 인상으로 조만간 소비가 늘고 고용 사정도 나아질 거라며 여론과 맞섰다. 그러나 고용 지표는 정책 당국의 기대와 전혀 달랐다. 정부는 2018년 취업자가 30만 명 넘게 증가할 것으로 전망했지만 2분기에 10만 명 이하로 떨어졌고 3분기에는 1만 명 이하로 하락하면서 정책 당국도 할 말을 잃게 됐다. 그러면서도 고용 악화가 급격한 최저임금 인상 때문은 아니라며 여러 통계를 제시했다. 최저임금과 고용 논쟁은 결국 소득주도성장 논쟁으로 옮겨 붙으며 갈수록 실용적인 정책 대화는 사라지고 정치적 공방만 난무하는 최악의 정책 환경을 맞게 됐다. 보나 못한 더불어민주당이 최저임금의 속도 조절을 요구했고 그러한 맥락에서 국회는 2019년부터 최저임금 기준에 일부 상여금과 복지 수당 등을 포함시키도록 최저임금법을 개정했다.

정부도 2019년 경제 정책 방향을 조율하면서 보다 적극적인 경기 활성화 대책과 고용 개선 의지를 보이기 시작했다. 새 경제팀은 최저임금이 고용에 부담을 주고 있기 때문에 속도 조절이 필요하다는 입장을 숨기지 않았다. 결국 2020년 최저임금 인상률을 2.9%(2018. 8)로 파격적으로 낮추고 난 뒤에야 최저임금에 대한 논란은 가라앉았다. 여기서 우리는 3년 평균 최저임금 인상률은 10%를 약간 상회하는 수준에 불과하다는 점을 되짚어 봐야 한다. 수많은 갈등과 논란에도 불구하고 강력하게 최저임금 인상을 추진했지만 3년을 버티기 어려웠다. 초반의 준비 없는 급가속은 이미 급제동을 예고하고 있었다. 임금 인상으로 분배를 개선하고 소비를 진작시켜 성장과 고용을 촉진한다는 정책 당국의 주장과 기대는 현실화되지 않았다.

| 비정규직 문제, 과거와 다른 솔루션 필요

최저임금만큼은 아니지만 준비가 부족한 또 하나의 과속 사례가 대통령의 공공 부문 비정규직 제로 선언(2017. 5. 16)이다. 2020년

까지 20만 5,000명에 이르는 공공 부문 비정규직을 정규직으로 전환한다는 목표 달성에는 무리가 없어 보인다. 그러나 2019년 여름 연이은 비정규직 연대 파업으로 확인되듯이 정규직화를 둘러싼 노사 갈등은 아직 진행 중이다. 갈등의 근원은 비정규직의 정규직화가 무엇을 의미하는가에 있다. 노동계는 기존 정규직과 똑같은 형태의 정규직화를 요구하지만 정부는 고용은 정규직처럼 보장하되 임금과 근로 조건은 연차적으로 개선한다는 방침이기 때문에 갈등이 불가피하게 됐다(고용노동부 "공공 부문 비정규직의 정규직전환 추진계획" 2017. 7). 정부 계획에 따르면 상시 지속 업무는 정규직으로 채용하되 그 형식은 자회사 형태일 수도 있고 본사 직접 채용일 수도 있지만 직접 채용이라 하더라도 기존의 무기계약직이나 별도 직군을 신설하는 형태로 기존 정규직과의 '합리적 차별'을 인정하는 방식이다. 문제는 정규직 전환 과정에서 구체적인 고용 형태와 임금 근로 조건의 결정을 사업장별 노사 교섭에 맡겨버림으로써 뚜렷한 기준과 원칙보다는 노동조합의 교섭력과 기관장 또는 지방자치단체장의 의지에 따라 임금과 근로 조건이 제각각이라는 점이다. 이는 각 기관의 특성을 감안한 노사 자율 결정이라는 그럴듯한 명분에도 불구하고 공공 부문 비정규직의 성격과 근원 처방에 대한 깊이 있는 검토가 부족했기 때문이다.

　복잡한 내용을 단순화하자면 비정규직 고용은 그 속성으로 볼 때 기업 내부 노동 시장에 편입되기 어려운 기업 횡단적인 직업별 노동 시장의 특성을 갖고 있다. 강한 연공주의 인사 원칙과 연공

임금 체계로 묶이기 어려운 저숙련 난순 입무들을 계약직이나 파견 용역과 같은 형태로 내부 노동 시장 밖으로 뺐던 인력이 지금의 비정규직이다. 따라서 정규직 내부 노동 시장의 연공주의적 경직성과 고비용 문제를 그대로 두고 대통령 명령만으로 비정규직을 내부 노동 시장으로 밀어 넣는다는 것은 가능하지도 바람직하지도 않다. 비정규직 고용의 이러한 속성을 감안해 정규직화의 조건과 내용을 개별 기관에 맡길 게 아니라 하나의 기구(예컨대 최종 결정 권한을 갖는 민관 합동 TF 또는 심의기구)를 통해 일관된 원칙과 기준으로 이 과정을 조정하고 중재했어야 한다. 2004년 노무현 정부의 공공 부문 비정규직의 정규직화로 생성된 무기계약직 21만 명은 아직도 애매한 고용 지위와 제각각의 인사 관리로 인해 지속적인 갈등 요인으로 작용한다. 그런데 또다시 비슷한 규모의 비정규직을 정규직화한다면 그때와 다른 솔루션을 강구해야만 한다.

│ 풀리지 않는 노사 관계 해법은 있나?

정부가 고용노동 정책 분야에서 역점을 두고 추진했던 또 하나의 과제가 사회적 대화의 정상화와 사회적 대타협으로 대표되는 노사 관계 개선(또는 노동 존중 사회의 구축) 정책이다. 사회적 대화의 정상화는 1999년 이후 사회적 대화 테이블에서 벗어난 민주노총을 다시 불러들인다는 의미고 사회적 대타협은 ILO 핵심 협약 비준을 포함해 노동 존중 사회 실현을 위한 개혁 과제들을 노사정 타협으로 풀어보겠다는 구상이었다. 대통령 스스로 노동계와 신뢰를 다지고 협력 관계를 구축하기 위해 많이 노력했다. 하지만 기울인 노력에 비해 달라진 것은 별로 없다. 한국노총과의 협력은 대통령의 표현대로 "국정 파트너"라고 할 정도로 긴밀해졌지만 민주노총과의 갈등은 과거와 다를 바 없다. 2018년 새로 들어선 민주노총의 김명환 집행부는 당초 약속했던 대로 경제사회노동위원회 참여를 원했지만 2019년 1월 정기대의원대회의 승인을 받지 못했다. 그 이후 민주노총은 연대파업과 장외투쟁으로 정부와 국회를 압박하는 과거의 투쟁 방식으로 돌아갔다.

경사노위는 한국노총과 한국경총이 주도해 탄력근로시간의 정산 기간 연장(3개월에서 6개월로)에 관한 사회적 대타협(2019. 2)의 성과를 냈지만 이는 또 다른 불씨가 되어 대타협의 명분을 무색케 했다. 경사노위에 참여하고 있는 노동계 대표 4인 중 비정규직과 청년, 여성을 대표하는 3인은 한국노총만이 참여한 대타협에 동의하지 않는다며 경사노위 전체회의에 불참함으로서 합의안의 최종 의결을 무산시켰다. 결국 탄력근로에 대한 사회적 대타협은 경사노위 산하 '근로시간제도개선위원회' 차원의 합의로 종결됐다. 이와는 별도로 ILO 협약 비준과 관련법 개정을 위한 사회적 대타협을 시도했지만 이마저도 실패했다. 이번에는 경영계 대표들이 ILO 협약 비준만이 아니라 노사 관계의 잘못된 관행도 함께 개선할 것을 강력히 요구하면서 대화는 겉돌았고 불신만 쌓여갔다. 결국 경사노위는 공익위원들이 제시한 노동법 개정 권고안을 대통령에게 보고하는 것으로 마무리할 수밖에 없었다. 정부는 이를 참고해 실업자(해고자)의 노동조합 가입 허용과 단체협약 유효 기간의 연장 등을 골자로 한 노동조합법 개정안을 7월말 입법 예고했다. 두 차례의 대타협 시도로부터 얻은 것이 없진 않지만 손실이 더 컸다. 무엇보다 노사의 대표성을 강화해 새로 출범한 경사노위 체제가 1년 남짓에 좌초하고 말았다는 점이 뼈아프다. 2019년 8월말 위원을 전면 교체하고 2기 체제를 출범시켰지만 사회적 대화 기구로서 누려왔던 경사노위의 위상과 사회적 대타협에 대한 기대는 크게 약화됐다고 하겠다.

| 정권 후반기, 개혁 메뉴도 바꾸고 알고리즘도 바꿔야

후반기 고용노동 정책에 대한 전반적인 재검토가 있겠지만 극적인 변화를 기대하기는 어렵다. 전반기에 벌여놨던 여러 과제들을 마무리하는 것조차 만만치 않은 도전이기 때문이다. 2019년 2월 처리를 목표로 했던 탄력근로 관련 근로기준법 개정은 노사정 타협에도 불구하고 국회 상임위 문턱을 넘지 못하고 있고, 2019년 정기국회에 올려질 ILO 협약 비준을 위한 법 개정안은 제대로 심의나 될지 의문이다. 경제사회노동위원회를 정상 가동하는 것은 정부의 결단과 노사 단체의 협조로 가능한 일이지만 2기 체제로 새롭

게 출발한다고 하더라도 당면한 과제들(국민연금 개혁 방안, 4차 산업혁명과 양극화에 대비한 노동 시장 개혁 방안 등)에 대한 국민 감동의 대타협을 기대하기는 어렵다. 노사의 양보와 타협을 이끌어낼 정부의 정책 리더십이 지난 1년간 크게 훼손되었기 때문이다.

다행인 점은 후반기 노사 관계를 파행으로 몰고 갈 대형 쟁점은 없다는 점이다. 비정규직에 대한 사용 사유 제한이나 특수 형태 근로 종사자의 노동권 보장을 위한 법 개정 등과 같은 국정 과제가 남아 있긴 하지만 이미 개혁의 동력을 잃었다고 하겠다. 2020년 4월 총선 이후에도 상황이 별로 달라지지 않을 것으로 보인다. 2021년 최저임금 인상도 성장률과 물가상승률을 감안할 때 5%를 넘기 어려울 전망이다.

후반기 정책의 기조는 그동안 추진해왔던 고용노동 정책들이 소기의 성과를 거두도록 안정적으로 관리하고 보완하는 수준에 머물 것으로 전망된다. 다만 전반기 고용노동 정책들이 대부분 정부가 앞장서 끌고 가는 메뉴들이었다면 앞으로는 노사가 앞장서고 시장이 스스로 움직이게 하는 정책 메뉴들을 개발할 필요가 있다. 또한 소득주도성장과 노동 존중 사회의 기치 아래 대부분의 정책들이 노동계 편향적으로 흐르며 기업의 노동 비용을 상승시키는 쪽으로 작용했다는 점을 감안해야 한다. 최저임금의 급격한 인상으로 인한 전반적인 임금 상승과 비정규직의 정규직화 그리고 근로시간 단축을 위한 여러 조치들(주 52시간제로의 전환, 근로시간 적용 제외 업종의 축소, 유급 공휴일의 확대 적용 등)은 하나같이 노동 비용을 증가시키는 데다가 기업의 인력 운용을 경직시키는 변화들이어서 기업 경영에 많은 부담을 주어왔다. 따라서 후반기에는 이를 완충하는 정책 메뉴들이 적극 개발되어야 할 것이다.

노동계는 정부의 정책 기조 전환을 경계하며 초심을 잃지 않아야 한다고 촉구하지만 2020년 이후에는 무엇보다도 늘어난 노동 비용을 흡수하기 위한 생산성 향상 방안과 그동안 미루어왔던 임금 체계 개편 방안들을 적극적으로 강구할 필요가 있다.

첫째, 중소기업을 위한 체계적인 생산성 향상 지원 대책이 강구돼야 한다. 지금 시행되는 보조금 중심의 스마트제조업 정책을 보완하는 차원에서 모든 업종을 대상으로 종합적인 일터 혁신 프로그램을 시행하면 어떨까. 일터 혁신 운동에는 공정 혁신을 포함해 숙련 향상과 보상 체계 개편, 노사 관계 개선 등을 포괄하는 패키지를 업종과 사업장의 특성에 따라 다양하게 변용할 수 있을 것이다.

둘째, 공공 부문이 선도적으로 임금 체계를 개편하고 그 노하우와 데이터를 축적해 민간 부문의 임금 개혁을 유도하는 방안이다. 정부는 마침 공공기관의 연공형 임금 체계를 직무급으로 바꾸는 과제를 2019년 하반기 경제 운용 계획에 담고 있다. 그러나 지금 같은 방식으로는 과거 여러 차례 경험했듯이 개별 기관마다 안간힘을 쏟다가 실패할 가능성이 높다. 직무급은 그 속성상 직업 시장 보편의 기준과 시세를 따르는 것이기 때문에 개별 기관에 맡길 것이 아니라 공공 부문 전반에 걸친 공정 임금 체계 확립이라는 큰 틀에 넣어 추진 방안을 강구해야 한다. 더 나아가 공무원의 경우에도 연공 중심의 인사 관리와 보수 체계를 개혁하는 방안을 검토해야 한다. 공공 부문의 선도적인 개혁이 있어야 민간 부문도 연공주의 노동 시장의 경직성과 고비용을 완화하기 위한 임금 개혁에 나설 수 있다.

공공 부문 임금 개혁은 비정규직 제로 정책이 성공하기 위해서도 필요하다. 공공 부문 비정규직 제로 정책은 이미 마무리 단계다. 2019년 경험했듯이 정규직 전환자들의 고용 지위를 둘러싼 갈등이나 기존 정규직과의 격차 축소를 위한 갈등은 매년 반복될 것이다. 따라서 비정규직 제로 정책을 종결지을 게 아니라 공공 부문 비정규직에 대한 근본적인 해법을 계속 찾아나가야 한다.

노동계 주장대로 이들을 완전 정규직화하는 길은 노동 시장 원리에도 안 맞고 자칫 국민 세금으로 벌이는 그들만의 잔치가 될 수 있다. 보다 현실적인 대안은 고용은 정규직처럼 보장하되 임금과 근로 조건은 해당 직업 시장의 평균적인 시세going wages를 따르는 절충이다. 시간이 좀 걸리겠지만 정부가 주도적으로 비정규직이 밀집된 직업에 대해 전국 단위의 임금 직무 체계를 조사하고 표준적인 직무와 임금 정보를 공공 데이터로 구축해 공공기관들이 임금과 인사 관리의 준거로 활용할 수 있도록 하면 사업장별 갈등을 줄이고 동일 노동 동일 임금의 원칙에 따른 공정 임금 체계를 확립하는 데에도 기여할 것이다. 이는 기존 정규직의 연공 중심의 임금이나 인사 관리 체계와 다른 별도의 트랙을 설정하는 것과 같다. 이를 위해 노사와 충분한 협의도 필요하지만 임금과 직무 관련 전문가들의 참여가 필수적이다. 전담 인력을 모으고 데이터를 체계적으로 구축할 전담 기구도 필요할 것이다.

사회적 대화 정책에도 변화가 불가피하다. 당분간 노동법 개정을 위한 사회적 대타협은 시도하지 않는 게 낫다. 오히려 사회적 대화의 정상화와 노사정 간의 정책 협의에 좀 더 힘을 기울일 필요가 있다. 1998년의 경제위기 극복을 위한 사회적 대타협의 성공 때문에 타협을 통한 노동법 개정은 한국형 노동 개혁의 표준적인 알고리즘처럼 됐다.

그러나 노동법 개정을 항상 사회적 대화와 타협에 올릴 필요는 없다. 노사가 노동법 개정에 대한 협상 권한을 갖고 있는 것도 아니고 반드시 경사노위를 거쳐야 할 의무도 없다. 60세 정년 도입 (2013년 4월)이나 최저임금 산입 범위 확대를 위한 법 개정(2018년 5월)의 사례에서 보듯이 경우에 따라서는 국회 상임위원회가 주도하는 공청회나 협의를 통해 입법 과정을 단축할 수도 있다. 제도화된 사회적 대화 기구가 오히려 법 개정 절차를 경직시키고 노사 갈등을 키우는 부작용을 낳지는 않았는지 따져봐야 한다. 2019년의 시행착오를 반면교사로 삼아 다양한 대화의 채널을 개척하고 노동 개혁 방식도 다각화할 필요가 있다.

예컨대 경사노위는 정책 협의에만 집중하고 사회적 타협이 필요한 이슈들에 대해서는 노사정 대표자회의라는 별도의 트랙에서 다루는 방법도 있다. 또한 광주 구미 군산 등에서 추진되는 지역

상생형 일자리 타협이나 택시업종의 사회적 대타협 사례에서 보듯이 지역과 업종 차원의 대화와 타협의 잠재력은 아직 충분하다.

▶▶ **최영기**

05 정책 방향과 국정철학을 보여주는 재정 정책의 방향은?

정부의 분야별 재정 지출 배분의 원칙

가깝게는 2020년을 바라보고 그보다는 더 멀리 3~4년 후를 내다보는 시점에서 정부 재정 정책의 핵심은 어떤 분야에 어느 만큼의 재정을 배분하는지를 결정하는 이른바 분야별 재정 지출의 재원 배분이라고 할 수 있다. 물론 전체 재정 규모와 관계되는 총재정 지출 규모, 재정수지 적자 규모, 조세 부담률 및 국민 부담률, 국가 채무 비율 등에 대한 의사 결정도 중요하지만 이에 못지않게 분야별 재원 배분에 대한 의사 결정과 방향성 확정도 매우 중요하다. 정부는 어떤 부문에 어느 정도 재원을 배분할지를 결정함으로 정책 방향 및 국정철학을 국민에게 보이는 것이다. 이것은 해마다 9월에 국회에 제출해 심사와 의견 조정을 통해 연말에 통과시키는 정부 예산에 잘 반영된다.

재정 지출의 분야별 재원 배분이 중요한 의미를 가지는 또 다른 이유는 한국경제가 큰 변화를 경험하고 있기 때문이다. 한국경제는 성장 둔화, 소득 분포 악화, 인구 고령화의 급속한 진전, 세계경제 불확실성 증대 등 나라 안팎으로 큰 변화를 경험하고 있다. 이에 따라 경제사회적 여건은 크게 변화하고 있으며 그에 따라 재정의 역할과 지출 구조도 맞추어 변화되어야 한다.

재정 지출의 결정은 경제적 요인들만 영향을 미치는 것은 아니다. [도표 3-6]에서 설명하고 있듯이 재정 지출은 그 수혜 대상과 비용 부담자들인 담세자 간의 정치적 이해관계가 밀접하게 연관된 소위 정치적 의사 결정 과정이라고 보아도 무방하다. 즉 정부, 기업, 개인 등 경제 주체 간의 경쟁inter-agency competition뿐만 아니라 각 경제 주체 간 내부의 경쟁intra-agency competition에 의해서도 영향을 받는다.

전자는 정부나 공공 부문의 지출에 개인이나 시민사회 단체가 적극적으로 의견을 개진해 사업의 시행을 반대하거나 수정하게 하는 경우다. 후자는 젊은 연령층과 노령 연령층의 이해관계가 서로 달라 세대 간 경쟁generational competition의 결과에 의해 교육 지출과 사회복지 지출의 구성 비율이 달라질 수 있는 경우다. 따라서 분야별 재정 지출의 결정은 비단 소득이나 가격과 같은 경제적

[도표3-6] **재정 지출의 결정 요인**

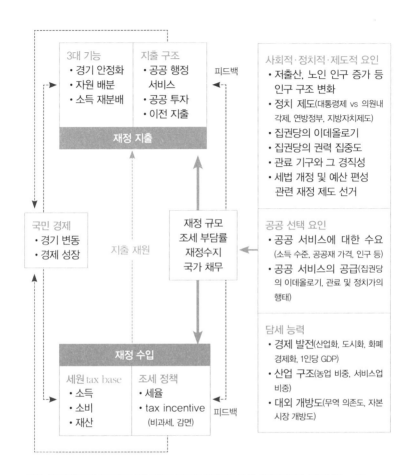

출처: 류덕현(2008), 「분야별 재정 지출의 구조와 결정요인 분석」, 『재정학연구』 제1권 1호, p.16

요인뿐만 아니라 인구 구조의 변화와 같은 사회적인 요인과 정치
적 요인 모두가 반영된 복합적인 결정 구조를 가지고 있다.

　우리나라 재정 지출의 분야별 재원 배분은 '복지 지출 과소-경제 지출 과다'가 지난 30여 년 동안의 주요한 특징이었다. 이는 국가 간 분야별 재정 지출의 비교에서도 쉽게 확인할 수 있다. OECD의 일반 정부 기준의 기능별 재정 지출COFOG, Classification of Functional Government Expenditure을 통해 이를 확인해볼 수 있다. [도표 3-7]을 보면 2010~2016년 동안 한국의 경우 경제 업무에 대한 지출이 총지출에서 차지하는 비중이 17.7%로 OECD 국가들의 평균치인 11.0%보다 높은 반면에, 사회보호지출은 18.4%로 OECD 평균 35.9%에 턱없이 못 미친다고 할 수 있다.

　물론 과거 한국은 경제 성장을 위해 사회복지, 보건, 사회경제적 약자 등에 대한 배려를 하지 못하고 경제 분야에 대한 지출에 우선순위를 두어온 것이 사실이다. 그 결과 '따뜻하고 포용성 높은 사회 시스템'을 갖추기에는 많이 부족했다. 또한 지출 분야를 '필수 공공 지출', '인프라 지출', '가치재 지출', '재분배 지출' 등 이론적인 개념을 구분해보더라도 우리나라의 경우 '재분배 지출 과소-인프라 지출 과다'라는 경향성이 여전히 관찰된다.

　즉, 요약하자면 경제 성장의 시기를 거치는 동안 정부의 재정 지출은 주로 경제 분야 그중에서 인프라 분야에 대한 지출을 중점적으로 해온 반면에 사회 보호-재분배 측면의 지출에는 재원 배분이 많이 이루어지지 못했던 것이다. 최근 정부의 재정 지출에 대

[도표 3-7] **한국과 OECD의 분야별 지출 비교(2010~2016년)**

(단위: %)

분류 기준	기능별 지출	한국	OECD 평균
정부기능분류 (COFOG)	일반 공공 행정	16.8	13.7
	국방	7.8	3.4
	공공질서 및 안전	3.9	3.8
	경제 업무	17.7	11.0
	환경 보호	2.4	1.7
	주택 및 지역 개발	2.8	1.4
	보건	12.2	14.5
	오락 문화 및 종교	2.2	2.6
	교육	16.0	12.1
	사회 보호	18.4	35.9
이론적 구분	필수 공공 지출	28.4	21.0
	인프라 지출	22.9	14.0
	가치재 지출	28.2	26.6
	재분배 지출	18.4	35.9
	기타 지출	2.2	2.6

출처: OECD , Government Financial Statistics 통계를 참조해 저작 작성.

한 분야별 재원 배분이 사회 보호-재분배 지출에 포커스를 맞추는 것은 한편으로는 당연한 귀결이라고 볼 수 있다.

2019년 8월말 정부가 국회에 제출한 2020년 예산안은 513조 5,000억 원으로 작년 대비 9.3% 증가해 편성되었다. 재정 정책의 포용성이 가장 크게 나타나는 지출 항목들인 보건·복지·노동이 35.4%, 교육 지출이 14.1%, 일반·지방 행정이 15.7%로 도합 65.2%를 차지하고 있는 것이 가장 두드러진 특징이다. 하지만 가장 많은 비중을 차지하고 있는 보건·복지·노동 지출 181조 6,000억 원 중 공적 연금 지출이 30.9%, 기초연금 지출이 7.3% 도합 38.2%이다. 이는 인구 고령화로 인한 경직적인 지출 구조를 반영하는 것인데 향후 지출 규모는 지속적으로 늘어나지만 현재 우리 사회의 불평등과 사회 문제 해소를 위해 필요한 재정의 효과성이 두드러지게 나타나기에는 여전히 부족하다고 할 수 있다.

정부의 예산 지출에 대한 중기적인 계획이 예산안과 함께 발표되는 것이 국가재정운용계획안이다. 이는 향후 5년간의 재정 운용에 대한 계획안인데 이에 대한 분석을 하면 다음과 같다. [도표 3-8]과 [도표 3-9]에 따르면 총 12개 분야 중 4개 분야는 2020년도 예산안의 총지출 증가율 9.3%와 2019~23년의 총지출 평균 증가율 6.5% 모두 상회하는 것으로 나타났다. 즉, 보건·복지·노동 지출, R&D 지출, 산업·중소기업·에너지 지출, 환경 지출 등은 단기적으로나 중기적으로도 재원 배분의 우선순위가 높은 것으로 나타났다. 정부의 재정 정책의 방향성이 엿보이는 것이다. 반면,

총지출 증가율 기준		2019~2023 국가재정운용계획(총지출 평균 증감률: 6.5%)	
		증가율 ≥ 6.5%	증가율 < 6.5%
2020년 예산안 (총지출 증감률: 9.3%)	증가율 ≥ 9.3%	1. 보건·복지·노동(12.8, 9.2: 35.4) 4. 환경(19.3, 9.3: 1.7) 5. R&D(17.3, 10.8: 4.7) 6. 산업·중소기업·에너지 (27.5, 12.4: 4.7)	3. 문화·체육·관광(9.9, 5.4: 1.6) 7. SOC(12.9, 4.6: 4.3)
	증가율 < 9.3%	10. 외교·통일(9.2, 6.9: 1.1)	2. 교육(2.6, 3.8: 14.1) 8. 농림·수산·식품(4.7, 2.6: 4.1) 9. 국방(7.4, 6.2: 9.8) 11. 공공질서·안전(4.0, 4.0: 4.1) 12. 일반·지방행정(5.1, 3.0: 15.7)

주: (A, B: C)는 2020년 지출 증감률, 2019~2023년 지출 평균 증감률, 2020년 총지출 대비 지출 비중을 각각 나타냄.
출처: 기획재정부(2019)를 바탕으로 저자 작성.

교육 지출을 비롯한 5개 분야의 지출은 단기적으로나 중기적으로도 증가세가 평균치 이하로 재원 배분을 할 가능성이 높은 지출들이라고 볼 수 있다.

2020년 그리고 중기 재정 정책 방향

문재인 정부의 재정 정책은 2020년은 물론이고 그 이후에도 확장적인 기조를 가져갈 것으로 전망된다. 미중 무역 갈등 및 일본의 무역 보복으로 인한 갈등 등 세계경제 환경의 불확실성 증대와

[도표 3-9] 2019~2023년 국가재정운용계획 분야별 재원 배분

	2019	2020	2021	2022	2023	평균
(A) 지출 수준(조 원)						
총지출	469.6	513.5	546.8	575.3	575.3	–
1. 보건·복지·노동	161.0	181.6	198.4	213.2	229.1	–
2. 교육	70.6	72.5	76.0	79.1	82.0	–
3. 문화·체육·관광	7.2	8.0	8.3	8.6	9.0	–
4. 환경	7.4	8.8	9.6	10.1	10.6	–
5. R&D	20.5	24.1	26.7	28.7	30.9	–
6. 산업·중소기업·에너지	18.8	23.9	26.4	28.0	29.9	–
7. SOC	19.8	22.3	23.4	23.7	23.7	–
8. 농림·수산·식품	20.0	21.0	21.5	21.9	22.2	–
9. 국방	46.7	50.2	53.4	56.4	59.5	–
10. 외교·통일	5.1	5.5	5.9	6.3	6.6	–
11. 공공질서·안전	20.1	20.9	21.8	22.7	23.5	–
12. 일반·지방행정	76.6	80.5	82.4	84.3	86.1	–
(B) 총지출 대비 비중(%)						
총지출	100.0	100.0	100.0	100.0	100.0	100
1. 보건·복지·노동	34.3	35.4	36.3	37.1	39.8	36.6
2. 교육	15.0	14.1	13.9	13.7	14.3	14.2
3. 문화·체육·관광	1.5	1.6	1.5	1.5	1.6	1.5
4. 환경	1.6	1.7	1.8	1.8	1.8	1.7
5. R&D	4.4	4.7	4.9	5.0	5.4	4.9
6. 산업·중소기업·에너지	4.0	4.7	4.8	4.9	5.2	4.7

7. SOC	4.2	4.3	4.3	4.1	4.1	4.2
8. 농림·수산·식품	4.3	4.1	3.9	3.8	3.9	4.0
9. 국방	9.9	9.8	9.8	9.8	10.3	9.9
10. 외교·통일	1.1	1.1	1.1	1.1	1.1	1.1
11. 공공질서·안전	4.3	4.1	4.0	3.9	4.1	4.1
12. 일반·지방행정	16.3	15.7	15.1	14.7	15.0	15.3
(C) 증감율(%)						
총지출	9.5	9.3	6.5	5.2	5	6.5
1. 보건·복지·노동	11.3	12.8	9.3	7.4	7.5	9.2
2. 교육	10.1	2.6	4.9	4.1	3.5	3.8
3. 문화·체육·관광	12.2	9.9	4.6	3.8	3.6	5.4
4. 환경	7.2	19.3	8.5	5.8	4.2	9.3
5. R&D	4.4	17.3	10.7	7.7	7.6	10.8
6. 산업·중소기업·에너지	15.4	27.5	10.3	6.1	6.9	12.4
7. SOC	4	12.9	4.9	1.4	−0.3	4.6
8. 농림·수산·식품	1.5	4.7	2.3	1.9	1.6	2.6
9. 국방	8.2	7.4	6.5	5.7	5.4	6.2
10. 외교·통일	7.2	9.2	6.2	6.5	5.6	6.9
11. 공공질서·안전	5.6	4.0	4.2	3.9	3.7	4.0
12. 일반·지방행정	11	5.1	2.4	2.3	2.2	3.0

출처: 기획재정부(2019)를 바탕으로 저자 작성.

함께 쉽게 회복되지 않는 국내 경기에 대한 대응으로 적극적 재정 정책을 펼 것으로 전망된다. 따라서 재정 지출 증가율은 과거 어느 정부보다 높은 수준을 유지할 것으로 전망된다.

2020년 역시 대내외 경제 환경 악화로 경기 회복이 여전히 더딜 것으로 예상되어 경기 부양을 할 수 있는 경제 부문(특히 SOC 부문)에 대해서는 투자를 확대하고 다른 분야는 2019~2023년 국가 재정운용계획상의 지출 증가율을 유지하는 것이 적절하다고 할 수 있다. 추가적으로 증가하는 총지출에 대해서는 주로 재정 승수가 높은 경제 분야에 재원을 투자하는 방향으로 향후 재정 정책이 수립되어 집행될 것이라고 전망할 수 있다. 한편, 최근 경제 분야 지출에 대해서는 4차 산업혁명 관련 신성장 부문 육성과 미래 먹거리 창출 관련 성장 기반 강화의 측면에서 공공 부문의 과감한 지출이 필요하다고 볼 수 있다. 혁신성장 분야뿐만 아니라 '제조업 르네상스 프로젝트'와 같은 전통적인 제조업 부활 프로젝트를 위한 재정 투자도 필요하며 최근 일본의 소재 부품 산업 수출 규제에 대비한 소재 산업 육성을 위해서도 과감한 재정 투자가 필요하다.

포용 성장 정책을 위한 중장기 재원 배분의 방향성은 복지 분야 지출 비중을 늘리는 것임에 재론의 여지가 없는데 문제는 향후 복지 분야에 대한 비중을 어느 정도 수준으로 높일 것인가 하는 것이다. 2020년 예산 기준으로 한국의 경우 복지·보건·노동 분야 지출은 총지출 대비 35.4%인데 향후 복지·보건·노동 분야 지출 비중을 3년에 걸쳐 약 2%포인트씩 늘려야 2023년 총지출 대비 40% 수준을 넘길 수 있다. 이렇게 하면 OECD 국가 대비 80% 수준으로 사회복지 분야 지출 수준에 도달하는 것이라고 할 수 있다. 사회복지 인프라가 수십 년에 걸쳐 축적된 OECD 국가들에 비할 바가 아니겠으나 정부 재정으로 이렇게 사회복지 투자를 하는 것은 충분하지는 않지만 매우 의미 있는 출발이라고 평가할 수 있다.

▶▶ **류덕현**

06 한국의 복지 정책, 어디로 가고 있나?

더 부유하지만 덜 행복한 국가

OECD는 2011년부터 회원국 등을 대상으로 '더 나은 삶의 질 지수Better Life Index'를 조사, 발표해오고 있다. 더 나은 삶의 질 지수는 주거, 소득, 직업, 공동체, 교육, 환경, 시민참여, 건강, 삶의 만족, 안전, 일과 삶의 균형 등 총 11개 영역에 대해 24개 항목을 평가한다. 기본 취지는 삶의 질은 단지 물질적·경제적 조건에만 의존하는 것이 아니며 더 나은 삶을 누리기 위해 필요한 다양한 측면을 평가하자는 데 있다. 그리고 2019년 6월에 발표된 2018년 한국의 더 나은 삶의 질 종합 지수는 조사 대상 40개국 가운데 30위로 평가되었다. 2014년 25위에서 조금씩 하락해 중하위권을 먼치 못하고 있다.

더 나은 삶의 질 지수가 특히 낮게 평가된 영역은 환경(40위), 일과 삶의 균형(37위), 그리고 사회적 관계(40위) 부문이었다. 구체적으로 환경 영역 지수는 수질과 미세먼지 농도로 평가하며, 일과 삶의 균형 지수는 여가 시간과 장시간 근로 비중으로 평가하고, 사회적 관계 지수는 필요할 때 의지할 수 있는 사람이 있다는 비율로 평가한다. 따라서 한국은 OECD의 다른 국가들에 비해 위와 같은 삶의 조건이 열악하다고 할 수 있겠다. 그나마 건강(10위), 교육(13위), 시민 참여(13위), 소득(23위), 일자리(27위) 영역은 다른 영역에 비해 경쟁력을 갖춘 부문으로 조사되었다. 하지만 자세히 들여다보면 주관적 건강 만족도, 고용률, 소득불평등 등의 세부 지표들은 하위권 수준이다.

국가 간의 삶의 질을 비교하는 다른 지표들에서도 한국의 성적이 좋은 편은 아니다. 최근 유엔이 발표한 '2019 세계행복보고서'에서 한국은 156개국 중 54위를 기록했다. 여러 영역 중에서 특히 사회적 자유, 부정부패, 그리고 사회적 지원 수준이 낮게 평가되었다. 2018년 한국의 1인당 국민소득이 전 세계 29위를 기록했다는 점을 감안하면, 한국은 다른 나라에 비해 경제적으로는 더 부유하지만 덜 행복한 국가라고 할 수 있다.

흥미롭게도 핀란드, 덴마크, 노르웨이, 스웨덴, 벨기에, 독일 등은 더 나은 삶의 질 지수와 '세계행복보고서'에서 상위권에 등장한다. 이들 국가들의 공통된 특징 중 하나는 사회복지 지출 규모가 크다는 점이다. [도표 3-10]에서 보듯이 이들의 GDP 대비 사회복지 지출 비중은 25~30%에 달한다. 이에 비하면 우리나라의 사회복지 지출 비중은 11.2%로서 OECD 회원국 평균인 22%의 절반 수준에 불과하다.

또한 [도표 3-10]은 사회복지 지출 비중이 클수록 더 나은 삶의 질 지수가 높아지는 경향을 보여준다. 국민의 삶의 질을 높이기 위해서는 국가의 적극적인 지원이 뒷받침되어야 함을 시사한다. 경제학은 자유 시장 경쟁 원리에 따라 생산과 분배가 이뤄질 때 경제적 효율성이 극대화된다고 강조한다. 하지만 국민들은 단기 균형에서 벗어나면서 발생하는 실업, 예상치 못한 질병과 사망, 환경 문제, 고령화와 인구 변화 등 다양한 사회적 위험에 수시로 노출된다. 불행하게도 이 같은 사회적 위험은 빈곤, 불평등, 사회 갈등으로 이어져 사회적 비용을 초래한다. 따라서 복지국가를 추구하는 국가는 사회보장 체계를 구축해 국민들을 사회적 위험으로부터 보호하고 인간답게 행복한 삶을 살 수 있는 사회적 조건과 환경을 조성할 의무가 있다.

한국의 복지국가 실현을 위한 원대한 꿈은 1963년 '사회보장에

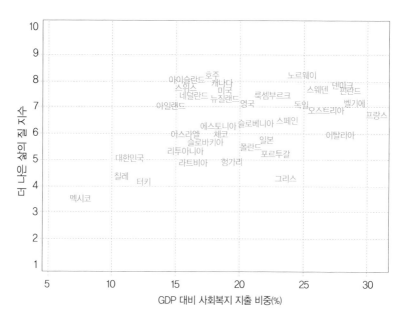

[도표 3-10] OECD 회원국의 사회복지 지출과 더 나은 삶의 질 지수, 2018년

출처: OECD database

관한 법률'을 제정하면서 시작되었으나, 사회보장 체계 구축의 실질적인 시작은 1995년 '사회보장기본법'을 제정한 이후다. 그리고 지금까지 수많은 사회보장제도가 도입되고 정착되는 과정을 거쳐 왔다. 특히 2012년에 '사회보장기본법' 개정을 통해 중장기적 관점에서 사회보장 증진을 위해 매 5년마다 사회보장기본계획을 수립하도록 의무화하고 있다.

정부는 2019년 '제2차 사회보장기본계획'을 수립하고 2023년까지 사회보장 증진을 위한 중장기 계획을 제시했다. 제2차 기본계획의 목표는 모든 국민을 사각지대 없이 보호하는 '포용적 사회 보장 체계 구축'이다. 기본계획에 포함된 대표적인 정책은 고교 무상 교육, 고용보험 확대, 기초생활보장제도 사각지대 해소, 근로 장려 세제 확대, 병원비 부담 1/3로 경감, 장기요양보험 수급자 확대 등을 포함한다. 제1차 기본계획(2014~2018)이 저출산, 고령화의 위기 대응을 위해 생애주기별 맞춤 복지와 맞춤형 고용·복지 정책 수립에 중점을 두었다면, 제2차 기본계획은 빈틈없이 촘촘한 사회보장 체계를 구축하겠다는 것이다. 이를 통해 OECD의 더 나은 삶의 질 지수 순위를 2023년까지 OECD 평균 수준인 20위로 높이겠다는 목표도 제시했다.

OECD 조사에서 드러나듯이 우리 사회는 사회적 위험이 닥쳤을 때 도움을 찾기 힘든 복지 취약 계층이 여전히 많다. 따라서 복지 사각지대 해소를 목표로 한 제2차 기본계획은 절대 빈곤과 취약 계층을 줄이는 데 의미 있는 역할을 할 것으로 기대된다. 하지만 OECD 삶의 질 조사에서 한국은 환경 문제, 장시간 노동 문제 등에서도 매우 낮은 평가를 받았다. 이는 전통적인 복지 개념을 넘어 환경 문제 등 국민들의 삶의 질에 필요한 요소를 복합적으로 검토하고 지원할 필요가 있음을 시사한다.

'제2차 사회보장기본계획'의 또 다른 특징은 지역사회 중심의 돌봄 경제 체계로 복지 서비스 체계의 패러다임을 재정립한다는 것이다. '돌봄 경제Care Economy'는 정부가 2019년 새롭게 꺼낸 화두다. 이는 노인, 장애인, 아동 등에게 전문적이고 진일보된 돌봄 서비스를 제공해 복지 수준을 높일 뿐만 아니라 돌봄 관련 서비스 산업을 육성한다는 개념이다. 구체적으로는 돌봄 전문성을 갖춘 전문가를 양성하고 첨단 의료기기 등의 접목을 통해 융합 산업으로 발전시켜 경제 성장에 기여하겠다는 것이다. 경제 성장 기여를 앞세워 복지 확대 필요의 공감대를 이끌어내는 데 도움은 될 것이지만, 돌봄 경제 실현을 위해서는 산업 간 융합을 가로막고 있는 규제의 철폐가 반드시 전제될 필요가 있다.

또한 돌봄 경제의 중심을 '지역사회'에 둠으로써 지역 균형 발전에 기여하겠다는 목표에 주목할 필요가 있다. 전문가들은 지역 주민들의 복지 서비스 접근성을 높이고, 복지 수요를 제대로 반영해 복지 체감을 높이기 위해 지역 중심의 복지 서비스 체계 구축이 필요하다고 강조해왔다. 이를 당장 완벽하게 실현하는 것은 어렵겠지만 환영할 만한 정책 변화로 판단된다. 정부는 이런 목표를 기반으로 올해부터 소위 '커뮤니티케어(지역사회 통합 돌봄 서비스)' 시범 사업을 시작했다.

정부는 제2차 사회보장기본계획의 목표를 달성하기 위해 5년간 332조 원을 투입할 계획이다. 재원 조달 계획을 구체적으로 밝히고 있지는 않으나 현재 우리나라의 GDP 대비 사회복지 지출이 OECD 평균(22%)의 절반 수준에 불과하다는 점을 강조하고 있다. 향후 복지 지출을 늘릴 여지가 충분하다는 것이다. 예산은 연간 약 66조 원 규모지만 복지 정책 대부분이 일회성이 아니므로 복지 확대에 따라 연간 복지 지출은 빠르게 누적될 것으로 전망된다.

2020년에 크게 바뀔 복지 정책은 무엇이 있을까? 가장 주목할 정책은 기초생활보장 생계 급여 수급자에 대한 부양 의무자 기준 폐지 여부다. '부양 의무자 기준'은 본인의 재산과 소득이 기초생활보장 수급자 선정 기준을 충족하더라도 일정 수준 이상의 재산과 소득을 가진 부모, 자녀 등 가족이 있으면 생계 급여를 받을 수 없도록 한 장치다. 하지만 인구사회학적 변화로 인해 사적 부양 의무와 부양 의식이 점점 약화되고 있어 기존의 부양 의무자 기준 적용은 복지 사각지대의 주요 요인으로 지적되어왔다. 특히 장애인연금을 받는 중증 장애인, 기초연금만으로 살아가는 노인, 30세 미만의 미혼모 등이 부양 의무자 기준의 영향을 크게 받고 있다. 정부는 이런 문제를 파악하고 기초생활보장 부양 의무자 기준의 단계적 폐지를 추진해왔다. 그러나 최근 빈곤 문제가 개선되지 않고 있어 2020년에는 부양 의무자 기준 전면 폐지가 앞당겨 결정될 것으로 보인다.

기초생활보장 제도와 관련한 또 다른 변화는 '기준중위소득'의 결정이다. 기준중위소득은 전 국민 소득 분포의 중간 값을 의미하며 복지 사업 수급자 선정의 기준이 되는 소득이다. 기초생활보장의 생계 급여를 받으려면 가구 소득이 기준중위소득의 30%보다 낮아야 한다. 따라서 경제활동 참여 능력이 취약하지만 생계 급여 대상이 아니었던 사각지대의 빈곤층에게는 최저임금 인상보다도 기준중위소득 인상이 더 의미 있는 정책일 것이다. 2019년 7월 중앙생활보장위원회는 2020년도 기준중위소득을 2.94% 인상하기로 결정했다. 최근 3년간 기준중위소득 평균 인상폭은 1.66% 였으니 작지 않은 인상폭이다. 이에 따라 2020년 기초생활보장 및 다양한 복지 사업의 수급자가 늘어날 전망이다. 그러나 2020년에 결정할 2021년 기준중위소득은 더 큰 폭으로 인상될 것으로 예상된다. 그동안 정부는 기준중위소득 결정에 '가계동향조사'를 활용해왔는데 2017년 국가통계위원회는 국가 소득 통계를 '가계금융복지조사'로 변경했다. 가계부 기반의 '가계동향조사'보다 국세청 과세 자료에 기반을 둔 '가계금융복지조사'는 소득 분포가 높아 가구 중위소득이 높게 측정된다. 따라서 향후 '가계금융복지조사'를 기초 자료로 활용하게 되면 기준중위소득은 더 증가할 것으로 예상된다.

고등학교 무상 교육 확대도 중요한 복지 정책 변화 중 하나다. 한국의 고교 진학률은 99.7%에 이르고 있으나 OECD 회원국 중 유일하게 고교 무상 교육을 실시하지 않고 있다. 이에 정부는 2019년 2학기부터 고3 학생을 대상으로 무상 교육을 실시하며, 2020년에는 고2로 확대하고, 2021년부터는 전면 무상 교육을 시행할 예정이다. 정부의 기본계획에 따르면 가구당 연간 158만 원의 교육비 절감이 예상된다. 그러나 현재 재원의 절반은 시도교육청이 부담해야 하는 상황이다. 과거 누리과정 무상 보육 확대 과정에서 중앙정부와 교육청이 대립한 경험에 비춰볼 때 재원 조달과 관련해

진통이 예상된다.

한편 문재인 정부는 출범 초기부터 의료보장성 강화를 주요 공약으로 내세웠다. 핵심 정책은 치료에 필수적인 비급여 항목을 급여화해 국민들의 의료비 부담을 줄이고 건강보험보장률을 선진국 수준인 70%까지 달성하겠다는 목표를 두었다. 계획에 따라 2019년에는 전립선·자궁 초음파, 흉부·복부 MRI 이용이 급여화되었고, 2020년에는 척추 MRI, 흉부·심장 초음파 등으로 급여화가 확대될 예정이다. 그리고 2022년까지 주요 만성 질환, 정신 질환, 안·이비인후과 질환의 건강보험 적용 확대가 예정되어 있다. 이러한 보장성 강화 정책은 (특히 취약 계층을 중심으로) 국민들이 병의원에서 지급하는 본인 부담금을 낮출 것이다. 그러나 보험료 부담은 보장성이 강화되는 만큼 증가할 것으로 보인다. 낮아진 본인 부담 때문에 의료 이용이 당초 예상보다 증가하면 보험료 인상은 불가피하다. 2020년도 보험료 인상폭이 얼마나 될지 지켜볼 필요가 있다.

그밖에도 복지 각 분야에서 복지 확대가 예상된다. 2019년 4월부터 시행되어 만 6세 미만의 모든 아동에게 지급되는 월 10만 원의 아동수당의 지급액은 점차 증가할 것으로 예상된다. 현재 소득 하위 20%에 최대 30만 원을 지급하는 노인기초연금은 2020년에 소득 하위 40%로 확대된다. 또한 저소득층 일자리와 소득 지원 수단으로 추진해온 근로장려세제 제도는 일을 하지만 소득이 적은 근로자 가구에 세금을 돌려주는 형태로 국가가 소득을 보전해주는 제도다. 2019년 지원 대상과 금액을 큰 폭으로 확대했으며 이에 따라 2020년 관련 지출이 크게 늘어날 전망이다.

선진국형 복지국가를 실현하기 위해서는 복지 정책과 관련 지출의 확대는 당분간 피할 수 없는 선택으로 보인다. 이런 상황에서 복지 확대를 뒷받침할 재원 조달 가능성과 지속가능성에 대한 우려가 적지 않다. OECD 평균에 비해 한국의 복지 지출이 적은 것은 사실이고 따라서 우리 삶의 질을 OECD 수준으로 개선하기 위해 복지 지출을 늘려야 한다는 것은 수긍할 만하다. 그러나 충분한 재원이 뒷받침되어야 가능한 일이다. 국민들의 조세 부담률을 높이거나 정부 부채를 늘리는 것은 쉽게 떠오르는 선택지이지만 양쪽 모두 국민과 정치권의 동의와 설득이 필요한 일이고 그 과정이 순탄치 않을 것이다. 그러나 그 선택을 미루거나 두려워한다면 복지국가는 요원한 목표가 될 것이다.

한 가지 염려스러운 것은 앞의 [도표 3-10]에서 볼 수 있듯이 국민 삶의 질 수준이 높은 국가라고 해서 모두 복지 지출을 많이 하는 것은 아니며, 어떤 국가는 막대한 지출에도 불구하고 삶의 질이 낮은 경우도 있다. 국민 삶의 질을 돈으로 살 수 있는 것만은 아니라는 교훈을 준다.

▶▶ **홍석철**

07 한국 사회의 미래를 결정할 키워드, 인구 구조 변화[3]

많은 사람들이 총인구 혹은 생산 가능 인구의 감소를 우리나라가 당면한 주된 인구 문제로 인식하는 경향이 있다. 혹자는 고령인구가 절대적·상대적으로 증가하는 것을 우려하고 있다. 모두 맞는 지적이다. 그럼에도 불구하고 비교적 가까운 장래를 내다볼 때 우리나라 인구 문제의 핵심은 장기적인 인구 감소 혹은 고령 인구의 증가라기보다 출생아 수의 급격한 감소로 인한 출생 코호트 간 불균형과 그것이 야기할 수 있는 사회경제적 비용이라고 판단한다. 즉, 인구의 규모보다는 구조적 불균형에 대해, 인구 변화의 방향보다는 그 속도에 대해 좀 더 주목할 필요가 있다. 의료 시스템, 교육 기관, 노동 시장, 병역 제도 등 우리 사회의 사회·경제·행정 시스템은 대부분 신생아 수 60만 명 이상이었던 시기에 형성된 것들이다. 2000년대에 신생아 수가 40만 명대로 줄어들고, 머지않아 20만 명대로 떨어질 것으로 전망되면서 인구 변화에 대비한 시스템의 개편과 조정의 필요성이 높아지고 있다. 그렇지만 제도를 바꾸는 데는 시간과 재원이 소요되고 수요 변화에 따른 산업의 구조조정은 구조적인 실업 문제를 야기할 수 있다. 인구 변화의 속도가 빠르면 빠를수록 이러한 개편과 조정으로 인한 개인적·사회적 비용은 커지고 경우에 따라서는 심각한 정치적·사회적 갈등을 야기할 수도 있다.

┃ 인구 변화 추이와 전망

저출산이 한국 사회의 중요한 문제로 부각된 지 오래되었지만 근래의 급격한 출생아 수 감소는 이전과는 다른 차원의 우려를 낳고 있다. 2000년대 초 이후 1.3 이하의 낮은 수준에서 등락했던 합계출산율은 2015년 이후 급감해 2017년 1.05, 2018년 0.98로 역대 최저치를 경신하고 있다. 상반기의 출산 통계를 볼 때 2019년에도 최저치 기록이 경신될 가능성이 높다. 2000년 이후 합계출산율의 장기적인 저하는 주로 여성 인구 유배우 비율의 하락에 의해 초래되었지만 2015년 이후에는 여성 유배우 비율과 유배우 출산율이 동시에 큰 폭으로 하락하는 현상이 나타나고 있다.

출생아 수도 빠르게 줄고 있다. 한국의 연간 출생아 수는 1990년 대 70만 명을 넘는 수준에서 60만 명 선으로 서서히 감소했고, 2000~2002년 사이 60만 명대에서 40만 명대로 급격하게 떨어졌다. 2002년 이후 2015년까지 대체로 45만 명 수준에서 등락하는 추이를 보이던 출생아 수는 2015년 이후 급격하게 감소하며 2018년에는 32만 명대로 떨어졌다. 2019년에는 연간 출생아 30만 선이 무너질 가능성도 배제할 수 없다. 매년 태어나는 아이들의 수는 반세기 전에 비해 3분의 1 이하로 감소했고, 25년 전에 비해 절반으로 줄었으며, 불과 몇 년 전 출생아 수의 3분의 2 수준으로 떨어졌다.

미래의 전망도 그리 밝지는 않다. 최근 제시된 통계청 장래 인구 특별 추계의 중위 값은 출생아 수가 2021년까지 293,000명으로 감소했다가 이후 반등할 것으로 예상했으나 실제로 반등이 일어날지는 확실하지 않다. 통계청은 이 추계에서 단기적으로는 근래의 출산율 감소 추세가 지속되지만 장기적으로는 통계청 추계 모형의 예측에 따라 출산율이 변화할 것이라는 가정을 도입했다. 그러나 우리나라처럼 급격한 사회적·문화적인 변화를 경험하고 있는 상황에 통계청이 이용하는 '코호트 완결 출산율 모형'이 잘 적용될 수 있을지는 확실하지 않다. 출산율 감소의 주요 원인이었던 유배우 여성 비율의 감소가 지난 25년 동안 꾸준하게 진행되었다는 사실은 이러한 추세가 쉽게 반전되지 않을 가능성을 시사한다. 유배우 비율이 최근 추이에 따라 10년간 감소하고 반등하지 않는다는 가정에 기초한 비관적인 추계 결과는 출생아 수가 10년 내에 20만 명 이하로 감소할 가능성을 제기한다. 이는 불과 10여 년 사이에 한 해 태어나는 인구가 절반으로 줄어드는 일이 실현될 수 있음을 의미한다.

인구 변화와 노동 인력의 변화

가파른 속도의 인구 고령화로 인해 노동 인력의 규모는 점차 감소할 것으로 예상된다. 통계청의 장래 인구 특별 추계(중위 추계)에 따르면 2018년 3,765만 명이었던 15~64세 인구는 2065년까지 현재의 49.0% 수준인 1,846만 명으로 감소할 것으로 추정된다. 그러나 고령 인구의 경제활동 참가율이 상대적으로 높은 우리나라 노동 시장 여건의 특징 때문에 경제활동 인구 규모는 이보다 느린 속도로 감소할 것이다. 예컨대 2018년의 성별·연령별 경제활동 참가율이 유지되는 경우 현재 약 2,835만 명인 경제활동 인구는 2022년 2,871만 명을 정점으로 점차 감소해 2065년까지 현재의 약 62.8% 수준인 1,781만 명으로 감소할 것으로 예상된다.

인구 구조의 변화는 노동 인력의 절대적인 규모뿐만 아니라 연령 구성도 바꾸어놓을 것이다. 역시 가장 두드러지는 변화는 고령층 경제활동 인구 비중의 증가다. 통계청 중위 추계가 실현되는 경우 현재 경제활동 인구의 약 2.2%를 차지하는 75세 이상 인구는 2065년까지 경제활동 인구의 12% 이상으로 증가할 것으로 전망된다. 65~74세 인구가 경제활동 인구에서 차지하는 비중은 현재 6.2%에서 2065년 16.5%로 증가할 것으로 예상된다. 55세 이상 경제활동 인구의 비중은 현재 약 27%에 불과하지만 2065년에는 거의 절반에 달하게 될 것이다. 향후 50년 동안 점진적으로 나타나는 고령 노동 인구의 상대적·절대적 증가와는 달리 젊은 노동 인력의 감소는 앞으로 20~30년 동안 급격하게 나타날 것으로 예상된다. 통계청 중위 추계가 실현되는 경우 45세 미만 노동 인력이 전체 경제활동 인구에 차지하는 비중은 현재 48%에서 2045년까지 33%로 감소할 것이다.

인구 구조 변화가 노동 시장에 미치는 효과

많은 사람들이 우려하는 노동 인력의 부족 문제는 적어도 총량적인 면에 있어서는 가까운 장래에 발생하지 않을 가능성이 높다. 경제활동 참가율이 변화하지 않는 경우에도 2035년까지 경제활동 인구 규모가 현재의 95% 수준으로 유지될 것으로 예상되고, 실제로는 여성 및 장년(55~64세) 경제활동 참가율이 증가할 가능성이 높다. 그러나 청년 인구의 급격한 감소로 인한 부문 간, 노동자 유형 간 노동 수급 불균형 문제는 비교적 가까운 장래에 발생할 수 있을 것으로 예상된다. 현재는 연간 출생 코호트 규모가 60만대인

1990년대 출생자들이 노동 시장에 진입하고 있으나 약 6~7년 후에는 연간 출생 코호트 규모가 40만대인 2002년 이후 출생자들이 노동 시장에 본격적으로 진입하기 시작한다. 이에 따라 2020년대 중반부터는 노동 시장 신규 진입자의 규모가 빠르게 감소하기 시작할 것이다. 그 결과 청년 인력에 대한 의존도가 높은 산업들은 가까운 장래에 급격한 취업 인력 고령화를 겪게 될 것으로 예상된다. 만약 줄어드는 청년 인력을 다른 유형의 노동으로 대체하는 것이 어려울 경우 이 부문은 장차 인력 부족 문제에 직면할 수 있을 것이다. 2012년 이후 나타나고 있는 급격한 출생아 수 감소는 2030년대 중반 이후 노동 시장에 또 다른 충격파를 가져올 우려가 있다.

청년 인구 및 청년 경제활동 인구의 감소는 양적인 노동 공급 감소 이상의 의미를 지닌다. 노동 시장 신규 진입 인구는 가장 최근에 교육을 받아 사회가 필요로 하는 최신의 지식과 숙련을 보유한 노동 인력이라고 할 수 있다. 이들은 또한 나이가 든 사람들에 비해 학습 능력, 적응력, 이동성이 상대적으로 높은 집단이기도 하다. 따라서 이들의 감소는 평균적인 노동 인구가 한 명 줄어드는 것 이상의 영향을 노동 시장에 미칠 수 있다. 새로운 산업이 부상하고 이에 따라 새로운 지식·숙련에 대한 수요가 늘어날 때 일반적으로 이러한 인적 자본을 갖춘 신규 인력이 해당 부문으로 진입함으로써 부문 간 노동 수급 불균형을 완화하는 역할을 해왔다. 따라서 인구 변화에 따른 노동 시장 신규 진입 인력 규모의 급격한 감소로 인해 산업이 필요로 하는 인적 자본을 탄력적으로 공급하는 노동 시장의 기능이 약화될 우려가 있다. 비관적인 시나리오가 실현되어 출생 코호트의 규모가 20만 명으로 감소하게 된다면 현재 60만 명이 수행하는 부문 간 인적 자본 배분 기능이 양적으로 볼 때 3분의 1로 줄어들게 될 것이다.

다른 사회경제적 파급 효과

출생아 수의 급격한 감소에 따라 교육 시설 및 인력 규모와 학령기 아동 수의 미스매치가 확대될 것이다. 예컨대 통계청 저위 추계가 실현될 경우 2018년 271만 명이었던 초등학교 학생 수는 2030년까지 157만 명으로 줄어들 것이다. 이 경우 현재 22.3명인 학급 당 학생 수는 약 13명으로, 현재 16.6명인 공립학교 교원 1인 당 학생 수는 약 10명으로 감소할 것으로 전망된다. 모두 OECD 최저 수준이다. 이러한 미스매치는 시차를 두고 중학교와 고등학교로 이어질 것이다. 2021년부터 대학 정원은 고등학교 3학년 학생 수를 초과하고 그 격차는 2036년까지 11만 이상으로 벌어질 것으로 전망된다. 이에 따라 정원을 채우지 못하고 재정적인 어려움을 겪는 대학들이 크게 늘어날 것이다.

인구 변화는 의료 부문에도 심대한 영향을 미칠 것이다. 인구 고령화에 따라 의료 수요는 계속 증가하는 반면 2020년대 말부터 은퇴하는 의사가 늘면서 의사의 수는 정체할 것으로 전망된다. 이에 따라 의사의 수나 의사의 업무량에 변화가 없는 경우 10년 후부터는 의사가 부족해질 것으로 예상된다. 연령 구조의 변화로 인해 아동 질환은 감소하고 노인성 질환은 급증하면서 각 진료 분야별로 수급 불균형이 발생할 것으로 우려된다. 이 외에도 우리 사회의 많은 다양한 분야가 가까운 장래에 인구 변화로 인한 불균형의 발생을 비껴가지 못할 것이다. 예컨대 몇 년 후부터는 20세 남성 모두가 18개월을 복무해도 현재의 병력 규모를 유지하기 어렵게 될 것이다. 이미 심각한 인구 감소와 인구 고령화를 경험하고 있는 지방자치단체들의 재정적인 어려움은 더욱 커질 것으로 우려된다.

인구 정책 전망

작년 말 정부는 합계출산율 목표치를 설정하고 이를 달성하기 위해 좁은 의미의 출산 장려 정책을 실시했던 기존의 정책 방향을 바꾸어, 삶의 질을 향상시키고 성평등을 구현함으로써 결혼과 출산의 여건을 장기적으로 개선하는 방향으로 패러다임 전환을 천명했다. 그리고 인구 변화에 적극 대응하는 방안을 마련하는 것을 중요한 정책 목표의 하나로 설정했다. 단기적으로는 2020년까지의 기간을 포괄하는 제3차 기본계획을 '재구조화'해 저출산·고령화 문제와 관련이 적은 사업을 제외하고 효과성이 높은 과제에 집중하는 노력을 수행하고 있다. 이러한 정책 방향성을 고려할 때 과거 제한된 범위에서 시행되던 인구 정책이 중장기적으로는 광범위한 복지 정책 및 사회 정책과 연계되어 추진될 가능성이 높다. 근본적인 패러다임 전환을 구현할 수 있는 중장기 정책의 계획은 2020년에 제4차 기본계획(2021~2025년)을 마련하면서 보다 구체화될 것으로 보인다. 인구 변화에 대응하기 위한 법적·제도적·정책적 개혁 방안도 이때가 되어야 구체적인 내용을 파악할 수 있을 것으로 예상한다. 가까운 장래에는 기존의 주된 저출산·고령화 관련 정책들(예컨대 보육 정책)의 효과성을 높이기 위한 제도적 개혁 추진이 예상된다. 노동 시장에서의 성평등 강화와 외국인 인력 정책 개혁도 인구 변화에 대한 대응의 일환으로 전보다 강하게 추진될 가능성이 높다.

▶▶ 이철희

08 남북 경제 교류의 두 가지 포인트, 비핵화와 개혁개방

2016년 1월 북한의 4차 핵실험 이후 개성공단이 폐쇄됨으로써 상업성 남북 경제 교류는 완전히 중단되었다. 그 중단 이후 5년째 가 되는 2020년에는 경제 교류가 재개될 수 있을까. 이에 대한 의 견은 엇갈린다. 일각에서는 2019년 2월의 하노이 북미 정상회담 이 아무런 성과 없이 끝났을 뿐 아니라 북미 간 실무협상이 열린 다 해도 북미 사이의 입장 차이가 매우 크기 때문에 2020년에도 남북 경제 교류는 불가능할 것이라는 비관론을 편다. 반면 북미 간 협상 동력은 아직 살아 있기 때문에 비핵화 협상이 타결되면 그에 따라 경제 교류도 재개될 수 있다는 견해도 상당하다. 특히 제재가 지속된다면 북한은 지금보다 더욱 심각한 경제 위기를 경험할 수 있기 때문에 머지않아 북미 사이 접점이 만들어질 것이라는 관측도 있다.

이 글은 남북 경제 교류의 가능성과 내용에 초점을 맞춘다. 특히 경제 교류의 여부와 정도를 결정하는 두 변수인 북한의 비핵화와 개혁개방 가능성을 평가한다. 그리고 그 시나리오에 따라 전개될 수 있는 남북 경제 교류를 전망한다.

북한의 비핵화와 개혁개방이 중요

2020년의 남북 교류를 결정할 가장 중요한 두 가지 요인은 북한 비핵화와 개혁개방이다. 북한 비핵화에 전혀 진전이 없는 상태에서 대북 경제 제재 해제가 이루어질 가능성은 매우 낮다. 따라서 남북 간 경제 협력은 2017~2019년과 같은 '상업성 교류 0'의 상황이 지속될 것으로 전망된다. 북미 간 비핵화 협상 결과, 완전한 비핵화가 아니더라도 북한의 비핵화와 제재 완화가 교환된다면 남북 경제 교류의 가능성이 열릴 수도 있다. 물론 가장 이상적인 경우는 2020년에 북한의 비핵화가 완성되어 모든 제재가 해제될 뿐 아니라 북한에 다양한 경제적 인센티브가 공여되는 경우다. 그러나 현재로선 이 가능성이 그리 높지 않은 것으로 판단된다.

북한의 개혁개방 수준은 남북 교류의 질과 양을 결정하는 중요한 변수다. 비핵화가 이루어지더라도 북한의 개혁개방 수준에 변화가 없다면 남북 교류의 획기적인 증가는 어려울 것이다. 특히 상업 자본의 북한 내 대규모 투자 가능성은 거의 없을 것으로 보인다. 그러나 북한 정권이 비핵화를 결정했다면 이는 적어도 부분적으로는 경제 발전에 대한 의지를 실천하기 위해서일 것이다. 비핵화까지 한 마당에 북한 정권이 경제 발전에 아무런 성과를 거두지 못한다면 북한 주민으로부터 지지를 받기 어려울 수도 있기 때문이다. 따라서 북한의 개혁개방 수준이 획기적으로 높아지지는 않더라도 일정 수준의 변화는 가능할 수 있다. 이 경우 이전과는 다른 규모나 내용의 남북 경제 협력이 이루어질 수도 있다.

개성공단과 금강산 관광 재개의 가능성은?

북한 비핵화를 둘러싸고 진행되고 있는 북미 간 협상 결과를 어떻게 전망할 수 있을까. 예상 가능한 결과는 완전한 비핵화 딜이 이루어지는 경우, 불완전 비핵화 딜이 이루어지는 경우, 지금처럼 실질적인 비핵화 없이 협상이 계속 되는 경우, 그리고 마지막으로 협상이 결과 없이 종결되는 경우로 나누어 볼 수 있다. 지금으로서는 이 중 어느 결과로 이어질지 판단하기 쉽지 않다. 그러나 협상이 결과 없이 종료될 가능성은 낮아 보인다. 미국 대통령 선거가 2020년 11월에 열리기 때문에 트럼프 대통령은 적어도 그때까지는 협상이 파탄에 이르는 것을 원하지 않을 것이기 때문이다. 또한 김정은도 협상이 파국에 이르는 경우의 안보적·경제적 리스크를 피하고 싶을 가능성이 높다.

실질적인 비핵화 없이 협상이 장기적으로 지속될 가능성 또한 높지 않다. 무엇보다 북한이 지금 같은 강도의 대북 제재를 오랫동안 견디기 어려울 것으로 보이기 때문이다. 혹자는 제재가 경제적으로 충격을 주더라도 북한 정권의 근본적인 행동 변화를 이끌어내지는 못할 것이라고 주장한다.[4] 그 근거로서는 첫째, 북한은 강성 독재국가이기 때문에 주민들이 제재로 고통을 받는다고 하더라도 이것이 김정은에게 정치적 압박으로 전환될 가능성이 낮다는 것이다. 둘째, 김정은과 권력층이 제재로 인해 손실을 입는다 하더라도 이들이 그 손실을 주민에게 전가할 수 있다는 점도 지적된다. 마지막으로 경제의 위기가 체제의 위기로 확산될 조짐이 있다면 중국이 북한을 경제적으로 지원할 것이라는 점이 제시된다.

그러나 이상의 주장에 대한 반론도 있다. 먼저 시장 확대와 개방의 효과로 북한의 주민 의식이 크게 변화했기 때문에 김일성·김정일 시대처럼 김정은이 이를 완전히 무시하기 어렵다는 것이다. 둘째, 김정은과 권력층이 북한 주민에게 손실을 전가할 경우 주민 반발로 이어지거나 국가 자산의 매각(비공식 사유화) 형태로 이루어질 수 있는데 양자 모두 김정은의 권력 약화로 귀결될 가능성이 있다는 점이다. 그리고 이전 김일성·김정일 시대보다 김정은 정권에 있어 경제 발전의 비중이 한층 높아진 바, 이를 이루지 못할 경우 김정은의 권력 유지에 큰 부담이 될 수 있다는 점 등이 그 이유로 제시된다.

이상의 논의에 비추어볼 때 경제 제재로 북한경제가 더욱 심각한 위기에 봉착하게 될 때 북한 정권에게 주는 정치적 부담은 상당할 것으로 판단된다. 즉 경제적 압박이 비핵화를 향한 정치적 압박으로 전환될 가능성이 존재한다. 그러나 제재의 한계도 동시에 있을 것으로 보인다. 위에서 지적한 대로 북한이 경제적 충격을 넘어 사회 전체적으로 충격을 받게 되는 상황을 중국이 좌시하지 않을 것이라는 점이다. 북한 체제 자체가 좌초할 상황까지 이르러야 김정은이 경제를 위해 핵을 완전히 포기하는 딜이 가능하겠지만 그 상황까지 가기 전에 중국이 북한의 안정화를 위해 개입할 여지가 높다는 것이다. 이러한 판단은 제재의 역할에 관해 제재 무용론이나 제재 만능론이 아니라 제재 유용론의 견지에서 접근하는 것이 현실적임을 시사한다.

제재가 효과를 발휘해 경제 교류가 가능해지는 상황은 완전 혹은 불완전한 비핵화 딜이 이루어지는 경우다. 그러나 완전한 비핵화에 대해 합의를 이룬다고 하더라도 그 실행 과정에는 시간이 걸릴 것이다. 따라서 2020년을 넘겨 비핵화가 실질적으로 종결될 때까지 일부 제재는 계속 남아 있을 가능성이 높다. 이는 불완전 비핵화, 즉 북한이 일부 핵 보유를 인정 혹은 묵인하는 비핵화 딜이 이루어질 경우에도 마찬가지다. 따라서 비핵화에 따른 남북 경제 교류도 어떤 제재가 언제 완화되는가에 따라 그 형태와 내용, 그리고 정도가 달라질 것이다.

우리 정부는 개성공단 재개가 제재 완화 초기 단계에서 가능하기를 바라고 있다. 개성공단 재개는 다수의 유엔 제재와 관련되어 있기 때문에 다른 제재에 비해 해제하기 어렵다는 견해도 있다. 그리고 북한이 약속을 이행하지 않을 경우 제재를 원상 복귀시킬 이른바 스냅백snap back 옵션을 적용하기 어렵다는 단점도 있다. 그러나 다른 한편 북한에 가해진 제재 중 가장 투명하게 관리될 수 있는 제재라는 점에서 개성공단 재개가 초기 제재 완화 카드로 유력하게 검토될 가능성을 배제할 수 없다.[5] 금강산 관광의 경우 개성공단과 비교해 제재 해제에 따르는 기술적인 문제는 크지 않다. 그러나 북한이 관광으로 대량 현금을 취득할 수 있는 가능성이 우려되는 것은 해제를 어렵게 만드는 요인이다. 또한 관광 수입이 증가하면 북한의 경제 개혁의 동인이 줄어들 수 있다는 점도 해제 가능성이 낮을 것으로 판단하는 이유다.

2020년 남북 경제 관계, 제재 완화 여부에 달려 있다

북미 간 북한 비핵화 딜이 이루어지고 점진적으로라도 제재 해제가 이루어진다면 남북 경제 교류에 있어 외적인 제약 요인은 크게 줄어들 것이다. 그러나 이것이 바로 대규모 남북 경제 교류로 이어질 수 있을지는 불확실하다. 특히 북한 내 대규모 상업 투자가 이루어지기 위해서는 북한의 개혁개방과 국제 경제 질서로의 편입이 필요하다. 하지만 북한이 개혁개방에 나선다고 하더라도 현재 북한의 정치 체제를 고려할 때 급진적인 방식보다는 예전 중국이나 베트남의 경우처럼 점진적으로 이를 추구할 가능성이 높다. 따라서 남북 경제 교류도 북한의 이러한 변화에 연동되어 점진적으로 진행될 것으로 판단된다.

북한의 경제 개발을 위해 가장 바람직한 국제적 환경은 북한 비핵화 과정에서 제재 완화뿐 아니라 경제 발전을 위한 구체적 방안까지 동시에 합의되는 것이다. 특히 북한의 국제금융기구 가입이 이루어지고 북한 통계의 질이 제고된다면 북한 관련 경제적 리스크는 크게 감소할 것이다. 또한 미국 등의 의지에 따라 국제사회가 주도해 트러스트 펀드가 조성된다면 국제금융기구 가입 이전이라도 국제 자본이 북한에 들어가서 사업을 할 수도 있다.

이상의 환경이 만들어진다면 한국 정부도 정부 주도의 남북 경협 사업을 우선적으로 추진할 가능성이 높다. 개성공단 사업이나 금강산 관광 사업의 재개뿐 아니라 새로운 경협 사업이 논의될 가능성이 있다. 예를 들면 개성공단의 확장이나 제2, 제3의 새로운 남북 협력 공단이 합의될 수 있을 것이다. 또 북한의 인프라 개발, 특히 북한의 새로운 공단을 지원하기 위한 개발이 본격적으로 진행될 것이다. 그러나 북한의 개혁개방 초기에는 한국의 대기업이 북한 내 대규모 사업을 진행할 가능성은 높지 않다. 이 시기에는 대규모 투자가 요구하는 법적·제도적·인프라 환경이 아직 갖추어

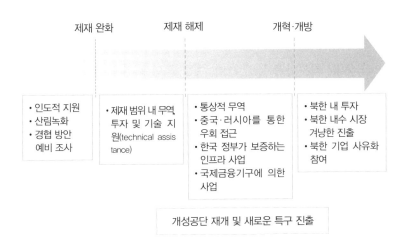

[도표 3-11] 남북 경제 교류의 진전 시나리오

제재 완화 　 제재 해제 　 개혁·개방

- 인도적 지원
- 산림녹화
- 경협 방안 예비 조사

- 제재 범위 내 무역, 투자 및 기술 지원(technical assistance)

- 통상적 무역
- 중국·러시아를 통한 우회 접근
- 한국 정부가 보증하는 인프라 사업
- 국제금융기구에 의한 사업

- 북한 내 투자
- 북한 내수 시장 겨냥한 진출
- 북한 기업 사유화 참여

개성공단 재개 및 새로운 특구 진출

출처: 김병연, "남북 경협과 경제공동체", 「서울대 행정대학원 시장과 정부 연구센터 보고서」(2018)를 일부 수정

지지 않았을 것이며 인적 자본도 열악할 것으로 보이기 때문이다. 따라서 초기에는 한국의 중소기업이 북한 내 사업을 주도할 것으로 판단되며 대기업이 북한에 진출하더라도 정부나 국제사회가 주도하는 사업의 실행자로 참가할 개연성이 크다.

[도표 3-11]은 북한의 비핵화 이후에 개혁개방이 이루어진다는 가정하에 남북 경협의 순차를 제시한 것이다. 대북 경제 제재 완화 이전에는 제재를 훼손하지 않는 범위 내에서의 제한적인 경제 교류만 가능할 것이다. 인도적 지원, 산림 녹화, 그리고 제재 해제 이후의 경협을 위한 예비 조사 등을 그 예로 들 수 있다. 제재가 일부 완화된 이후에는 제재 범위 내에서의 무역, 투자, 기술 지원 등

을 할 수 있으며 제재 완화 결과 개성공단의 재개가 허용된다면 본격적인 경제 교류가 시작될 수 있을 것이다. 제재가 완전히 해제되었지만 북한의 시장경제화가 이루어지지 않은 상황에서는 무역과 중국, 러시아를 통한 사업, 예를 들면 북한 근로자를 중국 내에서 고용하는 방안 등을 검토할 수 있다. 그리고 한국 정부가 보증하는 인프라 사업이나 국제금융기구에 의한 사업에도 한국 기업이 참여할 수 있을 것이다. 새로운 특구에도 한국 기업이 진출할 수 있겠지만 북한의 개혁개방 이전에는 특구 진출 기업의 절대다수를 중소기업이 차지할 것으로 예상된다. 북한의 개혁개방 이후에는 대기업의 북한 내 투자와 북한 기업의 사유화 과정에도 참여할 것으로 기대된다. 북한을 이용한 물류 사업과 북한 내수 시장을 겨냥한 진출도 매우 활발해질 것으로 판단된다.

[도표 3-11]의 과정이 완결되는 데는 상당한 시간일 걸릴 수 있다. 2020년에 남북 경제 교류에 관해 현실적으로 기대할 수 있는 최대치는 제재 완화와 제재 해제 사이 어느 지점일 것으로 보인다. 그러나 2019년처럼 2020년에도 여전히 제재 완화의 문턱을 넘지 못할 가능성도 낮지 않다. 이 경우 의미 있는 남북 경제 교류는 여전히 힘들 것으로 전망된다.

▶▶ 김병연

금융과 자산 시장 전망:
떨어지는 금리, 커지는 위험

1. 통화정책, 중앙은행의 적극적 역할이 필요하다
2. 2020년 국내 주식 시장 전망은?
3. 외환 시장, 원화 가치 안정될까?
4. 자산 운용, 복원력 높은 포트폴리오를 구성하라
5. 쏟아지는 부동산 정책과 다시 들썩이는 시장

2020년 주요국들의 금리는 하향 안정세를 이어갈 것으로 전망된다. 거시경제 정책이 경제 침체 대응에 맞추어지면서 정책 금리 인하가 2020년에도 지속될 것으로 보이기 때문이다.

2019년 세계경제는 지속된 경기 하락을 경험했다. 상반기 중에는 미중 간 무역 갈등 등으로 세계 교역이 감소하면서 수출 의존도가 높은 나라들의 경제가 침체하기 시작했다. 하반기부터는 소비 중심 경제로 침체가 확산되고 있다. 세계경제 불황의 그림자는 2020년까지도 사라지지 않을 전망이다. 대부분 선진국에서 재정 확장과 금융 완화 정책이 강화되리라는 것을 예상할 수 있다. 선진국 중 그래도 사정이 괜찮았다는 미국마저 경기 침체 위험에 대비해 정책 금리 인하로 돌아섰다. 세계경제의 불확실성이 확산되면서 금융 시장 위험은 커지고 있다. 금, 미국 달러와 엔화 등 안전 통화, 선진국 채권 등 안전 자산 선호가 2020년에도 이어질 것으로 보인다. 경기 침체 장기화로 이익이 줄고, 재무적 위험에 노출되는 기업들이 나타날 것이다. 금리 인하에 따라 금융사들의 수익성도 나빠질 가능성이 크다. 특히 마이너스 금리로 진입한 유로존 은행들의 수익성 악화는 국제 금융 시장 불안의 뇌관이 될 수도 있다. 위험 자산 회피가 심화되면서 신흥국 외환 시장이 압박을 받게 될 것이다. 단기 외채 비중이 높고, 대외 지급 준비가 부족한 신흥국 경제의 유동성 위기 가능성이 금융 시장 변동성을 키우는 심각한 위협으로 대두될 수 있다.

2020년 한국의 금융·자산 시장 모습도 크게 다르지 않을 전망이다. 정책 당국은 성장률 하락과 디플레이션 압력을 확장적 재정 정책과 금리 인하로 완화시키려 할 것이다. 자산 시장에서는 어려워지는 대내외 경제 환경으로 안전 자산 선호 심리가 강화될 가능성이 높다. 하지만 국제 금융 시장 불안으로 우리 경제가 위기적 상황에 내몰리지는 않을 것이다. 수출에 많이 의존하는 경제 특성 탓에 2019년 경상수지 흑자가 작아졌고 2020년에는 더 줄어들 것으로 전망되지만, 여전히 상당한 규모의 흑자이고 대외 지급 준비도 비교적 넉넉한 편이다. 원화가 약세 흐름을 보일 수는 있다. 이는 외환 유동성 위기 가능성 때문이라기보다, 한국경제와 기업의 성장 전망이 약화되는 데 따른 현상일 가능성이 크다.

부동산 시장은 경기 침체와 금리 인하의 영향을 받겠지만 규제와 정책의 영향이 더 크다. 중장기적으로 규제와 정책의 효과가 어떻게 나타날지는 여전히 불투명한 측면이 많다.

▶▶ **김주형**

01 통화정책, 중앙은행의 적극적 역할이 필요하다

| 통화정책과 금리 결정의 구조

전통적으로 통화정책이란 통화량을 조절해 경제에 영향을 미치거나 혹은 통화량 변동을 통해 금리에 영향을 주고 이를 통해 경기나 물가에 영향을 주는 정책으로 이해되거나 서술되고 있다. 그러나 오늘날 금리는 통화 공급과 관계없이 결정되고 있어 통화정책이란 금리를 조정하는 정책이라고 간단히 말할 수 있다.

금리는 하루짜리 만기의 콜금리부터 5년이나 10년 만기의 장기금리를 포함해 다양한 만기의 금리가 존재한다. 그렇기 때문에 통화정책은 단기 금리를 결정하고 이를 통해 장기 금리 등 다른 모든 금리에 영향을 미쳐 물가나 경기를 조절하는 기준금리 결정 정책이라 할 수 있다. 따라서 금리를 전망하기 위해서는 통화정책이 어떻게 운영되는가를 잘 이해할 필요가 있다.[1]

현재 한국은행은 통화정책의 핵심 목적인 물가안정을 효율적으로 달성하기 위해 신축적 물가안정 목표제를 운영하고 있다. 물가안정 목표는 소비자 물가 상승률(전년 동기 대비) 기준으로 2.0%를 유지하고 있는데 일반적으로 이를 초과하는 인플레이션이 우려된다면 기준금리를 상향 조정하고 반대의 경우라면 하향 조정하게 된다. 한편 물가상승률은 이론적으로 경제성장 혹은 고용 간 밀접한 관계를 가지고 있다고 가정되므로 물가상승률을 목표 수준에 맞춰 조정함으로써 자연스럽게 경기나 고용의 안정도 도모할 수 있다. 다만 글로벌 금융위기 이후 우리나라를 비롯한 많은 나라에서 이러한 관계가 성립하지 않고 있어[2] 물가안정 목표제가 실제적으로 잘 작동하고 있다고 말하기는 어렵다.

따라서 현실적으로 한국은행의 통화정책을 결정하는 금융통화위원회의 위원들은 경제성장률과 같이 직접적으로 경기와 관련한 변수를 가장 중요한 목표로 해 기준금리를 결정하고 있다. 즉, 현재 한국은행은 GDP의 증가율로 정의되는 경제성장률의 추세를 통해 경기의 과열이나 침체를 전망하면서 금리를 결정한다. 그런데 경제성장률의 추세를 전망하기 위해서는 GDP의 구성 요소인 소비나 투자, 정부 지출과 같은 국내 변수와 해외 경제 여건에 의해 영향을 받는 수출입 변수의 추세를 파악할 필요가 있다. 특히 우리나라는 GDP에서 차지하는 수출 비중이 거의 40~50%에 달하고 있을 만큼 대외 지향적 경제 구조를 가지고 있어 수출의 변동은 우리나라 전체 경제성장률에 막대한 영향을 미친다. 한편 경제성장률에 영향을 주는 국내 변수 중에서는 소비가 가장 큰 비중을 차지하지만 실제 변동 폭에 있어서는 건설 투자와 같은 투자의 변동성이 커서 투자 변동은 수출 변동과 더불어 항상 주목해야 할 변수다.

금융통화위원회 위원들은 이러한 경제성장률을 잠재성장률과 비교해 우리 경제가 현재 어느 상태에 있고 향후 어디로 가는가를 전망해 기준금리를 조정한다. 이때 실제의 국내총생산과 잠재총생산의 차를 산출갭output gap이라 하는데 기준금리는 산출갭의 마이너스폭 확대가 기대되면 하향 조정하고 반대의 경우에는 상향 조정한다.

경제성장률과 금리와의 관계

한국은행의 통화정책을 평가하기 위해 우리나라의 잠재 GDP 성장률과 실제 GDP 성장률을 비교해 보면 다음 [도표 4-1]과 같다.

우선 우리나라 경제의 잠재성장률을 살펴보면 2012~2015년 3.0~3.4%에서 지속적으로 하락해 2019~2020년에는 2.5~2.6%까지 추락하는 것으로 추정되고 있다. 이러한 상황하에서 실제 경제

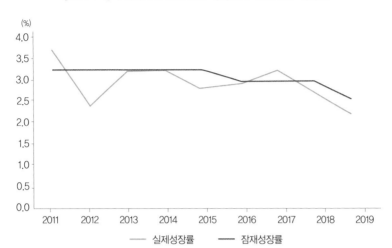

[도표 4-1] 우리나라의 잠재 GDP 성장률과 실제 GDP 성장률

주: 잠재성장률은 한국은행이 추정한 성장률 범위의 중간 값으로 표시
출처: 「한국은행 경제 전망 보고서」 2019.7 한국은행 ECOS

성장률을 살펴보면 2012년 2.4%로 급락했지만 2013~2014년 바로 잠재성장률 수준인 3.2%로 회복했고 2015년 2.8%로 하락한 후, 2016년 3%, 2017년 3.2%로 회복했다. 하지만 2018년에는 경제성장률이 2.7%를 기록해 다시 잠재성장률 이하로 하락하게 되었고, 이러한 추세는 2019년에도 지속될 것으로 전망된다.

이러한 산출갭의 추이에 따라 기준금리의 추이를 살펴보면 대체로 산출갭에 맞추어 조정되었다.[3] 기준금리의 추이는 [도표 4-2]와 같은 데 2012년 경기 하락에 따라 2012년 7월과 10월 두 차례에 걸쳐 기준금리가 0.25%포인트씩 인하되었으며 다시 2015년 경기 부진에 따라 2014년 8월 금리 인하를 계기로 2016년 6월까

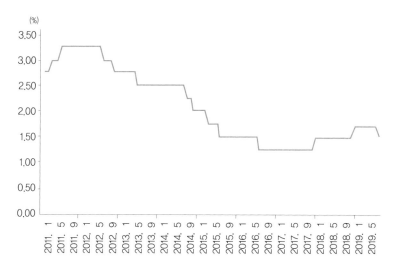

출처: 한국은행 ECOS

지 다섯 차례에 걸쳐 기준금리가 2.5%에서 1.25%까지 인하되었다. 2017년 11월에는 처음으로 금리가 1.5%로 인상되었으며 이어 2018년 11월 다시 한 번 인상되었다가 2019년 7월과 10월 두 차례 금리 인하가 이루어졌다.

다만 2014년 금리 인하 이후 2017년 11월까지 지나치게 긴 기간 동안 지속적으로 금리가 인하됨으로써 부동산 등 자산 가격이 상승하고 가계 부채가 늘어나 금융 불안정성이 크게 악화되게 되었다. 물론 이는 2015년 금융 불안정을 고려하지 않고 크게 부동산 규제를 완화한 정부의 정책 실패에도 기인한다. 그러나 지나치게 완화적인 통화정책으로 인해 가계 부채가 폭증된 것은 부인할

[도표 4-3] 가계 부채 규모와 증가율

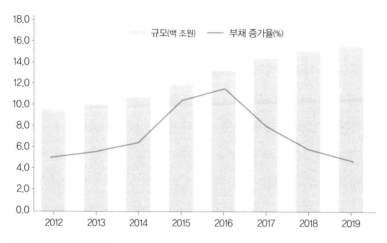

주: 2019년은 3월말 기준임
출처: 한국은행, 「금융안정보고서」 각호

수 없는 사실이고 결과적으로 이는 경기 하락에도 불구하고 2018년 11월 금융 안정을 위해 금리를 인상시키게 된 요인으로 작용했다. 2011년 한국은행법 개정을 통해 한국은행의 정책 목적으로 금융 안정이 추가된 이후 최초로 이러한 조항이 통화정책 결정에 사용된 경우라 보인다. 실제 다음 [도표 4-3]에서 보듯이 가계 부채의 누증은 우리나라의 가장 큰 금융 불안정 요인으로 지적되고 있다.

　금년 7월 금융통화위원회는 2018년 11월 이후 연 1.75%로 유지해 오던 기준금리를 0.25%포인트 인하해 연 1.50%로 운용하기로 했다. 이는 무엇보다도 4월 2.5%로 전망되었던 2019년의 경제성장률이 2.2%로 크게 하향 조정된 데 기인한다. 2019년 8월 발표된 '통화정책 보고서'를 통해 금융통화위원회의 금리 인하 배경을 보다 자세히 살펴보면 다음과 같다.

　"7월 회의에서는 미중 무역 분쟁에 따른 세계 교역 둔화, 반도체 경기 회복 지연 등으로 성장세와 물가 상승 압력이 당초 예상보다 약할 것으로 전망됨에 따라 경기 회복을 뒷받침할 필요성이 커졌다고 판단해 기준금리를 1.50%로 인하했다. 국내 경제는 소비가 완만한 증가세를 이어갔으나 건설 투자 조정이 지속되고 수출과 설비 투자가 당초 예상보다 부진한 가운데 앞으로의 여건도 낙관하기 어려운 것으로 판단되었다."[4]

　향후 경제성장률이 대폭 하락할 것으로 전망된 데 따른 금리 인하는 당연하다고 보인다. 다만 이미 지적한 바와 같이 금융 안정에 지나치게 주의하게 되면서 금융통화위원회의 금리 인상 시점이 지연된 느낌이 있다. 금리가 충분히 인상되지 못했기 때문에 금리 인하를 주저하게 되었고, 결과적으로 금리 인하 타이밍도 늦어졌던 것으로 보인다. 이상적으로는 1분기 전 분기 대비 -0.4% 성장률이 전망되었을 경우 바로 하향 조정할 필요가 있었던 것으로 판단된다. 잠재성장률이 2% 후반까지 추락한 상황에서 1분기의 마이너스 성장률은 예상을 크게 하회하는 결과이고 이에 따라 즉각적으로 2019년도의 경제성장률도 2% 초반으로 떨어질 것이 예상되었기 때문이다.[5] 2019년 3분기와 4분기에도 전 분기 대비 1% 내외의 성장률을 기대하기 어렵다고 하면 7월 전망된 2.2%의 성장률도 조금은 낙관적인 것으로 보인다.

국제적으로는 미중 무역 갈등이 격화되고 있고 한일 간 무역 분쟁이 새로이 발생하면서 수출 여건이 크게 악화되고 있는 것으로 보인다. 더욱이 국내적으로는 거시경제 안정이 무시되고 주택 가격 안정을 위한 일방적인 규제가 지속되면서 건설 투자 등 투자 여건 악화도 매우 우려스러운 상황이다. 이러한 상황이 지속되면 2019년의 경제성장률이 다시 소폭 하향 조정되는 것은 물론 2020년의 경제성장률 전망도 하향 조정되어야 할 것으로 보인다. 현재 한국은행은 우리나라가 2020년 2.5%의 경제성장률을 나타낼 것으로 보고 있으나 낙관적인 전망이라 판단된다. 따라서 완화적 통화정책이 지속되면서 추가적 금리 인하가 전망된다.

저성장과 향후의 통화정책 방향

현재까지 한국은행은 단기 금리에만 초점을 맞추어 통상적인 통화정책을 집행하고 있다. 그러나 향후 저성장이 지속되고 금리 수준이 더욱 낮아지게 될 것으로 전망되어 금리 인하의 여력이 소멸될 가능성이 높다. 따라서 다양한 통화정책 수단을 개발할 필요가 있다. 실제 미국이나 유럽, 일본 등 많은 선진국에서는 금리가 제로 수준까지 하락한 바 있고 이러한 상태에서 통화정책의 유효성을 높이기 위해 단기 금리는 물론 장기 금리에도 영향을 주고자 양적 완화는 물론 다양한 정책 등을 실시한 경험이 있다.

또한 저성장으로 인해 우리나라가 급격히 금리를 낮추게 되면 자본 유출이 문제가 되는 상황이 발생할 수도 있다. 실제 우리나라는 과거 두 차례의 외환위기 시 급격한 자본 유출로 외환 시장이 불안정해졌던 경험이 있다. 최근 발생한 한일 간 무역 마찰이 심화되면 수출이 급격히 악화되고 다시 자본 유출이 발생할 수 있다. 이렇게 자본 유출이 발생하면 장기 금리가 급등하면서 금융 안정이나 통화정책의 유효성을 저해할 수 있기 때문에 통화정책 수단도 마련해둘 필요가 있다.

이러한 상황에서 한국은행은 우선 장기 금리의 수준에 대해서도 적극적인 관리 수단을 확보해두어야 할 것으로 판단된다. 전통적으로 한국은행은 장기 금리가 미래의 경기 예측을 반영하는 지표로 중앙은행이 관리할 수 있는 금리가 아니라는 입장이다. 그러나 최근의 선진국의 비전통적 통화정책의 사례에서도 볼 수 있듯이 유례없는 저성장기나 급변하는 위기 상황하에서는 중앙은행이 이러한 전통적인 입장만을 고집해서는 안 되고 적극적인 역할을 해야 한다. 일본의 경우 이미 2016년 9월 10년물 장기 금리를 0%로 관리하는 통화정책으로 전환한 바 있다. 기본적으로 단기 금리는 물론 장기 금리를 포함한 모든 금리를 관리해 만기별 금리를 나타내는 수익률 곡선이 바람직한 방향으로 움직이도록 통화정책의 영역을 확대할 필요가 있다.

▶▶ **문우식**

02 2020년 국내 주식 시장 전망은?

2020년 한국 주식 시장은 지난 2년간의 하락세에서 벗어나 세계 경기 순환 사이클의 상승 전환에 기댄 회복세를 보일 가능성이 높다. 물론 이 예상에는 전망의 오류를 불러올 수 있는 몇 가지 위험 요소도 존재한다.

세계 시장과의 디커플링은 일시적인가 구조적인가?

한국 주식 시장은 오랫동안 세계경제의 순환성을 잘 보여주는 지표로, 어떤 경우에는 순환성을 선행하는 지표로 인정받아왔다.

[도표 4-4] 한국과 세계 주식 시장의 추세와 최근 디커플링

주: Index base as of 1 Jan 2000
출처: Quantiwise, Bloomberg, Eastspring

이를 세계경제 대리 지표Global Economic Proxy라고 표현하고 있는데 수출 비중이 높고 반도체, 자동차, 화학 등 경기 순환성이 강한 업종들이 주도하고 있는 경제 구조에 주로 기인한다. [도표 4-4]에서 보듯 한국의 주식 시장은 2018년 전까지 글로벌 주식 시장의 움직임과 높은 상관성을 보여왔다.

그런데 2018년부터 지금까지 한국 주식 시장은 글로벌 지수와 상당히 다른 궤적을 보이며 상대적으로 낮은 성과를 보이고 있다. 2019년만 보더라도 8월 12일 현재 한국 종합주가지수KOSPI는 연초 대비 마이너스 5%의 성과를 기록한 반면 세계 지수는 13%, 미국 지수는 16%, 중국 지수는 21%의 상승을 기록했다. 환율절하까지 감안하면 한국의 저성과는 더욱 두드러진다. 이런 이례적인 디커플링Decoupling(탈동조화) 움직임은 1997년 금융위기 이후 오랜만에 보는 현상으로서 해석이 필요하다.

이에 대해 세 가지 다른 설명이 가능한데, 첫째 일시적 요인에 의한 것으로서 한반도 정세나 미중 무역 갈등 등 정치적 요인 등에 따른 것이다. 일시적 현상이라면 2020년 시장에는 오히려 플러스 요인으로 작용할 것이다. 실제로 전년도에 저성과를 보였던 나라들의 주가지수는 이듬해에 고성과를 보인 경우가 많았다. 둘째 메모리 반도체 사이클의 특수성으로서, 메모리 반도체는 최근 서버 수요의 폭증 후 급감에 따른 메가사이클을 경험했다. 메모리 반도체 이익의 비중이 큰 한국 주식 시장이 그 영향을 크게 받았다. 셋째 기업 경쟁력 등 구조적 요인이라면 그 구조적 요인들을 정의하고 심층적 분석을 해봐야 할 것이다.

실제로 한국의 인구 고령화 문제와 4차 산업혁명의 기업 비즈니스 모델의 변화는 한국 주력 기업들의 수익력과 장기 경쟁력에 영향력을 높이고 있다. 현실은 이 세 가지 요소들이 복합적으로 작용했을 가능성이 높고 따라서 2020년의 장세를 어느 한 가지 잣대로 재단해 전망하는 것은 전망의 오류를 가져올 가능성이 높다.

전망이 어려울수록 기본적 분석을 통해 본질에 접근하는 것이 중요하다. 이 글에서는 주식의 본질 가치에 영향을 주는 두 가지 주요 변수인 기업이익과 이자율의 순환적 변화에 초점을 두어

2020년 장세를 전망하고, 보다 장기적인 전망을 위해 장기 구조적인 기업이익 변화 요인에 대해서도 언급할 것이다. 기업이익은 기업의 수익 가치와 주가를 결정짓는 가장 중요한 요소이고, 이자율은 미래의 이익을 현재 가치로 변환하는 할인율로서 중요하며, 경쟁 투자 상품인 채권과 실물 자산에도 영향을 미치므로 더욱 중요하다.

▍ 국내 기업이익의 순환적 저점은 2019년 말

한국 기업의 순이익 증가율은 2018년 초부터 증가세가 꺾이다가 2019년에 들어 가파른 하락세를 보여왔다. 2019년 7월 현재 전년 동기 대비 증가율은 29% 감소로서 국내 또는 세계경제의 위기때나 볼 수 있는 낮은 수치다. 메모리 반도체가 한국 기업의 이익에서 차지하는 비중을 감안하면 메모리 경기의 급격한 하강을 그 주요 요인으로 들 수 있지만 [도표 4-6]에서 보듯이 삼성전자 하이닉스를 제외한 상장 기업의 이익도 그 진폭은 전체 이익에 비해 작지만 하강 추세를 보여왔다.

한국 상장 기업의 높은 해외 시장 의존도를 감안하면 먼저 세계 경기 사이클의 하락세를 의심해봐야 한다. 실제로 [도표 4-7]에서 보듯이 OECD 경기선행지수는 2018년 초부터 하락세를 보여 한국 기업의 이익증가율 변화와 흐름을 같이하고 있다. 반면 한국

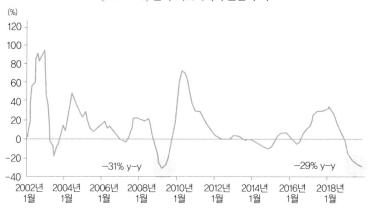

[도표 4-5] 한국 기업이익의 순환 추이

출처: Quantiwise

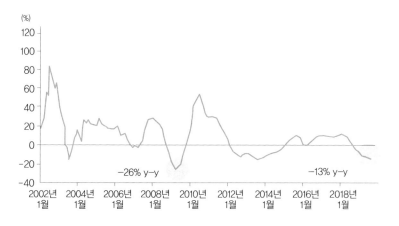

[도표 4-6] 삼성전자, SK하이닉스 제외 상장 기업의 순이익 증가율

출처: Quantiwise

[도표 4-7] OECD 경기선행지수 추이

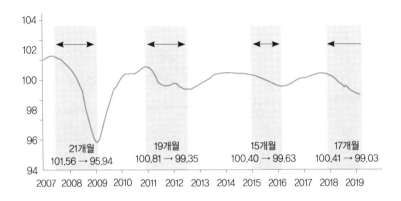

출처: OECD

[도표 4-8] 미국 ISM 제조업 및 비제조업 지수 추이

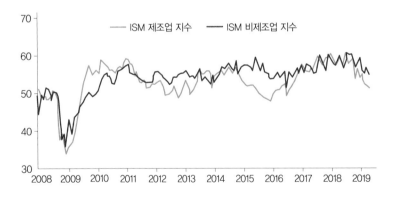

출처: Bloomberg

[도표 4-9] 한국과 신흥국 주가지수 추이

주: Index base as of 1 Jan 2000
출처: Quantiwise, Bloomberg, Eastspring

주가와 과거 밀접한 상관성을 보였던 미국의 구매자지수(ISM 지수)
는 [도표 4-8]에서 보듯이 2018년 후반에 들어서야 상승 추세가
꺾이기 시작했고 2019년 7월 현재까지도 50이상(경기에 대한 긍정적
전망 영역)의 수치를 보여주고 있다. 한국 주식 시장의 디커플링이
세계 경기의 흐름과의 디커플링이라기보다 미국 경기 및 주가지
수와의 디커플링임을 보여주는 것이다. 실제로 한국 주가지수는
2018년 이후에도 신흥국 지수와는 비교적 밀접한 상관관계를 지
속해왔다([도표 4-9] 참조).

　향후 한국 기업이익의 순환성을 예측하는 데 있어 다음의 세
가지 변수가 핵심이 될 것이다.

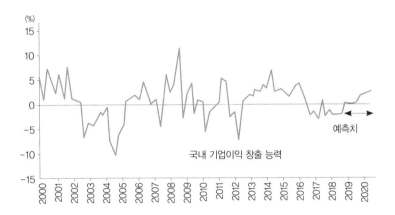

[도표 4-10] **거시 지표로 도출한 국내 기업이익 추이**

출처: Bloomberg, Eastspring

1. 세계 경기선행지수의 상승 전환 시점
2. 뒤늦게 하강 기류에 동참한 미국 경기의 흐름과 정책 금리 인하의
   영향
3. 메모리 반도체 사이클의 전환 시점 및 강도

2020년 초는 세계 경기선행지수의 하강 전환 후 24개월 이상이
경과했고, 과거 경험치로 보면 경기의 상승 반전을 예상해볼 수
있는 충분한 기간이다([도표 4-7] 참조). 메모리 반도체에 대해서도
전문가들은 늦어도 2020년 전반기에 사이클의 상승 전환을 예상
하고 있다. 문제는 뒤늦게 하강을 시작한 미국 경기의 하락 수준
이 어느 정도이며, 2019년 하반기에 시작된 미국 중앙은행의 금리

인하가 경기 하락을 저지해줄 수 있는가 하는 점이다. 2007년 서브프라임 사태 이후 미국의 금융 부문이 건전성을 유지해왔고, 미국 기업들이 4차 산업혁명을 주도하고 있음을 감안하면 미국경제가 경기 후퇴 없이 회복할 가능성이 크다. [도표 4-10]에서 보여주듯 경기선행지표 및 기타 거시경제 지표를 활용해 만든 기업이익의 추세는 애널리스트들의 예상치를 기준으로 보았을 때 2020년에 상승 반전을 예상하고 있다. 애널리스트들의 컨센서스 예상이 맞는다면 한국의 주식 시장도 기업이익의 상승 반전에 반응해 2019년 말이나 2020년 초에 상승 전환할 가능성이 크다.

이 시나리오의 잠재적 교란 요인은 미중 무역 갈등 등 보호무역적 움직임이다. 미중 간 무역 마찰이 실물경제에 중장기적 영향을 미칠 정도로 심화, 지속되는 경우 세계경제 사이클의 상승 전환에 부정적 영향을 미칠 것이다.

| 금리 인하 정책은 세계적 추세 될 것

2019년 3분기에 미국을 비롯한 많은 주요국들이 경기 후퇴를 막기 위한 금리 인하를 단행했다. 시장은 이를 보험성 금리 인하라 부르며 추가적 인하를 기정사실화하고 있다. 이러한 정책 금리의 방향성은 주식 시장에 중기적으로 긍정적이다. 우선 미래의 기업이익을 할인하는 할인율을 떨어뜨림으로써 주식의 밸류에이션

[도표 4-11] 미국 장단기 금리차 축소: 경기 침체 진입에 대한 우려

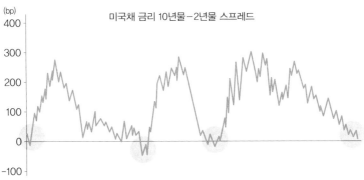

(bp)

미국채 금리 10년물−2년물 스프레드

출처: Bloomberg

매력도를 높여주며 금리 인하가 기업 투자를 유도해 경기 사이클을 호전시킴으로써 기업이익 개선에 도움을 주기 때문이다.

반면 경기 후퇴에 대한 우려가 심리적으로 선행하는 경우 이러한 긍정적 효과는 한 차례 주식 시장 하락 이후에 나타날 수 있다. [도표 4-11]에서 보듯이 미국 장단기 금리차의 역전은 경기 침체의 징후로 인식되는데 2019년 3분기에 이런 현상이 나타났다. 이런 경우 특히 이자율 인하 추세 초기에는 경기 및 기업이익 하락에 대한 우려가 심리를 압박하며 주가가 상승 전에 급락세를 보인 경우가 많았다([도표 4-12] 참조). 이번 사이클에서는 경기 상승 국면에서의 금리 인상이 충분하지 않았다는 점에서 시장이 중앙은행의 경기 조절 능력에 대해 의구심을 가질 가능성이 있다. 기업이익의 추가 하락에 대한 우려감이 해소되는 데도 시간이 걸

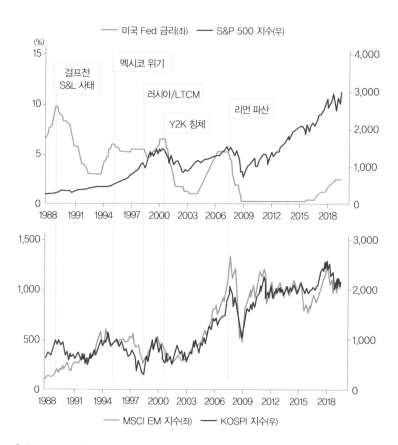

[도표 4-12] 미국 Fed 금리 인하와 주가의 반응

출처: Quantiwise, Bloomberg, Eastspring

릴 것이다.

그렇다 하더라도 미국 등 선진국의 금리 인하에 개발도상국들도 동참하고 있어 금리 인하는 글로벌 현상이 될 것이고 지속성도 있을 것으로 보여 2019년 중반에 이미 하강을 시작한 주식 시장은

2019년 후반에 추가적인 하락세를 보인 후 2020년에는 경기선행 지표의 상승에 기대어 상승 반전할 가능성이 높다.

┃ 국내 주가 예상의 세 가지 요소: 수급, 심리, 그리고 낮은 밸류에이션

수급적으로는 국내에서 주식의 발행이나 대규모 IPO가 적다는 점은 공급 면에서는 긍정적이지만, 최근 신용 융자 잔고가 크게 늘었다는 것은 수요 면에서 불안 요소다. 외국인 투자가들의 한국 시장에 대한 관심도가 과거에 비해 많이 줄어든 것도 다소 부정적 이다. 이는 덩치는 이미 성인인데 어린아이의 옷을 입고 있듯이

[도표 4-13] **저점에 가까운 한국 시장의 P/B 밸류에이션**

출처: Quantiwise

한국 지수가 여전히 MSCI 지수에서 신흥 시장에 포함되어 있는 탓이기도 하다. 또한 많은 해외 투자가들이 한국의 인구 고령화와 복지 위주의 경제 정책이 미칠 영향에 대해 우려를 가지고 있음을 반영하는 듯하다. 미중 무역 갈등이나 한일 간 분쟁도 해결이 늦어지며 투자 심리에 부정적 영향을 미칠 가능성이 있다.

한 가지 긍정적인 요소는 [도표 4-13]이 보여주듯 2019년 3분기 현재 한국 시장의 밸류에이션이 자산 가치를 기준으로 볼 때 0.8배에 불과해 이미 과거 금융위기 수준에 근접하고 있다는 점이다. 조정기의 주가 하락 정도는 이번 사이클에서 비교적 제한적일 수 있음을 보여준다. 물론 이것은 한국 기업의 경쟁력과 수익 창출 능력이 과거에 비해 훼손되지 않았음을 전제로 한 것이다.

│ 걱정스러운 장기 구조적 요인

이번 사이클이 복합적인 것은 몇 가지 구조적인 문제들이 시장에 강한 영향을 미치고 있기 때문이다. 첫째는 시장이 뉴노멀이라고 부르는 일상화된 글로벌 과잉 유동성이 어떻게 정상화될 것인가의 문제다. 그간 과잉 유동성의 수혜를 보았던 부동산 등 프라이빗 마켓이 유동성 정상화 과정에서 위기 국면을 경험할 수 있다. 둘째는 미중 무역 전쟁 및 브렉시트에서 보여지는 보호무역적인 변화가 어떻게 세계 무역 질서를 교란하고 궁극적으로 기업이익의 추세에 영향을 미칠까 하는 것이다. 보호무역주의는 자원 활용의 효율성을 떨어뜨려 생산성을 저하시키고 인플레이션 압력을 높일 수 있다. 셋째는 국내적으로 높은 가계 부채와 인구 고령화가 내수 성장을 압박해 기업들의 수익성을 장기적으로 약화시킬 가능성이 높다. 마지막으로 4차 산업혁명이라 불리는 기술 변화와 비즈니스 모델의 혁신을 한국 기업들이 선도하지 못하고 있다는 점이다. 특히 네트워크 효과를 주무기로 하는 아마존 류의 산업에서 네트워크가 작은 한국의 입지는 불안하기만 하다.

네 가지 구조적 요인 모두가 경제적 특이점Singularity, 비가역적이고 본질적인 변화의 분기점을 야기할 수 있는 중대한 변수들이다. 구조적으로 영향을 미치는 요인이 한두 가지라면 기업들이 효과적인 대응 방안을 찾는 데 보다 용이할 것이다. 위에서 언급한 네 가지 도전에 직면해서 기업들이 효과적인 성장의 공식Formula을 찾아내려면 그야말로 각고의 노력이 필요할 것이다. 기업 활동을 지원하는 정책 및 규제 환경 또한 우호적이지 않다. 2019년까지 주요 정책적 노력은 사회 안전망의 확보, 삶의 질 향상, 혁신 중소기업 지원에 집중되었다. 장기적으로 국가경쟁력을 제고하는 데 필요한 정책들이지만 상장 주력 기업들이 당면한 구조적 난관을 이겨내는 데는 단기적으로 추가적인 압박이 될 것이다. 이러한 정책 기조는 2020년에도 일관성 있게 유지될 것으로 예상된다.

따라서 한국의 주력 기업들이 수익성을 향상시키는 데는 상당한 중력이 작용할 것이다. 향후 기업이익은 경기 순환의 상승기에 상승 탄력을 제한히고, 하락기에는 하락폭을 과거보다 키우는 하향 순환을 예상해볼 수 있다. 주가도 과거에 비해 상승 탄력보다는 조정기의 하락 탄력이 더 클 것으로 예상한다.

2020년 주가, 경기 순환적 회복 예상

종합해보면 한국의 주식 시장은 2020년에 2년간의 하향 조정세를 마무리하고 세계적인 금융 완화와 세계 경기 회복 기대감에 기대어 상승 반전할 가능성이 많다. 상승의 시기와 정도는 금리 인하 사이클 초기인 2019년 하반기의 시장 조정 정도와 메모리 반도체 경기의 저점 통과 시점이 좌우할 것으로 보인다. 2019년 3분기 현재 여전히 두 차례 정도의 분기별 이익 실망세를 이겨내야 할 것이므로 상승 전 지수의 추가 하락 정도를 예단하기는 어렵다. 다만 낮은 밸류에이션을 감안하면 예상외의 경제위기적 상황이 없는 경우 종합주가지수 기준 1,800선에서 지지되고 2,200선에서 저항을 받는 정도의 움직임을 보일 것으로 예상한다. 경기 순환적 회복세인 만큼 경기 상승 초기에 탄력성이 높고 한국 기업이 국제 경쟁력도 갖추고 있는 반도체 및 전자부품 등 IT 관련 업종과, 자동차를 포함한 재량소비재Consumer Discretionary 업종의 주도를 예상해볼 수 있다.

▶▶ 박천웅

03 외환 시장,
원화 가치 안정될까?

원화 환율은 기본적으로 달러의 동향을 따르지만 상황에 따라 원화가 상대적으로 다른 통화보다 강세를 보이기도, 약세를 보이기도 한다. 2019년에 원화는 유독 다른 통화 대비 약세를 나타내 가뜩이나 어려운 경제 상황에 대한 우려를 더했다. 2018년에는 상대적으로 강했던 원화에, 그리고 한국경제에 무슨 변화가 생긴 걸까.

우선 2017~2018년 중후반까지 대호황 국면이었던 반도체 업황 부진이 심화되면서 우리나라 1분기 GDP가 전 분기 대비 0.4% 감소해 충격을 안겨줬다. 우리나라 성장에 대한 반도체의 비중이 그

만큼 컸다는 것과 나머지 분야의 부진이 생각보다 심각했었다는 것을 드러낸 순간이었다. 2018년 전체 무역수지는 $697억 흑자인데, 반도체 관련 분야를 제외한 나머지 분야는 $13억 흑자를 내는 데 그쳤다. 2018년 말부터 시작된 반도체 경기 하강이 성장률뿐 아니라 무역 흑자도 축소시키면서 외환 시장은 환율 상승 재료에 민감한 상태가 되었다.

여기에 미중 무역 분쟁 악화는 제조업 및 수출 의존도가 높은 한국경제에 상당한 부담을 주고 있다. 2018년 7월 시작된 미중 쌍방 관세 부과 영향이 이미 세계 교역량 감소로 나타나고 있는 와중에 미국은 2019년 5월 2,000억 달러의 중국산 제품에 대한 관세율 인상(10%→25%)에 이어 나머지 3,000억 달러 관세 카드를 쓰는 데 긴 시간이 걸리지 않았다. 2019년 7월 일본의 한국 반도체 소재·부품 수출 제한에 이은 화이트리스트 제외는 한국의 글로벌 공급망에 혼란을 가져오며 기업들의 심리를 더욱 악화시켰다.

원화의 상대적 약세 국면에서는 통상 외국인 자금 이탈과 신용 리스크의 상승이 동반되나 2019년에는 이러한 현상이 나타나지 않았다. 외국인은 중국 증시의 모건스탠리캐피털인터내셔널MSCI 편입 비중 확대[6]나 미중 관세 부과 등에 따라 국내 주식을 매각하기도 했지만 2019년에 전반적인 매수 기조를 유지했다. 채권 시장으로는 2009~2010년 이후 가장 가파른 속도로 투자금이 유입됐고, 한국 국채 CDSCredit Default Swap 프리미엄[7]은 금융위기 이후 최저 수준인 30bp 부근에 머물렀다.

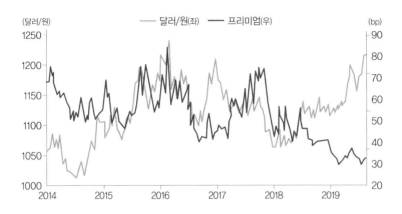

[도표 4-14] **달러/원 환율과 CDS 프리미엄**

달러/원(좌) ── 프리미엄(우)

출처 : Bloomberg

　반면 한국의 예상보다 부진한 펀더멘털과 더불어 외국인이 아
닌 내국인과 관련된 외환 수급이 원화 약세의 또 다른 배경으로
작용하고 있다. 내국인의 해외 증권 투자는 2012년부터 국민연금
을 필두로 본격적으로 증가하기 시작했다. 이후 국내 저금리 기조
고착화 등으로 기관투자가들뿐 아니라 개인들도 해외 투자에 눈
을 돌리기 시작하면서 해외 증권 투자 규모가 경상 흑자에 맞먹는
수준에 이르렀다. 하지만 무역 분쟁과 반도체 부진 등으로 수출이
부진해지자 해외 투자가 경상 흑자를 앞지르는 상황으로 전개되
면서 국내 외환 시장은 불안정한 상태로 접어들고 있다.

　연기금의 운용 자산 증가와 저금리 상황 등을 고려할 때 해외
증권 투자의 증가 추세가 상당 기간 이어질 가능성이 높다. 특히
국민연금의 경우 해외 투자 비중을 2018년 30%에서 2024년 50%

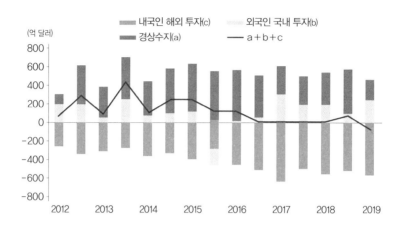

[도표 4-15] 우리나라 외환 수급

출처: 한국은행 경제통계시스템
※ 내외국인 투자는 각각 직접 투자와 증권 투자의 합
※ 내외국인 투자는 환헤지 여부에 따라 실제 외환 수급에 미치는 영향은 상이할 수 있음

로 늘릴 계획인데, 늘어나는 적립금과 해외 투자 비중을 고려할
경우 매년 300억~500억 달러 규모의 외화 수요가 발생한다. 기
관 투자가들은 해외 채권 투자 시 환헤지에서 손실 규모가 커짐
에 따라 해외 주식이나 대체 투자 비중을 늘리고 있고, 개인들은
자산의 구성 다변화 측면에서 해외 투자 시 환헤지를 하지 않는
경향이 높아 전체적으로 해외 투자에 따른 외화 수요가 늘어나는
구조가 만들어지고 있다. 이에 따라 향후 외환 시장은 GDP의 2%
를 넘는 안정적 경상 흑자에도 불구하고 외환 수급이 매우 타이
트해지면서 과거보다 환율 상승 재료에 민감한 흐름을 보일 가능
성이 높다.

글로벌 외환 시장으로 눈을 돌리면 매우 복잡한 변수들이 기다리고 있다. 2019년 미국 연준은 당초 금리를 연간 2~3회 인상할 것이라는 예상과는 달리 11년 만에 금리 인하 모드로 전환했고, 양적 완화 규모의 축소도 중단했다. 연준의 극적인 변화에도 불구하고 미국 달러는 쉽게 하락세로 전환되지 않고 있다. 환율이 한 국가의 경제뿐 아니라 상대 국가의 경제를 비교한 결과를 반영하는 속성을 가지고 있음을 고려해볼 때 연준의 금리 인하 성격을 뜯어볼 필요가 있다. 2019년 7월 연준은 금리를 인하하면서 글로벌 경기 불확실성 증대와 낮은 물가 상승 압력을 근거로 들었다. 저물가는 미국만의 현상은 아니다. 즉, 미국이 아닌 글로벌 경제 및 금융 시장 상황의 불확실성이 연준을 돌려세운 것이다. 실제로 연준의 금리 인하 의사 표명 이후 호주, 뉴질랜드를 비롯해 한국, 태국 등 아시아권 국가들의 금리 인하가 잇달았다. 미국 경기의 상대적 부진이 연준의 금리 인하 이유였다면 달러는 하락했겠지만 미국 경기는 상대적 호조를 보이고 있고, 다른 나라들이 완화적 정책을 펼 수 있는 여유를 준 행보이므로 달러를 적극 매도할 이유로 작용하지 못하는 것이다.

트럼프 행정부는 관세 부과 효과를 경감시키는 달러화 강세에 강한 불만을 제기하고 있다. 2019년 5월 미국 재무부의 환율 보고서에서는 관찰 대상 국가를 늘리고 환율 조작국 지정 허들을 낮췄다. 또한 8월에는 25년 만에 중국을 '환율 조작국'으로 지정하기까지 했다. 다른 한편으로 미국 상무부는 수출 경쟁력을 위해 인위적으로 통화 가치를 절하하는 국가에 대한 상계관세 부과 법안을 진행 중이다. 이를 두고 1985년 달러 가치를 인위적으로 급락시킨 '플라자 합의' 재현 가능성이 언급되기도 하나, G3에 의해 움직이던 당시에 비해 국제 금융 시장이 너무나 커졌고, 다른 나라의 외환 시장 개입 공조를 이끌어내기 어려워 인위적 시장 개입을 선택할 가능성은 높지 않아 보인다. 하지만 관세 효과 유지와 미국의 경제 성장을 위해 환율 절하국에 대한 압박, 나아가 1995년 이후 유지되고 있는 미국의 '강달러 정책'의 폐기라는 선언적 방법 등을 동원해 달러 강세를 저지할 가능성은 배제할 수 없다.

2018년 하반기 이후 미국 경기의 상대적 호조가 달러를 지지하고 있는 가운데 향후 미국과 다른 나라들 사이의 경기 격차가 좁혀질 수 있을까.

미국경제는 2018년 실시한 감세 효과 희석과 소비재까지 확대된 관세 부과 영향으로 성장이 둔화될 것으로 예상된다. 제조업 비중이 높은 독일을 비롯한 유럽경제 역시 높은 재고 부담에 유럽중앙은행의 완화적인 통화정책의 경기 부양 효과를 기대하기는 어렵다. 미국은 상대적으로 경기 여건이 좋은 상황에서 금리를 인하해 유로존보다는 경기 부양 효과가 나타날 가능성이 큰 반면, 유로존은 재정 정책에 대한 요구가 본격적으로 대두될 가능성이 크다.

세계 금융 시장 관점에서도 다시 소환된 금리 인하와 양적 완화 확대 등 완화적 통화정책의 효과는 제한적일 가능성이 크다. 이미 미국 이외 지역은 완화적인 통화정책을 운용 중인 데다 추가 정책적 수단의 여력도 크지 않기 때문이다. 따라서 향후 금융 시장은 정치적 합의를 필요로 하는 재정 정책 추진 과정에 대한 민감도가 크게 나타날 것으로 예상된다.

역사적으로 최장 기간 확장기를 이어가고 있는 미국경제가 침체로 들어설 경우 자산 가격의 조정은 불가피하고, 달러는 선진국 통화 대비 약세를 나타낼 가능성이 크다. 하지만 신흥국 통화에 대해서는 과거 사례를 보더라도 전통적인 안전 통화인 일본 엔화, 스위스 프랑과 더불어 미국 달러가 강세를 띨 가능성이 높다.

한편 원화 환율과 높은 상관관계를 갖고 있는 위안화의 행보 역시 중요한 변수다. 미국의 환율 조작국 지정 이후 중국 인민은행은 달러/위안 환율 7.0 돌파를 용인해 위안화 초약세에 대한 우려가 크다. 하지만 인민은행의 환율 운용 공식은 단순하지 않다. 미국의 관세 부과에 대항해 위안화 약세를 대응 수단으로 사용할 수는 있지만, 위안화의 가파른 약세를 추구하기는 어려울 것이다. 중국 금융 시장이 과거와는 달리 외국인 투자 비중이 커져 위안화의 가파른 약세는 외국인 자금 이탈을 초래할 수 있고, 높은 기업부채에 시달리고 있는 중국경제에 대한 우려로 확산될 가능성이 있다. 이는 중국 금융 당국의 금융 시장 통제 능력에 대한 의구심으로 연결될 수 있는 상황이기 때문이다.

요컨대 2020년 글로벌 외환 시장은 연준이 주도한 통화 완화

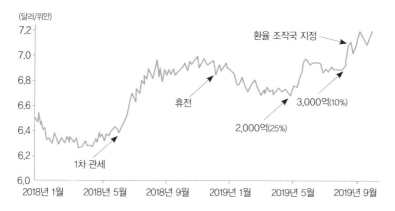

[도표 4-16] 관세 부과와 달러/위안 환율

(달러/위안)

환율 조작국 지정

휴전

3,000억(10%)

2,000억(25%)

1차 관세

출처 : Bloomberg

정책 시행에도 불구하고 일방적 달러 약세를 전망하기보다는 미국 이외 지역의 경기 부양 노력이 얼마만큼 성과를 나타내느냐, 그리고 미국 경기 침체 여부 등에 따라 등락할 가능성이 크다. 여기에 트럼프 행정부의 달러 강세 억제 정책은 적극적인 달러 매수에 부담 요인이 될 수 있다.

| 원화 가치 안정에 필요한 조건들

2020년에 원화는 약화된 위상을 되찾을 수 있을까. 여기에는 여러 가지 조건들이 필요하다. 우선 대외적으로는 미중 무역 분쟁의 해결이 무엇보다 큰 호재가 될 것이다. 미중 갈등은 세계 교역

에 직접적인 타격을 주고 있고 우리는 가장 큰 영향을 받는 주변국이기 때문이다. 분쟁의 해결은 결국 상호 관세 철폐의 형식을 띠어야 할 것이다. 트럼프의 재선 전략과 맞물려 대선 이전에 모종의 합의가 이뤄질 것이라는 전망이 많지만 패권주의의 대결 성격을 띠고 있는 만큼 전격적 합의가 이루어질지는 확실치 않다.

다음으로 최근 우리나라 수출의 20%가 넘는 비중을 차지했던 반도체 경기의 회복도 중요하다. 산업 구조의 변화로 기존 제조업의 성장이 갈수록 더뎌지고 있어 당분간 반도체에 대한 높은 의존도는 유지될 가능성이 높다.

이와 더불어 4차 산업 확대 등 산업 구조 변화에 얼마나 잘 안착해 갈지도 중요한 변수이며, 여기에는 정부의 역할이 중요하다. 정부의 재정 지출 방향, 투자 활성화 방향이 미래 먹거리를 창출하는 마중물 역할을 제대로 한다고 평가받을 수 있어야 한다. 2020년 확장된 예산안이 데이터·네트워크·AI 등 첨단 분야, 시스템 반도체, 바이오헬스, 미래차 등 신산업에 대한 지원, 그리고 핵심 소재, 부품·장비 산업의 R&D에 대한 투자에 초점이 맞춰져 있다는 점은 일단 긍정적이다.

다만 국내 외환 수급은 여전히 원화의 상대적 강세를 제약하는 요인이 될 수 있음을 감안해야 한다. 해외 투자 증가는 궁극적으로 우리나라의 대외 자산을 늘려 외국인에 대한 자금 의존도를 더욱 낮추는 긍정적 변수이지만 현재 상황은 경상 흑자가 줄어드는 가운데 외화 수요가 늘어나 외환 수급의 안정성을 떨어뜨리는 요인이 되고 있다.

우리나라는 두 차례의 위기를 거치면서 다른 어느 나라와 견주어도 밀리지 않는 대외건전성을 갖추게 되었다. 4,000억 달러가 넘는 외환 보유액, 건전한 재정과 상대적으로 낮은 정부 부채 비율, 안정적 대외 부채 비율 외에도 준비자산을 제외한 금융 자산이 금융 부채 규모를 넘어서 순대외 채권국 대열에 당당히 서 있다. 이런 점이 반영되어 금융위기 이후 선진국들의 국채 신용도가 지속적으로 하락해온 것과 대조적으로 한국은 미국, 독일 다음으로 높은 신용등급을 부여받고 있다. 따라서 과거와 같은 외환위기의 재발 가능성은 희박해졌다고 해도 과언이 아니다. 대신 이제는 우리나라 경제의 체력과 안정적 성장에 대한 검증을 받아야 하는 단계다. 전통 산업에 대한 의존도가 높은 데다 인구 고령화가 빠르게 진행되어 생산성이 눈에 띄게 떨어지고 있다. 혁신성장에 대한 저력을 보여주지 못한다면 변화에 적응하지 못해 도태되는 기업과 같은 평가를 받을 수 있음을 명심해야겠다.

▸▸ 정미영

04 자산 운용, 복원력 높은 포트폴리오를 구성하라

| 2019년 자산 시장 흐름, 위험 자산보다 안전 자산 선호

상대 수익률로 본 2019년 상반기 자산 시장은 위험 자산이 안전 자산 비해 전반적으로 성과가 양호한 가운데, 미국 주식이 가장 양호했고 유럽과 신흥국 주식이 그 뒤를 이었다. 글로벌 금융위기 이후 가장 큰 폭의 하락을 기록한 2018년 대비 상당한 반등에 성공한 것이다. 상대 수익률이 가장 저조했던 코스피 200 지수도 동 기간 6.6% 상승하는 모습을 보였다. 상장 주식과 수익률 상관관계가 높은 부동산 등 대체 투자도 2018년의 수익률 부진에서 벗어난 모습이다. 다만 과열과 고평가 논란 속에 기대수익률은 낮

아진 모습이다. 채권 시장은 가장 드라마틱했다. 2018년 동안 지속된 정책 금리 인상 흐름이 미중 무역 전쟁과 글로벌 경기 둔화 우려의 부각에 따라 정책 금리 인하 경로로 급반전하면서 상반기 내내 채권 시장은 강세를 보였다. 장기물인 해외 채권이 국내 채권보다 더 높은 수익률을 실현했으며 금리 인하에 따른 신용 위험 하락으로 신흥국 채권도 강세를 보였다. 국내 투자자 기준으로 해외 자산이 국내 자산보다 성과 면에서 우수한 흐름을 이어갔다. 선진국 주식과 채권의 성과가 돋보였으며 국내의 경우, 주식보다 채권 시장으로 자금 유입이 뚜렷했으나 수익률 면에서는 크게 두드러지지 않았다.

상반기 국내외 자산 시장의 이 같은 성과는 미중 무역 전쟁이 소강 국면인 가운데, 연준의 통화정책 기조 선회(비둘기파적 흐름)에 따른 미국 경기 확장의 연장 가능성, 유동성 확대에 따른 금융 사이클 연장 가능성 등에 따른 것으로 판단된다. 특히 국내 주식은 국내 실물경제에 대한 전망이 지속적으로 악화되는 가운데 보인 성과라는 점에서 2019년 상반기 국내 주식 시장은 국내 요인보다 글로벌 모멘텀에 의해 주도되었다고 볼 수 있다.

그렇다면 투자자들의 상반기 자산 배분은 어땠을까. 한국은행에 따르면 2019년 전체 경제 주체들은 자신의 저축 구성에서 채권과 펀드 비중을 늘리고 주식 비중은 줄인 것으로 나타났다. 주식의 경우 2018년 동안 대규모 손실 이후 전략적으로 비중을 줄인 것으로 판단되며, 2019년 하반기부터 주식 시장이 큰 폭으로 조정

[도표 4-17] **주요 자산 시장의 수익률 추이**

유형	벤치마크	2015	2016	2017	2018	2019H1
국내 주식	KOSPI200	-1.5	7.8	25.0	-19.3	6.6
국내 채권	KIS채권지수	2.3	1.6	1.4	2.4	1.3
국내 부동산	부동산 펀드	10.8	-3.4	14.9	6.9	4.3
유럽 주식	MSCI 유럽	4.7	2.3	10.9	-14.7	14.3
북미 주식	MSCI 북미	-0.3	10.7	17.8	-6.7	22.3
신흥국 주식	MSCI EM	-8.8	9.8	27.2	-11.2	13.6
해외 채권	GBI Global	2.5	3.8	2.6	0.9	5.4
해외 부동산	다우존스 리츠지수	2.1	2.2	7.0	-5.2	14.1

되고 있어 이런 전략이 포트폴리오 수익률 안정화에 기여하고 있는 것으로 판단된다. 채권 비중을 2018년 대비 크게 늘리는 것 역시 글로벌 차원의 완화적 통화정책 기대에 대한 적극적인 대응의 결과로 판단된다. 펀드 투자 비중도 크게 늘어났는데, 자산군으로는 주식형 대신 채권형과 부동산 등 대체 투자 펀드의 비중이 늘어난 것으로 확인되고 있어 전체적으로 포트폴리오 수익률 면에서 긍정적으로 기여한 것으로 판단된다.

마지막으로 주목할 점은 예금 거래 비중이다. 2018년과 같은 수준으로 예금 저축을 하고 있는 것으로 나타났는데, 이는 2018년 대규모 주식 손실에 비추어 보면 흥미로운 것이다. 위험 기피 현상이 극단적 안전 자산인 예금 증가로 이어지지 않고 채권이나 대체

[도표 4-18] 국내 경제 주체의 연도별 금융 거래 구성 추이

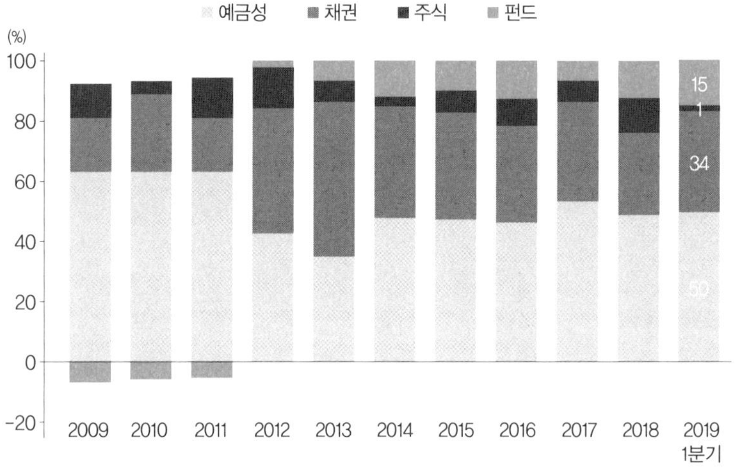

출처: 한국은행 자금 순환

투자 등 중위험 금융 상품 비중을 높이는 방식으로 대응하고 있다는 점이다. 금융위기 시 나타나는 극단적인 안전 자산 선호flight to quality 행태와는 구별된다. 결국 전체적으로 2019년 투자자들은 위험 자산 비중을 줄이고 금리 인하에 베팅하며 채권과 대체 투자 비중을 늘리는 포지션을 취하고 있다.

| 거스를 수 없는 큰 흐름, 해외 투자

그렇다면 2020년에는 이 같은 전체 경제 주체의 투자 포지션이

어떻게 변해가고 어떤 점을 고려해야 할까. 특히 2019년 하반기 들어 지정학적 위험이 다시 부각하며 세계경제의 불확실성이 커지고 있다. 장단기 금리가 역전하는 등 경기 둔화에 대한 우려의 목소리도 높아지며 향후 투자 시장에 대한 위험성도 점점 커지고 있다. 향후 경제에 대한 신호와 소음이 커지는 상황에서 2020년 자산 시장 흐름을 결정할 요소들을 짚어보기로 하자.

먼저, 해외 투자의 지속적인 증가다. 과거 고성장 고금리 경제 아래서는 한국 금융 자산의 자국 편향home-bias이 상대 수익률 면에서 우월한 전략이었으나, 저성장과 저금리, 코리아 디스카운트가 지속되는 글로벌 금융위기 이후의 투자 환경에서는 합리적인 자산 배분 결정이라고 볼 수 없다. 국내 경제가 저성장 기조로 진입하면서 기업 부문의 부가가치 창출 능력이 현저히 약화된 상황이며 주가 수익률은 다른 나라 기업 대비 제약될 수밖에 없는 상황이다. 이는 2019년 상대 수익률 성과에서도 확인되었으며 길게는 글로벌 금융위기 이후 국내 자산 시장의 성과가 해외 자산 시장에 비해 추세적으로 저성과를 보이고 있다는 점에서 확인된다. 과도한 자국 편향은 투자의 합리성 관점에서 더 이상 바람직하지 않게 되었다. 이를 반영하듯 해외 포트폴리오 투자가 최근 들어 빠르게 증가하고 있다.

펀드 기준으로 2018년 우리나라 전체 펀드 순자산 544조 원 가운데 해외 투자 펀드가 134조 원을 차지하고 있다. 전체 펀드의 27%에 해당하는 것으로 5년 전의 약 16%와 비교하면 상당히 빠르게 확대되고 있다. 주로 기관투자자(연기금, 보험 등)가 해외 투자를 주도하고 있으며 최근에는 개인투자자의 해외 증권(주식, 펀드) 투자도 빠르게 늘어나고 있다. 자산군별로는 주식, 채권, DLS 같은 파생형 펀드보다 부동산, 인프라 등 대체 투자 펀드가 해외 펀드의 성장을 주도하는 것이 특징이다. 자산군별 분산 투자 관점에서는 바람직해 보이나 유동성이 떨어진다는 점에서 금융위기적 상황에 대한 위험 관리가 필요하다.

해외 투자는 2020년에도 지속될 것으로 보인다. 자국 편향 완화라는 추세로 인해 중장기적인 해외 투자 확대의 동인이 2020년에도 유효할 것이다. 우리 경제 전체의 금융 자산이 2018년 1.7경원이고 펀드 시장 규모가 전체 금융 자산의 3.4%(587조 원)에 불과해 전체 경제 주체의 금융 자산에서 해외 투자 비중은 1%에도 미치지 못하는 상황이다. 해외 자산의 수익률이 앞서 언급한 대로 국내 자산 수익률에 비해 지속적으로 높은 성과를 보이고 있는 점도 해외 투자의 수요를 자극하고 있다.

| 경기 순환 투자에 주목하라

투자자의 연간 전략적인 자산 배분은 어떤 자산(주식, 채권, 부동산)에 투자할 것인가와 어느 지역, 어느 나라에 투자할 것인가를 결정하는 과정으로 이해할 수 있다. 경기 순환을 고려한 투자 사

이클은 이때 중요한 투자 결정이 될 수 있다. 대부분의 선진국은 현재 경기 확장기의 후반부late cycle에 위치해 있다. 미국이 경기 확장 후반부에 있으면서도 가장 건실한 거시경제 기초체력을 유지하고 있으며, 독일, 일본 등은 경기 하강이 미국보다 좀 더 진행된 상태다. 중국과 한국은 경기 둔화 속에 미중 무역 전쟁 영향이 가중되며 경기 하강이 심화되고 있다. 2020년에도 많은 나라들의 경기 하강이 지속되는 가운데 일부 국가에서는 경기 순환상 저점을 지나는 국면이 도래할 가능성이 있다.

그런데 경기 순환상 후반부에서 포트폴리오 수익률은 역사적으로 그리 나쁘지 않았다. 미국 1950년에서 2010년까지 경기 순환별 투자 수익률 조사에 따르면 사이클 후반부에서 주식, 채권, 현금성 자산의 수익률은 5% 내외로 큰 차이가 없는 것으로 확인되고 있다. 경기 확장 후반부에서는 경제 활력은 둔화하지만 금리도 인하로 선회하는 시점이기 때문에 주식과 채권 모두에 일정한 양의 수익률 성과를 낼 수 있는 시기다. 그렇지만 다가올 경기 하강의 심화 내지 침체 국면을 염두에 둔 장기 투자의 경우 주식 비중은 줄이고 채권과 현금성 자산 비중을 늘리는 것이 자산 배분의 정석이다. 한국 코스피는 역사적으로 경기 둔화기에 음의 성과를 기록했으며 침체 국면에서는 금융 순환의 선행성에 따라 양의 수익률을 나타냈다. 경기 순환상으로 경기 침체 속에서 저점을 다질 것으로 예상되는 우리나라의 경우 금융 순환의 선행성을 고려할 때 주식 시장의 반등을 조심스럽게 기대할 수 있다.

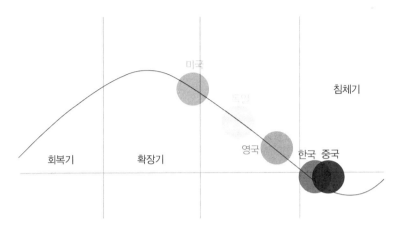

[도표 4-19] **주요국의 경기 순환**

미국

침체기

일본

영국

한국 중국

회복기   확장기

주: 2019년 상반기 현재

더구나 금번 글로벌 경기 순환에서 추가로 고려해야 할 요소는 글로벌 차원에서 다시 도래한 통화정책 완화기조의 영향이다. 통화정책의 명확한 비둘기파로의 전환이나 확장적 재정 정책이 특히 미국 경기 순환의 후반부를 연장하며 글로벌 경제의 둔화 우려나 지정학적 위험의 악영향을 완충하는 데 기여할 경우 경기와 유동성이 주식과 채권 양쪽 시장에 우호적으로 작용하며 2020 글로벌 자산 시장의 모멘텀으로 작용할 수 있다.

그렇지만 지정학적 위험의 현실화와 함께 글로벌 통화 완화 정책의 선제적이고 보험적 성격insurance cut이 거꾸로 금융위기에 대한 정책 수단의 소진과 그에 따른 불확실성 심화 요인으로 시장에 영향을 미치는 상황이 올 경우 시장은 걷잡을 수 없는 국면으로

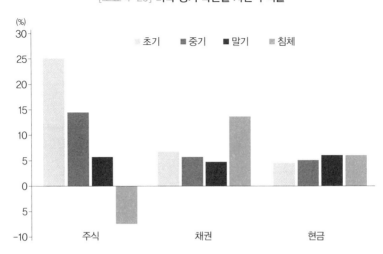

[도표 4-20] **미국 경기 국면별 자산 수익률**

주: 미국은 1950~2010년 경기 순환별 S&P500, 국채, 현금성 자산 연평균 수익률
출처: Fidelity

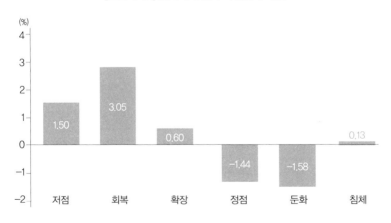

[도표 4-21] **코스피의 경기 국면별 수익률**

주: 한국은 1990년 이후 경기 순환별 코스피 수익률
출처: 자본시장연구원

치달을 가능성도 배제할 수 없다.

2020년 자산 배분과 투자 결정 시 주요하게 고려할 요인으로는 전통적인 경기 순환에 입각한 투자 전략 못지않게 지정학적 위험에서 비롯된 거시경제의 불확실성이다. 역사적으로 지정학적 위험이 실현된다면 전통적인 경기 순환 투자 전략이나 경제 분석에 기초한 투자 전략을 무력화하는 금융위기 같은 극단 위험tail risk으로 발전할 수 있기 때문이다.

미중 무역 전쟁은 트럼프의 재선 전략 속에서 조기 타결과 갈등 심화 중 어떤 전략이 재선을 위해 유리한지 모호한 상황이다. 그것은 결국 경제적 악영향, 지지층 결속도 등을 데이터로 확인하며 전략적으로 결정할 수밖에 없기 때문에 시장에 불확실성을 지속적으로 생산해낼 것이다.

브렉시트 역시 보리스 존슨 총리 이후 보수당 분열과 조기 총선 등 정치적 혼란이 지속되며 불확실성을 높이고 있다. 또한 아시아에서도 한일 경제 전쟁과 미중 무역 전쟁이 글로벌 공급사슬에 지속적으로 충격을 주고 있고, 홍콩 사태도 아시아 금융 허브에서 불확실성을 높이며 글로벌 금융 시장에 악영향을 미치고 있다. 이런 상황을 반영하듯 글로벌 지정학적 위험 지수가 2001년 9·11 사

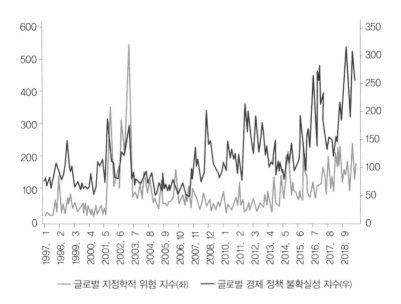

[도표 4-22] 글로벌 지정학적 리스크와 경제 정책 불확실성

—— 글로벌 지정학적 위험 지수(좌) —— 글로벌 경제 정책 불확실성 지수(우)

출처: poliyuncertainty.com

건이나 2002년 이라크 전쟁 등에 비해서는 낮은 수준이지만, 지정
학적 위험이 커지며 경제 정책의 불확실성을 높이고 있는 것으로
확인되고 있다([도표 4-22] 참조).

　지정학적 위험에서 비롯된 극단 위험 가능성이 자산 배분과 투
자 결정에 주는 함의는 자산 배분 결정 시에 안정성과 복원력을
높이는 방향으로 포트폴리오를 구성하는 것이다. 이는 단순하게
위험 자산을 줄이고 안전 자산 비중을 늘리는 의미를 넘어선다.
안전 자산 중에서는 금리 인하 정책 환경에 적합하고 극단적 위험

아래서 유동성 확보가 용이한 국채 등이 안정성과 복원력 면에서 유효할 수 있을 것이다. 그리고 위험 자산 중에서는 상장 주식처럼 유동성이 높은 위험 자산이 유동성이 낮은 대체 투자 자산보다 복원력 면에서 우월할 것이다.

▶▶ 송홍선

05 쏟아지는 부동산 정책과
다시 들썩이는 시장

| 부동산 당국, 융단폭격식 대책 쏟아내다

　문재인 정부가 3년차로 접어든 2019년까지 국내 부동산 시장에 대책을 쏟아낸 횟수는 굵직한 것만 따져도 열 번이나 된다. 2019년 7월까지 30개월도 채 안 되는 기간에 집값 폭등을 막겠다는 의도로 내놓은 것들이지만 그렇게 자주, 그리고 많은 대책을 시장에 퍼부었다는 것은 그만큼 정책 목표 달성이 쉽게 이뤄지지 않는다는 것을 방증한다.

　저금리 상황이 지속되면서 시중의 부동 자금이 부동산으로 몰리고 집값이 고공행진을 하자 문재인 정부는 집권 초기부터 대책을 잇달아 쏟아냈다. 이른바 6·19 대책, 8·2 대책(2017년)을 발표한 데 이어 이듬해 하반기에는 시장에 더욱 집중적으로 대책을 내놨다. 9·13 대책, 9·21 대책, 12·6 대책, 12·19 대책, 12·28 대책(2018년) 등 석 달 남짓 기간에 거의 융단폭격에 가깝게 퍼부었다.

2019년 초로 접어든 뒤에도 이런 추세를 이어가 1·9 대책을 내놨고, 한동안 잠잠해지는가 했더니 5·7 대책을 다시 내놨다. 그래도 핵심지를 중심으로 집값이 들썩이는 모양새가 이어지자 당국은 8월부터 불을 지핀 끝에 10월을 기점으로 한 '민간 택지 분양가 상한제'라는 고강도 대책까지 꺼냈다. 새 아파트 분양 가격이 높아지면서 주변 시세를 자극하는 것을 막겠다는 의도지만 장단기 효과를 둘러싸고는 의견이 분분했다. 논란의 핵심은 단기적으로 집값이 떨어지더라도 장기적으로는 공급 부족을 불러 오히려 집값을 끌어올리는 부작용이 생길 것이라는 우려다.

특히 당국은 이번에는 관리처분계획인가 신청 시기가 아니라 입주자 모집 승인을 신청할 때부터 분양가 규제에 나선다는 계획이다. 이 때문에 재건축을 위해 이주나 철거를 시작한 곳을 포함해 일반 분양을 하지 않은 재건축 단지가 모두 영향권에 들어 재건축조합원 간 실랑이도 벌어지고 있다. 일부 재건축 아파트의 경우, 분양가 규제가 이뤄지면 추가분담금이 늘면서 조합원들이 일반 분양자보다 더 많은 비용 부담을 해야 할 처지가 됐기 때문이다. 울며 겨자 먹기 식으로 어쩔 수 없이 재건축을 진행하는 곳도 있겠지만 그렇지 않은 곳은 저울질을 하다가 재건축을 포기하게 될 공산이 크다. '민간 택지 분양가 상한제' 도입이 장기적으로는 주택 공급을 제한하게 될 것이라는 예상의 바탕이다. 실제로도 시장에서는 공급 축소 전망에 정책 시행을 앞두고 풍선효과까지 작용하면서 단기적으로도 핵심지 집값이 더 부풀어 올랐다. 여기에 건설업계와 재건축 대상 아파트단지 주민들의 거센 반발이 이어지자 2019년 총선 목전에서 정치권의 타협으로 민간택지 분양가 상한제는 6개월 후 도입하는 쪽으로 방향이 바뀌었다. 그렇다고 해도 일정만 지연되는 것일뿐 도입을 백지화한 것은 아니다.

사실 문재인 정부 전반기에 나온 부동산 대책과 관련해 헷갈리는 점은 당국이 내놓은 대책들이 주로 단기적 수요를 줄이는 데 주안점을 두면서도 공급까지 동시에 위축시키려 했다는 것이다. 이는 지난 2017년 대책에 담긴 명칭에서 확연하게 드러난다. 조정 대상 지역 확대, 분양권 전매 제한 강화, LTV(주택담보대출 비율)·DTI(총부채 상환 비율) 강화, 실수요자 위주 청약제도 정비, 다주택자 양도소득세 중과, 다주택자 장기 보유 특별공제 배제, 1주택자 양도세 비과세 요건 강화, 중도금 대출 보증 건수 제한, 지방 전매 제한 제도 도입, 재건축 규제 강화, 재건축 초과이익 환수제 시행, 오피스텔 전매 제한 등등. 재건축 아파트 단지를 중심으로 집값이 폭등한다는 인식 때문에 수요 규제를 강화한 것이지만 시장에서는 공급 위축을 불러온 것도 분명하다. 가격 하락이 더 진행될 수 있는 국면이었지만 그렇게 전개되지 않은 이유다. 경기 퇴조와 함께 2019년 하반기 들어 금리 인하로 분위기가 전환돼 집값마저 당

국 계획대로 잘 집히지 않는다면 또다시 융단폭격식 대책이 이어
질 가능성도 없지 않다.

| 공급 확대 정책, 체감하려면 멀고먼 길

부동산 정책 당국이 그동안 공급을 완전히 도외시한 것은 물론
아니다. 단기적으로 수요를 위축시켜 집값을 잡겠다는 의욕이 지
나치게 컸다는 게 한계지만 그 와중에도 서민을 위한 주택 공급
확대라는 것을 양념으로 포함시키기는 했다.

당국은 2018년 상반기까지 고집스럽게 수요 억제에 매달렸지
만 바라던 만큼 효과가 나오지 않자 공급 확대 대책을 같이 꺼내
들었다. 수도권의 52만 호 가까운 미착공 공공 택지를 개발해 공
공임대주택, 신혼부부용 공공 분양 임대주택을 대규모 공급하기
로 한 게 그 일환이다. 다만 이렇게 제시된 공급 물량이 실제 시장
에 나올 때까지는 상당히 긴 시간이 필요할 수밖에 없다.

2018년까지도 당국은 투기 수요 차단과 실수요자 보호라는 명
분에 매달려 대책들을 계속 풀어내는 데 주력했다. 종합부동산세
제를 개편해 다주택자나 고가 주택 소유자에 대한 세율을 인상하
고 세부담 상한선을 올렸다. 조정 대상, 투기 과열, 투기 지역 내
에서 새로운 주택을 살 때 주택담보대출을 금지하고 공시가격 9억
원을 넘는 고가 주택을 살 때도 실거주 외에는 주택담보대출을 금

지시켰다. 주택 임대 사업자에 대한 세제 혜택도 줄였다. 서민용 주택 공급을 확대한다고는 했지만 실제로 시장에서 가시화하려면 시간이 많이 걸리기 마련이다.

그나마 신혼희망타운을 2018년에 분양하면서 조기 공급에 나서기로 했고, 도시 규제를 완화해 도심지 주택 공급을 확대하기로 한 것은 시장에 다소 숨통을 틔웠다. 수도권 광역교통망을 개선해 GTX, 신안산선 조기 착공, 신분당선 연장, 3호선 연장 등은 수도권 주택 30만호 공급 계획의 가시화와 맞물려 시장 안정 효과를 냈다.

특히 2018년 9월 1차(3만 5,000호), 12월 2차(15만 5,000호)에 이어 2019년 5월 3차(11만 호) 에 걸친 수도권 신규 주택 30만 호 공급 계획은 당국이 공급 확대에도 신경을 쓴다는 인상을 심었다. 계획대로 실행되더라도 주택 수요자가 체감할 때까지는 7~8년이란 시간이 필요하지만 말이다. 이런 사정을 잘 아는 이들 사이에서는 공급 공백 여파로 2020년부터 새 아파트가 수요를 다 맞춰내지 못하는 시기로 접어들 것이란 우려의 목소리가 고개를 든 상태다.

| 다시 들썩이는 주택 시장

문재인 정부 전반기의 부동산 정책은 2019년 상반기까지 전국적 가격 안정을 감안할 때 단기적으론 효과를 낸 것으로 보인다.

하지만 쏟아낸 대책의 빈도나 처방의 강도에 서울·수도권과 지방 간 양극화 부작용까지 고려하면 후하게 평가하긴 힘들 듯하다.

지난 2019년 6월까지 전국 집값은 서울·수도권에서 약간의 상승세를 보인 데 반해 5개 광역시와 지방에서는 큰 폭으로 하락했다. 서울의 상승세는 단독주택과 연립주택 상승세가 주도했고 인천과 경기도는 하락이 이어졌다. 전셋값은 2019년 상반기까지 전국적으로 하락이 이어졌다.

다만 2019년 하반기로 접어들면서 아파트 값이 조금씩 들썩이고 있다. 지난 2017년 6월부터 2019년 6월까지 2년여 사이에 5대 광역시 아파트 매매 가격은 1.5% 떨어졌고, 9개 도에서는 3.7%나 하락했다. 하지만 서울 아파트 값은 같은 기간 8.8%나 뛰었다. 상승의 대부분은 2019년 중반으로 넘어가면서 나타난 것이다. 특히 2019년 5월 당국이 강남을 대체할 지역을 빼고 3기 신도시 개발을 발표하자 공급 부족에 대한 예상이 오히려 가격을 밀어 올렸다.

얼어붙었던 부동산 시장의 매매 거래와 가격이 서울 핵심지를 중심으로 꿈틀대면서 지방의 큰손들이 '상경 투자'에 나섰다는 얘기도 흘러나온다. 2019년 7월 들어 민간 주택에 대한 분양가 상한제 도입이 논의되기 시작하고 재건축 규제도 강도가 세지면서 오히려 현금 부자들이 부동산 시장으로 다시 몰려드는 추세까지 나타났다. 지방 부동산 시장이 침체의 늪에서 벗어나는 속도에 비해 서울의 공급 부족으로 인한 몸값 상승이 더 빨라졌다는 추산인 셈이다.

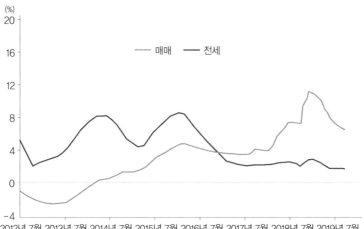

[도표 4-23] 서울 주택 매매가·전세가 변동률 추이(전년 동월 대비)

(%)

매매 ——— 전세

2012년 7월 2013년 7월 2014년 7월 2015년 7월 2016년 7월 2017년 7월 2018년 7월 2019년 7월

출처: KB국민은행

　정부의 민간 아파트에 대한 분양가 상한제 도입 엄포는 본격적인 시행 전부터 매매 시장을 넘어 분양권 시장에도 가격 상승 효과를 불러일으켰다. 분양가 규제에 따른 건설사들의 손실 우려와 재건축 조합의 부담 증가로 장기적으로는 공급 위축이 불가피할 것이란 불안감 때문이다. 분양이 줄면 기존에 시장에 나와 있는 분양권의 희소성은 강화될 것이란 기대감으로 가격이 뛴 셈이다.

　민간 분양가 상한제가 본격 시행에 들어가면 집값은 일시적으로 주춤할 수 있다. 대신 분양가 규제를 받는 새 아파트 청약에는 로또 분양을 받으려는 소비자들로 인산인해를 이루고 부동산 시장의 열기는 어느 때보다 뜨거워질 전망이다. 물론 이번에는 분양가 규제를 받은 아파트를 분양받으면 5~10년 동안 사고팔지 못하도록 묶기 때문에 다음 정부 때나 되어야 집값 자극 요인이 된다. 그렇다고 그 사이에 경제 상황이 크게 요동치는 경우가 아니라면 분양가 상한제가 적용된 아파트가 주변 시세까지 끌어내리지는 못할 것으로 보인다. 상한제가 적용된 분양가 자체는 주변 시세를 기준으로 정해지는 만큼 낮춰진 가격으로 인한 차익이 기존 조합원 또는 건설사의 몫이냐 새로 분양받는 이의 몫이냐를 가르는 것일 뿐이기 때문이다.

줄어드는 수도권 미분양·미입주

주택 시장에서 아파트 가격의 선행지표로 많이 들여다보는 것이 입주 물량이다. 과거에도 새로 지어지는 아파트에 실제로 입주하는 물량이 얼마나 되는지에 따라 집값의 단기적 방향이 결정되는 예가 많았다. 잠실에 대규모 아파트 물량이 쏟아진 지난 2008~2009년부터 2년여 동안 잠실 일대 집값은 매매가는 물론이고 전세가까지도 맥을 못 췄다. 금융위기 여파도 겹치면서 시장이 큰 충격을 받았다. 지금으로서는 그럴 수가 있을까 싶을 정도였지만 실제로 그랬다. 시장에 쏟아지는 물량에는 장사가 없기 때문이다. 물론 꾸준한 새 집 수요에 힘입어 전세 재계약이 이뤄지는 시기가 되면서 다시 회복되기 시작해 주저앉았던 집값은 상승세로 돌아섰다.

1만 가구에 가까운 대단지가 들어선 송파 헬리오시티도 2019년 초 입주 후 비슷한 과정을 겪었다. 집값이 상승 반전하는 기간이 더 짧았다는 점을 빼면 크게 다르지 않다. 헬리오시티는 워낙 대단지여서 입주 시점에 분양 당시와 비슷한 가격으로 매매가 이뤄졌다. 분양가와 같은 매매가라면 세금과 금융비용, 기회비용 등까지 감안하면 아파트를 판 사람은 실제로는 손해를 보는 셈이다. 하지만 6개월여 만에 집값은 천정부지로 올랐다. 공급 위축까지 예상되는 마당이니 어쩌면 당국이 가격 상승에 기름을 부어준 꼴이 됐다.

잠실의 사례를 감안할 때 2020년을 전후한 몇 년간의 지역별 입주 물량으로 집값의 향배를 가늠해볼 만하다. 우선 경기도 상당수 지역에서 2020년 이후 공급 부족이 가시화할 것으로 보인다. 2021년에 약간 늘어나는 곳도 있겠지만 극히 드물 것으로 예상되고, 경기도 내 대부분 지역에서는 2021년이 입주 물량상으로 최저점을 찍을 가능성이 크다. 화성의 경우 동탄 신도시 입주가 거의 마무리된 상태여서 2019년 2만 2,000여 가구가 입주했으나 2020년에는 1만 2,100여 가구, 2021년에는 6,400여 가구로 급감한다. 용인시 입주 물량은 2019년 1만 3,300여 가구에서 2020년 1,600여 가구, 2021년 2,900여 가구로 줄어든다. 용인시 인구가 100만 명을 넘는 점을 감안하면 새 아파트 공급이 거의 이뤄지지 않는다고 봐도 무방한 수준이다.

[도표 4-24] 전국 아파트 입주량 추이

출처: 국토교통부, 부동산114

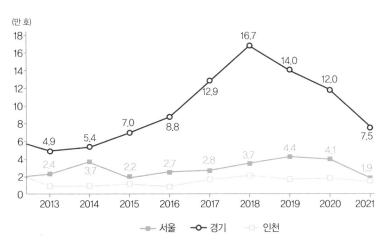

[도표 4-25] 수도권 아파트 입주량 추이

출처: 국토교통부, 부동산114

김포는 다소 예외적으로 2020년에 걸포 자이 등이 완공되면서 일시적으로 1만 7,300여 가구가 입주해 정점을 이룰 것으로 예상된다. 하지만 대단지 입주가 마무리된 뒤인 2021년에는 700여 가구로 급감한다. 고양시도 2019년 1만 3,400여 가구에서 2020년 5,800여 가구, 2021년에는 아예 입주가 얼마나 이뤄질지 계획 자체가 불투명하다. 이렇듯 서울을 둘러싼 대부분 지역에서 2년 사이에 새 아파트 입주 물량이 많이 사라진다. 서울 집값이 급등해서 외곽으로 밀려나는 인구를 받아줄 새 아파트가 없다는 얘기다. 거기에 중앙 정부와 서울시의 재건축 공급 축소책이 지속되는 만큼 2년 내에 메트로시티인 서울의 아파트 공급 부족이 가속화하는 것은 명약관화하다.

'태풍의 눈' 금리 인하

부동산 시장에서 주택 수요에 가장 큰 영향을 미치는 변수를 하나만 꼽으라고 하면 단연 금리다. 세금이 주택 수요에 미치는 영향을 장마 정도로 본다면 금리는 가히 태풍이라고 해도 크게 틀리지 않다. 주택 보유세 강화가 지속되는 추세인 만큼 이제 세금 영향은 변수가 아닌 상수로 생각해야 한다. 금리는 경기 상황에 따라 변할 수밖에 없는 요소이기는 하지만 점차 주택 수요에서 가장 중요한 변수로 자리매김하고 있다.

국내에서는 2018년에 1년 만에 겨우 한 차례 금리를 인상하고
말았다. 시장에서는 2019년에 추가적인 금리 인상이 불가피할 것
이란 말도 무성했지만 경기 부진으로 금리 인상을 이어가지 못했다.
그러던 차에 미국의 금리 동결까지 가세하자 한국은행은 2019년
7월 18일 전격적으로 금리 인하를 발표했다. 2019년 8월부터 기
준금리를 1.75%에서 1.5%로 0.25%포인트 낮춘 것이다.

한국은행은 지난 2016년 6월 1.5%였던 기준금리를 1.25%로
0.25%포인트 낮춘 뒤 그 수준을 계속 유지하다가 2017년 11월 1.5%,
2018년 11월 1.75%로 두 차례 올렸다. 이후 기준금리는 2019년 들어
7월 1.5%, 10월 1.25%로 석 달 사이에 두 차례 낮춰지면서 사상 최저
로 주저앉았다. 수출과 투자 부진이 이어지는 데다 디플레이션 우려
까지 더해져 경기부양 필요성이 높아진 때문이다. 시장에서는 내년
에도 금리 인하 가능성을 점친다. 이주열 한은 총재가 "금융경제 상
황변화에 대응할 수 있는 여력은 아직 남아 있다"고 한 발언의 행간
을 읽은 것이다.

2018년 10월까지 한국이 금리 인상을 머뭇거리는 사이에 미국
은 금리를 꾸준히 올렸다. 지난 2016년 기준금리를 0.5%까지 떨
어뜨려 유지하던 미국은 2016년 12월 0.75%로 0.25%포인트 올
리는 것을 시작으로 여덟 차례나 올렸다. 지난 2018년 11월부터
2.5%를 유지하면서 9개월간 기준금리를 올리지는 않은 것 자체가
시장에서는 금리 인하가 임박한 것으로 받아들여졌다. 시장의 예
상대로 미국 연준은 기준금리를 2019년 7월 말에 0.25%포인트,

[도표 4-26] 한미 기준금리 추이

(%)

— 한국은행 기준금리　— FRB 기준금리

출처: 한국은행,FRB

9월 18일에 다시 0.25%포인트를 내려 1.75~2%로 조정했다. 트럼프 대통령이 추가 인하를 강하게 압박하는 가운데 찰스 에반스 Charles Evans 시카고 연준 총재는 올해 안에 추가 인하가 없을 것이라 밝히며 대립각을 세운 상태다. 다만 연준도 필요 시 추가적인 금리 인하 가능성을 열어둔 만큼 시장 상황에 따라 더 낮춰질 수도 있다. 어쨌든 시장에서는 2020년 1분기까지 한 차례 정도 추가 인하 가능성에 무게를 두는 모습이다.

미중 무역 전쟁이 풀릴 기미를 보이지 않고 전 세계 경기 회복이 불투명해지자 각국의 금융 완화도 잇따랐다. 2019년 7월 초에 오스트레일리아 연방은행이 0.25%포인트 금리 인하를 단행했고,

7월 말에는 러시아와 브라질, 8월 초에는 뉴질랜드, 태국, 인도 등이 기준금리를 내렸다. 미국을 비롯한 각국의 경쟁적 금리 인하가 이어지는 상황에서 한국은행의 추가적인 금리 인하 가능성도 대두된다. 만약 국내 기준금리 추가 인하가 가시화한다면 부동산 시장으로 부동 자금의 쏠림 현상은 속도를 더할 수도 있다. 그렇지 않아도 저금리가 지속되면서 부동산 시장에 기웃거리는 자금이 많은 판에 금리 인하는 기름을 붓는 격이기 때문이다.

주택 당국의 주택 대출 억제책이 지속되고 있지만 2년 미만의 예금을 비롯한 1,200조 원에 육박하는 시중 부동 자금이 주택시장에 불쏘시개가 될 가능성이 적지 않다. 이런 전망이 힘을 받으면서 서울의 청약시장에서는 강남권이 아니더라도 청약경쟁률이 두 자릿수를 넘어 뜨거워지는 모양새다. 아파트 가격도 2019년 7월 들어 오름세를 나타내고 있고 절벽 같았던 거래도 회복세다. 2019년 하반기에도 지방 부동산 시장은 세종, 대구, 광주, 대전 정도를 빼고는 미분양이 아직 많아 수년간 지속된 서울·수도권과 지방 간 양극화는 당분간 이어질 전망이다.

군불 지피는 지방 시장

국내 부동산 시장의 양극화는 단기간에 풀 수 있는 문제가 아니지만 변화 조짐이 전혀 없는 것은 아니다. 지방 주택 시장의 공급

[도표 4-27] **전국 아파트 미분양 추이**

(만 호)

- 전체
- 준공 후

정점(165,641호)

16.6 / 12.3 / 8.0 / 7.0 / 7.5 / 6.0 / 4.0 / 6.2 / 5.6 / 5.7 / 5.9 / 6.3 / 6.4

5.2 / 5.0 / 4.3 / 3.1 / 2.9 / 2.2 / 1.6 / 1.1 / 1.0 / 1.2 / 1.7 / 1.9 / 1.9

2009년 3월 / 2009년 12월 / 2010년 12월 / 2011년 12월 / 2012년 12월 / 2013년 12월 / 2014년 12월 / 2015년 12월 / 2016년 12월 / 2017년 12월 / 2018년 12월 / 2019년 5월 / 2019년 6월

출처: 한국은행.FRB

과잉이 마무리 단계로 접어드는 신호가 미분양 물량 변동에서 조금씩 드러난다.

새 아파트 미분양은 주택 시장의 후행 지표다. 주택 시장이 고꾸라지면 미분양이 크게 늘고 그 반대의 경우엔 청약 때 조기 완판되거나 미분양이 미미해진다. 그런 시각에서 보면 2019년 들어 충남 천안·아산 등지에서의 미분양 감소는 '지방 부동산 시장의 완만한 회복' 신호음으로 해석할 만하다. 천안은 3,000가구이던 미분양이 1,100가구로 3분의 1 수준으로 줄어 2019년 말을 지나면 시장이 반전될 것이란 기대감이 높다. 강원도 고분양가 논란에 휩싸였던 원주 더샵으로 인해 미분양이 일시적으로 급증했던

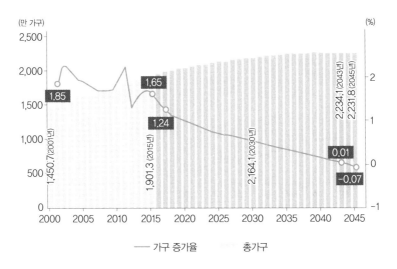

(만 가구)

2,500

2,000

1,85

1,65

1,500

1,24

1,450.7 (2001년)

1,000

1,901.3 (2015년)

2,164.1 (2030년)

2,234.1 (2043년)

2,231.8 (2045년)

0.01

500

-0.07

0

2000 2005 2010 2015 2020 2025 2030 2035 2040 2045

(%)

2

1

0

-1

―― 가구 증가율   ■ 총가구

출처: 통계청

게 풀리기 시작하면서 기대감을 키운다. 인구가 150만 명인 강원
도에서는 7,700가구의 미분양 주택 중 3,400가구에 가까운 물량
이 원주에 몰려 있었다. 원주 미분양의 절반 이상이 원주 더샾인
데 이 미분양 물량이 뚜렷하게 줄어드는 추세다. 경남 역시 적체
된 미분양으로 오랫동안 침체를 벗어나지 못했지만 2019년을 고
비로 반등 조짐이 엿보인다. 지방 시장의 수요 부족을 감안한다면
반등까지는 1~2년이란 시간이 걸릴 것으로 예상되지만 적체가 풀
리는 모양새는 뚜렷하다.

광주는 그동안 입주가 몰려서 시세가 꺾인 상태였다. 하지만 미
분양이 많지 않았던 만큼 지방 시장의 반등이 가시화하면 탄력을

받을 가능성이 높다. 중공업 경기가 부진해져 울상이었던 울산도 입주 물량이 줄면서 2020년부터는 시세 반전의 희망에 부풀 것으로 보인다. 전반적으로 2020년에 지방 시장이 완전히 되살아나긴 힘들지만 회복 국면으로 접어들 가능성은 한층 짙어졌다.

장기적으로 주택 시장은 변동, 특히 가구의 변화와 궤를 같이 하게 된다. 그런 시각에서 볼 때 통계청에 따르면 국내 총인구는 예측 시나리오에 따라 다소 차이가 있지만 2020년에서 2040년 사이에 정점을 찍을 것으로 보인다. 이 시기를 대략 2028년쯤이라고 보면 그 이후 주택 수요의 기반이 많이 약해질 것으로 예상할 수 있다. 다만 가구 수는 좀 더 긴 상승 추세를 탄다. 1~2인 가구 분화의 영향이다. 통계청에 따르면 꾸준히 상승하던 국내 가구 수 증가율은 2015년에 고점을 찍고 주춤해졌지만 총가구는 2043년까지도 완만하게 늘어날 것으로 예측된다. 그때까지는 주택 수요가 주춤거리기는 하지만 조금씩이나마 늘어난다는 전망인 셈이다. 2020년에는 더디지만 인구 증가가 지속되는 만큼 당장 주택 수요의 감소로 이어지긴 어렵다. 거기에 공급 위축이 덧붙여지면 결국 가격은 상승 전환할 가능성이 짙어진다.

▶▶ 장종회

2020년 차세대 산업과
한국 기업의 기회

1. 수소 경제, 한국의 미래 산업에 도전하다

2. 국내 반도체 산업은 위기인가?

3. 조용히 밀려오는 인공지능의 쓰나미

4. 2020년 한국 바이오헬스 산업의 재도약

5. 글로벌 흐름에 역행하는 한국의 공유경제

6. 토큰경제 선점을 향한 왕좌의 게임이 시작되다

7. 차세대 에너지 산업의 미래 비전

현재 우리 경제의 어려움은 실물경제의 위기에서 기인한다는 것이 대체적인 분석이다. 이러한 실물경제의 위기는 결국 글로벌 시장에서 개별 산업의 경쟁력을 통해 나타난다. PART 5에서는 한국 경제를 이끌고 있는 주력 기간산업의 양대 축인 자동차 산업과 반도체 산업, 미래 성장 동력으로 부상하고 있는 인공지능, 바이오 헬스, 공유경제, 토큰경제의 현황을 점검하고 미래 발전 방향에 대해 살펴본다. 그리고 실물경제의 기반이 되는 에너지 산업의 동향에 대해서도 점검해본다.

2020년도 우리 산업의 키워드는 '반전의 모멘텀이 필요한 위기의 한국 산업'이다. 지난 2년여 동안 문재인 정부는 미래 성장 동력을 창출하고 민간의 경제 활력을 제고하기 위해 다양한 노력을 해왔으나 아직은 구체적인 성과를 거두지 못하고 있는 실정이다. 2020년도는 이러한 초기의 성장통을 극복하고 새로운 도약을 위한 변곡점 마련이 절실한 시점이다.

내우외환의 위기에 놓여 있는 한국 자동차 산업은 차세대 친환경 자동차의 방식으로 배터리자동차 대신 수소자동차를 과감하게 선택했다. 적지 않은 반대 의견에도 불구하고 수소자동차를 전략 투자 대상으로 선정한 배경으로는 한국 기업의 높은 기술 수준, 친환경 정책의 일관성 유지, 글로벌 가치사슬의 상류 선점 등을 들 수 있다. 이제 수소자동차 시장의 선점, 나아가 균형 잡힌 수소 에너지 시스템 구축에 민·관이 협력할 일만 남았다 하겠다.

불황기에 접어든 메모리 반도체 산업에 대한 우려가 크다. 그러나 공급이 수요보다 많아져 발생한 단가 하락 현상을 위기라 할 수는 없다. 미국과 중국 기업이 강력히 도전하고 있으나 경쟁력을 잃지 않고 있고 세계 시장 점유율도 유지하고 있어 당분간은 크게 우려하지 않아도 될 전망이다. 반면 시스템 반도체의 생태계 조성에는 민·관의 지속적인 노력이 요구될 것이다.

손정의 소프트뱅크 회장이 2019년 7월 문재인 대통령을 방문한 자리에서 강조한 것이 인공지능이었다. 매킨지글로벌연구소는 2018년 보고서에서 인공지능 혁명의 영향이 산업혁명과 정보 혁명 때보다 훨씬 클 것이라고 전망하면서 2020년대 중반 이후 본격화될 것으로 예측했다. 그러나 우리나라의 인공지능은 모든 면에서 미국, 중국 등 선도 국가에 비해 크게 취약한 실정이다. 연구개발이나 AI 교육 지원 등에서 보다 체계적이고 열린 대응이 절실하다 하겠다.

2019년도는 바이오헬스 산업의 명과 암이 교차한 한 해라 할 수 있다. 우리나라는 세계 2위의 바이오의약품 생산 능력을 갖춘 나라로 인정받고 있으며 바이오시밀러 분야에서는 세계 시장의 60% 이상을 점유하고 있다. 법·제도 환경도 많은 변화가 있었다. 그러나 대표적 기업들의 품목 허가 취소 등 사회적 신뢰가 저하되는 어려움도 겪고 있다. 2020년도는 이러한 도전과 실패를 성장의 기회로 삼아 보다 선진화되는 재도약의 한 해가 되어야 할 것이다.

2020년은 2011년 「타임」이 공유경제의 부상을 세계에 알린 지 10년이 되는 해다. 그러나 한국의 공유경제는 차량 공유 서비스 사례에서 보듯이 동남아시아보다 못한 형편이다. 적극적이고 현명한 정부의 역할이 무엇보다 중요하다 하겠다. 규제 완화 기준을 소비자 혜택 관점에서 접근하는 한편 정부는 공유경제를 직접 주도하기보다는 법·제도 정비에 주력하는 것이 요구된다.

한편 2019년 6월 페이스북이 리브라Libra 프로젝트를 발표하면서 블록체인 기반의 토큰경제가 세계의 관심을 끌고 있다. 제도적으로 논란이 지속되고는 있으나 토큰경제를 둘러싼 제2차 플랫폼 전쟁은 이미 시작되었으며 생각보다 빠르게 진전될 수도 있다. 그러나 우리나라는 아직 본격적인 대응을 보여주진 않고 있다. 블록체인과 암호 자산을 포괄하는 국가 차원의 전략이 필요한 시점이다.

셰일가스, 셰일오일 등 비전통 에너지의 생산 증가에 따라 2020년도 국제 유가와 천연가스의 가격은 하향 안정세가 전망된다. 이는 경상수지, 물가, 기업 경영 등 여러 면에서 국내 경제에도 긍정적 영향을 미칠 것으로 판단된다. 다만 온실가스 규제가 더욱 강화되면서 산업 부문의 감축률이 크게 증대되어 산업계의 부담이 커지게 되는 것은 불가피해 보인다.

▶▶ **김호원**

01 수소 경제, 한국의 미래 산업에 도전하다

│ 과감한 출발을 시작한 한국의 수소 경제

　정부는 2018년 8월에 수소 경제와 데이터·블록체인·공유경제 및 AI를 3대 전략 투자 분야로 선정해 발표했다. 정부 발표에는 수소전기자동차(이하, 수소자동차)와 수소 연료 전지를 양대 축으로 해, 세계 최고 수준의 수소 경제 선도 국가로 도약할 수 있는 산업 생태계를 구축하겠다는 목표가 포함되었다. 이어 2019년 1월에 산업통상자원부가 수소 경제에 대한 전략 투자 실행 계획인 '수소 경제 활성화 로드맵'을 발표했다.

　로드맵에 따르면 정부는 2022년까지 수소자동차를 연간 8만

1,000대, 2025년까지 10만 대 생산해 가격을 내연기관 자동차 수준으로 내리는 것을 목표로 하고 있다. 또한, 발전용 수소 연료 전지 15기가와트, 가정·건물용 50메가와트를 보급해 에너지 공급에서도 수소 도입을 본격화할 계획이다. 한편, 수소자동차와 수소 연료 전지의 본격적인 보급을 위해서는 수소 생산이 필수적인데, 이를 위해 정부는 2022년까지 47만 톤의 수소 생산 체제 구축을 목표로 하고 있다. 여기에 추가적으로 안정적이고 경제성 있는 수소 유통 체계 확립, 수소 에너지의 전주기 안전 관리 체계 확립 및 수소 산업 생태계 조성 등을 통해 수소 공급망 조기 구축과 기업 생태계 강화를 꾀하고 있다.

전 세계적으로 일본을 제외한다면 본격적인 수소 경제 시스템 구축을 발표한 국가 및 지역이 거의 없어 정부의 수소 경제 선도 국가 구상이 다소 낯설게 느껴질 수도 있다. 하지만 2020년대를 눈앞에 두고 있는 현재, 글로벌 산업계에서는 차세대 기술 주도권을 둘러싼 치열한 경쟁이 벌어지고 있으며, 에너지 공급 및 운송 수단 분야에서 수소에 대한 관심은 날로 높아지고 있다. 또한, 최근 미중 무역 갈등 등을 배경으로 글로벌 경제 성장 둔화와 그로 인한 국내 경기 침체가 예상되고 있어 이에 대한 선제적 대응의 필요성이 대두되고 있다. 이러한 상황을 고려한다면, 지속적인 경제 성장과 이산화탄소 배출량 저감이라고 하는 두 마리 토끼를 잡을 수 있는 수소 에너지에 대한 정부의 과감한 투자 계획 발표는 긍정적으로 평가할 수 있겠다.

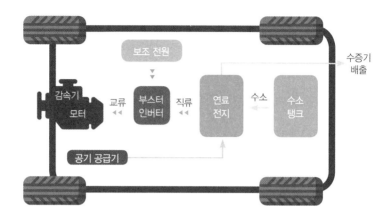

[도표 5-1] 수소전기자동차의 구동 방식

보조 전원

감속기
모터

교류

부스터
인버터

직류

연료
전지

수소

수소
탱크

수증기
배출

공기 공급기

또한, 수소 경제 구상에 있어 글로벌 시장 확대, 정부의 체계적이고 일관된 정책, 기업의 혁신 노력 등에 국내 수요 부문의 킬러 콘텐츠가 더해진다면 당초 목표보다 이른 시기에 체계적인 시스템이 정착할 가능성이 있다. 현재까지 발표된 내용 중에서 킬러 콘텐츠가 될 수 있는 것으로는 수소자동차를 꼽을 수 있다.

전기차 VS. 수소차 어떤 것이 올바른 선택인가?

세계 최고의 컨설팅 기업으로 손꼽히는 매킨지는 2050년까지 수소 산업에서 약 2조 5,000억 달러의 시장 가치가 창출되고 3,000만 개의 일자리가 생겨날 것이라는 내용을 담은 보고서를

2017년에 발표했다. 이 보고서는 2050년까지는 세계 전체 에너지 소비의 약 18%를 수소 에너지가 담당해 그 효과로 연간 60억 톤의 이산화탄소 감축이 가능할 것으로 보았는데, 이는 2018년 한국 전체 이산화탄소 배출량보다 열 배 이상 많은 양이다. 동 보고서는 또한 승용차 4억 대, 버스 500만 대, 트럭 200만 대 등 전체 운행 자동차의 20~25%를 수소자동차가 점할 것으로 내다보았다.

여기에 한국의 자동차 기업인 현대차그룹은 2022년까지 4만 대, 2030년까지 연간 50만 대 규모의 수소자동차 양산 체제를 구축하겠다는 중장기 로드맵을 2018년에 제시했다. 시기가 중요한 변수이지만 연간 10만 대 이상을 생산할 수 있다면 규모의 경제를 활용해 글로벌 시장에서도 가격 경쟁력을 갖출 수 있을 것으로 보인다. 따라서 한국 시장에서의 성공적인 수소 경제 초기 시스템 구축은 현대차그룹 수소자동차의 글로벌 시장에서의 성공에 시금석이 될 것이다.

그러나 다른 한편으로, 현재 글로벌 자동차 산업에서 미국은 테슬라를 중심으로, 중국은 비와이디BYD를 중심으로 배터리 전기차에 집중하고 있어 국내 자동차 업계도 이러한 흐름에 따라야 한다는 지적이 있다. 즉, 국내 시장에서 배터리 전기차의 생산 및 보급을 더욱 빠른 속도로 늘려 규모의 경제를 바탕으로 빠르게 성장하고 있는 글로벌 배터리 전기차 시장에서 경쟁력을 갖추는 것이 합리적이라는 지적이다. 또한, 배터리 전기차를 지지하는 견해에서는 현재 배터리 전기차가 수소자동차보다 비용 측면에서 소비자

[도표 5-2] **수소자동차와 배터리 전기차 비교**

수소자동차	비교	배터리 전기차
수소와 산소 결합에 의한 전기 발생	에너지	배터리 충전
5분	충전 시간	55분 (80% 급속 충전)
15개소 (서울 2개소)	충전소 수	3,100개소 이상
약 30억 원	충전소 건설 비용	약 4,000만 원
73원/km	거리 당 연료비	25원/km
6,890~7,220만 원	판매 가격	4,560~4,850만 원
3,400~4,000만 원	정부 및 지자체 보조금 적용 가격	3,000~3,200만 원
주행 거리 길고 높은 출력 필요한 버스, 트럭 등에 유리	주행 거리 및 출력	주행 거리가 짧고 출력이 낮은 도심 주행에 유리

출처: 현대자동차그룹 홈페이지 등 종합

에게 유리하다는 점 역시 강조한다.

| 정부 정책의 방향성에도 부합하는 수소자동차

이렇게 반대 의견이 만만치 않음에도 불구하고 정부가 전략 투자의 대상으로 수소자동차를 선정한 배경으로는 한국 기업의 높은 기술력, 새로운 고용 창출, 환경 정책의 일관성 유지, 그리고 글로벌 가치사슬의 상류 선점 등을 들 수 있다.

한국 자동차 산업의 수소자동차 개발 도전은 1992년 시행된

G7프로젝트까지 거슬러올라간다. G7프로젝트는 10년 안에 세계 7대 과학 선진국 수준의 기술 경쟁력 확보를 목표로 계획된 것으로 한국 수소자동차 개발의 출발점이라고도 할 수 있다. 그 후 정부의 지원 및 기술 개발 과정에서 굴곡은 있었으나 현재 한국 자동차 산업이 보유한 수소자동차 생산 능력은 일본과 더불어 세계 최고 수준으로 평가받고 있다. 한국의 수소자동차 품질과 관련해 독일의 유명 자동차 전문지 「아우토모토 & 슈포트」는 2019년 15호에서 현대차의 넥쏘(95점)가 메르세데스-벤츠의 수소자동차 GLC F셀(66점)보다 월등하게 높은 품질을 가진다고 평가했다. 또한, 수소자동차의 핵심 부품인 연료전지 스택stack(수소와 산소를 결합해 전기를 생성하는 부품) 개발에는 높은 기술 개발 장벽이 존재해 후발 기업의 추격이 쉽지 않은 것으로 알려져 있다.

다음으로 배터리 전기차는 부품 개수가 약 8,000~1만 개로 내연기관차의 30~40% 수준이지만, 수소자동차는 약 1만 5,000~2만 개로 알려져 산업 연관 효과가 크다고 할 수 있다. 수소자동차의 보급은 자동차 산업 외에도 수소의 생산, 운송, 저장, 이용에 이르는 수소 산업, 수전해 기술과 재생에너지의 융합 등 새로운 패러다임의 산업 생태계를 형성할 것으로 보인다. 이 과정을 통해 수소 경제는 새로운 일자리를 창출해 심각한 청년 실업과 그로 인해 야기되는 사회 불안정 해소에 기여할 수 있을 것이다.

2017년 출범한 현 정부의 주요 정책 중 하나는 탈원전 사회 실현이다. 즉, 한국 사회의 에너지원 구성에서 만약의 사고 시 궤멸적인 피해가 발생할 가능성이 있고 폐기물 처리가 어려운 원자력을 제외하겠다는 것이다. 그런데 배터리 전기자동차는 어떤 경로를 거치든 생성된 기존 전기를 충전하는 방식이다. 원자력이라는 선택지가 제외된 한국의 전력 공급 상황에서 배터리 충전 과정이 친환경이기는 매우 어렵다. 수소 에너지는 장기적으로 원자력의 단점을 극복하면서 친환경성을 유지하는 대체 에너지로 활용될 것으로 기대된다.

이와 함께 최근 심각한 대기 오염의 주범으로 미세먼지가 지목되며, 미세먼지 문제 해결은 한국 사회에서 해결이 시급한 과제라는 인식이 형성되어 있다. 수소자동차는 대기를 흡입해 산소를 추출하는 과정에서 공기 중 미세먼지를 걸러낼 수 있는 기능을 가지고 있다. 수소자동차 판매 기업의 설명에 따르면 수소 승용차 10만 대가 하루 평균 2시간 운행하면 서울시 인구 86%가 한 시간 동안 호흡하는 공기를 정화하는 효과가 있다고 한다. 대기 오염 문제가 날로 심각해지는 상황에서 수소자동차 보급은 정부의 환경 정책 일관성 유지에도 적합하며 국민들로부터 크게 환영받을 수 있는 방향성 설정으로 보인다.

한편 지난 7월 1일 일본 경제산업성은 한국 기업의 반도체 생산에 있어 필수적인 플루오린 폴리이미드, 레지스트, 그리고 에칭가스(고순도 불화가스)의 3개 품목에 수출 제재 조치를 발표했다. 단 3개 품목에 대한 수출 제재 조치에 불과하지만 이는 한국의 주력 수출품 중 하나인 반도체 생산에 치명적인 타격을 줄 수 있다. 한국 기업의 해당 소재 재고가 소진되면 반도체 생산이 중단될 수 있기 때문이다. 관련 업계와 정부는 대책 마련에 부심하며 한때 한국 산업계는 극심한 혼란에 빠졌다. 글로벌 가치사슬에 발생한 불확실성이 가져온 결과라고 할 수 있다. 수소 에너지를 사용하는 친환경 자동차라는 새로운 산업이 형성되고 발전하는 과정 초기부터 한국의 기업은 완성차 대기업뿐만 아니라 중소 협력 업체도 적극적으로 기술 개발에 참여해왔다. 한국 중소기업에 축적되어온 소재 및 부품 분야의 높은 기술력은 글로벌 가치가슬 상류를 선점해 한국의 수소 경제 시스템 안착 및 안정적 운영에 크게 기여할 것이다.

기업의 관점에서 수소자동차

한국 자동차 산업을 대표하는 현대차그룹이 수소자동차와 전기자동차 중 어떤 것을 차세대 친환경 자동차 방식으로 선택할 것인가를 결정하는 과정에서 내부적으로 치열한 논의와 검토가 이루어진 것으로 알려져 있다. 논의의 결과로 현대차그룹이 수소자동차를 선택한 배경은 앞서 정부 선택의 배경으로 살펴본 높은 진입 장벽, 글로벌 가치사슬 상류 선점 등 외에 배터리 전기자동차의 낮은 진입 장벽, 사회기간망으로의 사업 확장 등이 작용한 것으로 보인다.

잘 알려진 바와 같이 배터리 전기자동차는 상대적으로 간단한 구조를 가지고 있으며, 적은 개수의 부품으로 구동해 향후 많은 기업들이 시장에 진입할 것으로 예측되고 있다. 시장 진입이 예상되는 기업 중에는 구글, 애플 등과 같은 IT 산업의 '공룡'들도 포함되어 있으며, 많은 전문가들은 실제로 이들 기업이 배터리 전기자동차 시장에 진입할 경우 기존 자동차 업체들이 상당한 타격을 입게 될 것으로 보고 있다.

경영 전략의 측면에서도 산업의 진입 장벽은 높고 철수 장벽은 낮은 상황에서 기업은 안정적이고 높은 수준의 이윤 획득을 기대할 수 있다. 현대차그룹은 자사가 보유한 자동차 생산 기술과 부품 조달 능력 및 전자기기 기업과의 네트워크를 활용해 배터리 전기자동차 시장의 상황에 대응하고, 중장기적으로는 상대적으로 높은 진입 장벽을 가진 수소자동차 산업에서의 비교우위를 활용하는 전략을 취한 것으로 보인다.

한편 수소 에너지 시스템이 본격적으로 운영될 경우 한국 사회가 필요로 하는 전력 중 상당 부분이 수소 에너지를 통해 이루어지게 될 것이다. 정부의 계획대로 많은 민간 기업이 수소 에너지 기술 개발에 참여해 관련 전력 생성에 직접 관여한다면, 관련 법안 개정 등 한국 사회에서의 전력 공급 및 송전 등과 관련한 구조 개혁에 관한 논의가 필요할 것으로 보인다. 이때 전력, 통신과 같은 사회기간망으로 사업을 확장할 수 있다면 해당 기업에는 장기적으로 안정적인 이윤을 기대할 수 있는 큰 사업 기회가 될 것이다. 또한, 수소 등과 같은 화학 산업에서는 규모의 경제가 강하게 작용하는 것으로 알려져 있다. 선도 기업이 대규모 투자를 통해 핵심 인프라를 선점한다면 경쟁 우위 획득의 강력한 무기가 될 수 있을 것이다.

| 수소 에너지 시스템 안착을 위한 과제

잘 알려진 바와 같이 한국경제는 무역 의존도와 대기업 의존도가 높다. 그러한 의미에서 정부가 핵심 대체 에너지원으로 수소 에너지를 선정한 것이 한국의 5대 산업 중 하나인 석유화학 산업을 시작으로 한국 산업 전체의 구조 변화를 가져오는 계기가 될 수도 있다. 또한 한국 자동차 산업을 대표하는 기업이 글로벌 자동차 기업의 사활이 걸린 과제라고 할 수 있는 차세대 친환경 자동차 방식으로 수소자동차를 선정했다는 것 역시 큰 의미를 가진다고 할 수 있다. 수소 에너지 시스템 구축은 한국의 미래에 의미가 큰 사업인 만큼 정부와 자동차 산업 관계자 모두는 균형 잡힌 기업 생태계 조성에 힘쓰고, 혹시라도 발생할 수 있는 문제에 대해 신중히 검토해 대비책을 마련해야 할 것이다.

우선 자동차 산업뿐만 아니라 교통 분야 전반에 획기적인 변화를 가져올 것으로 예상되는 TaaSTransport as a Service 시대에 대한 대비다. 스마트폰으로 카카오택시를 부르는 것처럼, 소비자가 애플리케이션을 통해 이동 서비스를 주문하면 그것에 대응해 자율주행 교통수단이 소비자를 찾아오는 형태의 교통 환경을 MaaS_{Mobility as a Service}라고 부른다. TaaS는 MaaS에 상품 수송 및 유통 등이 결합된 형태를 가리킨다. 자율주행 서비스는 교통 환경이 복잡한 도심 지역보다는 상대적으로 환경이 덜 복잡한 고속도로를 경유하는 물류센터 간 유통 과정에서 실현될 가능성이 높은 것으로 예측된다. 트럭, 선박 등에 활용될 수 있을 정도로 높은 출력과 장거리 운행이 가능한 수소자동차 방식이 빠르게 무인자율주행에 적용되어 글로벌 경쟁에서 뒤쳐지는 일이 없어야 하겠다.

다음으로 정부가 수소 에너지 시스템 구축 과정에서 중소기업 육성과 인적 자원에 대한 투자에 적극적으로 나서는 것이 필요하다. 한국은 IMF 금융위기라는 국가 재난에 맞서 정보통신 산업에 대한 집중 투자와 대규모 구조조정 등을 통해 빠르게 경제를 회복했으며, 그 후 지속적인 경제 발전을 이룩해 어느새 글로벌 경제의 한 축을 담당하는 국가가 되었다. 하지만 1970~1980년대 한국의 압축적 고도성장기의 이면에 어두운 그늘이 존재하듯, IMF 금융위기의 빠른 극복에도 부작용은 있었다.

2000년대 이후로 산업별 대기업 집중도가 높아져 소비자의 권익이 보호받지 못하는 사례가 상시적으로 보도되고 있으며, 대기업 종사자와 중소기업 종사자 간의 경제 양극화가 진행되고 있다고 다수의 전문가들이 지적하고 있다. 수소 에너지 시스템이라는 신생 산업의 성장 과정에 있어 정부는 공정한 시장경제의 룰이 지켜지고 있는지 감시자의 역할을 소홀히 하면 안 될 것이다. 또한 정부는 한국에서도 독일의 히든챔피언, 일본의 교토식 기업 등과 같은 강소기업이 출현하고 유지될 수 있도록 창업에 대한 사회적 관심을 유도하고 기존 기업의 기술 개발 노력을 자극하는 정책에 적극적으로 나서야 하겠다.

현대차그룹이 한국을 대표하는 기업 중 하나라는 점은 명백하다. 그러나 한국 자동차 소비자들이 현대차그룹을 바라보는 시선이 곱지만은 않다는 점 역시 많이 이들이 동의하는 내용이다. 곱지 않은 시선의 배경에는 내수용 차량에 대한 '차별' 문제, 급발진 문제 등 차량 결함에 대한 소비자 입증 요구, 선명한 품질 개선 없이 진행되는 가격 인상 등이 지적된다. 현대차그룹이 국내에서 보다 소비자 친화적인 정책을 추진한다면 새롭게 시작하는 수소자동차 프로젝트에서 크게 도움이 될 것이다.

글로벌 산업계에 수소 에너지라는 새로운 기술경제 패러다임이 출현했고, 머지않아 거대한 글로벌 수요가 발생할 것으로 예상된다. 정부의 체계적인 정책과 기업의 혁신 노력, 그리고 킬러 콘텐츠에 대한 국내 수요의 반응이 조화를 이루어 한국의 산업과 경제가 새로운 차원으로 도약하기를 기대해본다.

▶▶ 우경봉

02 국내 반도체 산업은 위기인가?

　매월 1일 산업통상자원부는 '수출입 동향'을 발표하고 있다. 우리나라 전체 수출입 실적과 주요 수출 품목의 실적이 주요 내용인데 올해 발표 내용을 보면 우리나라 수출은 고전을 면치 못하고 있으며, 특히 반도체 수출은 매월 큰 폭으로 감소하고 있다. 반도체가 우리 수출에서 차지하는 비중이 높아지다 보니[1] 언론은 우리나라 수출 부진의 원인을 반도체에서 찾고 있으며, 매월 수출액이 감소하니 반도체 산업이 위기라는 말까지 나오기 시작했다. 과연 우리나라 반도체 산업은 현재 위기인가?

지난 2017년부터 세계 반도체 기업 매출 순위에서 우리나라 삼성전자가 미국의 인텔을 제치고 당당하게 1위에 올라섰다.[2] 인텔은 반도체의 역사와 함께 하는 기업으로 1960년대 후반부터 1980년대 중반까지는 메모리 반도체로, 그 이후부터 현재까지는 시스템 반도체인 CPU로 세계 반도체 시장에서 독보적인 존재감을 과시하며 줄곧 매출 1위를 지켜온 기업이다. 반면 삼성전자는 1983년부터 반도체 생산을 시작한 후발주자다.

삼성전자가 1983년 처음으로 개발한 제품은 64K D램이다. 당시 64K D램은 미국과 일본만이 생산할 수 있는 첨단 제품이었는데 세계에서 세 번째로 삼성전자가 개발에 성공했다. 미국과 일본의 선발 기업들은 삼성전자의 기술을 인정하지 않고 우연히 개발에 성공한 것이라고 과소평가를 했으나 불과 10년도 지나지 않은 1992년에 세계 최초로 64M D램 개발에 성공하면서 64K D램 개발이 우연이 아니라는 것을 증명했다. 이후 우리 기업들은 메모리 반도체를 집중적으로 육성했고 1993년부터 한국은 세계 최대의 D램 공급 국가가 되어 세계 반도체 시장 점유율을 높였다. 그리고 2013년부터 반도체 매출이 일본을 앞지르게 되어 현재까지 미국에 이어 세계 2위를 유지하고 있다.

[도표 5-3] 세계 반도체 기업 매출 순위

(단위: 억 달러)

2018년 순위	2017년 순위	기업 명	2018년 매출액	2018년 점유율	2017년 매출액	2017~ 2018 성장률
1	1	삼성전자	758.54	15.90%	598.75	26.70%
2	2	인텔	658.62	13.80%	587.25	12.20%
3	3	SK하이닉스	364.33	7.60%	263.7	38.20%
4	4	마이크론	306.41	6.40%	228.95	33.80%
5	6	브로드컴	165.44	3.50%	154.05	7.40%
6	5	퀄컴	153.8	3.20%	160.99	-4.50%
7	7	텍사스 인스트루먼트	147.67	3.10%	135.06	9.30%
8	9	웨스터른 디지털	93.21	2.00%	91.59	1.80%
9	11	ST마이크로 일렉트로닉스	92.76	1.90%	80.31	15.50%
10	10	NXP 세미컨덕터	90.1	1.90%	87.5	3.00%
기타			1,936.05	40.70%	1,815.78	6.60%
반도체 시장 합계			4,766.93	100%	4,203.93	13.40%

출처: 가트너Gartner(2019)

[도표 5-4] 국가별 반도체 점유율

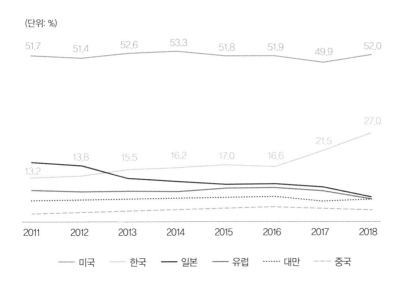

(단위: %)

2011	2012	2013	2014	2015	2016	2017	2018
51.7	51.4	52.6	53.3	51.8	51.9	49.9	52.0
13.2	13.8	15.5	16.2	17.0	16.6	21.5	27.0

—— 미국   —— 한국   —— 일본   —— 유럽   ······ 대만   ---- 중국

출처 : 연도별 IHS 발표 자료를 정리

불황기에 접어든 반도체 산업

2016년부터 시작된 4차 산업혁명 열풍은 반도체 시장을 급격하게 성장시켰다. 인공지능, 빅데이터, 클라우드, 데이터센터, 자율주행 자동차 등 4차 산업혁명 관련한 신산업들이 주목을 받으며 투자가 늘어나기 시작했는데 신산업들은 공통적으로 반도체를 핵심 부품으로 사용하고 있기 때문에 반도체 수요가 늘어나게 된 것이다. 특히 신산업들은 대량의 정보를 빠르게 처리하고 안전하게

보관해야 하기 때문에 이러한 기능을 수행하는 메모리 반도체는 수요가 폭발적으로 늘어났고 2016년 말부터 공급 부족 현상이 발생하게 되었다. 이로 인해 단가가 급격하게 상승해 메모리 반도체를 중심으로 제품을 생산해온 우리 기업들에게 반도체 호황이 찾아오게 된 것이다.

우리 기업들은 글로벌 공급 부족에 대응하기 위해 기존 공장의 가동률을 최대한으로 높였고 제조 능력을 확충하기 위해 설비 투자를 확대했다. 반도체 제조 공장을 설립하고 안정적인 수율에 도달하기까지는 수년이 걸리기 때문에 공급 부족 현상이 발생하더라도 안정적인 공급을 위해서는 몇 년의 시간이 필요하다. 이 기간에 반도체 단가는 계속해서 올랐고 2018년 말까지 이어졌으나 분위기가 조금씩 바뀌기 시작했다. 미중 무역 분쟁이 장기화되면서 중국을 필두로 세계 경제 성장이 둔화되고 반도체 수요 시장이 줄어들게 되었다. PC, 스마트폰 수요 감소와 함께 반도체 호황을 주도했던 미국과 중국의 대규모 데이터센터 수요도 감소하게 된 것이다. 게다가 공급 부족 현상에 대응하기 위해 확장한 설비에서 제품이 생산되기 시작하면서 메모리 반도체 공급이 오히려 수요보다 많아지게 되어 2018년 말부터는 메모리 반도체 단가가 하락하기 시작했다. 단가 하락은 곧바로 수출에 영향을 미쳐 2019년에 접어들어서 반도체 수출이 매월 전년 대비 20% 이상 감소하게 됐다. 매월 지속적으로 수출 감소라는 소식을 접하다 보니 정말 우리나라 반도체 수출에 문제가 생긴 것은 아닌지 염려되기 시작했고

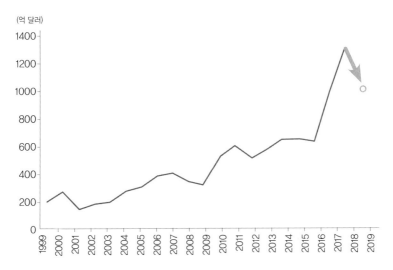

[도표 5-5] 반도체 수출 추이

(억 달러)

출처 : 산업연구원(2019) 「2019년 하반기 경제·산업 전망」

반도체 산업이 위기라는 말까지 나온 것이다. 우리나라 반도체 수출 실적을 확인하면 [도표 5-5]에서 보이는 것과 같이 2019년 반도체 수출이 전년 대비 감소할 것으로 전망되고 있다. 그러나 수출 실적이 2018년에 비해 악화되었지만 예전의 수준을 고려하면 상당히 높은 것을 알 수 있다. 올해 반도체 수출 실적이 악화로 나타나는 것은 지난 2018년 수출이 사상 최대를 기록하면서 나타난 기저효과다. 반도체 산업이 호황기를 넘어서 불황기에 접어든 것은 사실이지만 우리나라 반도체 산업은 불황 속에서도 예년 평균 이상의 매출을 올리고 있는 것이기 때문에 위기라는 표현은 적합하지 않다. 이러한 불황기에도 경쟁력을 잃지 않고 세계 시장 점유율을 유지하고 있다는 것은 호황기로 전환되면 우리나라 반도체 경기는 당연히 좋아질 것이기 때문이다.

| 끊임없는 도전에 직면한 우리의 반도체 산업

　호황기에 치솟았던 메모리 반도체 단가는 공급 안정화와 함께 세계 경기 영향으로 하락하기 시작했고 최고점의 50% 수준까지 내려왔다. 이러한 분위기는 당분간 지속될 것으로 전망된다. 2020년에도 미중 무역 분쟁이 지속되면 수요 회복을 기대하기가 어렵고 반도체 단가 회복이 쉽지 않을 것이다. 게다가 호황기에 메모리 반도체 시장에 도전장을 내밀었던 중국과 미국 기업이 여전히 위협하고 있다. 중국 기업들은 미중 무역 분쟁의 영향으로 핵심 장비 확보에 어려움을 겪고 있지만 메모리 반도체 생산 계획을 포기하지 않았다. 비록 첨단 기술이 적용된 제품을 생산하지 못했기 때문에 시장에 아직까지 영향을 미치지는 않고 있으나 낸드플래시 시제품 생산에 성공[3]했고 D램도 자체 생산을 위해서 투자를 멈추지 않고 있다.

　중국은 정부의 입김으로 자국 제품 우선 채용이 가능하기 때문에 고성능이 필요하지 않은 시장은 조금씩 바뀔 가능성이 커지고 있다.[4] 현재 미국 기업 중 메모리 반도체 시장에서 존재감이 있는 곳은 마이크론이 유일하다고 할 정도로 미국 기업들은 메모리 반도체에서 시스템 반도체로 대부분 전환했다. 그러나 삼성전자에 매출 1위 자리를 내주었던 인텔이 메모리 반도체 시장에 다시 뛰어들기 위해 움직이고 있다. 인텔은 각 메모리 반도체의 특징인 D램의 빠른 속도와 낸드플래시의 저장 능력을 가진 차세대 메모리 반도체를 개발해 새로운 시장을 개척하려 하고 있다.

이러한 도전이 새롭지만은 않다. 2000년대 초반 미국, 일본, 대만을 비롯한 유럽 기업 등 다수의 기업이 메모리 반도체를 생산함에 따라 공급이 과다하게 늘어나 치킨게임이 시작되었다. 공급 기업들의 경쟁이 치열해짐에 따라 단가가 하락하게 되고 채산성이 낮아지면서 유럽, 대만, 일본 기업들이 차례로 철수했음에도 불구하고 우리 기업들은 지속적인 투자를 통해 현재와 같은 경쟁력을 보유할 수 있었다. 따라서 지금의 도전도 우리 기업들은 충분히 헤쳐 나갈 수 있는 역량을 가지고 있다. 게다가 글로벌 환경도 우리에게 불리하지만은 않다. 미중 무역 분쟁이 격화되면서 중국의 메모리 반도체 생산이 지연되고 있으며, 인텔은 마이크론과 차세대 메모리 반도체 공동 생산을 추진하고 있었는데 순조롭게 진행되고 있지 않았다.

우리나라가 진정한 반도체 강국으로 도약하기 위해서 중국과는 기술 격차를 더 벌리고, 차세대 메모리 반도체는 우리 기업들이 먼저 시장을 점유해야 할 것이다. 여기에 하나 더, 메모리 반도체에 비해 상대적으로 열악한 시스템 반도체를 재점검하고 산업 생태계를 강화해야 할 때가 온 것이다.

우리나라 메모리 반도체 산업이 세계적인 경쟁력을 갖추는 동안 글로벌 반도체 비즈니스 모델에 변화가 일어나기 시작했다. 우리 기업이 메모리 반도체를 시작한 1980년대 초반까지도 반도체의 대표 품목은 메모리 반도체였으나 앞에서 언급한 인텔의 CPU를 시작으로 통신용, 그래픽용 등 다양한 기능을 수행하는 시스템 반도체가 성장했고, 제품의 설계와 제조가 분리되어 설계를 전문으로 하는 팹리스와 제조를 전문으로 하는 파운드리가 등장했다. 우리나라 반도체 산업이 메모리 반도체를 중심으로 성장했기 때문에 우리는 일상적으로 메모리 반도체 이외의 반도체를 비메모리 반도체라고 칭하기도 하는데 사실상 메모리 반도체는 전체 반도체 시장에서 차지하는 비중이 30% 정도에 불과하다. 우리나라 산업 기준으로 프로세서, 로직 IC, 아날로그 IC 등 다양한 기능을 수행하는 반도체 칩을 통틀어서 비메모리 반도체라고 칭한 것이다. 최근에는 비메모리 반도체라는 용어보다 시스템 반도체라는 용어를 많이 사용하고 있는데 시스템 반도체에는 팹리스와 파운드리도 포함되고 있다. 칩 단위에서 확장되어 비즈니스 모델까지 포함하게 된 것이다. 반도체 산업 규모가 커짐에 따라서 한 기업이 설계와 모든 제조 공정을 소화하기가 어려워졌고, 메모리 반도체 생산 업체를 제외한 대부분의 반도체 업체들이 설계와 제조를 따로 하고 있다.[5] 대표적인 시스템 반도체 생산 업체인 미국의 퀄컴과 앤비디아도 생산 설비를 갖추지 않은 팹리스 기업들이다. 따라서 새로운 흐름에 맞추어 팹리스와 파운드리도 시스템 반도체 범위에 포함되는 것이다.

우리 정부와 기업은 메모리 반도체에서 가능성을 발견하고 이를 집중적으로 육성했다. 그 전략은 성공했고 메모리 반도체 분야에서 최고의 경쟁력을 보유하게 되었으나 그 과정에서 시스템 반도체 분야는 상대적으로 소홀하게 되었다. 1993년 D램이 세계 시장 점유율 1위를 달성하자 자신감을 얻게 된 우리 정부는 시스템 반도체 산업 육성을 위해 1998년부터 2010년까지 '시스템IC 2010 사업'을 진행했다. 시스템IC 2010 사업으로 인해 우리나라 시스템 반도체 산업 기반이 조성되었고 일부 품목에서는 세계적인 경쟁력을 가진 제품이 등장하기도 했다. 그리고 후속 사업으로 2015년까지 '시스템IC 2015'가 진행되었으나 세계 시장 변화에 빠르게 적응하지 못한 우리나라 시스템 반도체 산업은 정체기를 맞이했다.

메모리 반도체는 정보를 저장하는 것이 주요 용도이기 때문에 소품종의 제품이 다양한 수요 제품에 사용되어 소품종 대량 생산이 가능한 제품이다. 반면 시스템 반도체는 연산, 제어, 전환 등 다양한 기능을 수행하기 때문에 다품종 개발이 필요하지만 각 개별 시장 규모는 작은 편이다. 또한 수요가 급변하기 때문에 시장 수요를 빠르게 파악하고 새로운 기능을 수행하는 신제품을 개발해야 한다. 같은 반도체이지만 개발 프로세스가 전혀 다른 것이다.

메모리 반도체는 보다 많이[6], 보다 빠르게라는 변함없는 기술 개발 목표가 있는 반면 시스템 반도체는 매우 다양한 소비자 요구에 맞추어 수많은 목표를 달성해야 하는 어려움을 가지고 있다. 그리고 시스템 반도체가 발달한 미국은 새로운 전자기기를 개발하는 단계에서 특수한 기능을 수행하는 반도체를 개발하면서 시장을 장악하고 있다. 인텔의 CPU도 PC 보급과 함께 성장했고 퀄컴의 통신용 반도체, 앤비디아의 그래픽용 반도체 등 모두 해당 산업의 초기에 시장을 장악한 것이다. 따라서 기존의 시스템 반도체 시장에 신규 진입하기가 어려워 우리나라 시스템 반도체 산업이 발달하기 쉽지 않았다.

진정한 반도체 강국으로의 도약

2016년 말부터 시작된 메모리 반도체 호황으로 국민의 반도체에 대한 관심이 높아졌고 언론과 학계, 연구계는 우리나라 반도체 산업 구조에 대해 진단하기 시작했다. 동시에 반도체 산업이 국가 대표 산업으로 안정적으로 자리 잡기 위해 필요한 과제들이 논의되었다. 반도체 제조 장비와 소재에 대한 국산화율을 높여야 한다는 의견이 제시되었고 메모리 반도체 비중이 너무 높고 시스템 반도체 경쟁력이 열악하니 시스템 반도체 분야도 강화해야 한다는 목소리가 높아졌다. 또한 메모리 반도체는 경기 변동에 민감한 품

비전	메모리 반도체 강국에서 종합 반도체 강국으로		
목표	팹리스 시장 점유율: 1.6%(2018) → 3.0%(2022) → 10%(2030) 파운드리 시장 점유율: 16%(2018) → 20%(2022) → 35%(2030) 시스템 반도체 고용: 3.3만 명(2018) → 4만 명(2022) → 6만 명(2030)		
추진 전략	(팹리스) 수요, 자금, 인력, 기술 등 성장 생태계를 긴 안목으로 조성 (파운드리) 메모리 경쟁력을 바탕으로 단기간 내 세계 선두로 도약		
추진 과제	(팹리스) 수요 창출 및 성장 단계별 지원 강화 (파운드리) 첨단, 틈새시장 동시 공략으로 세계 1위 도약 (상생협력) 팹리스−파운드리 상생 협력 생태계 조성 (인력) 민·관 합동 대규모 인력 양성(2030년까지 1만 7,000명 규모) (기술) 산업의 패러다임을 바꾸는 차세대 반도체 기술 확보		

출처 : 정부 발표 내용 저자 정리

목이니 부가가치가 높으면서도 경기 변동에도 영향이 작은 시스템 반도체를 육성해야 한다는 지적도 나왔다. 우리 정부도 이 시기에 시스템 반도체 산업 재도약을 위한 정책을 준비했고 철저한 검토 과정을 거쳐서 2019년 4월 '시스템 반도체 비전과 전략'을 발표했다.

기존에도 시스템 반도체 산업 발전을 위한 노력들이 있었으나 이번 정부의 발표는 구체적인 목표를 설정하며 세부 실행 방안을 제시하고 있기 때문에 그 성과를 이전보다 기대할 수 있을 것이다. 그리고 시스템 반도체 칩 개발에만 집중하는 것이 아니라 반도체 생태계 전반을 강화하는 것이 이번 발표 내용의 핵심이기 때문에 우리나라 반도체 산업의 체질을 개혁할 수 있는 시도로 평가할 수 있다.[7]

우리나라는 반도체 산업 후발 주자임에도 불구하고 현재 미국에 이어 세계 2위의 위상을 떨치고 있다. 우리나라는 초기에 원천 기술이 없었기 때문에 제조 장비와 소재를 수입에 의존하며 반도체 산업이 발달했고 한정된 자원을 메모리 반도체에 집중하면서 시스템 반도체 분야가 부진하다. 하지만 이러한 구조적인 문제점을 정확하게 진단하고 반도체 산업 생태계 전반을 강화하기 위한 이번 정부의 발표는 상당히 고무적이다. 그리고 역량을 갖춘 민간기업도 같은 목표를 설정하고 적극적으로 행동하기 시작했다.

　　시스템 반도체 분야에서도 세계적인 경쟁력을 갖추게 된다면 우리나라는 진정한 반도체 강국으로 도약할 것이다.

▶▶ **김양팽**

03 조용히 밀려오는
인공지능의 쓰나미

사람들의 관심을 모으기 시작한 지 불과 수년 만에 인공지능은 기업의 미래 전략에서, 국가의 정책 목표에서 핵심적 위치에 올라 있다. 100조 규모의 펀드로 세계 투자의 흐름에 큰 영향을 행사하는 손정의 소프트뱅크 회장이 7월 문재인 대통령을 방문한 자리에서 앞으로 한국이 집중해야 할 것으로 제안한 것은 "첫째도 인공지능, 둘째도 인공지능, 셋째도 인공지능"이었다.

인공지능은 아이들에게 기대와 설렘을 주지만 어른들에게는 걱정과 두려움의 대상이기도 하다. 20년 내에 일자리의 47%가 자동화될 위기에 있다는 2013년 옥스퍼드 대학교의 보고서[8]가 그 우려를 더 키웠다. 그런데 요즘 대부분의 OECD 국가들은 고용 호황을 누리고 있다.[9] 아직까지 인공지능이 우리의 일자리를 크게 빼앗아가진 않았다.

｜ 이미지 인식 분야에서는 사업화, 언어 분야에서는 알고리즘 혁신 활발

현재 인공지능의 대세는 딥러닝이다. 딥러닝 분야 중에서도 가장 두드러진 발전을 이룬 영역은 컴퓨터 비전, 즉 이미지 인식 분야다. 2012년 이미지넷ImageNet 콘테스트에서 그 진가를 보여준 이후 불과 몇 년 만에 사람의 이미지 인식 능력을 뛰어넘는 수준으로 발전해 사업화가 매우 활발하다. 중국의 안면 인식 기술 기업인 센스타임SenseTime이 현재 AI 스타트업 중에서 최고의 가치를 인정받고

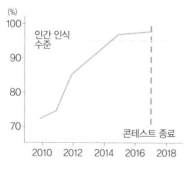

[도표 5-7] 딥러닝의 이미지 인식 수준
(ImageNet 콘테스트)

출처: AI Index 2018 Report(Stanford University)

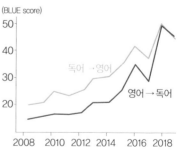

[도표 5-8] 딥러닝의 언어 처리 수준
(WMT 콘테스트 : 뉴스번역)

출처: EuroMatrix

있는 것도 이런 흐름을 반영하고 있다.

NLP로 불리는 언어처리 분야는 컴퓨터 비전과 함께 딥러닝에서 양대 축을 이루고 있다. 시리Siri, 구글 번역 등을 통해 알 수 있듯이 이 언어 능력 또한 크게 높아졌지만 아직 완성 단계와는 거리가 있다. 최근 알고리즘 혁신이 활발한 분야다. 종전의 순차적인 처리 방식과는 전혀 다른 트랜스포머Transformer 모델이 2017년 나온데 이어 이를 기반으로 한 BERT, GPT(s) 등 혁신적인 모델들이 2018, 2019년 계속 이어지고 있다.

강화학습RL은 딥러닝 분야는 아니지만 딥러닝의 날개를 달고 발전하고 있는 분야다. 2016년 딥마인드의 알파고로 사람들에게 인공지능을 확실하게 각인시켰다. 바둑, 게임 이외에도 제조, 물류, 재고 관리, 자율주행 등에 활용되고 있지만 예측할 수 없는 상황이 발생하는 환경에는 적용에 어려움이 있다.

이와 같이 딥러닝의 발전은 인공지능 시대를 열었고 이끌어가고 있다. 하지만 한편으로는 딥러닝에 치우쳐 있는 것이 현재 인공지능의 한계이기도 하다.

| 인공지능, 비즈니스 전반으로 빠르게 확산

맥킨지글로벌연구소는 2018년 보고서[10]에서 인공지능은 2030년까지 전 세계 연간 GDP 1.2% 추가 상승 요인이 될 것이며 이것은

산업혁명과 정보혁명 때의 영향보다 훨씬 클 것이라고 전망했다. 인공지능이 기업 간, 국가 간, 개인 간의 격차를 더 벌려 놓을 것이라고도 했다. 기술과 자본을 가진 기업과 국가들이 인공지능 시대를 주도하고 그 혜택도 크게 가져갈 거라는 것이다. 유휴 노동력이 많은 개발도상국은 성장의 동력을 인공지능에서 찾아야 하는 유인이 적은 반면에 선진국들은 노령화와 인구 정체로 새로운 성장의 동력에 대한 절실함이 큰 것도 인공지능 격차를 더 벌리는 요인으로 보았다. 인공지능에 의한 경제 산업에의 영향은 2020년대 초반까지는 완만하다가 그 이후 본격화되는 S자형 추세를 보일 것이라고 전망했다.

인공지능 연구는 2014년 이후 학계보다는 기업이 주도하는 모습을 보이고 있다. 딥러닝을 부활시킨 것은 토론토 대학교의 알렉스넷AlexNet이었지만 구글의 인셉션Inception, 마이크로소프트의 레즈넷ResNet 모델을 거치며 사람의 능력 이상으로 이미지 인식 수준이 높아졌다. 최근 언어 처리 분야에서의 혁신적인 모델들도 거의 기업 연구소에서 나왔다.

이들 선두에 있는 거대 기업뿐 아니라 일반 기업들이 인공지능 기술을 사업에 채용하는 비율도 급격히 높아지고 있다. 89개국 기술 담당 임원을 대상으로 한 가트너의 서베이 보고서는 인공지능 적용 기업의 비율이 1년 사이에 3배가 증가해 14%(2018)에 이르렀고 2020년까지 대기업의 거의 3분의 2가 인공지능을 적용할 것으로 전망했다.[11] 기업들이 인공지능을 적용하는 분야를 산업별로

[도표 5-9] **산업별/활동 분야별 기업의 인공지능 적용 비율**(2018)

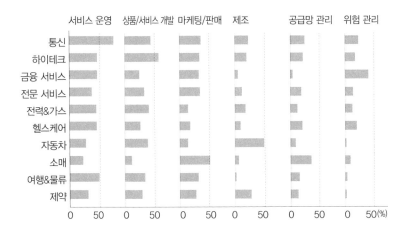

출처: AI Index 2018 report(Stanford University)

보면 통신 기업과 물류 기업은 서비스 운영에, 하이테크 기업은
상품 혹은 서비스 개발에, 소매 기업은 마케팅과 공급망 관리에,
자동차와 제약 기업은 제품 제조에, 금융기관은 리스크 관리에 인
공지능을 적극 적용하는 경향을 보인다.[12]

인공지능은 특히 의료 분야에서 큰 부가가치를 창출하고 인류
의 삶의 질 향상에 기여할 것으로 기대된다. 이미지 인식 기술의
발전으로 유방암, 피부암 등 각종 암 진단과 종양 진단, 당뇨병성
망막증 진단 등 영상 진단에서 많은 성과들이 보고되고 있다.[13] 이
외에 언어처리 기술의 발전은 잠자고 있던 의료 기록 데이터들을
살려내고 강화학습 기술은 수술용 보조 로봇의 움직임을 보다 정
확하고 안정적으로 만들어가고 있다. 방대한 데이터 속에서 특성

들을 잘 추출해내는 딥러닝이 유전체학, 신약 개발 등에서도 중요 개발 수단으로 부상하고 있다.

인공지능이 앞으로 세계의 기술 산업 경제의 흐름을 좌우할 것으로 예상되면서 거의 모든 국가들이 인공지능을 국가 전략으로 추진하고 있다. 중국이 2030년 인공지능 선도 국가 목표 아래 투자 교육 등을 망라하는 국가 전략으로 추진하고 있고 미국도 2019년 2월 트럼프 대통령이 서명한 행정명령 'AI이니셔티브'를 통해 인공지능 분야에서의 리더십을 유지하기 위한 연방정부 차원에서의 정책을 가시화하고 있다. 우리나라도 2018년 데이터 전략과 AI 전략을 발표한 후 2019년 1월 데이터와 AI의 융합적 발전 전략으로 보다 구체화시켰다. AI 시대를 이끌어갈 인재 육성, AI의 동력원이라고 할 수 있는 데이터의 체계적 축적과 개방 확대, 인공지능 융합 클러스터 등 인공지능의 발전을 위한 생태계 조성 등에 이르기까지 방대하고 개별적으로 매우 구체적인 목표를 제시하고 있다. 8월에는 인공지능과 데이터를 산업/사회의 혁신적 변화를 연쇄 촉발할 '코어블록'으로 정의하고 이를 토대로 미래차, 시스템 반도체, 바이오헬스 등 미래 신산업을 육성해간다는 비전도 제시했다. 2023년까지 AI 인재 등 혁신 인재 20만 명 양성, AI 유니콘 기업 10개 육성 등 매우 의욕적인 목표도 제시되었다.

산업계의 활동은 주로 삼성, LG, SK, KT, 네이버, 카카오 등 대기업을 중심으로 해외 인재 영입, 해외 연구 거점 확대, AI 지능형 반도체 개발이 추진되고 있고 음성인식 가상 비서, 챗봇, 스마트 홈 등의 사업화가 펼쳐지고 있다. 금융기관은 AI 자회사를 신설하고 인공지능 경진대회를 열고 은행원들이 코딩을 배우는 등 AI 뱅킹 시대를 예고하고 있다. 의료계에서도 정부와 주요 의료기관들이 2018년부터 개발하고 있는 한국형 의료 인공지능 '닥터앤서'의 임상 적용이 시작되는 등 AI, 빅데이터가 키워드가 되고 있다. 의료 스타트업 루닛이 2019년 4월 국제암진단콘테스트TUPAC에서 IBM, 마이크로소프트 등 경쟁팀을 누르고 1위에 올라 「포브스」에 집중 소개되기도 했다.[14] 정부기관과 금융기관 등에서의 챗봇 도입도 확대되고 있다.

그러나 우리나라의 인공지능은 미국, 중국 등을 비롯해 인공지능을 리드하고 있는 국가들에 비하면 취약한 모습이 많이 노출된다. 인공지능 관련 논문 및 인용 지표들이 미국, 중국은 물론 다른 선진국들에 비해서도 부진한 모습이다. 특히 AI 분야에서 권위를 인정받는 AAAI에 수록된 논문은 2018년 중국과 미국의 거의 1/20 수준에 그쳤으며 CB인사이트가 매년 발표하는 AI 스타업 Top 100에 한국 기업은 2018, 2019년 하나도 끼지 못했다.

AI 관련 논문은 추세적으로도 최근으로 올수록 상대적으로 밀리는 모습을 보이고 있다. 대학의 인공지능 관련 정원 및 강좌 등록 학생 수에서도 스탠퍼드 대학교, 토론토 대학교, 중국의 칭화 대학교 등은 지난 몇 년간 매우 가파른 증가세를 보여왔으나 우리나라의 대학들은 대부분 제자리에서 조금도 움직이지 않았다.

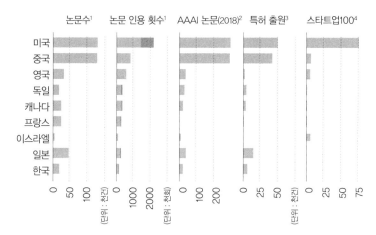

[도표 5-10] 주요국 인공지능 관련 논문 및 특허 지표

주: [1] 1996~2018 기준, 회색 부분은 자기인용(self citation), 출처: SJR(SCImago Journal Rank)
   [2] 출처: AI Index 2018 report(Stanford University)
   [3] 공개특허수(1998~2017), 최초 출원 특허청 소재지 기준, 출처: Intellectual Property Office
   [4] Top Startup 100(2019), 출처: CBinsight, "AI 100: The Startups Redefining Industries"

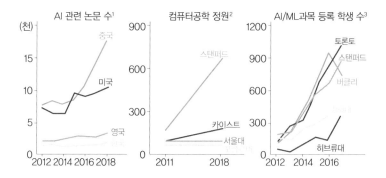

[도표 5-11] 인공지능 관련 논문 및 대학 과정 등록 추세

주: [1] 출처: SJR(SCImago Journal Rank)
   [2] 출처: 각 대학 매년 입시요강, 스탠퍼드 대학교 매년 Enrollment Statistics
   [3] 스탠퍼드 대학교 AI개론, 버클리 대학교 ML개론과목, 기타 AI+ML 과목, 출처: AI Index 2018
   report(Standford University)

현재의 인공지능은 많은 사람들이 생각하고 있는 만큼 사람의 지능에 접근해 있지 않다. 딥러닝으로 대표되는 인공지능은 논리적인 사고나 추론을 하지 못한다. 번역을 하지만 사실은 말을 전혀 이해하지 못한다. 챗봇은 개발자가 미리 설계해 놓은 논리를 넘어 스스로 앞말과 그다음 말, 그다음 다음 말을 연결해서 추론할 수 없고 함축적인 의미를 고려할 수 없다. 오늘의 딥러닝이 있게 한, 딥러닝이란 말을 만든 장본인들인 제프리 힌튼Geoffrey Hinton, 요슈아 벤지오Yoshua Bengio, 얀 르쿤Yann Lecun 같은 인공지능계의 구루들은 사람의 지능 수준을 가진 일반 인공지능은 아직은 보이지 않는 먼 미래라고 입을 모은다.[15]

매년 주요 기술들의 현재 발전 단계를 하이프 사이클에서의 위치로 발표하고 있는 가트너사는 딥러닝, 머신러닝, NLP 등은 2017년에 이미 기대가 부풀어 있는 정점 수준에 도달한 후 조금씩 부풀려진 기대가 꺼지는 단계를 향해 옮아가고 있는 것으로 평가하고 있다.[16] 지금의 기대가 워낙 크기 때문에 향후 수년동안 이에 따른 반작용으로 분위기가 다소 가라앉을 가능성도 배제할 수 없다. 일본 「니케이 비즈니스」는 5월 특집 기사에서 AI 거품론을 펴기도 했다.[17] 많은 기대를 모았던 대화형 AI가 누구나 답할 수 있는 뻔한 답변만 반복하는 것을 단적인 실태로 꼽았다.

그러나 인공지능의 가시적인 효과가 단기적으로 두드러지지 않

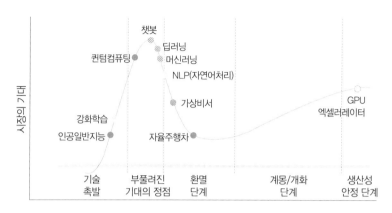

[도표 5-12] **인공지능의 가트너 하이프 사이클**(2019년 7월 기준)

출처: Gartner, "Top Trends on the Gartner Hype Cycle for AI", 2019.9.12

더라도 기업들이 시행착오를 겪는 학습 기간을 거치면서 인공지능의 영향은 뚜렷해질 가능성이 많다. S자형 전개를 전망한 매킨지의 분석처럼 2020년대 중반부터 인공지능의 영향이 본격적으로 나타날 수 있고 그것이 가트너의 하이프 사이클에서 개화의 국면Slope of Enlightenment일 수도 있다. 이 시기는 자율주행차의 상용화가 확대되는 시기와 일치할 가능성이 많다. AI의 지능에 물리적 동력 장치가 결합된 자율주행차는 기업 활동의 백그라운드에 머물던 인공지능을 모든 사람의 일상으로 가져옴으로써 경제적으로뿐 아니라 사회심리적으로도 큰 영향을 미칠 것이다. 자율주행차 하나만으로도 고용, 교통 체계, 주차 공간, 사람들의 시간 소비 형태, 여가 문화, 자동차 구매 패턴 등에 광범위한 파장을 일으킬 것으로 예상된다.

이와 같이 인공지능은 변화와 발전을 겪고 있는 기술 자체의 측면에서 그리고 우리의 역량 측면에서 기대와 현실적인 한계를 균형 있게 바라볼 필요가 있다. 막힌 물꼬를 트고 마중물을 붓고 펌프질을 하는 것이 절실히 요구되는 것이다. 그러나 한편으로는 우리가 이룰 수 있는 성과에 대한 시간 범위는 좀 더 길게 잡을 필요가 있다.

데이터는 인공지능의 발전에 필수적인 원료이자 연료다. 정부 정책에서도 데이터의 생성과 공개, 교류의 활성화는 매우 강조되고 있다. 스탠퍼드 대학교에서 1,500만 개의 이미지를 2만 2,000개의 레이블로 정리해 이미지넷이란 이름으로 공개한 데이터는 이미지넷 콘테스트의 장을 열었고 수십 년간 외면당하고 있던 신경망 모델을 딥러닝으로 부활시키는 초석이 되었다. 예를 들어 세계적으로 언어연구와 지식 수준 측정에 많이 활용되는 위키피디아에서 한국어판은 내용이 매우 빈약한 편이다. 영문에 비해 부실한 한국어 항목들을 중심으로 문장 대 문장으로 매칭되는 한국어판을 만들어 보완한다면 한국어와 영어 번역 연구에 크게 기여할 수 있고 우리의 지식 기반을 넓히는 데도 도움이 될 수 있을 것이다.[18]

미국과 일본 등 많은 국가들이 대학 교육에서뿐 아니라 초중고 교육에서의 STEM(과학·기술·공학·수학) 교육 강화를 인공지능 정책의 주요 항목으로 내세우고 있다. 우리나라에서도 STEM 교육이 더 강조될 필요가 있다. STEM 교육은 인공지능 시대를 위한 우리나라의 전반적인 지식 역량을 높여줄 기반이며, 단기 양성 과정에서는 배출하기 어려운 인재들이 자랄 수 있는 토양이 될 것이다. 또한 컴퓨터 공학이나 인공지능을 전공하지 않는 학생들도 인공지능 지식을 충분히 가질 수 있도록 열린 학제를 운영할 필요가 있다. 중국의 AI 관련 교육 정책에서 강조되고 있는 것과 같이 AI+X는 산업에서뿐 아니라 교육 과정으로도 확대되어야 할 것이다.[19] MIT에서 1조 원 규모로 추진되고 있는 AI 칼리지가 강조하고 있는 '미래의 이중 언어'도 이런 양손잡이 인재의 양성을 목표로 하고 있다.[20]

오픈소스가 인공지능 시대의 핵심 키워드이듯 연구개발 및 AI 교육 지원에서도 열린 접근이 필요해 보인다. 인터넷 공간에는 AI 관련 데이터와 패키지, 알고리즘들이 끝없이 공개되어 있고, 초단위로 사용한 만큼만 지불하면 되는 강력한 클라우드 플랫폼들이 열려 있다. 딥러닝 구루의 강의, 알파고 개발 리더의 강의, 유명 대학의 강의, 코세라 등 무크MOOC 강의 등이 넘쳐난다. 클라우드 플랫폼 등 인프라와 온라인 강의 지원 등을 우리 것에 제한하지 않고 글로벌 영역으로 넓히는 것이 인재 양성과 연구개발의 수준을 높이는 길이며 또한 궁극적으로 우리의 인프라 경쟁력 향상을 유도하는 길이 될 것이다.

▶▶ 이종원

04 2020년
한국 바이오헬스 산업의 재도약

| 바이오헬스 산업의 범위와 특성

　바이오헬스 산업은 바이오기술을 활용하는 모든 산업을 포괄하는 바이오산업biotechnology-based industry, bioindustry에 포함되는 세부 산업이다. 바이오산업은 인간, 동식물 등 생명체 자체를 소재로 이용하거나 바이오기술과 첨단 기술 등을 활용해 사회적·경제적 가치를 창출하는 산업을 총칭한다. 바이오산업 중 경제적 비중이 가장 큰 바이오헬스 산업은 인간의 건강과 관련된 모든 분야를 포함한다. 의약품, 식품, 진단·의료기기 등이 대표적인 바이오헬스 제품이며, 유전자 분석으로 질병을 예측하고 진단하는 제품과

서비스가 바이오헬스 산업에 포함된다. 더욱 넓은 의미에서는 병·의원 등 기존 의료 서비스 산업까지 바이오헬스 산업에 포함하기도 하는데, 이 장에서는 의료 서비스 산업을 제외한 협의의 바이오헬스 산업[21]을 중심으로 생각해보자.

바이오헬스 산업은 기본적으로 '인간을 질병으로부터 구해 건강하고 행복하게 하는 것'을 목적으로 제품과 서비스를 개발하는 산업이다. 혁신의 목표가 '인간 생명에 대한 배려와 복지의 확대'이며, 산업적 성장과 경제적 효과는 이러한 혁신 과정에서 더불어 창출되는 것이다. 바이오헬스 산업의 성장은 고용과 생산 등 산업 자체의 경제적 효과를 창출할 뿐 아니라 궁극적으로 우리나라가 당면하고 있는 고령화 시대에 국민의 건강과 삶의 질을 효율적으로 높이는 데 기여할 것이다. 즉, 복지 확대와 경제 성장의 선순환이 중요한 산업이다.

따라서 기술 혁신을 통해 제품을 생산하고 시장 판매를 통해 수익을 창출하는 것이 최우선 목표인 전자 산업 등 여타 제조업과는 다른 특성과 정책 환경을 갖는다. 일례로, 일반 제조업 비즈니스에서는 얼마나 빠른 시간 안에 성과를 낼 수 있는가를 기준으로 연구개발에 투자한다. 하지만 바이오헬스 산업은 인류를 질병으로부터 구하기 위한 장기간의 연구개발에 대한 투자가 필요할 뿐 아니라, 인간 생명과 연관되기 때문에 개발된 제품과 서비스에 대한 인허가 과정도 매우 까다롭다.

바이오헬스 산업이 발전하기 위해서는 인간 중심성에 대한 철학을 공고히 하고 긴 개발 주기와 높은 개발 위험을 감수하는 것이 중요하다. 의약품, 의료기기, 보건의료 소프트웨어 등 바이오헬스 제품과 서비스의 안전성·유효성을 증명해야 하는 임상시험 단계는 여타 산업에서의 제품 서비스 개발 과정과 크게 다르다. 대부분 첨단 신약을 개발하기 위해서는 임상 1상, 2상, 3상을 수행하는 것이 일반적이며, 희귀질환 치료제 등 일부 특수 의약품은 임상시험 범위와 기간에 예외 조항을 두기도 한다.

이처럼 바이오헬스 제품은 복잡한 인허가 등 임상 개발 과정이 어렵지만, 일단 인허가를 획득하면 물질 특허를 통해 독점력을 10년 정도 행사할 수 있다는 장점도 가진다. 그리고 시장에서의 생명력도 스마트폰과 같은 IT 첨단 제품보다 매우 길다. 대표적인 바이오 의약품인 인슐린과 에리스로포이에틴이 30년 이상 판매되고 있는 데서 이를 확인할 수 있다. 즉, 시장에서 유효성과 안전성이 입증되면 시장의 신뢰도가 시간이 갈수록 강화되면서 바이오헬스 제품과 서비스 시장의 규모가 확대되는 것이다.

바이오헬스 산업이 다른 산업과 크게 다른 또 하나의 특성은 산업의 가치사슬과 이해당사자 구조가 매우 복잡하다는 것이다. 대부분의 의약품과 보건의료 서비스는 생산자(기업)로부터 수요자(환자)에게 직접 제공되지 않고 병·의원(의사) 등 '중간 제공자'를 통해서 공급되어야 한다. 또한 제품의 구매자 역시 개인뿐 아니라 정부와 국민건강보험공단 등 '재정 중간자'의 역할이 크다. 그리고 여타 산업의 제품 가격이 시장에서 결정되는 것과 달리, 바이오헬스 제품의 가격과 시장 진출은 중간 제공자와 재정 중간자의 영향 등 여러 가지 요인에 의해 결정된다.

최근의 기술 혁신으로 인해서 소비자(환자, 국민)는 바이오헬스 산업의 수요자인 동시에 제품과 서비스 개발에 참여하는 수퍼컨슈머로 부상하고 있으며, 바이오헬스 산업 생태계에서의 역할과 중요성 역시 크게 증가하고 있다. 바이오헬스 산업의 파괴적 혁신에 대응하는 사회적 수용성이 더욱 중요해지고 있으며, 혁신 수용을 위한 사회적 합의 과정에서 소비자의 역할과 참여가 날로 확대되는 추세다.

│ 미래 성장 동력으로 부상하는 바이오헬스 산업

바이오헬스 산업이 우리나라를 비롯한 세계 각국에서 미래 성장 동력으로 각광받는 이유는 세계적인 인구 고령화로 인한 수요 증가와 시장 확대 가능성 때문이다. 그리고 4차 산업혁명 시대에 진입하면서 바이오·IT·나노·재료·로봇 등 분야에서 나타나는 급속한 기술 혁신과 산업 영역 확대에 대한 기대도 매우 크다. 세계 각국은 국가 경제의 성장과 일자리 확보를 위해 인구 고령화와 기술 발전으로 빠르게 성장하는 거대한 바이오헬스 시장에서의 기회를 선점하려고 치열하게 경쟁 중이다.

세계 바이오헬스 산업은 2014~2019년 연평균 6% 수준으로 성

[도표 5-13] **세계 바이오헬스 산업 규모**

(단위: 백만 달러)

연도		제약 바이오	의료 기기	의료 영상 장비	체외 진단	스마트 헬스케어	전체
2014		1,030,000	303,000	26,000	53,300	63,900	1,476,200
2015		1,105,000	317,000	27,400	58,100	68,400	1,575,900
2016		1,158,460	330,000	28,700	61,590	73,400	1,652,150
2017		1,195,170	370,800	29,400	65,280	107,960	1,768,610
2018		1,246,390	391,440	30,400	71,900	132,970	1,873,100
2019		1,299,810	413,940	31,600	76,300	147,650	1,969,300
연평균 성장률 (%)	2014 ~ 2015	7.28	4.62	5.38	9.01	6.75	6.75
	2015 ~ 2016	4.84	4.1	4.74	6.01	4.84	4.84
	2016 ~ 2017	4.84	4.24	4.01	5.99	4.82	4.82
	2017 ~ 2018	4.29	5.57	3.40	10.14	23.17	5.91
	2018 ~ 2019	4.29	5.75	3.95	6.12	11.04	5.14
	2014 ~ 2019	4.76	6.44	3.98	7.44	18.24	5.93

주1: 스마트 헬스케어는 IT 플랫폼과 소프트웨어, 원격의료, 센서, 빅데이터 등 디지털 기반 헬스케어 제품과 서비스 포함
주2: 스마트 헬스케어 범위가 2017년 기준 확대되었음.
출처: Global Heathcare Outlook, Frost & Sullivan, 산업연구원 작성

장하고 있으며, 보건의료 분야에 IT 기술이 접목된 스마트 헬스케어 분야는 같은 기간 연평균 18% 이상으로 성장했다. 3% 수준의 최근 세계 경제성장률과 비교할 때, 바이오헬스 산업의 성장률은 괄목할 만하다.

한국 바이오헬스 산업의 발전

한국 정부는 '제1차 생명공학육성기본계획(1994~2006년)'을 시작으로 '제3차 생명공학육성기본계획(2017년~2026년)'까지 발표하면서, 바이오 분야에 대한 정책적 지원에 노력하고 있다. 바이오헬스를 포함하는 바이오산업 전체에 대한 한국 정부의 투자는 2010~2019년 연평균 7.6%로 확대되었다.

한국 바이오산업 수급 규모는 2017년 11조 7,720억 원으로

[도표 5-14] **바이오 분야에 대한 한국 정부의 투자**

(단위: 억 원)

연도	1994	2000	2005	2010	2015	2019	연평균 증가율		
							1994 ~ 2000	2000 ~ 2010	2010 ~ 2019
금액	536	2,462	6,736	15,175	23,388	29,312	28.93	19.95	7.59

주: 투자 실적 기준, 2019년은 투자 계획 기준
출처: 생명공학육성시행계획, 과학 기술정보통신부 외, 산업연구원 작성

[도표 5-15] 한국 바이오산업과 바이오의약 산업 성장

(단위: 조 원, %)

연도		2000	2005	2010	2015	2016	2017	연평균 성장률(%)		
								2000 ~ 2005	2005 ~ 2010	2010 ~ 2017
바이오 산업	생산	1.18	2.77	5.79	8.50	9.26	10.12	18.63	15.87	8.32
	수입	0.33	0.79	1.41	1.41	1.46	1.65	19.07	12.18	2.28
	수출	0.61	1.23	2.44	4.29	4.63	5.15	15.08	14.68	11.25
바이오 의약 산업	생산	0.55	1.12	2.37	3.46	3.52	3.85	15.24	16.31	7.16
	수입	0.15	0.57	1.10	1.22	1.24	1.42	30.12	13.93	3.68
	수출	0.17	0.31	0.85	1.93	1.88	2.06	12.64	22.17	13.45

주: 바이오산업 및 바이오의약 산업 범위는 국내 바이오산업 표준분류체계(KS J 1009 산업통상자원부 국가기술표준원) 기준임.
출처: 국내 바이오산업 실태조사, 산업통상자원부, 산업연구원 작성

2010~2017년 연평균 7.3%로 성장했다. 바이오의약 산업은 동 기간 수출이 연평균 13.5%로 증가했고, 특히 2016~2017년 수출 이 21.8%로 크게 확대되어 글로벌 경쟁력을 확보하고 있음을 볼 수 있다. 바이오 의약품과 합성의약품을 포괄하는 의약품 산업 과 의료기기 산업 역시 2013~2018년 생산과 수출이 크게 증가 했다.

[도표 5-16] **한국 의약품 산업과 의료기기 산업 성장**

(단위: 조 원, %)

연도		2013	2014	2015	2016	2017	2018	연평균 성장률(%) 2013~2018
의약품 산업	생산	16.38	16.42	16.97	18.81	20.36	21.11	5.20
	수입	5.28	5.49	5.6	6.54	6.31	7.16	6.28
	수출	2.33	2.54	3.33	3.62	4.6	5.14	17.14
의료 기기 산업	생산	4.22	4.60	5.00	5.60	5.82	6.51	9.06
	수입	2.99	3.13	3.33	3.66	3.95	4.28	7.44
	수출	2.58	2.71	3.07	3.39	3.58	3.97	9.00

출처: 식품의약품통계연보, 식품의약품안전처, 산업연구원 작성

2019년 한국 바이오헬스 산업의 명과 암

한국은 셀트리온과 삼성바이오로직스 등 대기업을 중심으로 세계 2위 바이오 의약품 생산 능력을 갖춘 나라로 인정받고 있으며, 바이오시밀러 분야에서는 세계 시장의 60% 이상을 점유하고 있다. 이러한 바이오헬스 산업이 더욱 도약하기 위해서는 산업 특성이 반영된 법·제도 환경의 조성이 매우 중요하다. 이러한 관점에서 2019년 한국 바이오헬스 산업 환경에 많은 변화가 있었다.

2019년 5월 문재인 대통령은 '바이오헬스 산업 혁신 전략'을 발표하면서, 바이오헬스 산업을 국가 주력 산업 분야로 중점 육성

하겠다고 공표했다. 동 전략은 바이오헬스 산업 발전을 통해 '사람 중심 혁신성장'을 도모하고, 희귀·난치성 질환의 극복, 국민의 생명·건강보장 확대, 경제 활력 제고, 일자리 창출 등을 주요 목표로 하고 있다. 핵심 과제로는 바이오헬스 기술 혁신 생태계 조성, 글로벌 수준의 인허가 규제 합리화, 바이오헬스 생산 활력 제고 및 동반성장 지원, 시장 진입 지원 및 해외 진출 촉진 등이 발표되었다.

그리고 바이오헬스 산업 활성화를 위한 '첨단 재생 의료 및 첨단 바이오 의약품 안전 및 지원에 관한 법률안'이 2019년 8월 국회 본회의를 통과했다. 동 법률에서는 합성의약품 중심으로 운영되던 기존 품목 허가 검증 체계를 첨단 바이오 의약품 특성에 적합하게 재편하면서 식약처의 허가 및 심사 역량까지 강화하는 것을 포함하고 있다. 특히 중증 난치성 질환을 치료하기 위한 임상 연구 시술이 가능해지면서 줄기세포와 유전자 치료제의 개발과 상용화가 활성화될 전망이다. 이외에도 비의료기관용DTC 유전자 검사에 대한 규제샌드박스 사업 등 다양한 지원 정책이 추진되고 있다.

한편, 2019년 한국 바이오헬스 산업은 여러 가지 어려움을 겪고 있다. 한미약품의 비만·당뇨 치료제 수출 기술의 반환, 코오롱 생명과학주식회사의 관절염 유전자 치료제 '인보사 케이주'의 품목 허가 취소, 신라젠의 간암 치료제 '펙사벡'의 3상 임상시험 중단 등 일련의 사태가 발생했다. 이와 함께 바이오 의약품 인허가 과정의 문제점이 부각되면서, 한국 바이오헬스 산업 경쟁력에 대한 사회적 신뢰도가 일부 저하된 것도 사실이다.

▎2020년 한국 바이오헬스 산업 전망과 과제

2020년 바이오헬스 산업은 '첨단 재생의료 및 첨단 바이오 의약품 안전 및 지원에 관한 법률안'이 시행되면서 새로운 도약을 시도할 전망이다. 법·제도 환경의 개선으로 바이오헬스 산업에 대한 전주기적 관리가 체계화되고 인허가 환경이 선진화되면서 줄기세포 치료제와 유전자 치료제 등 첨단 바이오 의약품의 개발이 활발해질 것으로 보인다. 또한 혁신 제품과 서비스의 개발, 그리고 상업화에 대한 실패와 다양한 경험이 축적되면서, 세계 시장 진출을 위한 임상 설계 기술 등 상업화 역량 역시 강화될 것으로 기대된다.

바이오헬스 산업 유망 품목은 항체·면역·세포 치료제, 유전자 치료제, 재생 의료, 스마트 헬스케어 기기, 빅데이터 기반 디지털 헬스케어 시스템, AI 융합 의료기기 등을 들 수 있다. 또한 기술 혁신을 통해 의약품 산업에서는 바이오 의약품, 의료기기 분야에서는 융복합 의료기기 비중이 지속적으로 증가할 전망이다.

바이오산업과 의료기기 산업이 최근 7년간 성장률을 유지한다고 가정할 때 2020년 생산액은 각각 14조 원과 5조 원 수준에 이를 것으로 전망된다. 또한 의약품 산업과 바이오 의약 산업이 최

[도표 5-17] 한국 바이오헬스 산업의 성장 전망

(단위: 조 원, %)

연도		2018	2019	2020	연평균 성장률(%) 2018~2020
바이오산업[1]	생산	10.97	11.88	13.48	10.87
	수입	1.68	1.72	1.89	6.02
	수출	5.73	6.37	7.23	12.31
바이오 의약산업[1]	생산	4.13	4.42	4.96	9.62
	수입	1.47	1.52	1.74	8.70
	수출	2.34	2.65	3.07	14.57
의약품산업[2]	생산	21.11	22.21	23.36	5.20
	수입	7.16	7.61	8.09	6.28
	수출	5.14	6.02	7.05	17.14
의료기기산업[2]	생산	6.51	7.10	7.74	9.06
	수입	4.28	4.60	4.94	7.44
	수출	3.97	4.33	4.72	9.00

주1: 바이오산업 및 바이오 의약 산업의 범위는 국내 바이오산업 표준분류체계(KS J 1009 산업통상자원부 국가기술표준원) 기준
주2: 의약품 산업과 의료기기 산업의 범위는 식품의약품통계연보 기준
출처: 산업연구원 작성

근 5년간 성장률을 유지한다고 가정할 때 2020년 수출액이 각각 7조 원과 5조 원 수준으로 확대될 것으로 전망된다.

바이오헬스 산업은 첨단 바이오기술 혁신을 기반으로 발전하기 때문에 도전과 실패를 바탕으로 성장하는 특성을 갖는다. 따라

서 한국 바이오헬스 산업이 겪고 있는 여러 가지 어려움은 피할 수 없는 성장통이라고 할 수 있다. 정부는 한국 바이오헬스 산업이 이러한 성장통을 잘 극복하고 성장 동력으로 안착할 수 있도록 바이오헬스 산업 특성에 적합한 인허가 절차를 마련하는 등 규제와 법·제도의 합리화를 위해 더욱 노력할 필요가 있다. 그리고 산업계는 바이오헬스 제품과 서비스를 개발하는 과정을 글로벌 스탠더드 수준으로 선진화함으로써, 첨단 바이오헬스 제품과 서비스에 대한 사회적 신뢰를 회복하는 것이 무엇보다도 중요한 시점이다.

▶▶ **최윤희**

05 글로벌 흐름에 역행하는
한국의 공유경제

| 공유경제를 통한 가치 창출이 4차 산업혁명의 본질

요즘 해외에 다녀온 많은 한국인들이 해외에서 우버나 그랩과 같은 차량 공유 서비스를 경험해보고, 왜 우리는 그런 서비스를 할 수 없느냐는 글을 웹사이트에 올리는 것을 볼 수 있다. 빈 택시를 하염없이 기다리거나 택시 스탠드에 줄을 설 필요도, 가격을 고민할 필요도 없이 편리하고 물 흐르듯 자연스럽게 이루어지기 때문이다. 출발지와 목적지가 입력되면 가격이 산정되고, 이미 등록한 신용카드로 결제가 이루어지고, 운전기사에 대한 평가도 볼 수 있어서 안전이나 불쾌감을 가질 필요도 없으니 서비스의 품질

도 택시에 비교할 수 없이 좋은데도 말이다.

2020년은 「타임」이 세상을 바꿀 10개의 아이디어 중 하나로 '공유'를 제시하며 공유경제의 부상을 세계에 알린 지 10년이 되는 해다. 글로벌화가 실시간으로 진행되는 한국에서 10년이 지났는데도 차량 공유가 안 된다는 것은 분명 정상은 아니다.

그러나 차량 공유만이 공유경제의 전부는 아니다. 공유경제는 소비자가 가진 물건, 정보, 공간, 서비스 등과 같은 자원을 다른 경제 주체와 공유함으로써 새로운 가치를 창출하는 경제방식이다. 사실 이렇게 같이 생산하고 같이 나누고 소비하는 공유 방식의 경제활동은 인류의 역사와 함께해왔다. 그러나 기존의 공유와 달리 지금은 전 세계적으로 연결된 새로운 공유경제를 경험하고 있다. 가장 결정적인 차이점은 ICT의 발달이 기반이 되었다는 점이다. 모바일과 초고속 인터넷이 서비스 제공자와 이용자를 신속하고 정확하게 연결시켜주어 오프라인 시장에서 발생하는 높은 거래 비용을 감소시켜준 것이 결정적이다. 즉 시간과 공간의 한계를 극복할 수 있는 시스템으로 인해 공유경제의 새로운 장이 열리게 된 것이다. 특히 소셜네트워크에 의한 '연결'의 질적·양적인 변화가 공유경제의 발전에 크게 기여했다. 여기에 환경, 사회적 불평등 등 사회적 문제에 대한 관심이 증가하면서 자원의 무한한 생산 증가에서 벗어나 자원의 적정한 생산과 효율성을 관심 있게 보기 시작했다. 공유경제는 소유가 아니라 공유를 기반으로 한다. 여분이 있거나 활용도가 낮은 자본과 서비스의 활용도를 높이고 경제적 가치를 찾는 혁신을 도입한 것이다.

더 나아가 공유경제는 기존 산업을 혁신하고 새로운 산업을 창출하는 원동력이다. 냅스터Napster는 음악 파일 공유라는 새로운 비즈니스 모델을 선보여서 완전히 음악 산업을 바꾸는 기초를 놓았다. 여기에는 디지털 데이터가 별다른 비용을 지불하지 않고 무한하게 그리고 완벽하게 복사할 수 있다는 것, 공유 절차나 과정이 아주 간단하다는 것, 그것을 가능하게 했던 무료 소프트웨어가 있다는 것이 배경이었다. 그리고 이제는 음악뿐만 아니라 미디어 전체의 틀을 흔들어놓는 계기를 마련했다.

공유경제의 진정한 의미는 여기에 있다. 단순히 자원을 공유하는 데 머물지 않고 새로운 서비스를 창출하며 기존에 없던 분야의 산업을 만들어나가는 것이다. 공유경제야말로 4차 산업혁명의 새로운 경제를 잘 보여준다. 공유를 통해 불필요한 비용을 줄이고, 새로운 혁신을 촉발해 가치를 창출하고 분배를 선순환하는 것이 4차 산업혁명의 본질인 것이다. 10년이 지난 지금 공유경제 서비스는 벌써 초기와는 확연히 다르다. 차량 공유 서비스만 보아도 쉽게 알 수 있다. 차량 공유 서비스를 시작한 기업들은 차량 공유를 넘어선 지 오래다. 이제는 '1인 모빌리티(전기자전거와 전동킥보드 등)', 고급 택시, 음식 배달 등으로 '모빌리티(이동) 산업'을 만들고 모빌리티 서비스를 확장하고 있다. 더 나아가 자율주행 사업으로까지 확장하고 있다. 모빌리티와 관련된 전체 산업을 혁신하고 있으며 4차 산업혁명의 주요한 산업이 되고 있는 것이다.

　　세계적인 공유경제 기업이 성장하면서 한국에도 공유경제에 대한 관심이 증가했다. 2011년부터 해외의 성공 기업을 벤치마킹한 사례들이 등장하기 시작했다. 차량, 숙박, 여행 공유 등 해외에서 보편화된 서비스뿐만 아니라 공간, 경험, 재능 등의 다양한 무형 자원으로 확산되었다. '코자자'라는 숙박 공유 기업, 쏘카와 그린카 등의 차량 공유 기업이 속속 등장했다. 또한 공유경제 분야도 자전거, 의류 등으로 확대되었다. 비영리, 사회적 기업으로도 많이 진출했다. 이러한 공유경제 확산은 창업을 지원하는 프로그램을 통해 이루어졌다. 정부의 지원은 때마침 공유경제에 대한 주목과 맞물려서 많은 공유경제 스타트업을 출범하는 원동력이 되었다.

　　그러나 10년이 지난 2020년, 한국의 공유경제는 아직 활성화되지 못하고 있다. 공유경제 규모는 아직 그렇게 크지 않다. 그것은 공유경제 모델 사업이 규제에 의해 막혀 있기 때문이다. 그러다 보니 공유경제가 민간 영역에서 활발하게 이루어지기보다는 지방자치단체 등 공공 영역에서 주도하게 되고, 이것이 오히려 단점으로 작용하고 있다.

　　서울시는 2012년에 '공유 도시 서울'을 선언하고, '서울특별시 공유촉진조례'를 제정했으며, '공유 도시 서울 추진 계획'을 수립하는 등 공유 정책을 본격화해왔다. 서울시는 공유경제의 경제적인 면보다는 서울시의 도시 성격을 공유 도시Sharing City로 만드는 공적인 목적을 가지고 있다. 경기도는 2016년에 '공유시장경제' 전략을 결정해 다른 지역과 차별화를 시도했다. 공유경제와 시장 경제를 결합해, 지방자치단체가 공공 플랫폼을 깔아주고 공공 자원을 민간에 제공하며, 민간이 이를 활용해 비즈니스를 창출하고 추진하는 목표를 제시했다. 이 밖에 부산, 광주, 대전, 세종 등 국내 대부분의 도시들이 너도나도 공유경제를 표방하고 있다.

그러나 공공 영역이 주도하는 공유경제는 비슷비슷한 프로그램을 진행하고 있고, 규모도 작다. 공유경제가 마치 유행처럼 번지기는 했지만 각 지역의 특색에 맞는 공유경제 사례를 만들기 어려운 점과 공공 주도의 성격이 강하다 보니 정작 창업과 사업 운영이 어렵기 때문이기도 하다. 그러다 보니 공유 분야도 제한적으로만 이루어지고 있다. 자전거 공유처럼 지방자치단체에서 진행하기 쉬운 분야 정도로만 진행되고 있는 것이다.

| 동남아보다 못한 차량 공유 서비스

더욱이 한국에서 선도하는 것도 아니고, 해외에서 이미 다양하게 진행되고 있는 서비스를 민간 영역에서 시작하려고 해도 하지 못하는 딜레마에 빠져 있다. 차량 공유 서비스 우버는 일찌감치 ICT 강국인 한국에서 서비스하려고 했으나 택시 업계의 반발이

있자 정부가 불법으로 규정하는 바람에 중단되었다. 우버는 심지어 중국에서도 서비스가 되었고, 중국 현지 사업자인 디디추싱을 낳고 경쟁하다가 이제는 디디추싱에 합병되기까지 했는데도 말이다. 차량 공유 서비스가 어렵게 되자 규제를 우회하기 위한 다양한 방안들이 등장했다. 카카오모빌리티가 '카풀' 서비스를, 쏘카가 '타다'를 시작했지만 이들은 사실 차량 공유 서비스 모델과는 다른, 어정쩡한 형태의 서비스였을 뿐이었다. 그런데도 이것마저도 기존 택시노조의 반발로 막히고 말았다.

정부는 공유경제의 의미와 혁신을 전혀 이해하지 못하고 있다. 그저 선거를 의식해 기존 사업 종사자들의 반발을 막기에만 급급하고 있다. 그것은 2019년 7월 국토교통부가 내놓은 차량 공유 서비스 대책인 '혁신성장과 상생 발전을 위한 택시제도 개편 방안'에서 여지없이 드러났다. 이 방안에 따르면 차량 공유 서비스 사업을 하려면 기존 택시의 면허권을 매입하고, 택시 기사의 복지 등에 들어갈 사회적 기여금을 정부에 내야 하며, 기사도 택시 기사 면허증 보유자로 제한했다. 운행 가능한 대수도 정부의 허가를 받아야 한다. 차량 공유 사업을 하려면 정부가 정해주는 만큼의 기존 택시 면허를 사야 한다. 이는 공유경제 시대에 새로운 서비스를 하지 말라는 말과 똑같다. 새로운 모빌리티 산업으로의 진입 장벽이 오히려 더 높아진 것이다. 이는 이익집단의 반발을 극복하지 못하고, 정부의 갈등 조정 능력에 한계가 있음을 여실히 보여주었다. 이렇게 해서는 혁신이 어렵다.

차량 공유 서비스를 그저 택시의 대체 서비스 정도로 보아서는 안 된다. 차량 공유 서비스는 공유경제의 대표적인 서비스이며, 공유경제를 실현하느냐 못 하느냐를 결정하는 시금석이다. 이는 차량 공유 서비스가 산업의 규모가 커서가 아니라 우리 생활에 가장 밀접한 교통과 이동에 관한 혁신을 가져오고, 4차 산업혁명의 가장 기초적인 서비스이기 때문이다. 소비자들도 편리함과 질 좋은 서비스로 만족하고 있다. 또 이런 서비스를 기반으로 연관 서비스로 확장해 모빌리티 산업을 창출하고 전에 없던 새로운 서비스를 만들어내기 때문이다. 그러므로 이런 것도 못한다면, 4차 산업혁명은 공염불이라고 밖에 말할 수 없다. 다른 분야는 더더욱 적용할 수 없기 때문이다.

진정한 규제 완화는 기대할 수 없는가

공유에 기반한 경제는 기존의 소유에 기반한 경제와 다르기 때문에 규제 충돌이 일어날 수밖에 없다. 아무래도 기존에 존재하는 규제는 기존 산업과 관련된 것이기 때문이다. 따라서 새로운 경제가 등장하거나 서비스나 상품이 나타날 때에는 규제 충돌이 나타나고 이를 조정하고 재정리하는 과정이 필요하다. 이를 위한 기준은 기존 산업 종사자들의 반발만 의식할 것이 아니라 새로운 참여자의 혁신을 어떻게 수용할 것인가, 또는 소비자의 혜택이 일마나 있을 것인가가 관건이 될 것이다. 공유경제의 주도에 대해서도 현재와 같은 애매한 방식이 아니라 창업이 주도하는 혁신이 필요하다.

여기에서 국가의 역할이 중요하다. 국가와 공공 영역이 공유경제를 직접 주도하려 할 것이 아니라, 공유경제의 규제 개선이나 법제도 정비와 같은 분야에서 정작 미비한 점은 없는지, 공공 주도가 오히려 민간 영역을 제한하고 있는 것은 아닌지, 혁신을 위해 포기해야 할 것과 장려해야 할 것이 어떤 것인지, 인력 양성은 어떻게 해야 하는지 등에 대한 역량을 갖추어야 할 것이다.

이를 위해서는 네거티브 규제 도입과 같은 규제 혁신이 필수적이다. 네거티브 규제는 기본적으로 자유롭게 경제활동을 하도록 하되, 미리 정한 분야만 규제하는 방식이다. 그런데 한국에서 공유경제와 혁신적인 경제가 어려운 것은 우리의 규제 체계가 네거티브 규제가 아니라 포지티브 규제 방식을 취하고 있기 때문이다. 전문가들이 오래전부터 네거티브 규제를 도입할 것을 수없이 주장해왔지만 개선되지 않고 있다.

방법이 없는 것은 아니다. 2018년 규제혁신 5법(정보통신융합법, 산업융합촉진법, 지역특구법, 금융혁신법, 행정규제기본법)이 국회에서 통과됨으로써 2019년 1월부터 규제샌드박스가 시행되기 시작했다. 이 것은 다양한 혁신 기술과 사업 모델들을 소규모로 시험하고 혁신의 영향력과 효과를 검증해 본격화할 것인지 아닌지를 결정하는 새로운 규제 행정 절차다. 하지만 이 제도도 정부가 보다 열린 자세로 규제 완화에 적극적이지 않으면 유명무실해질 가능성이 크다. 지난 3월 오토바이 배달통 디지털 광고 허용 여부가 샌드박스 심의위원회에서 보류 결정이 난 것은, 제도보다 소극적인 시행 관행이 규제 완화를 더욱 어렵게 한다는 것을 보여주었다. 이러한 우려를 타개하기 위해서라도 규제샌드박스의 대상을 폭넓게 확대해야 한다. 차량이나 숙박 공유경제 서비스는 규제샌드박스를 통해 시행할 수 있는 우선순위 서비스들이다.

공유 규제 방식도 새롭게 설계해야 한다. 특히 공유경제 서비스가 이용자의 만족도나 평가를 통한 평판 시스템을 갖추고 있으므로 이를 통해 자율적인 규제 방식을 만드는 데 매우 유리하다. 공유경제 서비스는 플랫폼 비즈니스다. 다양한 거래 정보들이 모두 빅데이터 형태로 저장되는 것이다. 현재 빅데이터 분석 방법이 발전되고 있으므로 평판 분석과 빅데이터 분석을 통한 새로운 자율규제 제도를 만들 수 있다. 그리고 이것은 네거티브 규제나 규제샌드박스에도 적합하다. 이와 함께 소비자 보호를 위한 제도를 정비해야 한다. 데이터에 기반한 자율규제에 걸맞은 새로운 소비자 보호 방식을 개발할 수 있다. 새로운 방식의 보안 시스템, 보험 시스템 등이 갖추어져야 한다. 공유경제 서비스의 지속가능성은 안정적인 서비스와 소비자 보호에 있는데, 이 방식을 공유에 기반한 방식으로 바꾸는 것이다.

공유경제는 정보통신 기술의 발달과 초연결사회로의 변화 속에 등장하고 확장되는 혁신성장의 하나다. 공유경제는 창조적인 파괴의 전형적인 사례로 사회에 다양한 혜택을 주고 있다. 새로운 산업을 창출하고, 일자리를 창출하며, 무엇보다도 소비자에게 혜택을 주고 있다. 특히 공유경제가 4차 산업혁명으로의 변화와 같은 맥락에서 발전하고 있다. 선거나 정치적인 이해관계에 의해 이런 길을 포기하거나 늦추어서는 안 된다. 이미 해외에서는 공유경제 서비스와 사업 모델이 다양하게 이루어지고 있고 널리 알려져 있는데도 이를 '추격하지도 못하게' 한다면 영원히 기회를 상실할지 모른다.

▶▶ 김대호

06 토큰경제 선점을 향한
왕좌의 게임이 시작되다

| 페이스북과 리브라의 선공

　2019년 6월 '리브라Libra' 프로젝트가 발표되었다. 페이스북은
이 프로젝트의 중심에 있다. 페이스북의 CEO 마크 저커버그Mark
Zuckerberg는 SNS를 통해 다음과 같이 말했다. "리브라는 전 세계
수십억 명을 위해 간편한 금융 인프라를 구축하는 것을 목표로 합
니다." 페이스북의 목표대로 진행되면 스마트폰만 있으면 금융 거
래가 가능해진다. 리브라 앱이나 페이스북 메신저로 세계 어디서
나 결제할 수 있다. 수수료는 저렴하다. 현금이나 신용카드도 필
요 없다.

리브라 측은 이미 진영을 꾸렸다. 프로젝트 기획 및 운영을 위해 '리브라 어소시에이션'이라는 컨소시엄이 만들어졌다. 이 컨소시엄에는 비자카드, 마스터카드 같은 결제 기관과 우버, 이베이 등 IT 기업이 들어왔다. 또한 보다폰과 같은 일반 기업과 함께 안드레센 호로위츠와 같은 투자사들도 포함되어 있다. 그리고 무엇보다 페이스북은 실사용자active user만 약 24억 명을 보유하고 있다.

사실 페이스북의 금융 관련 사업 추진은 처음이 아니다. 2009년에 '페이스북 크레딧'이라는 가상 화폐를 발행했다. 크레딧은 페이스북 플랫폼에서 앱이나 게임을 구입하는 데 사용되었다. 페이스북은 1달러당 10크레딧을 충전해주었다. 달러 외 15개 통화도 환전해 사용이 가능했다. 그러나 '페이스북 크레딧'은 2013년을 끝으로 서비스가 종료되었다. 게임에서 사용하는 것 외에 용도가 마땅치 않았기 때문이다. 결국 적정 규모의 네트워크를 형성하지 못하고 사라졌다.

이 때문인지 리브라는 처음부터 컨소시엄을 구성해 준비되고 있다. 회원사도 현재 28개사로 시작되지만 지속적으로 늘려가겠다고 밝혔다. 리브라는 회원사 추가를 통해 사용처도 빠르게 확대될 수 있다. 회원사들은 각각 1,000만 달러의 투자금을 낸다. 이것을 바탕으로 리브라는 지급준비금Libra Reserve을 마련해 화폐를 발행한다. 준비금은 저위험 자산(은행예금이나 국채 등)에 제휴Association를 통해 운영(투자, 이자 배분, 소각 등)된다. 회원사들은 의사 결정 권한과 함께 투자금에 대한 토큰Libra Investment Token을 받는다. 준비금에서 발생하는 수익은 투자 토큰 보유자에게만 지급된다. 대신 사용자들은 저렴한 수수료(혹은 무료)로 다양한 거래 및 교환을 할 수 있다. 리브라 컨소시엄은 블록체인 기반 토큰경제를 보여주는 좋은 사례가 된다.

토큰경제와 블록체인

토큰경제의 개념은 행동주의심리학에서 시작되었다. 행동주의심리학은 특정 목표 행동의 체계적인 강화를 위한 조작적 조건 형성operant conditioning에 기초한다. 이를 위해 시스템 구현의 핵심을 보상 체계의 마련에 둔다. 이러한 토큰경제의 기본 구성 요소로 다음의 네 가지를 든다([도표 5-18] 참고).

이를 비트코인에 대입해볼 수 있다. 기본 구성을 보기 위한 것이므로 전체 발행량 및 난이도 조절(채굴 수량 반감기), 트랜잭션 수수료 등 보다 구체적인 내용은 제외한다. 비트코인은 채굴자Miner에 일정 수준의 보상과 수수료를 제공하며 전체 네트워크를 유지해나간다. 여기서 '목표 행동'은 거래를 기록하고 지속하기 위해 일정 시간마다 채굴mining을 하는 것이라고 볼 수 있다. 이러한 채굴 행동의 '강화'를 위해 비트코인은 보상(12.5BTC)을 '토큰(비트코인)'으로 제공한다. 비트코인 자체는 본질적인 가치를 가지지 않지만 '교환'을 통해 대체 강화재를 가질 수 있다. 특히 비트코인의 경

[도표 5-18] **토큰경세의 기본 구성 요소**

목표 행동 (Specified target behavior)	토큰경제에서 증가나 감소를 목표로 하는 행동
토큰 (Tokens)	대체 강화재와 교환할 수 있는 객체 또는 심볼로 복제되는 것이 어렵거나 불가능하게 구성
대체 보상/강화재 (Back-up reward/ reinforcers)	토큰은 본질적인 가치가 없지만 대체 강화재와 교환 가능 대체 강화재는 물질이나 서비스 등 토큰경제가 설정된 기능에 따라 선택
교환 (The exchange)	토큰경제에서 중요한 부분으로 관리자나 참여자의 필요나 선호를 반영하는 교환 체계 마련이 필요 토큰의 가치는 대체 강화재에 따라 결정 토큰을 교환할 수 있는 아이템이나 보상이 많을수록 토큰이 더 강력하게 작용 금전적 보상과 같은 일반 조건 강화재(Generalized Conditioned Reinforcers)는 다양한 대체 보상으로 교환할 수 있기 때문에 단일 조건 강화재(Simple Conditioned Reinforcers)보다 더 선호

우 거래소를 통해 '일반 조건 강화재'로 교환할 수 있다는 장점도 가진다.

블록체인 기반으로 토큰경제가 다시 강조되는 것은 거버넌스의 핵심에 토큰의 활용이 자리 잡고 있기 때문이다. 이를 중심으로 서비스 구현부터 보상에 이르는 일련의 체계를 새롭게 구축할 수 있다. 블록체인의 핵심 가치 중 하나로 탈중개성을 든다. 중개 기관이나 제3자 신뢰기관이 없는 거래를 제시한다. 블록체인이 이를 대신하기 때문이다. 이는 현재 비즈니스 모델의 구성원이나 역할이 바뀔 수 있음을 의미한다. 사업 모델은 인터넷 경제에서 봤던 플랫폼 비즈니스가 그대로 적용될 수 있다. 다만 플랫폼의 범

[도표 5-19] 비트코인의 토큰경제 구성 예시

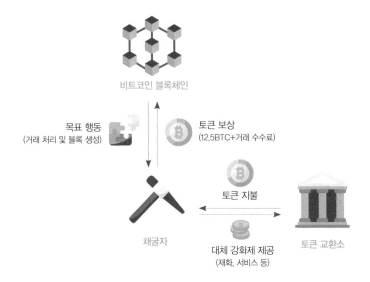

위는 토큰을 포함해 더욱 확장된다. 더욱 강력한 플랫폼 비즈니스가 가능해진 것이다. 페이스북 크레딧은 게임 머니가 '대체 강화재'의 핵심이었다. 페이스북 크레딧에 전자상거래나 해외 송금 혹은 현금과 같은 '일반 조건 강화재'가 가능했다면 어땠을까? 아마이에 대한 해답을 리브라를 통해 볼 수 있을 것이다.

행동주의심리학은 신행동주의를 거쳐 인지심리학과 행동경제학으로 이어지며 발전해왔다. 블록체인 기반의 토큰경제 모형도 보상과 강화를 기반으로 확장되고 있다. 지금 논의되는 토큰경제에는 발행량, 참여자에 대한 보상, 부의 재분배(토큰의 편중에 대한 방어) 및 지속적인 서비스 참여까지 고려된다. 이제 토큰은 단순히 새로운 자금 조달 수단만이 아니라 플랫폼 생태계를 구축하는 새로운 구성 요소 중 하나로 접근해야 한다.

블록체인 기반 SNS 서비스인 스팀잇Steemit.com은 좀 더 복잡하게 반영되어 있다. 사용하는 토큰도 세 종류다. 스팀Steem, 스팀파워Steem Power, SP 및 스팀달러Steem Dollar, SBD로 나뉜다. 스팀잇의 목표 행동은 SNS 활용 유도 및 활성화에 있다. 이를 위해 단기 유동성Steem과 장기 유동성Steem Power을 가지는 토큰을 구분했다. 그리고 달러 화폐에 연동하는 안전 자산을 포함해 대체 강화재를 다양화했다. 스팀과 스팀달러는 거래소 등을 통해 즉시 교환이 가능하다. 그러나 스팀파워는 투표권을 갖는 대신 일정 시간(약 13주) 이후 교환되도록 설계했다.

스팀잇은 이러한 토큰 구조 외에 참여자 분배에 대한 거버넌스를 통해 플랫폼 구조도 설계하고 있다. 창작자 등 사용자 집단에 75%, 운영진(스팀파워 보유자 및 증인)에 25%의 비율로 보상을 제공한다. 이는 마치 양면 시장에서 플랫폼 비즈니스의 초기 시장 선점을 위해 사용자 그룹에 더 많은 보상을 제공하는 것과 같다.

블록체인에서 토큰경제가 이상적으로 구현된다면 참여자들이 각자 자신의 이익 추구를 위해 진행하는 활동들이 전체 서비스를 지속·구현될 수 있도록 균형을 유지하게 된다. 이는 마치 보수 행렬payoff matrix에서 내시 균형을 찾는 게임이론을 연상하게 한다. 실제로 블록체인과 토큰경제에 대한 이해나 평가는 기술적인 부분뿐만 아니라 비즈니스 모델 설계까지 고려되어야 한다. 그리고

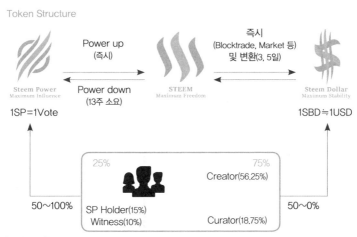

[도표 5-20] **스팀잇의 토큰경제 구성도**

Token Structure

Power up
(즉시)

Power down
(13주 소요)

즉시
(Blocktrade, Market 등)
및 변환(3, 5일)

Steem Power
Maximum Influence

STEEM
Maximum Freedom

Steem Dollar
Maximum Stability

1SP=1Vote

1SBD≒1USD

25%

75%

Creator(56.25%)

50~100%

SP Holder(15%)
Witness(10%)

Curator(18.75%)

50~0%

Platform Structure

여기 관련되는 분야도 경제학이나 심리학 나아가 금융공학 분야 등으로 확대되고 있다.

| 토큰경제를 포괄하는 확장된 거버넌스에 대한 고려

우리나라를 비롯해서 아직 블록체인 기술과 토큰(암호화폐)을 분리해 개발하거나 진흥하는 것에 대한 논란이 존재하고 있다. 실제로 리브라 출시 발표 직후 진행된(2019. 7. 16~17) 미국 의회의 청문회도 개인정보와 같은 투자자 보호와 자금 세탁 방지 등 금융 안전성을 주요한 이슈로 꼽았다. 페이스북은 이를 거치며 "관련 우

려가 해소되고 적정 승인을 받을 때까지 리브라를 발행하지 않겠다."고 한발 물러섰다. 국제기구도 아직 규제에 대한 끈을 놓지 않고 있다.

그러나 토큰경제의 핵심인 암호화폐 중 일부(스테이블 코인 등)에 대해서는 제도권 편입 가능성이 고려되기 시작했다. 비트코인 및 알트코인을 '폰지 사기'로 폄하하던 미국 증권거래위원회SEC는 '화폐'라는 용어 대신 '디지털 자산'이라는 표현을 사용하며 전향적인 모습을 보이고 있다. 국제자금세탁방지기구 및 G20 등 국제기구도 앞서 살펴본 바와 같이 암호 자산에 대한 국제 협력 방안을 매회 심도 있게 다루고 있다. 지난 6월 폐막된 G20 정상회의에서는 암호화폐 등 차세대 디지털 자산에 대한 주요 국가의 공동 대응 방안이 논의됐다. '오사카 선언'으로 불리는 공동성명에는 암호화폐의 공식 명칭을 '암호 자산Crypto asset'으로 통일하는 내용이 담겼다. 그리고 바로 앞서 발표한 국제자금세탁방지기구의 권고안을 적극 수용한다는 내용도 포함되었다. 이미 암호 화폐의 가능성을 높게 평가하고 있는 IMF 라가르드Christine Lagarde 총재는 유럽중앙은행의 차기 총재로 선출되어 올 하반기에 자리를 옮긴다. EU는 암호 자산 관련 제도화 및 CBDC 발행 등에 더욱 적극적으로 나설 것으로 예상할 수 있다.

주요 국제기구도 관련된 의견과 보고서를 계속 내고 있다. 국제결제은행BIS, Bank for International Settlements은 최근 기존 의견을 번복했다. 예상보다 빨리 중앙은행에서 발행하는 디지털 화폐CBDC,

Central Bank Digital Currency가 요구될 수 있다는 것이다. IMF(국제통화기금)도 최근 '디지털 화폐의 부상The Rise of Digital Money'이라는 보고서를 냈다. 디지털 화폐가 전통적인 은행 업무와 예금 등 현금성 자산의 지위에 도전할 수 있다고 전망했다. 이와 함께 안정성 면에서는 기존 화폐보다 떨어지지만 지불 수단의 매력이 높다고 판단했다. 그리고 이를 기반으로 사용자 친화적인 서비스 구현이나 국경 간 송금 등에서도 우위를 가질 수 있을 것이라 보았다.

우리나라는 아직 본격적인 대응을 보여주진 않고 있다. 그러나 일부 의원을 통한 기본법 제정이나 규제 개선에 대한 논의는 지속되고 있다. 이를 반영하듯 국회 입법조사처가 발간한 '2019 국감 이슈 분석 보고서'에서는 블록체인과 암호화폐를 포괄하는 국가 차원의 전략의 필요성을 다시 한 번 지적했다. 입법처는 블록체인과 암호화폐 기반의 비즈니스를 위한 규제 개선과 규제샌드박스 활용을 강조했다. 그리고 이를 위해 대통령 직속 4차산업혁명위원회에 관련 TF를 신설하자는 제언도 포함했다.

토큰경제를 둘러싼 제2차 플랫폼 전쟁의 서막

토큰경제는 블록체인 기술의 성숙과 연계해서 살펴봐야 한다. 블록체인은 단편적인 기능 개선을 위한 기술이라고 보기 어렵다. 이럴 경우는 굳이 블록체인으로 기존 경제를 대체할 필요가 있는

가 하는 문제가 제기된다. 앞서 살펴본 바와 같이 가치사슬의 전반에 영향을 미치는 범용 기술 측면에서 바라보아야 한다. 그리고 이를 기반으로 제시되는 토큰경제는 사회적 기술social technology에 가깝다. 향후 제시될 토큰경제 서비스들은 양면 플랫폼의 특징에서 출발한다. 기존 인터넷 경제의 플랫폼 거인들은 통화 발행 시뇨리지를 포함하면서 진영을 더욱 확대할 기회로 삼을 것이다. 페이스북이 선공을 했으나 아직 규제 기관으로 인해 확전은 되지 않았다. 그러나 곧 다른 빅테크 기업들도 규제를 완화하는 형태로 속속 게임에 참여할 것이다. 아직 킬러 서비스는 보이지 않지만 한쪽에서는 스타트업들이 신규 비즈니스 모델이나 프로세스 개선을 포함하며 나타날 것이다. 이런 과정은 블록체인이 일정 수준의 기술 성숙도를 가져오는 순간 파괴적 기술로 자리 잡게 될 것으로 전망된다. 그리고 이런 흐름은 국가나 사회의 디지털 전환 기조와 함께 더욱 빠르게 발전할 것이다. 이런 티핑포인트를 세계경제포럼이나 주요 글로벌 컨설팅 업체는 2025년 전후로 보고 있다.

비트코인의 진정한 힘은 탈중앙화된 인센티브 플랫폼Decentralized Incentive Platform을 통해 전 세계 수백만 명이 함께 일하고 수익을 내는 환경의 구성에 있다고 말한다. 토큰경제가 가지는 중요성도 여기에 있을 것이다. 참여자들은 각자의 이익 추구를 위해 움직이나 서비스는 지속·구현될 수 있도록 균형을 유지하고, 네트워크의 증가에 따라 기하급수적으로 증가하는 가치는 후발주자에게 진입 장벽으로 다가올 것이다. 네트워크 외부성Network externality과 비즈니스 프로세스 재설계Business Process Re-design라는 두 개의 축을 중심으로 토큰경제라는 패러다임은 다가올 것이다.

이번에 구축되는 토큰경제 플랫폼은 더욱 견고하고 높은 진입 장벽을 쌓을 것이다. 시장에서의 경쟁도 각 토큰경제 거버넌스 체제 진영 간으로 확대될 것이 자명하다. 본격적인 경쟁이 수면 위로 모습을 서서히 나타내고 있다. 리브라는 잠시 한 숨을 돌리고 있지만 제2, 제3의 리브라는 연이어 등장할 것이다. 그리고 그중 현재 규제 체계와 잘 타협한 거버넌스 체제가 첫 번째 철왕좌를 차지할 것이다. 우리에게 블록체인과 토큰경제의 진정한 겨울은 주요 국가나 글로벌 기업이 각자의 진영을 확고하게 구축하는 시점이 될 것이다. 이제 우리도 가상통화라는 측면으로 블록체인 관련 프로젝트들의(특히 퍼블릭 블록체인) 가능성을 제한하지 말아야 한다. 그보다는 암호 자산이나 디지털 전환 관련 시장으로 넓게 가져갈 필요가 있다. 그리고 어떻게 현재 경제 체제에 포용하며 선점하고 발전시킬 수 있을지에 집중해야 할 것이다. 인터넷 경제에 이어 진행되고 있는 또 한 번의 중요한 변화는 생각보다 훨씬 빨리 티핑포인트에 도달할지도 모른다.

▶▶ 이중엽

07 차세대 에너지 산업의
미래 비전

| 세계 에너지 판도가 급변하다

21세기 들어 에너지 산업에 나타난 대외 여건 변화로서 가장 주목되고 있는 것 중의 하나가 비전통 에너지unconventional energy resources 생산에 따른 세계 에너지 공급 증가다. 비전통 에너지 생산은 특히 북미의 셰일가스, 셰일오일을 중심으로 크게 늘고 있다.

미국 에너지부에 따르면 미국의 셰일가스 생산량은 2020년에 천연가스 총생산량의 40%에 해당하는 10입방피트Tcf, Trillion cubic feet에 달할 것으로 전망되는데,[22] 미국은 이미 2017년부터 천연가스 순수출국이 되었다. 액화천연가스LNG 수출도 급증해 수년 내

에 미국이 카타르를 제치고 세계 1위의 자리에 오를 것으로 전망되고 있다.[23]

미국의 셰일가스 생산 및 수출이 앞으로 어느 정도 확대될지는 향후 가스 가격 추이와 글로벌 에너지 전환 속도, 환경 문제를 둘러싼 논란의 향방 등에 달려 있다. 미국의 천연가스 가격 향방은 경제성장률과 가스 유정으로부터의 가스 회수율 등에 의해 좌우될 것이다. 성장률이 높을수록 주택이나 상업용, 산업용 가스 수요가 증가해 가스 가격은 상승 압력을 받을 것이다. 가스 유정으로부터의 가스 회수율이 낮아도 생산비가 증가해 가스 가격은 상승 압력을 받을 것이다.

셰일가스뿐 아니라 셰일오일[24]에도 주목할 필요가 있다. 기술적으로 채굴 가능한 셰일오일은 미국, 러시아, 중국, 아르헨티나, 리비아 등 여러 나라에 매장되어 있지만 미국의 생산 증가가 가장 두드러진다. 미국은 2018년의 원유 생산량에서 45년 만에 세계 정상을 탈환했는데, 이는 셰일오일 생산 증가 덕분이다. 미국 에너지정보청에 따르면 2018년 미국의 원유 생산량은 전년 대비 17% 늘어난 하루 1,095만 배럴로 러시아의 1,076만 배럴, 사우디아라비아의 1,043만 배럴을 제쳤다. 에너지정보청은 셰일오일 생산 증가에 따라 미국의 원유 생산량이 2027년까지 최대 하루 1,400만 배럴에 이를 것으로 내다보고 있다. 미국의 2018년 상품 무역 적자액은 전년 대비 약 10% 증가한 8,800억 달러로 사상 최고치를 기록했지만, 원유 등 에너지 분야 적자액은 2008년의 약 4,160억

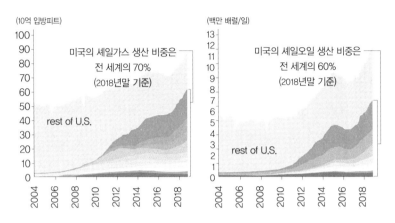

[도표 5-21] **미국의 셰일가스 및 셰일오일**(타이트 오일) **생산 추이**

(10억 입방피트)

미국의 셰일가스 생산 비중은
전 세계의 70%
(2018년말 기준)

rest of U.S.

(백만 배럴/일)

미국의 셰일오일 생산 비중은
전 세계의 60%
(2018년말 기준)

rest of U.S.

출처: U.S. Energy Infomation Administration

달러를 정점으로 2018년에는 그 10분의 1 정도로 줄었다. 에너지
가 상품 무역 적자 확대를 억제하는 역할을 하고 있다. 에너지정
보청에 따르면 미국은 2020년에 에너지 순수출국이 될 것으로 전
망되고 있다.

┃ 가스 및 재생에너지 발전 증가

1970년대와 1980년대에는 유가 급등의 영향으로 발전 연료가
석유에서 원자력과 석탄으로 대체되었다. 1990년대와 2000년대
에는 가스복합발전CCGT 기술이 새롭게 도입됨에 따라 가스가 발
전 연료로 부상하는 가운데 석탄도 비중을 꾸준히 높였다. 석탄

발전 비중의 증가는 아시아 지역에 석탄 화력발전소가 집중적으로 건설된 영향을 크게 받았다. 한편 '원자력 르네상스'를 맞아 과거 1979년 미국 스리마일섬과 1986년 소련 체르노빌 원자력발전 사고 이후 소강 국면을 맞이했던 원전 건설 붐도 다시 일게 되었다. 그러나 2011년 후쿠시마 원전 사고 이후 원전을 축소·폐기하는 쪽으로 정책을 변경하는 나라들이 많아졌다. 우리나라도 2017년 '에너지 전환 로드맵'에 따라 탈원전 정책을 추진하고 있다.

향후 중장기적으로 석탄 발전 비중은 줄고 천연가스와 신재생 비중이 늘어날 것이라는 점에 대해서는 전망 기관들이 대체로 일치된 견해를 보이고 있다. 국제에너지기구IEA[25]에 따르면 세계의 석탄 발전 비중은 1980년의 37%에서 2005년에는 40%로 상승했으나 그 후 점차 감소하고 있으며, 2020년에는 35%를 기록할 것으로 전망되고 있다. OECD 국가의 경우 특히 석탄 화력 비중이 현저히 낮아질 것으로 전망되고 있다.

가스 발전 비중은 1990년 15%에서 지속적으로 상승해 2011년에 22%를 기록한 후 2020년까지 대략 그 수준을 유지할 것으로 전망되고 있다. OECD 국가나 비非OECD 국가 모두 가스 발전이 석탄 발전을 상당 부분 대체해나갈 것으로 보이며, 특히 유럽 국가들의 가스 발전 확대 속도가 다른 지역보다 높을 것으로 보인다.

비화석 연료non-fossil fuel인 신재생에너지 보급 확대는 석탄이나 가스 발전을 대체하는 요인으로 작용할 것이다. 신재생에너지 점유율은 1970년대 및 1980년대에 원자력이 시장점유율을 크게 높였던 것과 유사하게 높아질 것으로 예상된다.

| 2020년에도 안정세 전망되는 국제 유가

2008년 글로벌 금융위기를 계기로 급락세를 보였던 국제 유가는 그 후 상승세를 지속해 2013년에는 평균 107.9달러(두바이유 기준)로 최고치를 기록했다. 그러나 2014년 하반기부터는 유가가 급락해 2015년 32.1달러로 연간 기준 최저점을 기록했고, 2016년 1월에는 한때 20달러 선까지 떨어지기도 했다. 이러한 원유 가격의 급락은 셰일오일이 주된 원인이었다. 셰일오일의 증산이 가져온 원유 수급 밸런스의 완화, 즉 공급 과잉 현상은 OPEC가 스스로의 감산만으로 해결할 수 없는 정도에 이르렀다. 세계의 원유 생산에서 차지하는 OPEC의 점유율은 1970년대의 50% 이상에서 2018년에는 40%대 초반으로 떨어진 상태다.

영향력이 약화된 OPEC는 급기야 러시아 등 비OPEC 산유국과도 협조 체제를 구축해 수급 밸런스의 조정에 나섰다. OPEC 15개국과 러시아 등 비OPEC 10개국이 연합한 ROPEC가 2018년 12월 초 OPEC 총회에서 협조 감산에 합의했다. 이 합의에서는 2019년 1월부터 전년 10월 생산량 대비 OPEC가 하루에 80만 배럴, 비OPEC 측이 40만 배럴, 합계 120만 배럴을 감산하기로 했다.

2020년 유가는 세계 경제의 향방과 국제 원유 시장 수급 상황에 좌우될 것으로 여겨진다. 우선 2018년 하반기 이후 지속되고 있는 세계 경제 둔화 추세는 뚜렷한 회복세를 보이지 못할 것으로 보여 유가 약세의 요인으로 작용할 것으로 판단된다. 국제 원유 시장은 미국의 셰일오일 생산 증가 추세가 이어져 공급 과잉 현상은 시정되지 못하고 이로 인해 유가 약세 압력은 지속될 가능성이 높다. 2019년 9월 중순 예멘 반군의 드론 공격으로 사우디아라비아의 석유 시설이 상당 부분 파괴되었는데도 세계 원유 시장에 대한 충격이 일시적인 것에 그친 것도 미국산 셰일오일의 영향력이 작용했기 때문으로 볼 수 있다.

국제 유가 하락에 따라 우리나라의 원유 도입 단가도 크게 떨어졌다. 2012년에 도입 단가는 배럴당 112.8달러였으나 2015년에는 41.1달러까지 급락했다. 그 후 반등해 2018년에는 72달러를 기록했지만 2019년 들어 하향 안정세가 이어지고 있다.

원유 도입 단가 하락에 따라 우리나라의 원유 수입 물량은 증가해 연간 11억 배럴을 넘어서기에 이르렀다. 원유 수입액은 2016년 443억 달러까지 감소했으나, 그 후 원유 수입 물량 증가와 도입 단가 상승에 따라 2018년에는 804억 달러로 늘었다.

국제 유가의 안정세 지속은 향후 원유 도입 단가를 지속적으로 안정시키는 요인으로 작용할 것이며, 이는 경상수지, 물가, 기업 경영 등 여러 면에서 국내 경제에도 긍정적 영향을 미칠 것으로 판단된다. 특히 고유가 시대에 비해 크게 개선된 교역 조건이 안정되어 국민총소득에 긍정적 효과를 미치고, 이에 따라 국민들의

[도표 5-22] 국제 유가와 우리나라의 원유 도입 단가

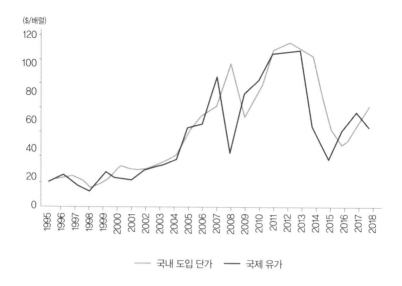

주: 에너지경제연구원 통계에 따라 저자 작성

체감 경기 안정에도 도움을 줄 것으로 보인다.

주목되는 것은 국제 원유 시장의 역학관계 변화 속에서 우리나라의 중동산 원유 비중이 눈에 띄게 감소하고 있다는 점이다. 우리나라가 도입한 원유 중 중동산은 2016년 평균 85.9%까지 치솟았는데 2017년에는 81.7%, 2018년에는 73.5%까지 떨어졌다. 중동산 원유 도입 비중이 감소된 원인은 경제 제재로 이란산 원유 도입이 제한되고 OPEC 감산으로 사우디, 쿠웨이트 등에서의 수입이 줄어드는 상황에서 중동산 원유가 북미산 원유로 대체되고 있기 때문이다. 북미산 원유 도입 비중은 2018년 12월에 16.3%를

[도표 5-23] **우리나라 에너지·자원 수입액**

(단위: 백만 달러)

구분	2013년	2014년	2015년	2016년	2017년	2018년
원유	99,333	94,907	55,120	44,295	59,603	80,393
석유제품	28,842	29,650	15,065	11,744	14,693	21,023
가스	36,321	36,564	21,556	14,884	18,794	27,094
탄	12,951	11,995	9,867	9,232	15,065	16,556
합계(A)	177,477	173,116	101,608	80,156	108,155	145,067
총수입액(B)	516,586	525,515	436,499	406,193	478,478	536,202
A/B(%)	34.4	32.9	23.3	19.7	22.6	27.1

출처: 산업통상자원부, 한국은행.

기록해 역대 최고치를 기록했다. 북미산 원유 중에서는 미국산이 절대적으로 많다. 미국산 원유 도입량은 앞으로 더욱 증가할 것으로 보인다. 셰일오일의 가격 경쟁력이 중동산 원유에 비해 높을 뿐 아니라 우리 정부가 대미 무역 흑자를 줄이는 차원에서 미국산 에너지 수입을 늘리는 정책을 취하고 있기 때문이다.

한편, 국제 유가 하향 안정에 따라 유가에 연동되어 움직이는 천연가스의 수입 가격도 하향 안정세를 보여왔다. 다만 통상 20년 이상의 장기 계약에 따라 수입되는 LNG의 비중이 70% 이상을 차지하는 우리나라의 경우 현물 유가의 하락에도 불구하고 이에 따른 LNG 수입 가격의 하락에는 제한이 있다. 최근에는 LNG 시장에서 현물로 들여오는 비중이 20%를 넘어 상승 추세를 보이고 있어 국제 유가 변동에 따른 LNG 가격의 변동성은 이전보다 커지고 있다.

다만 LNG 가격은 국제 유가와 수개월 정도 시차를 두고 움직이는 속성을 갖고 있는 점에 주목할 필요가 있다. 국제 LNG 수입 가격 지표 가운데 하나인 JKM Japan/Korea Marker은 2019년 4월초 열량 단위 MMBtu(25만 킬로칼로리를 낼 수 있는 가스량)당 4.429달러를 기록했다. JKM은 한국과 일본으로 운반되는 LNG 현물 가격 지표로, 2018년 9월 MMBtu당 12달러대까지 치솟았으나 약 6개월 만에 3분의 1 수준으로 떨어졌다. 이는 미국의 셰일가스 수출 확대와 호주, 이집트 등의 공급 증가로 글로벌 유통 물량이 늘어난 반면 동북아시아의 온화한 날씨로 수요가 감소한 데 따른 것이다. 실제로 미국은 2018년 12월 LNG 수출량이 221만 톤으로 전년 동기(100만 톤)의 2배 이상에 달했고, 2019년 들어서도 1월과 2월에 각각 294만 톤과 208만 톤을 수출해 예년 물량을 훨씬 상회했다. 이로 인해 북미 지역의 천연가스 현물 가격 지표인 '헨리허브'도 2019년 4월초 기준 2.73달러/MMBtu를 기록함으로써 2018년 말(3.25달러)보다 크게 떨어졌다.

LNG 도입 가격 하락에도 불구하고 에너지 전환 정책에 따른 원전의 발전량 비중 축소로 발전용 도입 물량은 크게 증가해 LNG 수입 금액은 급증했다. 2017년 188억 달러를 기록했던 LNG 수입금액은 2018년 271억 달러로 44.1%나 늘었다. 앞으로도 재생에너지 확대에 따른 간헐성 보완을 위한 가스 발전의 역할이 커지면서 가스 수입 물량 및 수입 금액은 증가 추세를 보일 것으로 전망된다.

| 재생에너지 중심 국내 에너지 전환, 문제점도 상존

지구온난화가 지속적으로 진행되는 가운데, 온실가스 감축을 위한 지구적 차원의 노력이 펼쳐지고 있다. 특히 2020년 이후의 포스트 교토 체제를 구축하기 위해 2015년 12월 190여 개 유엔 기후변화협약 당사국들이 합의에 이른 파리협정이 2016년 11월 4일부터 발효됨으로써 신기후 체제가 출범하게 됐다. 각국은 이미 제출한 2030년까지의 온실가스 감축 목표를 달성하기 위한 다방면의 대책을 강구하고 이를 실행에 옮기고 있다. 각국은 2023년을 시작으로 5년마다 온실가스 감축 목표 이행 상황을 점검받도록 했다. 아울러 2020년부터 5년마다 더 강화된 온실가스 감축 목표를 제시하도록 했다.

우리나라는 2016년 12월 발표된 '2030 국가 온실가스 감축 기본 로드맵'에서 2030년 배출량 전망치BAU 8억 5,080만 톤의 37%를 감축하겠다는 목표를 선언했는데, 이를 달성하기 위해 강도 높은 노력을 기울여야 하는 상황이다. 특히 주목되는 것은 2018년 7월 발표된 '온실가스 감축 기본 로드맵 수정안'에서 국내 감축량 목표가 더욱 확대된 점이다. 수정안은 기존 로드맵에서 배출량 전망치 대비 11.3%(9,590만 톤)로 잡혔던 국외 감축 비중을 국외 감축과 산림흡수원을 합해 4.5%(3,830만 톤)로 낮췄다. 국외 감축분을 수정 로드맵에서 크게 줄인 것은 실현 가능성을 고려한 조치라고 할 수 있으나, 결국 국내 주체들의 감축 부담이 커지게 되었다. 특히 정부의 탈원전 정책에 따라 전환 부문에서 국외 감축분을 떠안기가 어렵게 된 상황에서 여타 부문이 그 부담을 대신 지게 되었다. 특히 기본 로드맵에서 12%였던 산업 부문의 감축률이 20.5%로 크게 높아졌다.

국내 에너지 산업의 방향은 에너지 관련 최상위 계획인 에너지기본계획을 통해 살펴볼 수 있다. 이 계획은 20년을 기간으로 하며 5년마다 수립·시행된다. 정부는 2008년 12월 이후 두 차례의 에너지기본계획을 발표했으며, 2019년 6월에는 제3차 에너지기본계획을 발표했다.

제3차 기본계획의 기본 방향은 다음과 같다.

첫째, 공급 중심의 에너지 다소비형 체제를 소비 구조 혁신을 통해 선진국형 고효율·저소비형 구조로 전환한다.

둘째, 안정적 에너지 수급을 유지하면서 미세먼지 문제 해결 및 파리협약에 따른 온실가스 감축 의무를 이행한다.

셋째, 후쿠시마 원전 사고 및 경주·포항 지진 이후 안전한 에너지에 대한 국민적 요구를 반영한다.

넷째, 대규모 중앙집중형 에너지 시설 및 송전망에 대한 수용성 변화를 고려해 분산형 에너지 및 지역, 지자체 등의 참여를 확대한다.

다섯째, 4차 산업혁명 기술의 접목을 통해 에너지 분야에서 새로운 산업·서비스를 육성하고 양질의 일자리 창출을 추진한다.

이 내용을 보면 우선 원자력발전소와 석탄발전소의 감축을 명시하고 재생에너지 발전 비중을 2040년에 현재의 4배 수준인 30~35%로 대폭 높여 잡은 점이 두드러진다. 이에 따라 신규 석탄발전소를 금지하고 경제성 없는 노후 석탄발전소는 추가 폐지해 석탄 발전의 비중을 과감하게 줄일 방침이다. 기존 석탄발전소 운영에 있어서도 세제 개편, 배출권 거래 비용 등 환경 비용을 반영하고 상한 제약을 확대하기로 했다.

주목되는 것은 기저발전인 원자력 발전 정책의 방향을 완전히 바꾼 점이다. 2013년 1월 당시 정부는 제2차 기본계획을 발표하면서 2035년까지 전력 설비에서 원자력 발전이 차지하는 비중을 26%에서 29%로 높이겠다고 밝힌 바 있다. 이를 위해 7기가와트의 신규 원자력발전소 추가 건설이 필요하다고 보았다. 그러나 제3차 기본계획에서는 노후 원자력발전소 수명 연장과 신규 원자력발전소 건설을 지양하는 방식으로 원자력 발전을 단계적으로 줄여나가기로 했다. 2017년 10월에 발표된 에너지 전환(탈원전) 로드맵을 그대로 수용한 것이다.[26] 다만 원전 수출 지원을 통해 일감을 계속 확보함으로써 산업·인력 핵심 생태계는 유지해나갈 방침이다. 또 원자력발전소 해체 등 후행 주기 산업과 미래 유망 분야를 육성해 산업 구조 전환을 지원하기로 했다.

LNG 화력 발전에 대해서는 제3차 기본계획에 전원믹스 비중이 구체적으로 언급되어 있지 않으며, 원자력 발전, 석탄 화력 발전 등과 함께 2019년 말에 발표되는 제9차 전력 수급 기본계획에서 수치로 제시될 예정이다. LNG 발전은 재생에너지가 확대됨에 따라 그 간헐성을 보완하기 위한 백업 전원으로서의 역할이 커질 것으로 예상된다.

에너지경제연구원을 비롯한 전문가 태스크포스가 추산한 총에너지원별 수요 전망을 보면 2030~2040년 석탄과 원자력은 각각 1.3%, 2.1% 줄어드는 반면, 신재생과 가스, 수력은 2.2%, 2.0%, 1.2% 늘어난다. 제3차 에너지기본계획에서는 여러 발전 수단 중 재생에너지 목표치만 정해졌다.

정부의 재생에너지 중심 에너지 전환 정책은 몇 가지 문제점을 갖고 있다. 우선 실현 가능성이다. 우리나라의 총 발전량에서 차지하는 재생에너지의 비중은 현재 7%대에 지나지 않는다. 특히 폐기물, 바이오 등을 제외한 태양광, 풍력 등 가변재생에너지variable renewable energy는 그 비중이 5%도 채 안 된다. 앞으로 논밭, 임야, 빈 땅에 태양광 패널을 최대한 많이 깔고, 육상·해상 풍력 발전기를 획기적으로 많이 설치한다면 이 목표 달성이 가능할지 모른다. 그러나 이는 결코 쉬운 일이 아니다. 지역 주민들은 태양광 발전이나 풍력 발전이 산림 훼손, 산사태 등 환경 파괴를 야기한다며 강하게 민원을 제기하고 있다. 재생에너지 입지를 확보하기가 갈수록 어려워질 뿐 아니라 사업 허가를 얻기도 쉽지 않다.

최근 잇따른 에너지저장장치ESS 화재 사고에서 보듯이 태양광 발전의 간헐성을 보완하는 데 기술적 장벽도 존재한다. 변전소 설치 등 계통 확충에도 어려움이 뒤따르고 있다. 2040년에 우리나라의 발전량은 연간 700테라와트시 정도가 될 것으로 전망되는데 이 중 30%를 태양광 발전으로 충족시킨다고 가정할 경우 전국에 160기가와트 용량의 태양광 패널을 깔아야 하며 이에는 약 320조 원의 투자비가 소요된다. 여기에는 태양광 평균 이용률 15%와 태양광 설비 설치비용 킬로와트 당 200만 원이 적용됐다. 재생에너지 발전 비용은 설비 설치 비용에 그치지 않는다. RPS(신재생에너지 의무 할당 제도) 및 FIT(발전 차액 지원 제도), REC(신재생에너지 인증서) 비용 등 정책 비용과 태양광 모듈 폐기 비용까지 고려하면 비용이 더욱 커진다.

정부는 재생에너지 목표 확대에 맞춰 탈원전 정책을 추진하고 있는데, 원전의 공백을 메우는 과정에서 석탄과 가스 등 화석연료 발전이 증가함으로써 온실가스 및 미세먼지 증가는 물론, 전기요금 인상 요인 증가, 전력 회사의 경영 악화 등의 문제가 심화될 우려가 있다.

▶▶ 온기운

미래 디지털 사회를 향한
패러다임 전환

1. 새로운 정치 패러다임, 한국 정치의 미래를 묻다

2. 디지털 혁신으로 만들어가는 인간 중심 경제

3. 한국 미래 사회 일자리의 비전

4. 블록체인, 분권화된 디지털 금융 시스템

5. 하이터치·하이테크, 대전환 시대의 교육 혁명

6. 데이터와 AI가 주도하는 미래 의료 산업

7. 혼합 현실을 이용한 스마트 시티, 스마트 리빙

PART 6에서는 미래 한국사회가 어떠한 디지털 변환을 겪을 것인가를 예상해본다. 여기서 키워드는 '보다 분권화된 디지털 사회'다. 이러한 분권화를 가져오게 하는 추동력은 블록체인 기술과 디지털화에 따른 거래 비용transaction costs의 절감이다. 블록체인의 등장에 따라, 중앙집권화된 기존의 플랫폼을 분권화된 개인 간의 네트워크가 대체해가고 있다. 한편 디지털화의 진전은 거래 비용 감소를 낳아서 경제 내의 과업task이 세분화되고, 이에 따라 하나의 대기업이 수직적 통합으로 처리하던 많은 과업과 거래들이 분화되면서 많은 과업 처리형 기업들과 소호 경제가 출현하고 있다. 이런 분권화 트렌드의 종국적 귀결은 인간 중심의 사회다.

인간 중심성의 구체적 내용은 개인별 맞춤형 재화와 서비스의 제공과 향유다. 즉, AI와 머신러닝으로 개개인의 특성과 기호에 맞는 최적의 상품과 서비스를 디자인한 후 모바일과 3D 프린터 등을 통해 누구에게나 저렴하게 제공하는 '대량 맞춤'이 가능하다. 즉, 소품종 대량 생산과 다품종 소량 생산이라는 이분법을 넘어서는 다품종 대량 생산이 가능해진 것이다. 이런 현상이 시장의 상품뿐만 아니라, 의료 서비스(스마트헬스), 교육 서비스에서도 가능해졌다. 가령 교육에서도 학생 개개인의 역량과 수요에 맞춘 전인적이고 개별화된 교육을 누구에게나 제공하는 것이 가능해진 것이다.

그러나 이러한 분권화의 추세가 얼마나 지배적이 될지는 아직 불확실하다. 즉, 현 시점의 지배적 경제는 우버, 구글, 페이스북 등 소수의 플랫폼 독점 기업이, 거기에 참여하거나 기여하는 노드 nodes(개인들: 예 운전자, 게임기업, 개별 CP)에 지배력을 행사하면서 초과 이윤을 확보하는 시스템이다. 이는 그다지 바람직하지 않고 이에 대해 많은 걱정과 비판이 존재한다. 4차 산업혁명의 새 기술들이 가지는 양면성, 즉 '디지털 분권화의 가능성'과 그 반대되는 '새로운 지배와 중앙집권 가능성'이다. 이러한 정치, 경제, 사회 등 여러 차원의 디지털 변환이 가지는 양면성(분권화 대 집권화)을 십분 인식함을 전제로, 인간 중심의 디지털 사회를 구축하기 위한 노력이 필요하다. PART 6에서는 이러한 인식하에 미래 한국 사회가 지향해야 할 디지털 사회의 비전 7대 영역에 대해 제시한다.

그 7가지 영역은 우선 정치로부터 시작해서 3개의 경제 영역(기업, 일자리, 금융 시스템)과 3가지 사회인프라적 영역(헬스, 교육, 스마트 시티)이다. 정치 분야의 비전은 시민/유권자 중심의 보다 분권화된 포스트-대의민주주의 정치다. 미래 일자리의 비전은 자발적 계약직, 외근 정규직 등 다양한 새 일자리들이고, 기업 분야는 과업 중심의 기업과 소호 경제의 출현이며, 화폐 금융에서는 블록체인에 기반한 P2P형의 분권화된 가상화폐와 ICO_{initial coin offering}(가상화폐 상장)가 중심이 되는 새로운 금융 체제다. 그리고 교육의 비전은 학습자 중심의 하이터치 하이테크 교육이고, 의료는 환자 중심의 보다 민주화된 맞춤형 의료 서비스이고, 주거의 경우는 주민 중심의 혼합 현실에 기반해 하드웨어 변경이 필요 없는 스마트 시티다.

여기서 제시하는 비전들은 한국 사회의 문제들의 단기적·직접적 해결을 목적으로 하지는 않지만, 이런 장기적 비전들의 실현 과정에서 현재의 문제들도 자연스럽게 해소될 것으로 기대한다. 가령 디지털 기술에 의한 맞춤 생산의 활성화는 진입 장벽과 창업 비용을 낮추어서, 다양한 형태의 과업 중심의 신생 기업 및 소호를 낳아서 실업 문제를 해결할 수 있고, 이에 맞추어 일자리도 고정 정규직 위주에서 외근 정규직, 자발적 계약직 노동이 증가하면서 노동 시장 및 대기업과 중소기업 간의 이중 구조도 해결될 것이다. 단, 이 책은 미래 비전을 실현하는 데 필요한 각종 디지털 인프라의 구축을 역설한다. 즉, 과잉 규제에서 나오는 역작용이 단

기적 문제라면, 미래의 바람직한 비전을 실현할 디지털 인프라의
부족은 보다 장기적이고 근본적인 문제다. 여기에 국가는 자원을
투입해야 한다.

▶▶ 이근

01 새로운 정치 패러다임, 한국 정치의 미래를 묻다

　최근 이른바 4차 산업혁명에 대한 열기가 뜨겁다. 인공지능, 빅데이터, 사물인터넷, 클라우드 컴퓨팅, 블록체인, 자동화, 로봇화, 3D프린팅, 소셜미디어, 바이오 기술 등 다양한 부문의 신기술 융합과 여기서 비롯되는 산업과 사회의 변화가 거론된다. 4차 산업혁명의 진전은 정치 영역에도 큰 영향을 미치고 있다. 실제로 인공지능, 빅데이터, 블록체인, 소셜미디어 등의 새로운 기술은 정치가 이루어지는 과정과 이를 담아내는 제도, 그리고 여기서 더나아가 정치 이념의 변화까지도 야기하고 있다. 특히 최근 4차 산업혁명을 둘러싼 담론이 기술 개발이나 제조업 혁신 전략의 경계를 넘어서 점차 이를 뒷받침하는 시스템 전반의 개혁에 대한 논의로 옮아가면서, 4차 산업혁명 자체를 촉진하거나 또는 발목을 잡을 수도 있는 정치 변수에 대한 관심이 더 커지고 있다.

인터넷이 도입되었던 20여 년 전의 디지털 정치 변환에 대한 논의가 활발했던 것에 비하면, 오늘날 4차 산업혁명의 기술 발달이 미치는 영향에 대한 정치학 분야의 고민은 상대적으로 미진하다. 사실 인터넷 초창기의 전자민주주의나 전자정부에 대한 논의와 비교할 때 오늘날 디지털 정치 변환에 대한 논의는 새로운 정치적 상상력을 더하고 있지 못하다. 특히 기술 발달의 빠른 추세나 경제·경영 분야의 발 빠른 대응에 비하면, 디지털 정치 변환에 대한 정치학적 논의는 의아할 정도로 느리게 진행되고 있다. 4차 산업혁명이 낳을 기술 발달이 선거, 정당, 의회, 민주주의, 거버넌스, 국가 등 정치 제도의 변화를 초래하는 데는 많은 시간이 필요하기 때문에 섣부른 정치적 논의는 삼가야 한다는 보수적인 태도마저도 감지된다. 4차 산업혁명의 기술 혁신이 정치 과정의 대응보다 훨씬 더 빠르게 진전되면서 정치 엘리트나 시민들의 통제 범위를 넘어설지도 모른다는 우려마저도 제기된다.

우리가 이렇게 머뭇거리고 있는 사이, 4차 산업혁명 분야 핵심 기술들의 빠른 도입은 오랫동안 정치를 지배해온 민주주의의 과정과 제도, 이념을 낡고 진부한 것으로 만들 수도 있다. 소셜미디어, 인공지능, 빅데이터, 블록체인 등의 기술은 그에 의존한 정치 참여의 정도를 넓히고 속도를 높여가고 있다. 4차 산업혁명으로 인한 새로운 산업 패러다임으로의 전환 과정에서 발생하는 정치사회적 갈등은 기존 정치 제도가 수용할 수 있는 포용의 범위를 넘어설 수도 있다. 스마트폰과 인터넷을 통해 초연결된 환경을 바탕으로 대용량의 데이터가 수집되어 빠르게 처리되는 과정에서 정치 자체가 인간의 손을 벗어날 가능성이 우려되고 있다. 거대한 디지털 기술 장치에 의해 수집된 빅데이터를 인공지능의 알고리즘이 처리하는 과정에서 중요한 정치적 결정이 인간이 아닌 기계에 의해서 이루어지는 세상이 도래할지도 모른다. 그렇다면 오늘날 4차 산업혁명으로 대변되는 빠른 기술 발달의 시대를 맞이해 디지털 정치는 도대체 어디로 가고 있을까?

디지털 정치 변환이 갖는 두 가지 정치적 미래에 대한 비전

현재 진행되고 있는 디지털 정치 변환은 적어도 두 가지의 정치적 미래에 대한 비전을 낳고 있다. 먼저 눈에 띄는 것은 '디지털 분권화와 민주화의 비전'이다. 4차 산업혁명 관련 기술들이 분산, 개방, 자율, 투명, 참여의 원리에 친화성을 가지며 정치 과정을 더욱 민주화시켜 유권자 중심의 정치를 실현할 것이라는 전망이다. 사실 인터넷 도입의 초창기부터 웹1.0과 웹2.0 및 소셜미디어 등의 활용은 디지털 정치 변환의 과정에서 정치적 참여의 위력을 보여주었다. 특히 2016~2017년 대통령 탄핵 국면에서 드러난 소셜미디어의 위력은 대단했다. 이 과정에서 소셜미디어는 단순한 정치 참여를 넘어서는 민주적 거버넌스의 수립 가능성마저도 높여주었다. 현재 급속히 진화하고 있는 인공지능과 빅데이터 기술들도 기존의 정치 행태와 민주주의에 더 큰 변화를 가져올 것으로 예견된다. 무엇보다 정치적 참여의 범위가 기존 정치에 대한 비판과 저항에 그치지 않고 더 나아가서, 개인이 일상의 정책을 직접 결정하게 될 정도로 참여하게 될 가능성이 거론되고 있다.

특히 최근 주목을 받는 기술인 블록체인은 '분산자율조직Decentralized Autonomous Organization'의 도입을 실현함으로써 정치 영역에서 수평적이고 민주적인 거버넌스를 구현할 것이라는 기대를 낳고 있다. 이러한 점에서 블록체인은 4차 산업혁명 시대를 맞는 사회 전반의 근본적 재정립을 가져올 혁신 기술로 주목받고 있다. 블록체인 기술은 금융을 중심으로 전자상거래·유통, 제조, 인프라, 공공 서비스 등 산업 전 영역으로 파급될 전망이다. 블록체인의 도입을 통해 데이터를 중심으로 이루어진 권력의 집중 현상은 완화되고, 이러한 데이터 민주화와 더불어 정치권력이 분산되면서, 전통적인 관료제의 위계조직이 '수평적 네트워크 거버넌스'로 변화할 것이다. 이러한 과정에서 새로운 디지털 기술이 만들어내는 미래 정치의 기본 모습은 탈집중화되고 민주화된 양상이다. 이러한 탈집중과 민주화의 전망은 오래전부터 존재해 왔지만, 최근 들어 블록체인의 도입을 통해서 중앙집권화된 기존 플랫폼이 분권화된 개인들의 네트워크로 대체되는 가시적인 계기를 맞았다.

디지털 정치 변환의 다른 하나의 전망은 '디지털 중앙집권화와 지배의 비전'이다. 이러한 비전은 4차 산업혁명 관련 기술 중에서도 주로 인공지능과 빅데이터 기술과 관련된다. 물론 이들 기술도 탈집중과 민주화에 기여하는 긍정적인 측면이 없지 않다. 빅데이터 분석과 인공지능의 도움으로 정치 과정은 더욱 투명해지고 지능화와 데이터화에 따라 정치 비용을 크게 감소시킬 것이다. 뿐만 아니라 의사 결정 방식은 더욱 합리화될 수 있다. 특히 인공지능 기술을 활용해 인간 두뇌의 한계를 극복하면서 정책 결정의 효율성은 더욱 높아질 것이다. 인터넷이나 소셜미디어와 같은 정보통신 기술이 지배 권력을 견제하고 시민 참여를 확대하는 데 활용되었다면, 인공지능과 빅데이터는 인간의 판단을 지원해 좀 더 투명한 결정을 내리는 조건을 제공하고 있다. 이른바 '알고리즘 민주주의'의 대두에 대한 논의가 제기되는 것은 바로 이러한 맥락이다.

그러나 인공지능의 알고리즘과 빅데이터에 의존한 정치 과정의 변화는 지배 권력의 메커니즘을 더욱 정교하고 비가시적으로 만들 비관적 전망을 낳기도 한다. 무엇보다도 인공지능과 빅데이터의 도입은 '사람에 의한 정치'보다는 '기계에 의한 정치'가 정치 과정을 더 지배하는 상황을 초래할 우려가 있다. 알고리즘 정치의 일상화는 민주주의에 대한 위협 요인으로 작용할 수 있다. 다시 말해, 이미 프로그래밍된 알고리즘에 기반을 둔 정치사회적 차별의 가능성이나 빅데이터를 기반으로 한 일상적 감시 등이 우려된다. 가장 크게 우려되는 점은 사람이 아닌 기계에 의한 감시가 일상화되면서 개인의 프라이버시가 위협받고 정치적 공론장이 침해될 가능성이다. 특히 정책 결정 과정에서 인공지능에 대한 의존도가 높아지면서 사람이 아닌 기계가 정치 주체로 등장할 것이 우려된다.

이상에서 살펴본 바와 같이, 소셜미디어, 블록체인, 인공지능, 빅데이터 등과 같은 4차 산업혁명 시대의 기술 발달은 정치 분야에 큰 영향을 미치고 있다. 특히 4차 산업혁명이 정치 변환에 미치는 영향이 관심을 끄는 이유는 새로운 권력 현상을 엿볼 수 있기 때문이다. 사실 기술 발달은 누가 어떻게 지배할 것인가의 문제를 되돌아보게 한다. 정교한 기술 발달을 바탕으로 해 중앙집권화가 정교화되고 지배 메커니즘이 고도화되기 때문이다. 그런데 4차 산업혁명이 생성하는 기술은 분권화를 가속화시켜 기성 권력에 대한 대항의 메커니즘을 부추기는 효과도 낳는다. 특히 소셜미디어와 블록체인 기술의 활용은 정치 참여의 활성화와 탈집중 거버넌스의 비전을 가능케 했다. 위계적인 조직과 플랫폼의 위력에 대항하는 소수자들의 네트워크가 힘을 발휘하고 있다. 이에 비해 인공지능이나 빅데이터 관련 기술이 제기하는 정치적 전망은 사실상의 지배 권력이 강화되는 모습이다. 보이지 않게 프로그래밍되고 감시하는 플랫폼 권력의 정교화를 엿보게 된다.

이러한 연속선상에서 보면, 4차 산업혁명의 진전은 정치 과정 뿐만 아니라 정치 제도의 변화도 야기할 것으로 예견된다. 빠른 기술 발달의 와중에 기존의 구태의연한 정치 제도들이 자취를 감추게 될 것으로 예견되기도 한다. 대의민주주의 제도하에서 정치적 대리인의 역할을 담당했던 국회의원이나 정당, 의회 등이 앞으로 사라질 정치 제도의 단골 후보로 거론된다. 예를 들어 국회의원과 같은 정치적 대리인들이 특권화된 직업으로 인식되는 상황을 넘어서 '자발적 계약직'과도 같은 유연한 직업으로 자리매김해야 할 것이다. 국민국가나 국적, 여권 등도 앞으로는 볼 수 없거나 혹은 그 형태가 크게 달라질 후보들이다. 이에 비해 4차 산업혁명 시대를 맞이해 정치 분야에서 새로이 생겨날 것들도 없지 않다. 전자신분증 또는 전자영주권, 스마트 투표, 스마트 계약, 분산자율조직, 네트워크 국가 등과 같은 아이템들을 후보로 떠올려 볼 수 있다. 예를 들어 최근 탈원전 문제를 둘러싼 정치사회적 토론 과정과 같은 공론화의 과정이 디지털 기술의 지원을 받아서 좀 더 많이 출현할 것이다.

이러한 과정에서 미래 한국 정치와 관련해 제기되는 두 가지 비전으로서 분권화와 중앙집권화가 만나는 균형점을 찾아야 할 것이다. 물론 전반적으로 유권자가 중심이 되는 분권화된 디지털 정치의 구현이 기대된다. 하지만 정부와 국회, 정당으로 대변되는 중앙집권형 제도가 완전히 없어질 것으로 전망할 수는 없다. 따라서 향후 분권과 중앙집권이 공존하는 새로운 정치 이념이나 국가 모델의 균형점을 모색하는 것이 관건일 수밖에 없다. 이러한 과정에서 근대 이후 추구했던 대의민주주의 이념과 제도를 다시 돌아볼 필요가 있다. 디지털 기술을 활용한 직접민주주의의 가능성을 실현하면서도 기존의 대의민주주의 이념과 제도가 지닌 장점을 살리는 복합적인 형태의 민주주의에 대한 논의가 제기되는 것은 바로 이 대목이다. 이러한 논의는 단순히 선거와 정당과 같은 정치 과정 문제에만 국한된 것이 아니라 정치 시스템 전반의 개혁이나 새로운 국가 모델을 모색하는 문제로 연결된다.

디지털 사회는 누가 다스리는가?

4차 산업혁명 시대의 기술 발달이 야기하는 디지털 정치 변환에 대한 논의는 궁극적으로 '어떻게 다스릴 것인가?'라는 정치학 고유의 거버넌스 문제로 연결된다. 소셜미디어, 인공지능, 빅데이터, 블록체인 등과 같은 기술의 권력적 함의가 커지면서, 이를 확보하기 위해 정책과 제도를 정비하는 문제에서부터, 비대해지고 있는 기술 변수 자체의 권력을 규제하는 제도와 규범을 만드는 문제가 관건이 될 것이다. 이와 관련해 최근 개별 국가 차원에서 과학 기술 경쟁에 효과적으로 임하기 위해 국내 환경을 정비하는 문제 이외에도 이 분야의 국가 간 경쟁을 적절하게 규제할 국제 규범의 도입에도 관심이 집중되고 있다. 이러한 점에서 보면 4차 산업혁명의 진전은 단순한 기술 현상에만 그치는 것이 아니라 이를 둘러싼 국내외 정치의 '게임의 규칙'을 새로이 만드는 문제에도 영향을 미치고 있다.

여기서 더 나아가 결국 제일 중요한 것은 '누가 미래 정치의 주체가 될 것이냐?'의 문제일 것이다. 4차 산업혁명 시대에서는 데이터와 알고리즘에 의한 의사 결정과 행동 양식에 익숙한 이른바 '디지털 자아들digital selves'이 미래 정치의 주역이 될 것이다. 그들이 주도하는 미래 정치의 모습을 구체적으로 묘사하기는 쉽지 않지만, 그들은 기계와의 협업에 익숙해진 뛰어난 개인들일 수도 있고 트랜스휴먼이나 사이보그일 수도 있다. 인간-기계 간의 인터페이스가 다양화되면서 인간적 가치에 못지않게 사물 자체의 가치가 과대하게 부각될 가능성도 없지 않다. 인공지능의 알고리즘에 의존한 자동화된 의사 결정이 증대되면서 정치적 행위의 중심이 사람이 아닌 사물로 이동하는 현상, 즉 정치적 행위 주체의 탈인간화 또는 '포스트휴먼post-human'화에 대한 우려가 커지고 있다.

다양한 기회와 도전이 제기되는 4차 산업혁명 시대 정치 변환의 미래와 관련해 제기되는 가장 큰 우려는 아마도 오늘날 정치 엘리트들의 대응 방식이 여전히 기존의 낡은 패러다임에 갇혀 있다는 점이다. 무엇보다도 새로운 기술 발달이 가져올 정치 분야의 변화에 대해 둔감하다는 것이 문제다. 위기의식을 가지고 각성하는 것은 고사하고 기존의 이해관계에 얽매여서 새로운 변화를 수용하지 않으려는 관성도 문제다. 특히 대의민주주의의 위기를 논하는 상황에서 기성 정치 엘리트들이 차세대 민주주의 모델에서는 쓸모없는 '중개자'로 전락할 가능성마저 있다. 물론 4차 산업혁명 시대 디지털 정치 변환의 성패는 우리의 힘에 달려 있다는 것을 잊지 말아야 한다. 정치가 '가능성의 예술'인 것만큼 우리의 노력 여부에 따라서 좀 더 나은 미래를 여는 것도 가능하다.

▶▶ 김상배

02 디지털 혁신으로 만들어가는
인간 중심 경제

플랫폼으로 연결된 개인과 기업이 시간과 공간의 한계를 뛰어넘어 다양한 형태로 협업하고 있다. 이들은 인공지능이나 블록체인과 같은 소프트웨어 기술로 무장하고 있으며, 모바일 인프라에 기반해서 정보의 수집과 저장, 처리에 소요되는 시간과 비용을 거의 0에 가깝게 낮추고 있다. 자원을 소유하지 않아도 외부에서 빌릴 수 있으며, 개별 수요에 맞춘 맞춤화 시장도 가능하다. 기존 산업에서 비효율로 여겨졌던 자원과 기회들도 디지털 신생 기업들에게는 오히려 기회로 활용되면서 그간 기업의 이상적인 성장 전략이었던 '규모의 경제'는 이제 탈규모화의 방향으로 분해 unbundling되고 있다. 이들은 비용 절감을 위한 선형적 가치사슬이 아닌 내외부의 다양한 자원과 기회를 연결하며 새로운 가치를 창출하는 이른바 밸류 컨스텔레이션value constellation[1]을 핵심 전략으로 구사한다.

1973년에 설립된 페덱스FedEx는 허브-스포크, 즉 모든 화물들을 일단 중앙(허브)에 모은 다음 각 지역(스포크)으로 재분배하는 방식으로 세계적인 기업이 되었다. 그러나 최근 십밥Ship Bob, 트러커 패스Trucker path, 페이스젯Pacejet 등 물류 스타트업은 기존 물류 산업에서는 공유되지 않던 기업 간 거래 데이터를 공유하고 인공지능을 활용해서 물류 요금 비교, 화물 이동 분석, 마켓플레이스 등과 같은 신사업 모델을 속속 만들고 있다. 이들 스타트업의 등장으로 허브-스포크 구조는 오히려 비효율이 됐다. 국내 전자상거래 기업인 쿠팡의 경우, 물품의 구매를 사전에 예측해서 소비자가 주문하기도 전에 배송을 미리 시작하는 AI 배송 서비스도 선보이고 있는 상황이다. 이제 화주는 더 이상 페덱스에 전적으로 의존하지 않고, 화물 운송 기업, 가격, 보험 등 다양한 서비스를 선택할 수 있다.

디지털은 기존 은행업의 풍경도 탈바꿈하고 있다. 전통적으로 은행은 대출 이자로 수익을 내고, 투자상품, 부동산, 시설 투자 등 다양한 영역으로 확장해 시너지를 내는 것이 경쟁력이었다. 그러나 이제 인터넷과 모바일을 이용한 비대면 채널을 활용한 서비스와 금융 상품의 판매가 빠르게 증가하고 있으며, 소비자가 직접 지점을 방문하기보다는 소셜미디어를 통한 커뮤니케이션을 더 원하고 있는 실정이다. 실제로 국내에서도 지점의 채널 역할 및 수익성 감소로 지점의 통폐합이 진행되고 있다. 특히 디지털 기술력과 엄청난 고객 기반을 가진 구글, 아마존, 알리바바, 텐센트, 애플, 심지어 스타벅스 등 이른바 빅테크 기업big tech firm까지도 인공지능, 블록체인, 챗봇 등 다양한 디지털 기술로 소매 금융 시장에 진입하며 은행업의 생태계 자체를 탈바꿈시키고 있다. 국내에도 네이버페이, 카카오페이 등 디지털 기업들이 첨단의 서비스를 선보이며 혁신 중이다. 특히 앱 기반의 소액 송금 서비스인 토스toss는 현재 누적 송금액 30조 원(2015~2019)을 돌파하고 있다. 기존의 은행이 전국에 지점망을 보유한 '보이는 은행'이었다면 이제는 디지털 기업에 의한 '보이지 않는 은행'이 등장하고 있는 것이다.

현재 과업 기반의 기업들에 의한 산업 생태계의 혁신은 숙박업(에어비앤비, 야놀자), 고객운송(우버, 모두의 버스, 타다, 마카롱택시), 부동산(직방, 스위트스팟), 자동차(카랑, 모두의 주차장) 등 다양한 영역으로 확대되고 있다.[2]

경제의 새로운 주역으로 등장한 개인과 디지털 소호

기존에는 전통적인 학교 시스템 또는 도제식 교육을 통해 전문가로 육성되었으나 최근에는 인터넷을 통한 스스로 학습이 용이해졌고, 전문지식조차 인터넷에서 쉽게 접할 수 있어서 누구나 쉽게 전문가 수준의 정보와 지식을 확보할 수 있다. 플랫폼을 통해 제공되는 이들의 서비스는 부업의 형태, 1인 프리랜서 혹은 전문기업 등 다양하며, 서비스 이용자는 대가를 지불하고, 플랫폼 업체는 그 중개수수료를 받아 거래가 이루어진다. 현재 이들 프리랜서를 연결해주는 대표적 플랫폼으로는 잘리Zaarly, 파이버Fiverr, 태스크래빗Taskrabbit, 이랜스Elance 등이 있으며 국내에도 크몽, 위시켓, 프리모아 등이 온라인으로 프리랜서를 중개하고 있다.

전문성이 강화된 개인이 플랫폼이라는 새로운 생산기제와 융합되어 만드는 경제가 바로 디지털 소호경제다. 소호SOHO는 Small Office Home Office의 약자로 말 그대로 작은 사무실, 가정 사무실이라는 뜻이다. 즉 소규모로 운영되는 1인 기업, 자영업 또는 개인 기업 등을 의미한다. 이들 개인이 보유한 유무형의 자원과 재능을 공유하고 시간과 노동력을 탄력적으로 제공해 소득을 창출하는 '기그 이코노미Gig Economy'가 새로운 가치 창출과 노동의 트렌드가 된다. 디지털로 무장한 개인은 국경을 넘어 노동을 제공하는 이른바 텔레미그런트Telemigrant로 부상할 것이며, 심지어 미국 월가wall street의 고소득 화이트칼라 일자리까지도 이들의 노동에 위협을 느낄 것이라고 보고 있다.[3] 2019년 세계경제포럼world economic forum에서도 '세계화4.0'을 세계경제의 새로운 화두로 제시하고 개인의 역할을 어느 때보다 강조하고 있다.

특히 유튜브나 아프리카TV, 다이아TV, 샌드박스와 같은 MCN(다중채널네트워크) 플랫폼을 활용해서 사회적 영향력을 발휘하는 개인을 크리에이터Creator, 혹은 인플루언서Influencer라고 한다. 최근 71세에 치매 초기 판정에도 불구하고 구글과 유튜브 CEO까지 만나 화재가 된 유튜브 스타 박막례 할머니나, 유튜브 방송으로 강남의 97억짜리 빌딩을 구입한 6살 보람이의 뉴스가 우리 사회에 인플루언서 열풍을 일으켰다. 과열된 유튜브 방송, 아동의 노동 착취 등과 같은 부정적 시각도 있지만, 인플루언서 경제는 이제 대기업의 마케팅과 연결되고 있으며 심지어 브랜드화와 제조의 영역으로까지 확장되는 추세에 있다.[4] 최근 기아자동차는 이들 인플루언서에게 2,000만 원의 활동비, 전문 교육(인기 크리에이터 초청 강의, 영상 제작 및 편집 강의, 채널 브랜딩 강의 등), 콘텐츠 제작을 위한 차량, 기아자동차 공식 행사 초청 등의 혜택을 제공하고 있으며, KT는 크리에이터 팩토리 센터를 오픈(2019년 5월)해서 연간 4,500명을 양성할 계획이라고 한다.

인스타그램, 유튜브, 네이버 블로그 등을 판매 채널로 활용하는 1인 커머스(일명 세포마켓)와 중국의 크리에이터, '왕홍网红' 혹은 '웨이상微商'은 동대문 패션클러스터의 중요한 자산이 된 지 오래다. 현재 인스타그램에 '프리랜서' 혹은 '#마켓'을 검색하면 170만 개의 개인 간 거래가 뜨고 약 20조 원의 부가가치를 창출하고 있다. 2018년 중국의 왕홍과 웨이상이 동대문에서 일으킨 거래액은 약 1,600억 원에 달하고 있다.

디지털 경제에 대해서는 긍정적 전망과 부정적 전망이 모두 있다.

먼저 과업 기반의 기업과 소호 경제는 그간 기존 경제에서는 활용되지 못한 자원과 기회가 경제활동의 영역으로 편입되면서 새로운 일자리와 산업을 창출시킨다는 긍정적 측면이 있다. '부릉서비스'는 음식 배송이라는 과업Task으로 약 2만 명의 라이더(배달원) 일자리를 창출했다. 자투리 공간에 단기 임대형 팝업스토어Pop-up store를 중개하며 공간의 가치를 재창출하는 스위트 스팟도 전국 350개 이상의 빌딩에 2,000여 개가 넘는 가게를 열었다. 오전에 쉬고 있는 학원 버스로 시민의 출근을 지원하는 '모두의 셔틀'은 운행 2년 만에 150개 경로에 3만 명의 이용자에게 출근 서비스를 제공하고 있다. 이들 모두의 공통점은 기존 경제에서는 활용되지 않던 자원을 활용하고, 가치 창출의 기회로 인식하지 못한 부분에서 새로운 가치를 창출하며 성장했다는 점이다.

인플루언서에 의한 소호 경제도 빠르게 성장하고 있다. 온라인, 오프라인 서비스를 병행하면서 서비스나 제품을 제공하고, 소득을 얻는 플랫폼 노동자의 정확한 시장 규모를 파악하기는 어렵지만 미국의 경우, 2027년 전체 노동자의 50.9%가 프리랜서일 것으로 전망하고 있다.[5] 국내의 경우도 프리랜서가 53만 8,000명(전체 취업자의 2%)에 달할 것이라는 최근 조사가 있다.[6] 플랫폼 노동에 미취학 아동이나 고령자 등 거의 모든 연령층이 참여하고 있으며,

참여의 형태도 부업이나 프리랜서, 소형 기업 등으로 다양해서 실제로는 전업 형태의 프리랜서로 조사된 수치보다 훨씬 더 많을 것으로 보인다.

한편 과업형 기업과 소호 경제의 인프라 역할을 하는 플랫폼 기업들의 담합, 즉 디지털 카르텔이나 플랫폼 기업과 노동자 간에 이른바 '제로아워 계약zero-hour contract'이라는 것을 맺어 낮은 수당에 의지하며 생계를 위해 주어진 일은 무엇이라도 받아들여야만 하는 노동자의 처우에 대해 디지털 농노 경제 혹은 플랫폼 노예 경제가 될 것이라는 부정적 전망도 있다. 실제로 우버는 수요 공급을 맞추기 위해 요금을 가변적으로 정하는 '플랙서블 프라이싱flexible pricing'으로 높은 강도의 노동을 요구해서 비난받았으며, 영국판 배달의 민족인 딜리버루Deliveroo는 직원을 비임금 근로자로 고용하는 행태로 인해 논란이 된 바 있다. 국내에도 배달 앱 라이더, 앱을 통한 가사노동 서비스 제공자, 웹툰·웹소설 작가와 같은 프리랜서에 대해서 우리 사회가 그들의 근로자성을 인정하지 않고 있어 실업급여는 물론 연차휴가도 없으며 산재보상도 못 받고 있는 것이 현실이다.

인간 중심의 디지털 기업 경제가 작동하기 위해

우리 경제가 디지털이 열어주는 새로운 기회의 창, 과업형 기업과 소호 경제의 활성화라는 비전을 달성하며 성장을 지속하기 위해서는 다음 몇 가지 도전과 사회적 배려가 필요하다.

첫째, 과감한 창업이 필요하다. 앞서 언급한 다양한 사례가 시사하듯, 이제 창업은 어느 혁신적 개인만이 가능한 일이 아니다. 보다 과감하게 자신의 재능을 디지털 인프라와 연결해서 새로운 가치를 창출하기에 더 없이 좋은 환경이 펼쳐지고 있다. 예를 들어 소고기에 대한 해박한 지식을 유튜브에 올려 자신의 브랜드는 물론 육가공과 유통 시장에까지 진출한 20대 '정육왕'의 스토리나 모바일 앱으로 주문하면 제주도와 거제, 통영 등 국내 30곳에서 갓 잡아 뜬 회를 당일 배송해주는 '오늘회' 역시 디지털 인프라와 다양한 자원을 연결하면서 가치를 창출한 소호 창업의 사례다.

사실 창업은 커다란 위험이 존재하는 혁신 활동이기 때문에 창업의 위험에 대한 사회적 배려가 필요하다. 그간 우리 사회는 취업 장려에는 노력을 많이 해왔으나, 창업이나 폐업에 대한 보호 조치는 미비했다. 선진국의 소호 창업에 대한 핵심은 인센티브 부여다. 영국의 창업 수당이나 프리랜서 보험 제도, 독일의 역량과 전문성에 따른 창업과 실업의 급여산정 제도는 우리가 참고할 만하다. 한편 기존 산업의 생태계를 재구성하는 과업형 창업의 경우, 기존 산업에 맞게 설계된 제도가 오히려 규제로 작용하기 때문에 지속적인 규제 혁신도 필요하다. 이런 측면에서 '규제샌드박스'와 정부가 규제의 필요성을 입증하지 못하면 해당 규제를 폐지하거나 개선하는 '규제 정부 입증 책임제'는 도움이 될 것으로 보인다.

둘째, 복지에 대한 새로운 접근이 필요하다.[7] 국내 메쉬코리아의 인공지능 알고리즘은 생계에 필요한 최소한의 과업을 분배하도록 설계되어 최소 연간 3,000만 원 수준의 과업을 라이더에게 분배하고 있으며, 새벽배송으로 유명한 마켓컬리도 자사 플랫폼에 동일한 상품의 소호를 입점시키지 않는 방식으로 최소 수익을 보장하고 있는데, 이는 플랫폼 시대 기업의 새로운 사회적 책임과 협업 사례라고 보인다.

디지털 경제에서는 핵심 역량을 보유한 소수와 다수 사람들 간에 소득 양극화가 심화될 가능성이 높다. 영국의 경제학자 가이 스탠딩Guy Standing 교수는 단순 반복적인 작업을 수행하는 노동자들을 프레카리아트precariat: precarious+proletariat라고 하며 평생 '직업 불안정성'을 느끼고, 자기계발의 여유가 없는 새로운 노동 계급으로 구분하고 있다. 디지털 경제의 지속가능성을 위해서는 사회적 부의 재분배 시스템이 가동되어야 한다. 고소득 디지털 소호에 대한 세 부담 상향, 그리고 최저생계비를 대체할 최소생계 과업과 수익의 보장에 대한 장려 등을 고려할 수 있다.

특히 프랑스에서 도입한 디지털 사회보장제도는 우리 사회가 눈여겨보아야 한다. 디지털 플랫폼을 통한 거래가 일어날 때마다 고객과 노동자가 일정 비율을 보험료로 내도록 하고, 디지털 플랫폼은 이것을 모아 실업 등 위험에 처한 노동자에게 전달하는 방식이다.

셋째, 보다 공정한 경쟁 환경이 필요하다. 소호의 입장에서는 플랫폼 기업과 협상력에서 차이가 존재하고, 이로 인해 불공정 계약(전속계약, 배타적 계약 등)이나 과도한 수수료, 계약 불이행에 대한 부당한 책임 부과, 불공정한 사업 제한과 간섭 등에 취약할 수 있다. 또한 소수 플랫폼 간에도 가격 담합이 발생할 수 있다. 실제로 네이버가 (부동산 업체들과) 배타적인 계약을 통해 부동산의 '확인된 매물' 정보를 다른 포털에는 3개월 동안 표시가 안 되도록 한 사건은 큰 논란이 되었다. 공정경쟁을 위해 기존에는 회계감사를 중시했다면, 디지털 플랫폼 경제에서는 플랫폼 기업의 검색, 계약, 가격 등 관련 알고리즘의 공정성도 이슈가 된다. 그러나 알고리즘의 작동 메커니즘을 외부에서 접근하기에는 영업 기밀이나 지식재산권 침해 우려가 있고, 알고리즘의 해석에 대해 상당 수준의 기술적 난이도가 있으며, 또한 알고리즘의 공정성 이슈가 국내 기업에만 요구되어 자칫 해외 기업과의 역차별 가능성도 있기에 신중한 접근이 필요하다. 한편 사적 플랫폼private platform의 독점에 대안으로 제시되는 플랫폼협동조합의 사례도 생각해볼 수 있는데, 공적 플랫폼public platform이며 노동자 참여형이라는 장점도 있지만 사적 플랫폼에 대항하는 기술과 자본의 투자, 그리고 초기 시장의 확보는 여전히 쉽지 않은 문제다.

▶▶ **김준연**

03 한국 미래 사회 일자리의 비전

▎ AI는 인간의 일자리를 얼마나 대체하게 될까?

세계적 리서치 회사인 에델만(2019)의 조사 자료에 따르면 경제 선진국에서 유독 미래에 대한 비관주의가 강하다는 사실이 포착되었다. 배후로 지목되는 이유 중 하나는 자동화에 따른 일자리 대체 문제였다. 해당 조사 자료에 따르면 미국, 일본을 포함한 서구 유럽 대부분의 국가에서 "나와 내 가족이 5년 후에 더 잘 살 것이라고 믿지 않는다."라고 응답했으며, 그 이유로 "자동화나 불충분한 기술 탓에 일자리를 잃을 수 있기 때문이다."라고 응답했다.

IT 기술로 대표되는 3차 산업혁명이 공장 자동화를 통한 단순

반복적 육체노동의 종말을 고했다면, ICT 기술로 대표되는 4차 산업혁명은 사무자동화를 통한 단순반복적 지식노동에 대한 종말을 고하고 있다. 즉, 과거 자동화 기술의 발달이 비숙련 노동인 인간의 육체노동을 대체해왔다면, 미래 디지털 기술의 발달은 숙련 노동인 지식노동을 대체할 것으로 예상되고 있다.

하지만 과거 디지털 기술의 발달이 인간의 육체노동을 완전히 대체한 것은 아니었다. 이는 노동과 자본의 조합을 통해 제품을 생산해야 하는 생산자의 입장에서 볼 때 노동을 자본으로 대체하기 위해서는 기술적으로 가능해야 할 뿐 아니라, 경제적이어야 하기 때문이다. 다시 말해서 제아무리 기술의 발달이 인간의 노동을 기술적으로 대체할 수 있다고 할지라도 그것이 경제적으로 생산자에게 더 나은 결과를 가져오지 못한다면 노동은 결코 자본으로 대체되지 않는다.

한편, 경제학의 가장 기본적인 원리 중 하나인 분업과 전문화를 통한 생산성의 향상은 기업과 개인으로 하여금 보다 전문화된 인력에 대한 높은 보수를 지급해왔다. 특히 전문화와 세계화의 조합은 기업으로 하여금 특정 표준화된 제품을 대량 생산하게 함으로써 규모의 경제에 의한 비용 극소화 및 생산성 극대화를 달성해왔으며, 이를 달성하는 기업과 개인에게 높은 수익과 보상을 지급해왔다. 하지만 이 같이 높은 수익과 보수는 늘 새로운 경쟁 자원에 의한 대체 문제를 야기해왔고, 결과적으로 분업화를 통해 높은 임금을 받는 전문화된 국내 노동자는 기술 발전에 따른 대체 가능성

빚 서임금 해외 노동자에 의한 대체 가능성에 노출되게 되었다.

다행히 현재까지 발생해온 디지털 기술의 발달은 높은 임금을 받는 전문화된 지식노동의 영역까지는 대체하지 못했다. 하지만 AI를 포함한 미래 디지털 기술의 발달은 현재 대체 불가능의 영역으로 남아 있는 전문화된 지식노동까지도 대체할 것으로 예상되고 있다. 그러나 디지털 기술이 육체노동과 마찬가지로 지식노동의 모든 부분을 대체할 수 있는 것은 아니다. 한편 비반복적 육체노동이 기술적 이유를 포함해서 보다 경제적 이유에 의해 대체되기 어려웠다면, 비반복적 지식노동은 경제적 이유보다는 기술적 이유로 대체되기 어려울 것으로 예상된다. 따라서 미래 경제적 문제에서 자유로우면서도 기계에 의해 대체되지 않고 살아남기 위해서 인간은 육체노동보다는 지식노동에 종사해야 하며, 반복적 노동보다는 비반복적 노동에 종사해야 한다. 즉, 미래 노동 시장은 비반복적 지식노동과 비반복적 육체노동에 종사하는 노동 시장으로 양극화될 것인데, 그중 보다 높은 보수를 받는 슈퍼스타 노동자가 되기 위해서는 반복적 지식노동을 통해 습득한 문제 해결 능력을 바탕으로 비반복적 지식노동에 종사해야 한다.

따라서 디지털 기술의 발달이 지식노동을 대체하는 미래의 노동 시장에서도 여전히 지식노동의 중요성은 강조될 것이다. 아니 오히려 더 강조될 것이며, 오로지 숙련된 지식노동을 통해서만 발휘될 수 있는 비반복적 지식노동을 습득해야만 기계에 의한 대체 문제에서 자유로운 슈퍼스타 노동자가 될 수 있다. 하지만 말 그대로 슈퍼스타는 슈퍼스타다. 모두가 슈퍼스타가 될 수 없고, 슈퍼스타가 되기 위해서는 여러 가지 요건이 필요하다. 우선은 개인적 차원에서의 수많은 시간과 노력, 실패를 딛고 일어설 수 있는 용기와 인내가 필요하며, 더불어 이를 뒷받침하기 위한 사회적 분위기나 문화, 제도도 필요하다.

한국형 미래 일자리 예상 시나리오

디지털 기술의 발달은 기업의 각종 거래 비용을 낮춤으로써 다양한 형태의 고용을 가능하게 함과 동시에 시공간을 초월한 다양한 형태의 근무 방식을 가능하게 하고 있다. 과거 기업의 생산성을 높이기 위해 필요했던 노동과 자본에 대한 직간접적 제약은 풀어지고, 이제 기업은 다양한 형태의 고용 및 근무 형태가 가능하게 되었다. 하지만 정작 현실은 제도적 안정성이 보장된 정규직 일자리와 제도적 안정성이 보장되지 않는 다양한 비정규직 일자리로 양극화되고 있다. 따라서 우리는 미래 디지털 기술 변화가 가지고 올 수 있는 일자리 변화의 부정적 가능성(예상 시나리오 1)을 토대로 현재 기업이 부담하고 있는 노동자에 대한 책임과 부담을 사회적으로 이관했을 경우 발생 가능한 긍정적 변화의 가능성(예상 시나리오 3)을 모색한 뒤, 끝으로 이러한 사회적 안전망이 확보되지 못한 상태에서 달성 가능한 현실적 대응 방안(예상 시나리오 2) 등을 소개함으로서 미래 한국경제가 나아가야 할 일자리 문제의 현실적 대응 방안을 모색해보고자 한다.

▶ 예상 시나리오 1

디지털 기술의 발달은 온라인 노동 중개 시장을 활성화시킴으로써 각종 계약직 근로자의 수를 증가시킬 것으로 예상되며, 이는 사회적 불안정성을 증폭시킬 것으로 예상된다.

세계은행 보고서(2018)에 따르면 2016년 이미 전 세계의 약 1억 1,200만 명의 노동자가 크라우드 워크 형태로 일하고 있다. 한편, 이러한 크라우드 워커의 증가는 사회적 안정성을 떨어뜨리고 높은 사회적 비용을 수반할 수 있다. 도이블러와 클레베Däubler & Klebe[8]는 독일경제연구소 자료를 통해 2011년 1인 자영업자 한 명당 시간소득은 평균 13유로였으나, 전체 1인 자영업자 가운데 3분의 1의 소득은 8.5유로 이하였다고 전했다. 그들은 이 같은 저소득 계약직 근로자의 증가는 사회적 안전성을 떨어뜨리고 각종 사회적 비용을 야기할 수 있다고 경고했는데, 실제 대부분의 크라우드 워커가 기업에 소속된 노동자가 아닌 독립 노동자 혹은 1인 기업, 1인 자영업자라는 사실을 고려해볼 때 크라우드 워커의 증가는 사회적 안정성을 떨어뜨리고 각종 사회적 비용을 증가시킬 것이라고 예상할 수 있다.

정리해 말하면, 디지털 기술 발달에 따른 플랫폼 노동의 증가는 기존의 전통적 일자리(정규직 일자리)에 대한 수요를 줄이고 각종 비정규직 일자리에 대한 수요를 증가시킬 것이다. 하지만 여전히 전통적 일자리를 중심으로 조직화되어 있는 각종 사회 안전망 장치는 기존의 정규직 근로자들만 보호할 뿐, 1인 기업이나 프리랜서와 같은 새로운 형태의 비정규직 노동자들을 효과적으로 보호하고 있지 못하다. 그 결과 한국의 디지털 2.0시대의 새로운 일자리들은 그 누구보다도 생산적인 사람들로 채워져야 함에도 불구하고 생산적인 자발적 계약 근로자가 아닌 기존의 정규직 일자리에서 밀려난 비생산적인 비자발적 계약 근로자로 대체될 가능성이 높다.

▶ 예상 시나리오 2

그럼에도 불구하고 디지털 기술 발달에 따른 거래 비용의 감소는 단순히 기업의 외부 거래 비용을 줄일 뿐 아니라, 기업의 내부 거래 비용을 줄임으로써 기업 내 다양한 형태의 근무 방식을 지원할 수 있다. 한국과학기술평가원(KISTEP, 2016) 자료에 따르면, IT 기술의 발달은 인간의 시간과 공간을 무한히 확장시키는 효과를 불러왔고, 그 결과 SOHO, 재택근무, 텔레워크, 모바일 근무 등 다양한 형태의 직업 생산을 견인하고 있다고 밝혔다. 한편 헤이먼J. R. Hayman[9]은 유연근무제는 그 취지는 매우 좋지만, 생각보다 활용도가 낮은데 조직 문화가 가장 큰 이유라고 주장했다. 캘런 Samantha Callan[10]는 그 이유에 대해 조직에는 이상적인 근로자 상이 있는데 유연근무제를 사용하는 근로자는 이러한 이상적 근로자 상에서 벗어난 즉, 승진에 관심 없는 사람으로 보이기 때문에 사람들이 유연근무제의 사용을 꺼리는 것이라고 주장했다.

결국 디지털 기술의 발달이 기업 차원에서의 생산성 증가를 위해 사용되기 위해서는 첫째, 개별 기업이 디지털 기술을 활용해 본인의 생산 방식을 업그레이드 시킬 수 있는 근로자의 생산 방식, 근무 형태를 찾아야 하고, 둘째, 이것이 근로자로 하여금 거부감 없이 받아들이기 위한 제도적 보완 장치가 필요하다. 따라서 이 과정에서 정부의 역할이 필요한데 첫째, 기업 유형에 따라 기술 자문을 통해 디지털 기술 활용 생산 방식 전환에 따른 성공 사례들을 지속적으로 발굴, 공유, 모니터링하는 작업이 필요하고, 둘째, 근로자가 이러한 새로운 생산방식에 따른 새로운 형태의 근무를 받아들임에 있어 비용보다 편익이 크다고 느껴질 수 있도록 근무 형태에 따른 고용 계약상의 불이익이 존재해선 안 된다. 따라서 현시점에서 정부는 제도적으로 정규직 외근 근로자 등 다양한 근무 형태의 정규직 근로자를 확대시키는 방안을 독려할 필요가 있다. 이는 사회적 안전망이 존재하지 않는 상태에서 유연근무제의 확대는 자칫 비정규직으로 분류되는 질 낮은 일자리의 확대를 독려할 수 있기 때문이며, 기술 변화에 따른 기업의 업무 효율을 증가가 일자리의 질적 저하라는 부정적인 결과를 가져오지 않게 하기 위함이다.

▶ 예상 시나리오 3

하지만 예상 시나리오 2에서 제시한 다양한 근무 형태의 정규직 외근 근로자의 확대는 장기적으로 지속가능한 모델이 되기는 어렵다. 그 이유는 해당 모델이 기업의 내부 거래비용을 줄이면서도 사회적 안정성을 확보할 수 있다는 장점은 있지만, 예상시나리오 1에서 제시한 디지털 기술 발달에 따른 외부 거래 비용 감소의 혜택을 십분 활용할 수 없기 때문에 비용적인 측면에서 경쟁력을 가지기 어렵기 때문이다. 따라서 정부는 보다 장기적 관점에서 현재 기업에 집중되어 있는 노동자에 대한 복지와 혜택을 궁극적으로 사회안전망 확충을 통해 국가적 차원으로 이관할 필요가 있으며, 이와 더불어 평생학습 체제를 통한 슈퍼스타 노동자 양성을 위한 노력도 필요하다. 평생학습 체제는 기술 발달에 따라 비생산적이 된 근로자를 다시금 생산적 근로자로 전환시킬 수 있도록 도움으로서, 기존의 정규직 근로자로 하여금 비자발적 계약 노동이 아닌 자발적 계약 노동을 통해 더 높은 보수를 향해 나아갈 수 있도록 지원할 수 있다.

따라서 장기적으로 가장 이상적인 상황은 기술 발달에 따른 다양한 형태의 일자리를 노동자가 자신의 상황에 맞게 스스로 선택하고, 이러한 선택을 통해 노동자가 스스로 더 좋은 기회와 높은 보수를 향해 쉽고 안정적으로 이동할 수 있도록 국가가 제도적으로 보장해주는 것이다. 사실, 앞서 설명했듯 플랫폼 노동 중개 시장은 노동을 필요로 하는 기업에도 다양한 선택의 기회를 부여하지만, 노농을 공급하는 노동지의 입장에서도 더 많은 서택의 기회를 부여받을 수 있기 때문이다. 하지만 지금의 제도하에서는 능력이 뛰어난 슈퍼스타 노동자가 자신의 작업 방식에 맞는 기회와 보수를 찾아 자유롭게 이동할 수 있는 계약직 근로자로서의 삶을 선호한다 하더라도, 이를 안정적으로 구현하기 위한 공정하고 투명한 일자리 플랫폼이 마련되어 있지 않다. 또한 슈퍼스타 노동자가 되지 못했을 경우 개인이 감당해야 할 안정적 일자리에 대한 기회비용 또한 너무 높은데 이는 정규직 일자리를 비정규직 일자리로 전환함으로서 해결해야 할 문제가 아니라 비정규직 일자리를 안정적 일자리로 전환함으로써 해결해야 할 것이다.

끝으로 기술의 발달은 점점 더 비반복적 지식을 생산해낼 수 있는 슈퍼스타 노동자를 필요로 한다. 따라서 우리가 원하든 원하지 않든, 세계는 슈퍼스타 노동자를 필요로 할 것이고 우리는 그것이 되기 위한 준비를 해야만 한다. 그리고 정부는 이러한 혁신이 기업이 아닌 노동자(슈퍼스타 노동자)를 통해 구현될 수 있도록 이를 지지하기 위한 제도와 시스템, 개인 혁신 시스템Individual Innovation System 구축을 위해 모든 시간과 노력을 집중해야 할 필요가 있다.

한국형 미래 일자리 전략

결론적으로 디지털 기술 발달에 따른 미래 일자리의 변화는 기존의 전통적 일자리를 줄이고 다양한 형태의 비정형적 일자리의 생성을 촉진할 것으로 예상된다. 한편, 기업이 노동자에 대한 역할과 책임을 전적으로 부담하는 현재의 시스템하에서는 비정형적 일자리 생성은 사회적 불안정성을 증폭시키고, 이러한 불안정성이 증폭된 사회에서는 기존의 안정적 일자리에 대한 수요는 더더욱 커질 수밖에 없다. 최근 대표적 안정적 일자리로 불리는 국가 공무원 시험에 응시하는 한국 청년들이 급증하고 있다는 사실은 이러한 안정적 일자리에 대한 사회적 열망을 대변하는 것이며, 이는 결국 기술 발달에 따른 효율적 생산 방식의 도입을 지연시킬 수밖에 없다.

결과적으로 생산자와 소비자의 경계가 사라지고, 자본가와 노동자의 경계가 사라지는 4차 산업혁명 시대에 변화하는 업무 방식에 따른 불안정성을 해소하기 위해서는 기업이 아닌 개인을 혁신하기 위한 개인 혁신 시스템이 필요하다. 빠르게 변화하는 기술적 환경 변화에 맞춰 개인의 역량 강화를 지원하기 위한 평생학습 체제와 이를 안정적으로 준비하고 도전할 수 있는 사회적 안전망이 제대로 갖추어져야만 비로소 개인이 혁신을 통해 더 나은 일과 보수를 향해 나아갈 수 있는 자발적 계약 노동자가 될 수 있기 때문이다. 이러한 사회적 차원에서의 개인 혁신 시스템 도입을 통한 자발적 계약 노동자의 증가는 노동 시장의 유연성 확보를 통해 자원 배분의 효율성을 달성하고 동시에 사회적 안정성도 달성할 수 있기 때문에 한국경제가 달성해야 할 미래 일자리의 장기 비전이다.

하지만 앞서 언급한 한국형 미래 일자리의 장기 비전은 국가에 의한 평생학습 체제 및 포괄적 사회 안전망 제도의 확립이라는 매우 어려운 도전 과제들을 해결해야만 달성 가능한 장기 비전이자 목표다. 따라서 우리는 이러한 장기 비전에 도달하기에 앞서 단기적으로 해결할 과제 해결을 통해 장기 비전에 도달하는 우회 전략, 다시 말해 단계적 도약을 통해 목표에 다가서는 전략이 필요하다. 이것은 이미 우리가 예상 시나리오 2에서 살펴본 바와 같이 현재 정규직 형태로 존재하는 일자리에 디지털 기술을 접목한 여러 가지 다양한 근무 방식을 도입해 기업의 내부 거래 비용을 줄여나가는 것이다. 그리고 이러한 기업 내 다양한 형태의 일자리를 정규직으로 전환해나감에 따라, 기존의 정규직 일자리와 비정규직 일자리 사이에 존재하는 인식과 차별을 단계적으로 줄여나가는 것이다. 특히 한국 대기업 시스템에 적합한 정규직 외근 근로자의 비중을 높임으로서 근로자의 출퇴근 시간을 단축하고, 기업의 임대료 지출을 감소시켜 사내 혁신을 위한 재원으로 활용한다면, 기존에 기업을 변화시키는 데 있어 제약으로 존재했던 여러 부분들에 대한 제약이 사라지고 다양한 방식의 시도가 가능할 것으로 보인다.

결국 한국경제에 있어 미래 일자리 문제의 해결은 해도 되고 안해도 되는 취사 선택사항이 아닌, 현재 한국경제가 당면하고 있는 크고 작은 문제 해결에 있어 굉장히 중요한 첫 단추가 될 수 있다. 과거 비용 절감을 통한 추격형 경제에서 유효했던 개구리식 도약

Leap frogging strategy에서 벗어나, 퍼스트 무버로서 가져가야 할 인간 중심의 개인 혁신 시스템을 단계적으로 완성해나간다면 지금 한국경제가 당면하고 있는 실타래 같이 엉킨 문제들의 해결에 상당한 실마리를 제공할 수 있을 것이다..

▶▶ **임지선**

04 블록체인, 분권화된 디지털 금융 시스템

글로벌 금융 시스템은 매일 몇 조 달러가 오가며, 수십억 명의 사람들에게 서비스를 제공하고, 100조 달러가 넘는 글로벌 경제를 뒷받침한다. 허나 그 이면은 인터넷뱅킹과 핀테크 등 디지털화라는 신기술의 발전에도 불구하고 비효율성과 지역별로 불평등한 접근성이 공존하고 있다. 새로운 기술이 등장하면서 은행 내부의 서류 작업들을 대체했고, 반자동화, 반전산화된 작업으로 바꿔놓았지만 시스템이 운영되는 로직은 여전히 과거의 서류 작업에 바탕을 두고 있다. 커피 한 잔을 결제해도 거래는 즉시 이뤄지나 가맹점(판매자)에 최종 정산되기까지는 일주일 또는 그 이상의 시간이 소요되고, 중개자의 수수료 부담은 고스란히 가맹점에 전가된다. 카드사가 가맹점 수수료율을 낮추어주고 싶어도 다양한 이해관계자의 존재로 독자적 결정이 힘들다. 또한 수십억 명에 달하는 대부분의 제3세계 사람들은 아직도 자기 이름의 은행계좌를 만들어 돈을 보관하고 송금하고 지급수단으로 활용하거나, 또는 신용을 평가받아 대출받는 기초적 금융 서비스의 접근이 어렵다.

기존의 금융이란 독과점적인 비즈니스이기 때문에 중앙집중화된 거대 중개자들은 거래 비용을 줄이기 위한 어떠한 노력도 기울일 필요가 없었다. 비단 전통적인 은행뿐 아니라 카드회사, 투자은행, 증권거래소, 원자재 트레이더, 보험사, 글로벌 회계법인 모두가 금융이 가지는 높은 진입 장벽의 수혜자들이다. 이들의 암묵적인 결탁은 눈부신 디지털 기술 발전에도 불구하고 유독 금융 시스템만은 타 분야에 비해 속도 개선과 비용 절감 효과가 미미하게 나타나게 되는 주된 원인으로 작용했다. 독점적 지위가 결국 경쟁의 부재를 불러 서비스를 개선하고 효율을 높여 더욱 많은 소비자를 만족시키겠다는 동인보다는, 여러 명목으로 기존 시장의 수수료를 높여 단기적 이익의 극대화만을 추구하는 풍조를 낳은 것이다. 2008년 금융위기에서 기존 금융 시스템은 과도한 레버리지, 투명성 결여, 적절한 감독 및 견제 수단의 부재로 인해 사전 대처가 불가능했다. 이는 중앙 집중화된 기존 금융 시스템에 변화가 필요하다는 반증이며, 블록체인은 이의 해결을 위한 분권화된 대안을 제시한다.

『블록체인 혁명Blockchain Revolution』의 저자인 돈 탭스콧Don Tapscott은 블록체인을 '가치의 인터넷Internet of Value'으로 규정했는데, 이는 과거 인터넷이 가치가 아닌 단순히 정보를 한 당사자로부터 다른 당사자에게 전송하는 방식으로 고안된 한계를 가진데 비해 블록체인은 이를 넘어선 일대 대전환이기 때문이다. 즉, 기존 인터넷상의 거래에서는 중앙관리시스템이 필요하지만, 블록체인 네트워크상에서는 중앙관리시스템의 도움 없이도 당사자 간의 직접적 거래가 가능해져 기존 경제 시스템의 거래 구조에 분권화, 분산화된 근본적 변혁이 가능하다는 것이다. 중앙집중화된 서비스는 중앙 기관(서버 등)의 장애 발생 시 전체 시스템이 정지해야만 한다. 하지만 블록체인은 모든 네트워크 참여자가 정지하지 않는 이상 영구적으로 지속이 가능하다. 블록체인의 네트워크는 다수의 컴퓨터가 중앙 신뢰 기관 없이 미리 합의된 규칙에 의해 공동의 작업을 수행하며(인증 효과, 거래 비용 감소), 데이터가 중앙 서버에 집중되지 않고 모든 노드에 공유되는 탈중앙 비즈니스(투명성, 분산성, 안전성)의 구조를 가지고 있다. 블록체인의 근간은 오픈소스 코드(개방성)다. 누구나 공짜로 내려 받아 실행할 수 있고, 이를 활용해 온라인 거래를 관장하는 새로운 틀을 개발할 수 있다. 이 과정에서 무수히 많은 새로운 애플리케이션이 등장하는 동시에 기존 거래 구조의 많은 것을 변화시킬 수 있다.

　블록체인은 전통적인 은행 업무에 접근할 수 없는 제3세계 국가의 사람들을 포함해 전 세계 수십 억 명의 사람들에게 손 안의 스마트폰을 통한 송금, 지불 등 자유로운 금융 서비스를 제공하는 데 이용될 수 있다.

　암호화폐는 은행과 중앙 규제 기관을 우회할 목적으로 고안되었지만, 그 기반 기술인 블록체인은 역설적으로 전 세계 은행에서 매력적인 기술로 받아들여지고 있다. 실제로 금융업계는 2017년

[도표 6-1] **블록체인의 금융 산업 분야 적용**

금융 분야 적용 사례		
▶ 증권, 거래	블록체인 기반의 거래 플랫폼을 제공하고, 스마트 계약 기능을 이용해 효율성을 높이도록 시스템을 개발 중	
▶ 청산, 결제 송금	정부의 감사, 규제 내에서 거래를 관리할 수 있도록 하며, 다양한 통화와 가상화폐를 이용할 수 있는 매커니즘, 플랫폼 개발 진행 중	
▶ 투자, 대출	투자자(벤처캐피탈, 엔젤투자, 크라우드 펀딩, 개인 등)와 스타트업 기업을 연결시켜 투자금을 확보하기 위한 플랫폼 제공	
▶ 상품 거래소	블록체인 기반의 거래 플랫폼을 통해 자산과 금융 상품 거래가 가능하도록 기능을 제공하며, 이용 가능한 가상화폐를 지속적으로 추가	
▶ 무역 금융	무역 거래 시 이용되는 문서(계약서, 신용장 등)의 위변조 방지, 처리절차 간소화 등에 적용	

에만 블록체인이나 분산원장기술DLT에 미화 17억 달러를 투자한 것으로 집계됐다. 스위스 은행인 UBS는 블록체인을 기반으로 만든 새로운 지불 시스템인 '유틸리티 결제코인'을 출시할 계획이라 밝혔다. 이 토큰은 중앙은행에서 현금으로 전환될 것이다. 이 프로젝트에는 바클레이와 HSBC도 참여했다. 세계은행은 호주연방은행과 함께 개발 기금을 위한 이더리움 블록체인 채권을 출시한다고 발표했다. 인프라는 마이크로소프트 애저 클라우드 플랫폼에서 실행된다. 마스터카드는 블록체인 기업 R3와 제휴해 블록체인에 기반을 둔 국제 결제 플랫폼 개발에 나선다. 보다 빠른 글로벌 결제 인프라와 제도를 확립하고, 이를 통해 마스터카드가 운영하는 청산 및 결제 네트워크의 지원을 받는 은행들과 연결하는 데 초점을 맞춘다는 전략이다. 금융 서비스 회사인 노던 트러스트는 고객과 규제 당국의 투명성 제고를 위한 최초의 사모펀드 블록체인을 구축했다고 발표했으며, BNP파리바는 글로벌 내부 유동성 재무 운영에 프라이빗 블록체인 기술을 적용한 프로젝트에서 EY와 제휴했다고 밝혔다.

이렇듯 글로벌 금융기관들은 블록체인을 통한 비용 절감, 효율성 제고를 목표로 자체 프라이빗 블록체인 개발 또는 컨소시엄 블록체인 참여를 통해 생태계 구축과 서비스 표준화를 시도 중에 있다. 2015년 12월, 리눅스 재단은 하이퍼레저Hyperledger 프로젝트를 발표했다. IBM, 후지쯔, DTCC, 엑센츄어 등 30개 기업이 창립 멤버로 참여한 이 프로젝트는 기술적이고도 조직적인 거버넌스 구조를 구비하고 있다. 하이퍼레저는 '컨소시엄' 모델을 표방하고 있는데 별도의 고유 토큰 발행 없이도 승인형 블록체인을 통해 더욱 간소화된 합의 절차로 기존의 작업 증명 블록체인보다 훨씬 많은 거래량을 소화하는 데 초점이 맞추어져 있다.

블록체인 기술은 여러 산업 분야에서 신뢰 모델과 비즈니스 프로세스를 혁신적으로 바꾸어놓을 수 있는 잠재력을 인정받고 있다. 그러나 이 기술은 아직까지 초기 단계에 있으며, 블록체인 기술에 사용되는 분산원장 기술 역시 적절한 모니터링이나 점검이 필요한 상황이다. 사실 퍼블릭 블록체인으로 대변되는 암호화폐 이외의 분야에 블록체인의 효율적 활용 가능성은 적어도 아직까지는 회의적으로 보인다. 블록체인 기술은 중앙집중화된 관계형 데이터베이스와 같은 기존의 거래 기술에 비해 더 비싸고 도입 시간도 오래 걸린다. 블록체인은 '효율성이 아니라 자율성을 얻는' 시스템이기 때문이다. 블록체인 자체는 무결하다 하더라도, 블록체인이 실물경제와 연결되는 접점에서는 (소위 오라클 문제라 불리는) 디지털의 경계 바깥에서 생성되는 정보를 누군가 정직하게 블록체인에 입력하고 보증할 수 있는가라는 난제 또한 도사리고 있다. 이는 비단 입력자의 도덕성 문제를 넘어 정보 정량화의 어려움이라는 극복하기 힘든 문제가 병존하고 있다. 스마트 계약은 해당 데이터가 사실인지 아닌지를 자체적으로 판단하지 못한다. 그렇기에 잘못된 데이터가 입력된다 하더라도 계약은 그대로 이행되며, 블록체인의 비가역적인 특성으로 인해 한 번 이행된 스마트 계약은 되돌릴 수 없다. 현시점의 블록체인은 아직 실험과 보완이 진행 중인 '발전 중인 기술Evolving Technology'이라고 봐야 하겠다. 결국 블록체인이 현실에 접목되기 위해서는 일반 표준 확립과 제도 마련이라는 생태계의 전반적인 구조 변화가 뒤따라야 한다.

블록체인 ICO를 통한 자본 조달 기능

기업이 자금을 모으려면 IB 전문가, 벤처투자자, 로펌 등 다양한 중개자가 필요했으나, 블록체인은 ICOInitial Coin Offering나 IEOInitial Exchange Offering 또는 STOSecurity Token Offering를 통해 P2P의 직접적인 크라우드펀딩crowd funding 수단을 제공한다. 유가증권시장의 IPO 개념과 비슷하다고 할 수 있는 가상화폐의 ICO는 블록체인 기술과 가상화폐 기반 프로젝트를 추진하는 사업자가 초기 자금 조달을 목적으로 가상화폐 코인을 발행하고 투자자들에 선 판매해 자금을 확보하는 방식을 의미한다. 투자금은 비트코인이나 이더리움, 달러로만 받기 때문에 국적에 상관없이 전 세계 투자자들이 쉽게 참여가 가능한 것이 특징이다. 비슷한 개념으로 IEO는 암호화폐 거래소를 통해 암호화폐의 초기 배포 및 판매가 이루어지는 것을 말한다. 초기거래소제공 또는 초기거래소공개라고도 한다. 또 STO는 해당 암호화폐를 발행한 회사의 자산에 대한 소유권을 가진 증권형 토큰을 발행하는 것을 의미한

[도표 6-2] ICO vs. IPO

항목	ICO	IPO
투자 대상	토큰/코인	주식
심사(주관사)	없음 (스마트 계약의 심사 프로세스를 따름)	있음
진입장벽	낮음	높음
투자자	얼리어댑터	전문 투자자
적용 법률		자본시장법 등
요건	백서(White Paper)로 판단	업력 3년 이상 자기자본 및 당기순이익 규정

다. ICO 관련해, 한국은 중국, 러시아 등과 더불어 아직까지 세계에서 몇 안 되는 ICO 금지 국가 중 하나다. ICO 기업들의 정보 공시가 미흡하고 일부는 법 위반 소지가 있어 투자 위험이 높다는 이유에서다.

플랫폼 시장은 성격상 선두가 계속 앞서나가는 포지티브피드백Positive Feedback 효과에 의해 승자독식이 나타나는 시장이다. 블록체인의 등장으로 인해 글로벌 플랫폼 시장의 경쟁 양상이 중앙화 플랫폼에서 블록체인이라는 분산화 플랫폼 경쟁으로 옮겨가고 있어, 기존 중앙화 플랫폼 경쟁에서 뒤쳐졌던 한국 입장에서는 다시 시작해볼 수 있는 새로운 기회가 왔다. 글로벌 시장조사업체인 IHS마킷Markit의 분석 보고서에 따르면 세계 블록체인 시장 규모는 2030년 2조 달러(한화 약 2,400조 원)에 달할 것으로 예상된다. 은행, 보험 등 각종 금융 서비스 분야뿐 아니라 국가 간의 통화 지급 거래, 주식, 채권, 파생상품의 거래, 각종 무역 거래 분쟁의 관리, 공공 및 민간 시장의 자산 보관 및 담보 관리 등 여러 분야에서 암호화폐 블록체인이라는 분산형 플랫폼이 기존 중앙집중화된 시스템을 대체해나가는 파괴적 혁신으로 작용할 것이다. ICO 데이터 업체인 코인스케줄Coin Schedule의 조사에 따르면 2017년 ICO 총 모집액은 40억 달러에 달하나, 이에 비해 벤처캐피털을 통한 자금 조달은 13억 달러에 그쳤다. ICO가 기존 글로벌 투자계의 패턴을 변화시키고 있는 것이다. 심지어 2018년은 상반기에 모집된 ICO 금액만 100억 달러가 넘어 이미 2017년 ICO 총액의 2배를 가볍게 넘긴 것으로 집계된다.

블록체인 기술은 탈중앙화 측면과 확장성의 균형trade-off을 고려해 도입 여부를 결정해야 한다. 적용 대상의 선별적 도입 및 검증 후 점진적 개선 및 확대 적용 방식으로 도입하는 것이 바람직하다. 해당 사업의 수익 구조 확보에 대한 진지한 고민도 필요하다. 투기적 수요에 의한 가치 상승이 아닌 비즈니스 본연의 수익 원천이 존재해야 한다. 블록체인 도입을 고려하는 기업가라면 우선 다음의 사항을 스스로에게 자문해보기 바란다.

① 블록체인을 유지할 충분한 가치Value를 가지는 데이터인가?

② 누구나 보아도 상관없는 익명성이 중요치 않은 투명한 정보 Transparency인가?

③ 블록체인 노드 증가에 따른 확장성의 제한 및 처리 속도를 고려할 때 너무 크지 않은 거래량Transaction인가?

④ 기존 중앙관리기구의 신뢰도Trust가 낮아 보안성, 투명성이 중요한 경우인가?

⑤ 모든 노드에 보안적으로 안전한 데이터베이스Database가 정말로 필요한 경우인가. 즉, 모든 사람이 거래원장를 들고 있을 필요가 있는 경우인가?

이미 블록체인 도입을 결정했다면 그 성공을 위해 아래 다섯 가지 사항을 충분히 고려해 설계해야 한다.

① 블록체인은 데이터베이스가 아닌 네트워크다: 단순 B2B 시스템의 데이터베이스를 대체하기 위한 것이 아닌 새로운 패러다임을 적용하기 위한 프레임워크로 접근해야 한다.

② 단순 표방이 아닌 진정한 사용 시나리오를 명확히 정의하라: 사용 시나리오, 네트워크 참여자, 토큰의 가치 등을 명확히 정립할 필요가 있다. 인프라 구축 후 모델을 계획하는 경우에는 개인정보보호, 컴플라이언스, 확장성, 성능 이슈 등의 제한으로 인해 실패할 확률이 크다. 블록체인 유지를 위한 인센티브를 수치화하는 작업이 필요하다.

③ 블록체인 성능과 확장성의 문제를 충분히 고려하라: 블록체인은 합의 알고리즘, 구현 모델에 따라 수백에서 수천 TPS 성능 정도만

[도표 6-3] 블록체인 ICO 성공을 위한 핵심요소

핵심요소

충분한 가치value
블록체인을 유지할 수 있는 충분
한 유인가치가 존재해야 함

투명성transparency
참여자가 투명하게 노출되어
악용방지, 개인정보 보호 필요성

거래량Transactions
블록체인 노드 증가에 따른 확장
성의 제한 및 처리 속도 고려

신뢰 문제trust
보안성, 투명성이 중요한 사례의
경우-중간 관리 기구 신뢰도 낮음

데이터database
모든 노드에 보안적으로 안전한
데이터베이스가 필요한지 여부

수익 구조 고민
- 탈중앙화는 인프라 구축 비용 및 거래 수수
  료 절감 효과
- 코인의 화폐 가격이 미래에 일정하다 하더
  라도 참여자들에게 수익성을 보장
- 투기적 수요에 의한 가치 상승이 아닌 비즈
  니스 본연의 수익 원천이 존재해야 함

탈중앙화(투명성/보안성/변경 불가)
- 내용 수정이 불가능한 구조innutable
  ⟵ 잊혀질 권리
- 탈중앙화 ⟵ 약한체인(보안취약성의 확산)
- 투명성 ⟵ 프라이버시 침해

확장성(처리 속도/저장 공간)
- 시간당 거래 처리 속도가 제한적(대량 거래
  구현 어려움)
- 저장 공간이 점점 증가(장기적으로 용량 이슈
  발생)
- 허가형private 블록 체인 고려

을 실현할 수 있으므로, 사업 모델이 수백만 TPS 성능을 요구하는
경우 적용이 곤란할 수 있다. 개발 과정에서 보인 성능과 확장 후
의 성능에 차이가 발생할 수 있음을 인지해야 한다.

④ 작지만 충분한 범위를 충족할 데이터에 적용하라: 용량이 큰 데이
터는 메인넷의 성능을 떨어뜨릴 수 있어 노드에 참조형으로 설계
하거나, 개인 건강 정보 등 민감한 데이터는 규제compliance의 준
수를 위한 최선의 방안을 설계 단계부터 고려해야 한다.

⑤ 자주 변하지 않는 데이터에 적용하라: 블록에 담길 데이터는 장부에 한 번 기록되면 삭제가 불가능하다. 사용 시나리오가 자주 변경되는 데이터를 다루는 경우 적합하지 않다. 새로운 블록을 생성해 업데이트하는 회피 방안을 설계할 수 있으나, 바람직하지는 않다.

2017년 9월 한국의 금융위원회가 모든 ICO를 금지시키겠다고 발표한 이후 실제로 이를 강제할 수 있는 법률 개정은 아직 이뤄지지 않았다. 그럼에도 당연히 국내에서 진행된 ICO는 단 한 건도 없다. 규제에 가장 민감한 암호화폐로서는 ICO 준비 시 가장 중요한 부분이 암호화폐 설계의 법적 위험성에 대비Legal Risk Hedging하는 것이니 이는 당연한 결과다. 때문에 해외에서 블록체인 개발을 위해 한국에 들어오는 기업은 고사하고 국내 ICO 창업자들조차 스위스, 싱가포르 등 ICO가 적법한 국가를 찾아 한국을 떠나고 있다. 일자리와 세금원이 해외로 유출되고 있는 것이다. 증권거래소가 2년간의 테스트 끝에 블록체인을 정식으로 도입한다고 발표한 호주, 세계 최대 규모의 인큐베이터들을 보유하고 있으며 중앙은행 차원에서 블록체인 도입을 서두르고 있는 캐나다, ICO 금지를 표방하나 블록체인 기반 법정 통화와 기타 혁신안을 개발 중인 중국, 효율적인 도시 건설을 위해 국가 차원의 블록체인 도입 전략을 주도하는 두바이, 모든 공공 서비스를 디지털화하고 이어 분산화를 추진하고 있는 에스토니아, ICO 아시아 최대 허브 싱가포르, 토지등록부에 블록체인 기술을 전격 채용한 스웨덴, 세계에서 가상 분권화된 정치 체제를 바탕으로 크립토밸리를 조성한 스위스, 중앙은행 총재가 직접 나서서 금융 서비스의 블록체인 애플리케이션 개선을 우선순위로 두겠다고 의지를 표명한 영국, 블록체인 스타트업의 40%가 모여 있는 미국, 비트코인을 의회 차원에서 정식 결제 수단으로 인정하고 소비세 면제, 소득세 과세 지침을 발표해 기업과 개인의 예측 가능한 블록체인 투자 환경 조성에 앞장서고 있는 일본 등은 블록체인 이니셔티브를 끌어가는 아주 유리한 지위를 선점하고 있다.

우리가 투자자 보호라는 미명하에 암호화폐에 대한 정책의 방향조차 못 찾는 동안 세상은 너무 빠르게 변하고 있다. 한국은 세계의 분산화 플랫폼 경쟁에서 우선 정부 차원의 규제 환경 개선을 선행해야 한다. 새로운 기술에 대해 샌드박스 제도를 도입하고 철저한 네거티브 규제로 기존의 지나치게 관료화된 관성을 깨야 한다. ICO를 새로운 자금 조달 수단으로 인정해 금지가 아닌 관리감독으로 나아가야 한다. 기업의 투자와 연구개발을 장려하기 위해 적절한 과세 정책을 마련하고, 금융권의 투자를 독려해야 한다. 또한 전문가 양성을 위한 대학 중심의 교육 프로그램을 확충하고 인큐베이터 역할을 맡겨야 한다.

▶▶ **최준용**

▷ ▷ ▷ 참고 문헌

국내 문헌

• 아홉 김연우 '블록체인과 산업계 응용', 2018
• 체인투비 장민, ICO What is an Initial Coin Offering', 2018
• 법무법인 세종 조정희, Block-chain과 Cryptocurrency 규제와 대응', 2018
• SPRI, '블록체인 기술의 산업적 사회적 활용 전망 및 시사점', 2017
• ETRI, '블록체인, 어디에 응용하고 있나', 2018
• 정보통신산업진흥원, '블록체인 기술의 이해와 개발 현황 및 시사점', 2018
• 박영숙, 제롬 글렌 지음, 이희령 옮김, 『세계미래보고서 2019』, 비즈니스북스, 2018

국외 문헌

• Alstyne, Marshall W. et al.(2016), "Platform Revolution", Baror International Inc.
• Downes, Larry and Nunes, Paul(2014), *Big Bang Disruption: Strategy in the Age of Devastating Innovation*", Portfolio Hardcover.
• Shapiro, C., and Varian, H.(1998) *Information Rules: A Strategic Guide to the Network Economy*, Harvard Business School Press.
• Tapscott, Don and Tapscott, Alex(2016) *Blockchain Revolution*, Penguin Publishing Group

05 하이터치·하이테크, 대전환 시대의 교육 혁명

전 세계에 닥친 학습 위기

지금 초등학교에 입학하는 학생들의 약 65%가 현재 존재하지 않는 직업을 가지게 될 것이라는 다보스포럼의 예측은 큰 충격을 주었다(UBS, 2016). 글로벌교육재정위원회는 2017년 학습 세대 보고서에서 2030년이 되면 세계 차세대의 절반에 달하는 8억 2,500만 명이 경제사회가 요구하는 기술을 배우지 못하고 성인이 될 것이라고 경고했다(The International Commission on Financing Global Education Opportunity, 2017).

글로벌 학습 위기의 본질을 이해하려면 200년 이상을 거슬러 올라가야 한다. 교사가 교실에서 각각 다른 역량과 수요를 가진 학생들에게 정형화된 똑같은 학습 내용을 획일적으로 전달하는 학교 교실의 모습은 1차와 2차 산업혁명을 통해 세계로 확산된 공장의 대량 생산 체계와 유사하다. 그러나 4차 산업혁명 시대는 사이버 공간에서 인공지능과 머신러닝으로 개개인의 특성과 기호에 맞는 최적의 상품과 서비스를 디자인한 후 모바일과 3D 프린터 등을 통해 누구에게나 저렴하게 제공하는 '대량 맞춤mass customization'이 가능하다. 이러한 대량 맞춤 체제가 교육에 본격적으로 적용되면, 18세기 중반 1차 산업혁명 이후 크게 변하지 않았던 교실의 모습이 완전히 바뀔 것이다.

하이터치 하이테크 학습

교육심리학자 벤저민 블룸Benjamin Bloom의 학습 이론에 따르면, 인간의 학습은 단순히 암기하고 이해하는 데 그치는 것이 아니라, 이해한 것을 적용하고, 분석하며, 평가하고, 더 나아가 새로운 것을 창조하는 역량까지 키워야 한다. 앞으로 암기하고 이해하는 학습은 훨씬 더 효과적으로 학생 개개인에 맞추어 지원하는 컴퓨터와 인공지능의 하이테크에 맡기고, 교사는 적용, 분석, 평가, 창조의 역량을 키우는 보다 높은 차원의 학습에 집중하면서 더 나아가 학생의 사회적·정서적 역량을 키워주는 하이터치로 가야 한다.

출처: Dale Johnson, 2018.

『메가트렌드』의 저자인 미래학자 존 나이스비트John Naisbitt는 일찍이 기술이 발전할수록 인간을 건강하고, 창의적이며, 열정적으로 유지시킬 하이터치와 조화를 이루어야 한다고 간파했다(Naisbitt-Naisbitt-Philips, 1999). 4차 산업혁명이 가져올 교육의 변화는 하이터치와 하이테크를 결합하는 방향으로 나아갈 것이다.

학습 혁명 선도 국가의 전망

학습 혁명은 모두가 하이터치 하이테크 학습을 통해 전인적이고 개별화된 평생학습을 할 수 있는 학생 중심의 대량 맞춤 학습 체제를 실현하는 것이다. 학습 혁명에 먼저 성공하는 나라는 당연히 4차 산업혁명의 승자가 될 것이다. 우리나라는 학습 혁명을 선도하는 데 유리한 세 가지 장점을 가지고 있다.

첫째, 모든 국민이 교육의 힘을 믿고 있다. 우리나라는 현재 중국에 가장 많은 유학생을 보내는 나라이고, 미국·캐나다·일본에 각각 세 번째로 많은 유학생을 보내는 나라다. 국민이 교육에 대한 개방된 투자를 아끼지 않는다.

둘째, 가장 우수한 학생이 교사가 되는 나라다. 중학교 3학년을 대상으로 한 국제학업성취도평가PISA 조사에서 상위 5% 학생 중 교사가 되기를 원하는 비중이 가장 높은 나라가 대한민국이다(Kim and Lee, 2018). 미국을 포함한 많은 나라에서 교직은 학교에서 중위권 이하 성적의 학생들이 다른 직업을 갖지 못해서 갖는 직업이다.

셋째, 우리 사회는 이미 하이터치 하이테크로 세계에 널리 알려지고 있다. 우리는 5G를 세계 최초로 상용화할 만큼 하이테크 국가이고 BTS 등이 한류를 세계에 전파하는 하이터치 국가다. 다른 어느 나라보다도 단기간에 하이터치 하이테크 사회를 구현하고 있다.

그러나 안타깝게도 우리나라는 이러한 장점에도 불구하고 학습 혁명 선도 국가로의 전환에 본격적인 시동을 걸지 못하고 있다. 서민의 허리를 휘게 만드는 사교육비 부담과 학생들이 더 높은 점수를 받기 위해 암기와 정답 맞히기 같은 무한 입시경쟁은 한국의 특수한 문제다. 그러나 이러한 한국의 교육 문제들은 대량 생산 방식의 교육 모델을 정점까지 밀어붙인 낡은 모델이 가지는 한

계점을 가장 극명하게 드러내는 현상이다. 이렇게 한국이 글로벌 학습 위기의 정점에 위치하고 있다는 사실을 직시하고, 난제 중의 난제인 교육 문제를 이제는 글로벌 학습 위기의 차원에서 미래지 향적으로 다시 정의하고 풀어나가야 한다.

이러한 차원에서 미약하지만 학습 혁명의 싹이 보이고 있다. 첫째, 4차 산업혁명에 대응하기 위해 노력하는 대학들이 보이기 시작한다. 교육부 중심의 위로부터의 변화임에도 불구하고, 프로젝트 수업이나 무크MOOC를 활용하는 방식으로 교수학습 방식을 변화시키는 대학들이 나타나고 있다. 둘째, 대구시를 비롯한 일부 교육청에서 프로젝트 학습이나 에듀테크를 교실에 도입하는 변화를 추진하고 있다. 셋째, 에듀테크 스타트업들이 벤처 투자를 받거나 주식 시장에 상장하는 등 변화가 일어나고 있다. 그러나 이러한 변화들이 우리가 학습 혁명을 선도하는 교육 대전환기에 돌입했다고 보기에는 아직 이르다.

다섯 가지 교육 대전환

변화의 싹을 잘 키워서 우리가 학습 혁명 선도 국가가 되기 위해서는 장기적으로 다음의 다섯 가지 교육 대전환을 추진해야 한다.

첫째, 교육을 이념과 정쟁으로부터 분리해야 한다. 많은 나라들이 교육과 같이 장기적인 투자와 전략이 요구되는 분야를 소홀히

하거나 뒤로 미루지만, 우리는 교육에 대한 투자와 교육의 변화에 높은 우선순위를 두어왔다(Lee-Jeong-Hong, 2018). 그러나 최근 교육의 변화가 이념과 정쟁으로 발목 잡히는 경우가 빈번해지면서 심각한 경고음이 울리고 있다. 4차 산업혁명은 대량 맞춤의 개별화 학습을 통해 수월성 교육과 평등 교육을 동시에 달성할 기회의 창을 활짝 열어주고 있다. 이제 수월성 교육과 평등 교육 중에서 하나만 선택하지 않아도 된다. 하이터치 하이테크 학습을 통해 평준화와 다양화의 취지를 모두 살리는 시대를 열어가야 한다. '평준화와 다양화를 넘어서 개별화'로 교육계가 힘을 합쳐야 한다.

둘째, 교육 관료주의의 거품을 과감히 걷어내야 한다. 세계적으로 낡은 학습 모델로부터 탈피하는 교실의 변화가 본격적으로 시작된 학습 혁명의 시대에 우리나라 학교들은 교육 관료주의에 발목이 잡혀 있다. 교육부가 교육청에 많은 권한을 이양했지만, 이제는 교육청이 학교를 더욱 옥죄고 있다. 우리나라에서 교육 관료주의는 비단 교육부와 교육청만의 문제가 아니라 대학과 학교를 포함한 교육계 전체에 팽배해져 있다. 총장과 교장 등 교육 지도자들은 모든 것을 정해진 규칙에만 맞추어 수행하는 관료적 행정에만 매달려 있다. 대학을 옥죄는 교육부의 규제와 통제부터 걷어내어야 한다. 대학에서는 재정 지원을 받기 위해 모든 교수가 총동원되는 경우도 빈번하다. 한국 대학은 점점 더 교육 관료주의의 늪에 빠져 헤어나지 못하고 있다.

셋째, 폐쇄화되고 있는 우리 학교와 대학을 사회와 세계에 활짝

개방해야 한다. 학습 혁명을 시작한 대학에는 무한한 시장이 열려 있다. 전 세계 대학생 수는 앞으로 15년 동안 1억 6,000만 명에서 4억 1,000만 명으로 늘어날 전망이다. 엄청나게 팽창하는 대학 교육 수요를 맞추려면 8만 명 규모의 대학을 매주 4개씩 15년 동안 만들어야 한다는 계산이 나온다. 최근 게이츠재단은 '학교 향상 네트워크NSI: Network for Scool Improvement' 사업을 통해 학교와 학교를 지원하는 다양한 조직 간의 19개 네트워크를 지원하고 있다. 페이스북의 저커버그가 설립한 CZIChan Zuckerberg Initiative의 지원을 받은 서밋공립학교Summit Public School는 모든 학생에게 개별화 학습, 멘토링, 프로젝트 학습 등 하이터치 하이테크 학습의 기회를 제공하고 있다. 우리도 이제 학교의 변화를 이렇게 민간 재단의 지원이나 학교 간의 네트워크를 통해 개방적으로 추진하는 방식을 적극적으로 도입해야 한다.

넷째, 20조가 넘는 사교육 시장을 학습 혁명을 뒷받침하는 에듀테크 시장으로 전환해야 한다. 최첨단 에듀테크를 적극적으로 학습 현장에 도입하고 이를 활용한 하이터치 하이테크 학습이 모두에게 가능하도록 발전시켜나가야 한다. 인공지능과 머신러닝을 활용하는 맞춤학습 이외에도 게미피케이션Gamification, 증강현실(AR), 가상현실(VR) 등을 통해 학생들을 학습에 몰입하게 하는 기술, 세계의 아이들이 접속해 함께 학습할 수 있는 디지털 플랫폼 기술 등 최근 에듀테크의 발전은 눈부시다.

다섯째, 교사의 역할과 기능을 완전히 바꾸어야 한다. 교사는 더 이상 이미 만들어진 교육 내용을 학생에게 획일적으로 전달하는 것이 아니라, 학생 모두가 하이터치 하이테크 학습을 할 수 있도록 디자인하는 전문가로 탈바꿈해야 한다. 세계의 앞서가는 교사들은 이미 거꾸로 학습과 같은 블렌디드 러닝Blended Learning, 게임을 통해 학생을 학습에 몰입하게 하는 게미피케이션, 프로젝트 학습과 같은 경험 학습, 다언어와 토론 학습, 메이커 학습 등 다양한 교수·학습 방식을 동원해 학생에게 최적의 학습 경험을 디자인하고 있다. 교원노조가 교육 변화에 저항한 중요한 이유는 교직을 학습 혁명의 디자이너로 전문화시키기 위한 과감한 변혁을 정부가 시도하지 못한 탓도 있다. 4차 산업혁명의 큰 물결은 교육 갈등을 해소하고 교육을 혁명적으로 변화시킬 기회의 창을 열어줄 것이다.

우리가 다시 한 번 국력을 교육에 집중해 학습 혁명을 선도한다면 대한민국은 4차 산업혁명 시기에 세계 인재들을 유치하고 세계 교육기관들에 하이터치 하이테크 학습을 전파함으로써 세계에 기여하는 학습 혁명 선도 국가가 될 수 있다. 대한민국이 4차 산업혁명의 거대한 파고 속에서 표류하지 않고 분명한 지향점을 가지고 전진하기 위한 백년대계百年大計는 바로 학습 혁명 선도 국가가 되는 것이다.

▶▶ 이주호

- 이주호, 2018. 이주호의 퍼스펙티브, 「중앙일보」(5월 7일; 8월 13일; 10월 22일; 12월 31일).
- Dale Johnson, Adoptive + Active Model: A New Approach to General Education, ASU, 2018.
- Lee Ju-Ho, Hyeok Jeong and Song Chang Hong, *Human Capita and Development*, Edward Elgar, 2018.
- Kim Min Ji, Lee Ju-Ho, "How Good Are Korean Teachers?" *KDI School Working Paper*, 2018.
- John Naisbitt, Nana Naisbitt and Douglas Philips, *High Tech High Touch: Technology and Our Accelerated Search for Meaning*, Broadway, 1999.
- The International Commission on Financing Global Education Opportunity, "The Learning Generation: Investing in Education for a Changing World", 2017.
- UBS, Extreme Automation and Connectivity: "The Global, Regional, and Investment Implications of the Fourth Industrial Revolution", White Paper for World Economic Forum Annual Meeting, 2016.

06 데이터와 AI가 주도하는 미래 의료 산업

| '환자의, 환자에 의한, 환자를 위한' 헬스케어

    소비재 산업은 1950년대 말부터 고객의 중요성을 인식하고 생산자 중심에서 수요자 중심으로 활동을 변경해왔다. 최근 디지털 기술의 급속한 발전은 이 같은 활동을 더욱 가속화시키고 있다. 가격 비교 사이트, 사용 후기, 클라우드 소싱, 클라우드 펀딩, SNS를 통한 고객 소통 등은 소비자의 정보력과 선택의 폭을 높여주면서 소비자가 생산자에게 압력을 가할 뿐만 아니라 소비자도 생산자가 될 수 있는 일명, '소비 민주화'를 일으켰다. 이 같은 현상은 헬스케어 산업에서도 일어나고 있다.

최근 제품 및 서비스를 구매하기 전에 인터넷에 올라온 사용 후기(디지털 평판)를 읽고 결정하는 것은 보편적인 일이 되었으며, 이 디지털 평판에 의해 기업의 성공과 실패가 좌우된다는 일명 '평판 경제reputation economy'라는 개념이 등장했다. 이 같은 평판 경제는 헬스케어에서도 동일하게 적용된다. 즉, 병원 방문 후기를 제공하는 앱들이 등장함으로써 의료기관에 대한 환자의 영향력이 커지고 있다. 또한, 자신의 헬스케어 데이터를 통합 관리할 뿐만 아니라 판매까지도 가능한 앱이 제공되고 있는데, 이는 헬스케어 데이터에 대한 주권을 의료기관으로부터 환자가 확보하려는 노력이다. 두 가지 예 모두 헬스케어 산업의 파워가 의료진에서 점차 환자로 넘어가고 있으며, 환자가 주인인 '환자의 헬스케어' 산업으로 변화하는 조짐을 보이고 있다.

한편 헬스케어는 일반인이 쉽게 이해할 수 없는 어려운 전문 용어로 가득 찬 의료 지식 때문에 의료진과 환자 간에 높은 정보의 비대칭성이 존재해왔고, 이 탓에 환자는 전적으로 의료진의 결정에 의존하는 수동적 태도를 취할 수밖에 없었다. 그러나 디지털 기술의 발전 덕택에 환자와 의료진 간의 정보 비대칭성은 속도의 문제이지 결국은 좁혀질 수밖에 없어 보인다. 지금만 보더라도 환자들은 인터넷을 통해 질병뿐만 아니라 병원, 의료진 등에 대한 정보를 검색하고, 그 검색 결과에 따라 병원과 의료진을 선택한다. 스스로 자신의 질병을 이해하려 하고, 최적의 의료기관과 의료진을 선택하려는, 즉 '환자에 의한 의사 결정'이 헬스케어에서 일어나고 있다.

이처럼 치료 과정에서 환자의 참여가 늘어났을 뿐만 아니라 환자 스스로 헬스케어 제품에 대한 아이디어를 내고 클라우드 펀딩을 받아 사업화를 하는 현상도 일어나고 있다. 이는 3D 프린터 등 손쉬워진 기술을 응용해 소비자가 직접 만들기 활동을 하는 '메이커maker 운동' 또는 '프로슈머prosumer(소비자 겸 생산자)' 개념과도 일맥상통한다. 즉, 헬스케어 산업도 조금씩 생산자 중심에서 벗어나 환자의 아이디어와 필요를 헬스케어 제품 설계부터 진지하게 고려하는 '환자를 위한' 산업으로 변화하고 있는 것이다.

향후 디지털 기술의 급속한 발전과 흡수는 헬스케어 산업에서 위와 같은 현상을 더욱 가속화시킬 것이다. 따라서 한국 헬스케어의 미래는 다른 소비재 산업과 마찬가지로 환자의, 환자에 의한, 환자를 위한 비전을 구현하는 것을 목표로 해야 한다. 이유는 앞에서 살펴보았듯이 이것이 이미 일어나고 있는 거스를 수 없는 현상이고, 규범적으로도 환자가 주인인 헬스케어 산업을 구현하는 것이 타당하기 때문이다.

IoHT/IoMT

IoTInternet of Things 기술을 헬스케어 비즈니스에 적용한 것을 IoHTInternet of Health Things 또는 IoMTInternet of Medical Things라

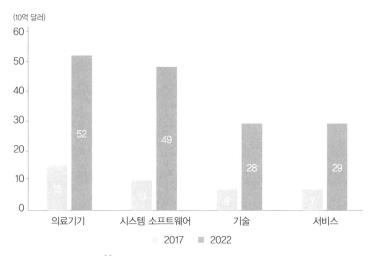

[도표 6-5] IoMT 사업 성장 예측: 2022년 1,580억 달러 시장 규모로 성장

(10억 달러)

의료기기 / 시스템 소프트웨어 / 기술 / 서비스

■ 2017 ■ 2022

출처: 딜로이트 컨설팅(2018)[11]

고 부른다. 둘 다 헬스케어 관련 사물들을 인터넷에 연결시켜 물리 세계와 디지털 세계를 통합시켜준다. 또한 비가공 데이터를 단순하고 활용 가능한 정보로 바꿔주며, 의료기기 및 관련 사물, 환자, 의료인 간에 지속적인 소통이 가능할 수 있게 해준다. 이 같은 IoMT 시장 규모는 딜로이트 컨설팅에 따르면 2017년 총 410억 달러였던 것이 2022년에 4배 가까이 되는 1,580억 달러까지 성장한다고 한다. [도표 6-5]에서 보듯이 IoMT 사업을 구성하는 여러 영역 중에서도 의료기기와 시스템 소프트웨어에서의 성장이 두드러질 것으로 예측된다.

| AI-로봇 헬스케어

　인공지능과 로봇기술을 헬스케어 비즈니스에 적용한 것을 AI-로봇 헬스케어라 부르는데, 기계가 스스로 감지하고, 이해하고, 행동하고, 학습할 수 있는 기술들이 총집합된 것이다. 액센츄어 컬설팅의 시장 예측에 따르면 2014년 6억 달러에 불과했던 AI-로봇 헬스케어 시장이 2021년에 11배 성장한 66억 달러에 이를 것이다. 그리고 2026년 가장 큰 가치를 창출할 AI-로봇 헬스케어 서비스는 로봇보조수술(400억 달러)이 될 것이다([도표 6-6] 참조). AI-로봇 헬스케어는 IoHT 또는 IoMT, 데이터 분석 기술 등과 결합하면 헬스케어 생태계 전 영역에 걸쳐 사업을 형성할 수 있다.

[도표 6-6] **AI-로봇 헬스케어 시장규모(좌), Top10 AI-로봇 헬스케어 추정 가치(우)**

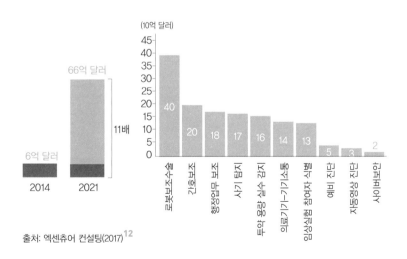

출처: 엑센츄어 컨설팅(2017)[12]

헬스케어 데이터는 [도표 6-7]에서 보듯이 2017년부터 2020년까지 약 300%가 성장할 것으로 예측되고 있는데, 그 이유는 의료기관에서 발생시키는 전통적인 임상데이터clinical data뿐만 아니라 자가기록 데이터self-reported data, 개인 웰니스 데이터personal wellness data, 프록시 데이터proxy data등 헬스케어 관련 데이터들이 다양한 형태로 발생되고 있기 때문이다. 자가기록 데이터는 혈압, 심장 박동, 포도당 수치, 체중 등을 스스로 기록하는 것이고, 개인 웰니스 데이터는 각종 웨어러블 기기, 피트니스 기기, 다이어트 및 운동과 같은 각종 목적의 앱에서 생산해내는 데이터다. 마지막

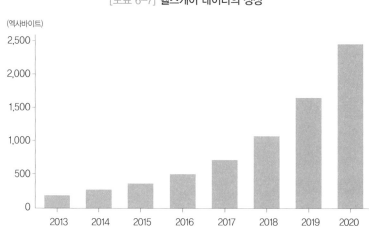

[도표 6-7] **헬스케어 데이터의 성장**

출처: 엑센츄어 컨설팅(2018a)[13]

으로 프록시 데이터는 페이스북이나 인스타그램 등의 장소, 환경에 대한 댓글, 거주지 우편주소, 심지어는 IoT 기술로 연결된 냉장고 및 욕실에서 발생시키는 데이터를 포함한다. 헬스케어 데이터가 비즈니스 측면에서 중요한 이유는 미래 헬스케어가 지향하는 개인 맞춤형 의료를 실현하는 데 초석이 되기 때문이다.

┆ 헬스케어 3D 프린팅

헬스케어 3D 프린팅은 생물학적 원료를 사용했든 아니든, 치료의 목적이 있든 없든 간에 3D 프린팅 기술을 신체에 적용한 것으로, 각종 신체적 기능을 재활, 지원, 강화해주는 혜택을 제공하는 것으로 정의할 수 있다(European Parliament Research Service, 2018). 헬스케어 3D 프린팅은 2020년까지 12억 달러의 산업으로 성장할 것으로 전망되고 있으며,[14] 2018년에서 2024년 동안 연평균 성장률이 21.2%가 될 것이라고 한다.[15] 또한 가트너는 2019년 임플란트와 보철의 35%가 3D 프린팅을 통해 생산될 것이라고 예측했다. 헬스케어 3D 프린팅 사업에서 가장 활발한 활동을 보이고 있는 영역은 보청기, 치과용 임플란트, 정형 및 보철 분야. 반면가장 덜 발달된 영역은 약의 프린팅과 신체 조직 및 장기의 재생산이다.

10년 후인 2030년의 헬스케어 모습은 어떨까? 위에서 살펴본 사회적 요구, 사업 전망 및 관련 기술 발달을 통해 2030의 미래 모습을 다음과 같이 그려본다.

첫째, 헬스케어는 의료진에서 환자로의 일방 서비스가 아닌 양방향 서비스로 변화할 것이다. 즉, 수술 또는 만성 질환자들은 생체 데이터를 기록하고 병원에 송신하는 IoHT/IoMT 단말기로 주치의와 소통을 함으로써 즉각적·지속적 의료 서비스를 받을 수 있다. 환자뿐만 아니라 일반인들도 각종 목적의 웨어러블 단말기 및 앱을 통해 보험 회사, 헬스클럽, 전문 건강관리 회사, 통신사와의 양방향 소통을 통해 가입 보험의 절약, 몸매 및 체력 관리, 기타 건강관리, 통신요금 할인 등의 효과를 얻을 수 있다. 최근 SKT의 'T 건강걷기'는 보험 회사인 AIA의 바이탈리티Vitality 앱을 깔고 나이를 측정하고 주간 미션을 달성하면 일정액의 통신비를 할인해주는 서비스다. 이 같은 양방향 헬스케어 서비스는 치료 중심에서 예방 중심 의료 사회를 구현하는 데 큰 역할을 할 것이다.

둘째, 의료 기록, 유전적 특성, 사회·인구통계학적 특성, 기타 히스토리 데이터에 기반해 개인별 맞춤화된 생애 헬스케어 관리가 구현될 수 있다. 즉, 개인의 건강 및 의료 데이터의 철저한 분석을 통해 연령대별 예상 질병을 예측할 수 있고 이를 피할 수 있는 최적 식습관, 최적 운동, 최적 업무 유형, 사전 수술, 심지어 최적

생활 장소까지도 추천이 가능하다. 2013년 앤절리나 졸리Angelina Jolie는 유전자검사를 통해 난소암과 유방암 발생률이 높은 BRCA 유전자 보유 사실을 확인하고 병에 걸리지도 않았는데 유방과 난소를 절제하는 수술을 받았다. 물론 이 사건에 대한 찬반에 대해서는 논쟁의 여지가 많지만, 질병 발생 전에 잠재적 환자에게 선택권이 주어진다는 점에서는 긍정적이다. 이 같은 맞춤형 헬스케어는 예방 가능성과 치료 효율성을 높여 의료비와 환자의 고통을 크게 절감시켜줄 것이다.

셋째, 고령자, 장애환자, 외딴 지역 거주 환자들이 소외되지 않는 헬스케어가 구현될 것이다. 즉, 이 환자들은 IoHT/IoMT 기기를 통해 주치의의 지속적 케어를 받을 수 있을 뿐만 아니라, IoHT/IoMT 기기를 119 구급대 시스템과 연동시킴으로써 생명을 위협하는 응급상황에서 쉽게 벗어날 수 있다. 이 서비스는 현재 국내에서 시범 운영하고 있으며 차차 확대될 것이다. 또한 일본을 중심으로 발달한 간병 로봇은 장애 및 고령 환자를 24시간 도울 수 있고, 국내는 아직 논쟁 중이지만 다수의 선진국과 중국에서 시행하고 있는 원격 진료는 외딴 지역 환자들의 불편함을 해소해줄 것이다.

넷째, 의료 및 건강 데이터의 주권을 완벽하게 환자가 갖는 헬스케어 사회가 될 것이다. 그러기 위해서는 데이터의 소유, 공유, 거래에 대한 모든 결정을 환자가 할 수 있도록 개인정보보호법을 마련해야 하는데, 현재 유럽을 중심으로 법적 제도General Data

Protection Regulation가 마련된 상태다. 또한 데이터의 공유 및 거래를 활성화하기 위해서는 보안이 먼저 해결되어야 하는데 이 역시 블록체인 기술을 중심으로 활발하게 연구되고 있다. 한국의 메디블록Medibloc은 현재 여러 의료기관에 분산된 의료 정보를 통합, 관리, 및 유통하는 서비스를 제공하고 있다.

다섯째, 헬스케어 종사자들은 한 병원에 소속된 채 정해진 역할(간호사, 의사, 행정원 등)에서 벗어나 필요에 따라 개방된 노동 시장에서 과업 중심(의료 검사, 실험, 수술 등)으로 고용될 것이다. 이는 단순 반복적이고 비대면 업무인 경우 AI와 로봇 기술에 의해 교체될 가능성이 높기 때문이다. 현재 국내 병원은 방사선 전문의를 CADComputer-Aided Detection 소프트웨어로 대체하고 있으며, 간호보조원과 콜센터 도우미들은 용역업체를 통해 고용하고 있다. 이러한 변화는 의료 노동자의 직업 안전성을 해칠 수도 있지만, 이를 통해 대형병원이 아닌 동네 병원에서도 심장 및 뇌수술과 같은 복잡한 수술이 가능해질 수 있다.

미래 헬스케어를 위해 해결해야 할 과제들

위에서 간략하게나마 2030년 헬스케어 모습을 그려보았다. 그러나 이 같은 미래 모습을 구현하기 위해서는 아직 기술적·법적·제도적·윤리적 측면에서 해결해야 할 과제들이 많다.

기술적 과제는 대역폭, 저장 용량, 계산 능력의 물리적 한계가 있다는 점이다. 상상을 초월한 데이터의 통신, 저장, 계산 능력을 감당할 장치의 개발 및 창의적 대안이 필요하다. 둘째, AI에 투입되는 의료 데이터의 편향성을 해결할 수 있어야 한다. 셋째, 데이터의 신뢰성과 보안성을 확보해줄 수 있는 기술 개발이 절실하다. 블록체인 기술이 주요 대안으로 제시되고 있으나, 헬스케어 산업에 적용하기에는 한 블록에 저장 가능한 데이터 용량, 거래 속도, 데이터의 자유로운 이동, 데이터의 삭제 등에 한계를 갖고 있다.

법적·제도적 과제는 현행법과 제도가 자유경쟁주의와 보호주의라는 두 가지 원칙의 균형을 유지하기보다 정부의 간섭과 보호를 강조하는 경향이 있다는 점이다. 특히 디지털 기술이 적용된 헬스케어 제품 및 서비스의 상당 부분은 의료기기가 아님에도 불구하고 의료기기에 준하는 규제를 받는 경우가 많다. 둘째, 현행법과 제도는 개인정보를 효과적으로 보호하지도 못하면서 개인정보 보호라는 이유를 들어 헬스케어 업체의 사업에 제약을 가하고 있다. 셋째, 국민건강보험은 대표적인 저비용, 고효율 의료 시스템으로 최근 등장하는 고비용 첨단 기술 헬스케어를 급여 항목에 포함시키는 것이 어렵다. 또한, 국민건강보험은 행위별 의료수가 제도를 채택하고 있는데, 디지털 기술이 적용된 헬스케어는 의료 행위로 보기 힘든 경우가 많아 건강보험 적용이 쉽지 않다. 이처럼 새롭게 발생되는 제도적 문제를 신속하면서도 공정하게 처리할 수 있는 정규적 절차 및 통합 기구가 정권 교체와 무관하게 지속될 필요가 있다.

  세 번째 과제는 바이오 프린팅과 헬스케어 로봇의 등장으로 공상과학 소설에서나 나올 법한 다양한 윤리적 문제에 답을 준비해야 한다는 것이다. 만약 모든 신체 기관의 프린팅이 가능해진다면 신체에 대한 인간의 태도는 어떻게 교육시켜야 할까? 바이오 프린팅의 상업화로 발생되는 장기organ 분배의 빈부 격차는 어떻게 해결할 것인가? 로봇이 인간과 협업한다면 로봇의 자율성, 역할, 책임소재는 어떻게 결정할 것인가? 이 같은 문제에 답을 얻는 좋은 방법은 시간이 걸리더라도 연구개발 초기 단계부터 개발자와 사회구성원 간에 투명하고 상호 호혜적인 의사소통을 통해 무엇이 윤리적인지 먼저 결정하고 연구 결과물을 내는 RRIResponsible Research and Innovation 개념을 도입하는 것이다.

▶▶ **박태영**

07 혼합 현실을 이용한
스마트 시티, 스마트 리빙

스마트 시티의 일반적인 정의는 첨단 ICT 기술을 이용해 도시의 여러 비효율적 문제를 해결해 그 구성원들이 더 편리하고 질이 높은 삶을 누릴 수 있는 도시를 의미한다. 세계 각국에서는 4차 산업혁명에 선제적으로 대응하면서 새로운 성장 동력으로 스마트 시티의 구축에 나서고 있다. 스마트 리빙은 스마트 시티와 관련된 전 구성원의 삶을 포괄하는 총체적 개념이다. 스마트 시티 내에서 스마트 관제 시스템, 스마트 홈, 스마트 팩토리, 스마트 오피스, 스마트 엔터테인먼트를 공유하면, 구체적으로 스마트 시티 내에 거주하는 구성원들의 이동 방식이 바뀌면서 출퇴근 시간의 개념이 바뀌게 되고, 또한 주차 공간의 필요성이 점차 줄어들 것이다.

우리는 당장 이러한 스마트 리빙을 누리고 싶지만, 한국에서 신도시를 건설하려면, 대략 10년 이상의 기간이 소요된다. 이는 정부가 신도시를 계획하고 설계한 후에 토지를 수용하는 절차를 거쳐서, 상하수도와 통신 시설 등의 기반 시설을 갖추고, 그 위에 주거 시설을 건설하는 절차를 거치기 때문이다.

하지만 세계의 몇몇 도시에서 실제로 인공지능과 빅데이터를 이용해서 추진되는 스마트 시티 프로젝트를 보면 불과 몇 년 안에 스마트 시티를 건설하는 것이 가능해 보이기도 한다.

이런 변화를 선도하는 사례들을 분석하고, 특성을 파악해 우리의 현실을 감안하는 이슈를 도출하는 것이 우리에게는 필수적이다. 왜냐하면 4차 산업혁명의 기술 특성상 한번 뒤처진다면 추격이 매우 어렵기 때문이다.

세계 스마트 시티 동향

스마트 시티 건설에 대한 높은 성장성으로 인해 한국을 포함해 세계 각국 정부와 기업들이 스마트 시티 프로젝트에 관심을 가지고 있다. 도시를 건설하는 프로젝트의 특성상 주로 정부나 기업이 컨소시엄의 형식으로 프로젝트를 진행하는 경우가 많다. 대한

민국은 2018년 1월에 대통령 직속 '4차산업혁명위원회'에서 스마트 시티 시범 도시로 부산 데코렐타시티와 세종시를 선정했고[16], 총 사업비는 각각 약 2조 2,000억 원, 약 1조 4,000억 원이며, 2021년 입주를 목표하고 있다.

유럽의 경우는 런던, 바르셀로나, 암스테르담이 스마트 시티의 도입에 적극적이다. 도시의 공통적인 기술적 특징은 데이터의 공유, 사용자 중심 디자인, 디지털 기술 향상, IoT 기반 솔루션의 운영 등이다. 대규모의 스마트 시티 건설보다는 기존 도시를 스마트화하는 방향으로 추진되고 있다.

미국의 경우는 2016년 10월에 샌프란시스코, 시카고, 시애틀 등 7개 도시를 선정했는데 자율주행, 커넥티드 차량, 스마트 센서 등 주로 교통 분야 개선에 치중하고 있다.[17]

중국 정부는 앞으로 500개 스마트 시티를 건설할 예정이고, 스마트 시티의 인프라 건설에만 약 1조 위안(약 167조 원)을 투입하겠다고 2015년에 발표했다. 인도 정부 역시 2020년까지 100개의 스마트 시티를 선정해서, 총 19조 원을 투자하겠다고 발표했다.[18] 중국과 인도 모두 개발도상국이고 도시화율이 진행되지 않아, 새로운 스마트 시티의 건설을 선호하는 경향이 있어 대규모 프로젝트로 추진되고 있다. 기존의 도시 인프라가 잘 갖추어진 미국과 유럽 및 일본은 구글과 MS 같은 거대 IT 기업을 중심으로 대규모 스마트 시티를 건설하겠다는 프로젝트들을 발표[19]하기도 하지만, 대부분의 경우 기존의 도시를 조금씩 개선하는 방향으로 스마트화를 선호하는 경향이 있다.

이처럼 스마트 시티를 건설하는 방식에는 새로운 스마트 시티를 건설하는 방식과 기존 도시의 소프트웨어를 변경해 스마트 시티로 만드는 두 가지가 존재한다.

기존 도시의 하드웨어 변경 없이 스마트 시티를 건설하는 프로젝트 중에 주목해야 할 것은 최근 중국 항저우에서 건설 중인 시티브레인City Brain 프로젝트다.[20] 이 프로젝트는 기존 도시의 하드웨어의 변경 없이 스마트 시티를 건설한다는 점에서 유럽의 몇몇 도시들에서 추진 중인 프로젝트와 유사해 보이지만, 혼합 현실mixed reality이라는 개념을 사용해 스마트 시티를 구현한다는 점에서 우리가 주목할 필요가 있다. 또한 이미 파일럿 프로젝트로 항저우 아래의 중소 도시인 취저우에서 이를 실행하고 있고, 일부는 시험 가동 중이라는 점에서 그 의미가 크다.

혼합 현실을 이용한 스마트 시티 건설

스마트 시티의 최종 목적지는 구성원들이 스마트 시티 안에서 도시가 제공하는 여러 서비스를 향유하면서 다시 이를 피드백하는 상호작용interactivity이 가능한 스마트 리빙이다. 하지만 구성원들이 어떻게 도시의 수많은 데이터를 공유하고, 서비스를 수평적으로 향유하면서 이를 다시 도시와 상호작용을 할 것인가는 스마트 시티 건설의 과제다. 이 과제에 대해서 '혼합 현실'이라는 개념을 이용해, 빅데이터를 인공지능으로 분석해서 이를 해결하고자 한 프로젝트가 항저우의 시티브레인 프로젝트다.

혼합 현실은 현실 세계에 가상현실이 접목되어 현실 세계의 객체와 가상 세계의 객체가 상호작용을 할 수 있는 환경을 의미한다. 혼합 현실은 현실을 기반으로 가상 정보를 부가하는 증강현실의 의미를 포함하는 것으로 1994년에 폴 밀그램Paul Milgram이 그의 논문에서 최초로 제시한 개념이다.

혼합 현실의 특징 중에 하나인 상호작용은 스마트 시티의 특징과도 연결된다. 이 개념을 도시에 적용하면 실시간 반응이 가능해지며, 지속가능한 도시 계획을 위한 새로운 참여 서비스의 일환으로 스마트 시티에 혼합 현실을 제안할 수 있다. 이 이론을 실제로 구현한 최초의 프로젝트가 바로 시티브레인 프로젝트다.

[도표 6-8] 폴 밀그램이 제시한 혼합 현실의 개념도[21]

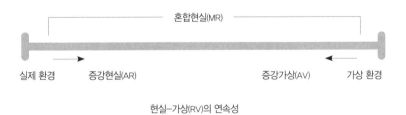

출처: Telemanipulator and Telepresence Technologies(1994).

시티브레인 프로젝트는 중국의 글로벌 기업인 알리바바가 주도하고, 알리바바의 본사가 위치한 항저우가 그 프로젝트의 구현 장소다. 이 프로젝트는 알리바바가 고안한 '데이터 플라이휠 효과 Data flywheel effect'를 활용한다. 데이터 플라이휠 효과란 도시가 구성원을 위해 서비스를 제공하고, 구성원의 활동으로 데이터가 생성되면, 그 데이터가 인공지능을 통해 새롭게 창출됨으로써 의미 있는 자원을 재생산하는 것이다. 이를 다시 도시 구성원이 인지하고, 상호작용에 의해 다시 데이터를 재생산하는 개념이다.

이 효과가 효율적으로 작동되기 위해서는 도시와 사람을 연결하는 시간과 비용을 줄이는 것이 핵심이다. 이를 위해 수없이 생성되는 데이터를 실시간으로 클라우드에 저장하고, 분석하는 인

[도표 6-9] 데이터 플라이 휠 효과에 대한 개념도

출처: 양쥔(2018), 저장성 스마트 시티 모델, 시티브레인의 도시 관리 사례 분석

공지능의 역할이 매우 중요하다.

항저우의 시티브레인 프로젝트는 항저우 아래의 작은 도시 취저우에서 파일럿 프로젝트로 실시하고 있고, 치안 분야에 우선 적용되고 있다. 실제로 과거 취저우에서 오토바이 도난 사건이 일어나면 이를 해결하는 데 평균 두 명의 경찰관이 투입되어 6시간이 소요되었는데 현재는 '전량 감지 플랫폼'을 통해서 15분이면 도난 오토바이를 찾아낸다고 한다.

스마트 시티의 구성원들로부터 수집된 다양한 빅데이터 정보는 모두 알리바바의 클라우드인 '알리윈Ali Yun'에 저장될 수 있게 데이터 자원 플랫폼을 구축하고, 이 빅데이터를 인공지능이 분석한 후 의미 있는 데이터로 재생산하게 된다.

항저우의 시티브레인 프로젝트의 최종 단계는 혼합 현실을 이용해 실제 도시와 가상 도시가 실시간으로 연동되는 '디지털 트윈 시티digital twin city'의 구현이다.

이런 환류 체계가 구축되면 [도표 6-10]의 개념도처럼 도시 구성원들의 각자의 앱과 실제 행동을 통해 모인 교통, 물류, 보안, 네트워크 등의 빅데이터들은 스마트 시티의 클라우드에 저장되며, 인공지능을 통해 의미 있는 데이터로 재생산되고 각각의 인프라 플랫폼에 저장되어 도시 구성원들에게 다시 환류하게 된다. 이 모든 상황은 [도표 6-10]처럼 가상의 도시와 실제 도시가 실시간으로 동시에 움직이는 혼합 현실이 구현되는 것이다.

[도표 6-10] **디지털 트윈 시티에 대한 개념도**

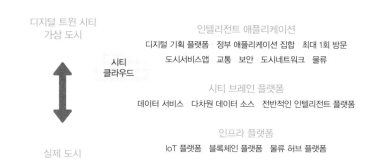

디지털 트윈 시티
가상 도시

시티
클라우드

실제 도시

인텔리전트 애플리케이션
디지털 기획 플랫폼   정부 애플리케이션 집합   최대 1회 방문
도시서비스앱   교통   보안   도시네트워크   물류

시티 브레인 플랫폼
데이터 서비스   다차원 데이터 소스   전반적인 인텔리전트 플랫폼

인프라 플랫폼
IoT 플랫폼   블록체인 플랫폼   물류 허브 플랫폼

출처: 양쥔(2018), 저장성 스마트 시티 모델, 시티브레인의 도시 관리 사례 분석

인공지능을 기반으로 한 중국의 스마트 시티 정책

중국의 스마트 시티 정책 과정의 특이한 점은 차세대 인공지능의 발전 계획의 일부로 계획되었다는 것이다. 이는 향후 중국의 스마트 시티 건설이 어느 방향으로 나아갈 것인가를 예측할 수 있는 중요한 자료다. 바로 이런 배경하에 앞에서 언급한 항저우의 시티브레인 프로젝트가 탄생할 수 있었다.

중국의 한 소식통[22]에 따르면 2016년 알파고와 이세돌 9단의 바둑에서 알파고의 승리에 충격을 받아 중국정부에서 차세대 핵심사업을 모두 인공지능을 기반으로 진행했다고 한다.

또한 최근의 항저우 스마트 시티 건설 추진의 이면에는 효율적이고 빠른 항저우 시정부와 알리바바의 실행력과 더불어서 중국 중앙정부의 효율적인 정책 집행, 민간 기업의 협력, 과감한 규제 혁신이 존재한다. 매우 특이한 점은 중국 정부 정책인 '국가 차세대 인공지능 발전 계획'에서 스마트 시티는 알리바바, 자율주행은 바이두, 의료영상은 텐센트 등의 방식으로 기업별로 매칭 리스트를 만들어 추진하고 있다는 점이다.

| 한국의 스마트 시티 프로젝트, 무엇이 문제인가

대한민국은 미국과 유럽보다도 휴대전화망도 잘 되어 있고, 인터넷의 속도도 빠르다. 한국은 세계의 어느 나라보다도 통신 인프

[도표 6-11] **중국 정부의 차세대 인공지능 오픈 혁신 플랫폼 리스트**

출처 : 왕시원(2018), 베이징 인공지능 발전 정책과 응용 사례

라가 잘 갖추어져 있다는 강점에도 불구하고, 최근 드론, 핀테크, 원격 의료처럼 4차 산업혁명기에 산업 전체가 중국에조차 뒤처지는 경우가 발생한다. 이를 규제 때문이라고 논문과 언론에서 종종 보도하기도 하는데, 막연히 '정부 규제'라고 진단해서는 그 해결책을 찾기 어렵다.

앞에서 소개한 취저우에서는 우선 데이터를 이용한 '전량 감지 플랫폼'을 개발, 관제 시스템을 구현해 영상 식별 인공지능 시스템을 구축한 후 치안 문제 해결에 상용화하고 있다고 했는데, 한국에서는 이러한 시스템이 불가능해 보인다. 취저우처럼 도난된 오토바이를 15분 내로 찾으려면, '전량 감지 플랫폼'을 통해 경찰의 도난 정보 내용이 시와 민간 기업 모두에게 공유되어야 하기 때문이다.

사실, 취저우에서 알리바바가 파일럿 프로젝트로 진행하고 있는 스마트 시티의 프로젝트의 전체 투자 금액은 약 100억 위안(약 1조 6,700억 원) 아래로 추산된다. 개인정보보호법 등을 개선해서 규제를 피해도 관행적으로 존재하는 수많은 행정 규제[23]들이 정리가 되지 않으면, 우리나라에서는 스마트 시티의 파일럿 프로젝트도 시도해보지 못하게 될 것이다. 이를 위해서 해당 프로젝트에 대한 행정규제를 철저하게 연구하고 대응책을 마련해야 할 것이다.

2030년, 10년 후 도시의 모습은 스마트 시티라는 공간을 배경으로 구성원들이 스마트 리빙이라는 가치를 누리며 살 것이고, 분명히 지금과는 확연히 다른 모습일 것이다. 이런 추세는 구성원의 삶뿐만 아니라, 인구의 분포와 지가에도 상당한 영향을 줄 것이다. 디지털 트윈 시티가 구현되어 실시간으로 연동되는 스마트 시티는 쓰레기 처리, 교통 문제, 전력 문제 등을 최적의 방식으로 처리하게 될 것이고, 범죄 없는 도시가 구현될 것이다.

또한 이런 인공지능이 관여하는 도시의 구현은 도시 내의 가장 가난한 사람들의 삶을 개선시킬 것이고, 우리의 삶 깊숙이 일상을 바꿀 것이다. 더불어 혼합 현실 개념을 사용해 도시의 하드웨어 변경이 없는 스마트 시티의 구현은 기존의 대도시뿐만 아니라 중소 도시에도 적용이 용이하기 때문에, 이런 추세는 지방의 열위성 劣位性을 소멸하게 만들어 향후 서울의 인구 분포와 지가에도 영향을 미칠 것이다.

도시 모든 구성원의 삶을 효율적으로 바꾸는 이 비전을 위해 전 세계 많은 국가와 기업이 수많은 노력을 하고 있다. 스마트 시티의 성공적 구현은 그 안에 존재하게 될 많은 4차 산업혁명 기술이 실제로 구현될 수 있는 장을 만드는 것이기에 그 중요성은 매우 크다. 대한민국에서 스마트 시티를 구현해서 성공시키는 것은 4차 산업혁명에서 뒤처지지 않기 위한 필수 전략이다. 스마트 시티 프로젝트의 성공을 위해서는, 첫째로 혼합 현실 개념을 사용해 '도시 하드웨어의 변경 없는 스마트 시티의 구현'에 대한 투자와 연구를 통해서 매우 빠른 시간 안에 한국형 스마트 시티 모형을 창출해야만 한다. 이미 우리는 세계 최초로 유시티U-city라는 도시를 구현했고, 실제 송도신도시는 2001년부터 세계에서 가장 많은 센서가 깔려 있는 도시[24]로 4차 산업혁명의 스마트 시티를 실험하고 구현하기에 최적의 조건을 갖추고 있다.

둘째로, 진행 과정에서 기존의 이익 생태계의 저항을 뛰어넘어 관련 규제를 꼼꼼하게 풀어나가야 할 것이다. 의료계의 반대를 무릅쓰고 원격 의료 규제를 푼 일본이나, 지지층의 반대를 거스르며 '하르츠 개혁'[25]을 단행한 슈뢰더Gerhard Schroder 독일 총리처럼 위에서의 규제 혁파와 더불어서 과감한 인센티브 제도를 도입해서 실무진의 행정 규제를 개선해야만 한다.

마지막으로 혼합 현실 개념을 사용한 '도시 하드웨어의 변경 없는 스마트 시티의 구현' 모형을 중소 도시에 우선 적용해야 할 것이다. 하드웨어의 변경 없는 스마트 시티 건설은 한국의 경우에 대도시 내의 복잡한 이해관계나 규제를 피해서 오히려 적용이 용이하고, 이를 통해서 국가적 문제가 되는 지방의 열위성을 소멸하게 만들 수 있기 때문이다.

4차 산업혁명기의 도시 변화는 예상보다도 훨씬 더 빨리, 더 크게 우리의 삶에 영향을 끼치게 될 것이다. 이런 변화를 우리보다 앞서서 선도하는 사례들을 분석하고, 특성을 파악해 우리의 현실

을 감안하는 이슈를 도출하는 것이 필수적이다. 4차 산업혁명의
기술 특성상 한번 뒤처진다면 추격은 매우 어렵기 때문이다.

▶▶ **오철**

PART 1

1 반면 제임스 해밀턴(James Hamilton)이 추정, 발표하고 있는 GDP 변화에 기반한 경기 침체 확률은 아주 낮은 수준에 머물고 있다(https://fred.stlouisfed.org/series/JHGDPBRINDX).

2 이차원의 양적 완화는 본원통화(Monetary Base)를 증가시키는 통화의 양적 완화 정책과 장기 국채의 구입과 ETF(Exchange Trade Funds), J-RIET(Japan-Real Estate Investment Trust)와 같은 리스크 자산도 구입하는 질적인 완화 정책을 합한 것을 의미한다.

3 겐다 유지(편), 『노동력 부족임에도 왜 임금은 오르지 않는가人手不足なのになぜ賃金は上がらないのか』, 게이오 대학교 출판부. 2017.

4 "How the crisis in UK retailing is reshaping employment", *Financial Times* 2019. 9. 29

5 "Germany leads July fall in Eurozone industrial output", *Financial Times* 2019. 9. 12

6 UK factories suffer worst slump since 2012 amid Brexit crisis – as it happened, *The Guardian*, 2019. 9. 2

7 "Five reasons the car industry is struggling", BBC, 2019. 6. 7

8 "EU car industry to stagnate in 2019–Brexit, emission and the U.S. to blame", *Motoring Research*, 2019 2. 15

9 「초이스경제」(2019. 8. 3)http://www.choicenews.co.kr/news/articleView.html? idxno=63080

10 ADB News from country offices(2019. 4. 3.)https://www.adb.org/news/viet-nams-economy-retains-strong-growth-momentum-though-moderating-amid-weakening-global

11 "'베트남의 삼성' 빈그룹, 상반기 순이익 작년보다 89.5% 증가." 「연합뉴스」 (2019. 8. 1.), https://www.yna.co.kr/view/AKR20190801077500084?input

=1195m

12 The National English Language Daily - Vietnam News (2019.06.14.), VinFast inaugurates automobile plant in Hải Phòng. https://vietnamnews.vn/ economy/521357/vinfast-inaugurates-automobile-plant-in-hai-phong. html#Wtu3c38HFFLspmqA.97

13 "SK그룹, 베트남 1위 빈그룹에 1조 2,000억 원 투자" 「동아일보」(2019. 5. 16.), http://www.donga.com/news/article/all/20190516/95558562/1

14 "대우건설 베트남 스타레이크 개발에 KB증권·산은 등 9,200만 달러 투자" 「파이낸셜뉴스」(2019. 07. 16.), http://www.fnnews.com/news/201907161828369 886

15 "삼성전자 베트남 모바일 R&D센터 대폭 확충" 「연합뉴스」(2019. 4. 30.), https://www.yna.co.kr/view/AKR20190430113900084?input=1195m

16 "KIND, 베트남에도 인프라협력센터 문 열었다" 「에너지데일리」(2019. 7. 19.), http://www.energydaily.co.kr/news/articleView.html?idxno=100588

17 "부산경제진흥원, 베트남 후에성에 발전소·항만 투자 제안" 「연합뉴스」(2019. 8. 19.), https://www.yna.co.kr/view/AKR20190819140100084?input=11 95m

PART 2

1 우리 우리 금융 시장의 중국 익스포져 순위(비중): 채권 투자 1위(21%), 은행 간 외화 콜거래 1위(약 60%), 은행차입 2위(14%, 외국계 포함), 주식 투자 11위(2%)

2 1. 생명공학 2. 인공지능(AI) 3. 위치 추적과 분석 4. 마이크로프로세서 5. 고급컴퓨팅 6. 데이터 분석 7. 양자 정보처리 8. 로지스틱 9. 적층가공 10. 로봇 11. 브레인컴퓨터 인터페이스 12. 극초음속 13. 고급 재료공학 14. 고급 감시

기술.

3   일본 경제산업성, 安全保障貿易管理課 安全保障貿易審査課, 「大韓民国」向け 輸出貿易管理に係る取扱いについて, 2019. 8. 7.
일본 경제산업성, 貿易管理部, 安全保障貿易管理について, 2019. 7.
일본 경제산업성, 安全保障貿易管理ハンドブック, 2017.

4   경제인문사회연구회, 국가과학 기술연구회, 과학 기술정책연구원, 한국화학 연구원 공동세미나 자료, 「산업 경쟁력 강화를 위한 혁신 경제 생태계: 어떻게 육성할 것인가(1)」, 2019. 8. 1.

1   소득주도성장 특별위원회, 「2018년 국민계정을 통해 본 소득주도성장 정책 의 성과」, 『이슈브리프』(2019. 6. 5.)

2   성태윤·박성준, 「소득주도성장 정책 쟁점과 분석 및 평가: 임금주도성장 논 의 중심으로」, 『한국경제의 분석』 제25권 제2호, 2019. 8.

3   이 글의 일부는 다음을 포함한 필자의 최근 연구에 기초했음을 밝혀둔다. 이 철희, 「한국의 출산장려정책은 실패했는가? 2000년~2016년 출산율 변화요 인 분해」, 『경제학연구』, 제66집, 제3호(2018년 9월) pp.1-38; 이철희, 「출생 아 수 변화 분석과 장래전망」, 『한국경제의 분석패널』, 제25권, 제1호(2019), pp.37-91; 이철희·권정현·김태훈, 「인구 변화가 노동 시장, 교육, 의료에 미 치는 영향: 전망과 대응방안」, 저출산·고령화사회위원회 연구보고서(2019).

4   김병연, 공감한반도 2019의 발제문.

5   김병연 "영변 핵시설과 개성공단의 거래"(『중앙일보』2019년 7월 3일자 중앙시평) 참조.

1   이에 대해서는 문우식 『통화정책론』, 율곡출판사, 2019 참조.

2   인플레이션과 실업률 간에는 상충 관계가 있는 데 이를 필립스 곡선이라 한
     다. 그러나 최근 이러한 관계가 실증적으로 확인되지 않는데 이를 필립스 곡
     선의 평탄화라 한다.

3   다만 여기서는 경기 후퇴나 과열을 예상해 선제적으로 금리 정책을 전개해나
     갔는가를 판단하지는 않는다.

4   한국은행 「통화신용정책 보고서」 2019. 8월 참조

5   기저 효과를 고려해 2분기 성장률이 1%를 크게 초과할 것으로 예상했지만
     결과적으로 이는 지나치게 낙관적으로 판단한 것으로 보인다.

6   모건스탠리캐피털인터내셔널((MSCI)은 2018년 5월 중국A주를 MSCI 신흥국
     지수에 편입시켰고, 2019년 5~11월에 중국A주 시가 총액 기준 편입 비율을
     5%에서 20%까지 확대하고 있다.

7   CDS(신용부도 스와프) 프리미엄은 채권을 발행한 국가나 기업이 부도날 경우
     원금을 돌려받을 수 있는 보험료 성격의 수수료. 신용위험이 높아질수록 프
     리미엄은 상승한다.

1   반도체가 전체 수출에서 차지하는 비중은 2015년 11.9%, 2016년 12.6%,
     2017년 17.1%이며, 2018년 20.9%로 높아졌다.

2   메모리 반도체 단가 하락의 영향으로 2019년 상반기 매출 집계 결과 인텔이
     다시 1위를 차지했다.

3   중국 국영 기업인 YMTC는 2018년 하반기 32단 낸드플래시 생산을 시작했

고 2019년 9월 64단 낸드플래시를 양산한다고 발표했다.

4   YMTC의 64단 낸드플래시 양산 발표와 함께 화웨이는 YMTC의 낸드플래시를 채용하겠다고 발표했다.

5   시스템 반도체 생산 업체 중 모든 공정을 수행하는 곳은 인텔이 유일하다 할 수 있으며, 인텔은 반도체 산업 초창기에 메모리 반도체를 생산한 기업이다.

6   반도체는 실리콘웨이퍼로 제작되는데 동일한 크기에서 많은 양을 생산하기 위해서는 미세화 공정이 진행될 수밖에 없으므로, '보다 많이'라는 목표는 세밀화 혹은 미세화로 달성된다.

7   같은 시기에 메모리 반도체 분야에서 세계 1위를 하고 있는 삼성전자가 시스템 반도체 분야에서도 세계 1위를 달성하겠다는 계획을 발표했다.

8   Carl Benedikt Frey and Michael Osborne, "The Future of Employment: How susceptible are jobs to computerization", Oxford University, 2013. 9. 17.

9   "The great jobs boom", *The Economist*,2019. 5. 25 .

10   Mackinsey Global Institute, "Notes from the Frontier: Modeling the Impact of AI on the world economy", 2018. 9.

11   Gartner, '2019 CIO Survey:CIOs have awoken to the Importance of AI', 2019. 1.(MMC Ventures,'The State of AI 2019:Divergence' 에서 재인용).

12   Stanford University, 'AI Index 2018 Report', 2018. 12, pp.38-39.

13   구글의 당뇨병성 망막증 조기 진단, 유방암 림프전이 진단, 피부암 진단 모델을 비롯해 NVIDIA의 암진단 모델, 스탠퍼드 대학교의 피부암 진단 모델, 상하이 대학교의 유방암 양성/악성 식별 모델, 뇌종양 진단 모델과 연세암병원의 위암 환자 예후 예측 모델 등을 그 예로 들 수 있다(Emerj, 'Deep Learning in oncology - Application in fighting cancer', 2019. 2. 19 참조). 2019년 8월에는 유방암 전립선암 등의 발암성 종양을 상당히 높은 정확도로 실시간으로 바로

식별할 수 있는 구글의 모델이 「네이처」에 실렸다(Po-Hsuan Cameron et al., 'An augmented reality microscope with real-time artificial intelligence integration for cancer diagnosis', *Nature*, 2019. 8. 12).

14 'Cutting edge of AI cancer detection', 「Forbes」, 2019. 4. 30.

15 마틴 포드, 『AI 마인드(Architects of Intelligence)』, 2019.

16 Gartner, 'Hype Cycle for Artificial Intelligence, 2019', 2019. 7. 25.

17 日経ビジネス, 'AIバブル 失敗の法則'. 2019.5.17. (「한겨레」(2019. 7. 4.) "일본의 '인공지능 거품' 논란"에서 재인용).

18 특정 시점의 영문 항목과 문장과 문장이 1:1로 매칭되는 동일 시점의 한국어 본을 만들어 DB화하면 차후에 영문본과 한국어본이 각각 다르게 변해도 DB 는 별도로 유지될 수 있고 해당 항목의 위키피디아 한국어본은 내용이 충실 해진 상태에서 계속 업그레이드될 수 있을 것이다.

19 한국보건산업진흥원, 「주요 국가별 인공지능 인력 양성 정책 및 시사점」, 2019. 2. 15.

20 The Verge, 'MIT is investing $1 billion in an AI college', 2018. 10. 15

21 이 장에서 바이오헬스 산업의 범위는 산업통상자원부 '바이오산업 표준분 류체계(KS J 1009 산업통상자원부 국가기술표준원)'와 식품의약품안전처 '식품의약 품통계연보'를 기준으로 하며, 디지털 기반 헬스케어 제품과 서비스를 포함 한다.

22 1입방피트=약 0.028입방미터=약 28.3리터.

23 미국과 FTA를 기 발효 중인 우리나라는 한국가스공사가 2017년부터 미국에 서 셰일가스를 연간 350만 톤씩 20년간 들여오기로 사빈패스(Sabine Pass) 프 로젝트 계약을 체결했다. 민간 기업으로서는 SK E&S가 미국 프리포트 LNG 사의 자회사인 FLNG와 2019년부터 20년간 매년 220만 톤의 셰일가스를 도 입하는 계약을 체결했다. 미국은 FTA 체결국이 아닌 일본과 같은 예외적인

나라에 대해서도 천연가스 수출을 허가했다.

24 석유 계열 비전통 에너지는 매장 형태에 따라 오일샌드(Oil Sand), 셰일오일 (Shale Oil). 오일셰일(Oil Shale), 초중질유(Extra-Heavy Oil) 등으로 나뉘는데, 셰일오일은 오일셰일과의 혼동을 피하기 위해 타이트오일(Tight Oil)이라고 도 한다.

25 IEA: Power, 2013 June 5.

26 에너지전환(탈원전) 로드맵에는 6기의 신규원전건설계획 백지화, 노후 원전 수명 연장 금지, 월성 1호기 조기 폐쇄 등의 내용이 담겨 있다.

1 기존 가치사슬이 선형적 절차에 소요되는 비용 절감을 중시했다면, 밸류 컨 스텔레이션은 밤하늘의 수많은 별처럼 많은 자원과 기회를 새로운 가치로 연 결하고 재구성하는 일련의 활동을 의미한다.

2 산업의 분해는 스위스 국제경영대학원 리처드 볼드윈(Richard Baldwin)에 의해 서 처음 언급되었는데, 1차 분해는 운송 비용이 줄면서 출현했다. 인도의 섬 유와 의류가 영국에서 의류로 제작되고 소비되는 것이 여기에 해당한다. 2차 분해는 통신 기술에 의해서 등장했고, 미국과 인도 간 소프트웨어 서비스 분 업이 대표적이다. 볼드윈의 '산업분해론(unbundling)'에서 보면, 지금은 디지 털 기업에 의해 전통적 개념의 산업이나 기업이 단위 과업으로 쪼개지거나 재조합되는 분해의 3차 사이클로 이해된다.

3 "White-Collar Robots Are Coming for Jobs", *Wall Street Journal* 2019. 1. 31.

4 "섭외에서 육성으로…'인플루언서' 길러내는 기업들"「헤럴드경제」, 2019. 8. 16.

5 Freelancing in America 2017.

6 한국고용정보원의 플랫폼 경제종사자 고용 및 근로자실태 진단과 개선방안 모색 정책 토론회의 발표자료(2019. 8. 23.).

7 "기본소득, 사회적 경제 등 새로운 분배 시스템 실험해야" 「한겨례」 2017. 11. 16.

8 Däubler & Klebe (2015), *Crowdwork: Die neue Form der Arbeit: Arbeitgeber auf der Flucht?*, NZA 2015 Heft 17, pp.1032-1041

9 Hayman, J. R. (2009). Flexible work arrangements: exploring the linkages between perceived usability of flexible work schedules and work/life balance. *Community, Work & Family*, 12(3), pp.327-338.

10 Callan, S. (2007). Implications of family-friendly policies for organizational culture: findings from two case studies. *Work, employment and society*, 21(4), pp.673-691.

11 딜로이트 컨설팅(2018), "Medtech and the internet of medical things: How connected medical devices are transforming health care".

12 엑센추어 컨설팅(2017), "Accenture 2017 Internet of health things survey: Invest today to grow tomorrow."

13 엑센츄어 컨설팅(2018a), "Future agenda: Future of patient data-Insights from multiple expert discussions around the world."

14 엑센츄어 컨설팅(2018b) "How 3D printing will revolutionize healthcare."

15 Global Market Insights (2018), "Healthcare 3D printing market size-growth forecast 2018-2024."

16 "물로 특화된 스마트 시티에 첨단 기술이 모인다", 「한국경제신문」, 2018. 2. 20.

17 "지속가능한 도시의 미래 스마트 시티가 이끈다", 「한국경제신문」, 2017. 12. 14.

18 "주요 국가별 스마트 시티 정책 동향", 「매일경제신문」(2017. 6. 18)에 대한 표.

19 CES 2018에서 MS는 미국 라스베이거스 동남쪽 483킬로미터 지점의 허허벌
판 사막에 인구 8만 명의 스마트 시티를 건립하겠다는 프로젝트를 발표했고,
구글은 캐나다 토론토의 황폐한 항만 지역(약 3.2제곱킬로미터)을 스마트 시티로
바꾸겠다고 발표한다.(「매일경제신문」 2018. 1. 7)

20 항저우의 시티브레인(City Brain) 프로젝트에 대한 연구는 중국 알리바바그룹
의 알리바바 클라우드 연구 센터의 전략 총감 양쥔(楊軍)의 발표(2018. 10. 30)와
발표 후 저자와의 질의와 토론과정을 거쳤다.

21 Paul Milgram, Haruo Takemura, Akira Utsumi, Fumio Kishimi, "Augmented
Reality: A class of displats on the reality-virtuality continuum",
Telemanipulator and Telepresence Technologies.(1994)

22 이 내용을 왕시원(王喜文)의 발표가 끝난 후, 왕시원과의 면담 과정에서 청취
한 내용이다.

23 이런 방식의 행적 규제는 실무진 공무원들의 저항도 한몫한다. 규제의 완화
로 인한 어떤 인센티브에 대한 메커니즘이 존재하지 않기 때문이다. 실제로
내가 참여했던 국회에서 열린 블록체인 관련 한 세미나에서 국회의원들의 기
조연설, 이어서 이어진 장·차관급 인사들의 호의적인 연설이 있었다. 하지만
이후에 이루어진 실무 미팅에서 담당 공무원은 앞의 연설과는 완전 다른 부
정적인 태도를 보였고, 심지어는 관련 민간 기업 대표와의 명함 교환도 거절
한 사례가 있다.

24 "지속가능한 도시의 미래 스마트 시티가 이끈다", 「한국경제신문」, 2017. 12. 14.

25 "누가 산업정책을 죽였나", 「한국경제신문」, 2018. 12. 28.

저자 소개

| 대표 저자

이근

현 서울대학교 경제학부 교수 겸 비교경제연구센터장이다. 그 외 경제추격연구소장, 국민경제자
문회의의 혁신분과의장 및 서울이코노미스트클럽 회장을 맡고 있다. 캘리포니아 주립대학교(버
클리)에서 경제학 박사를 취득했고, 국제슘페터학회장(ISS), UN본부 개발정책위원, 서울대 중국연
구소장, 경제연구소장, 세계경제포럼(WEF)의 Council멤버 등을 역임했다. 비서구권 대학 소속 교
수로는 최초로 슘페터(Schumpeter)상을 수상했고, 2019년에는 유럽진화경제학회(EAEPE)의 카
프(Kapp)상을 수상했다. 기술혁신 분야 최고 학술지인 「Research Policy」의 공동편집장이다.

류덕현

현 중앙대학교 경제학부 교수이자 동 대학교 경제연구소 소장으로 활동하고 있다. 미국 라이스
대학교에서 경제학 박사 학위를 취득했고, 한국조세연구원(KIPF)의 전문연구위원 및 세수추계팀
장을 역임했다. 2012년 한국재정학상을 수상했으며 한국재정학회 및 경제추격연구소의 이사로
활동하고 있다. 거시재정 정책 및 시계열 응용 계량경제학 방법론 연구를 주로 하고 있다.

송홍선

현 자본시장연구원 펀드연금실장. 서울대학교에서 경제학 박사를 취득했고, 자산운용, 연금 제
도, 기업지배구조, 금융 규제를 연구하고 있다. 행정안전부 주식백지신탁심사위원, 국민연금 성과
평가보상전문위원을 역임했으며 기획재정부 기금운용평가단, 공적자금관리위원회 매각소위원회
위원으로 활동하고 있다. 저서로 「스튜어드십 코드와 기관투자자 주주권 행사」, 「인구구조 변화와
주식시장」, 「금융중개의 발전과 사모펀드의 역할」, 「연금사회와 자산운용산업 미래」 등이 있다.

지만수

한국금융연구원 선임연구위원으로 재직하고 있으며 현재 중국 북경대학교에서 미중 경제관계 등
연구를 위해 연수 중이다. 서울대학교에서 중국 국유기업 연구로 박사 학위를 취득하고, LG경제
연구원, 대외경제정책연구원, 동아대학교, 대통령 비서실 등에서 근무했다. 중국경제, 한중 경제
관계, 다자개발은행의 인프라 투자 등을 연구해왔다. 경제추격연구소 이사로 활동하고 있다.

최영기

현 한림대학교 경영학부 객원교수이자 서울대학교 경제연구소 객원연구원이다. 경제사회발전노
사정위원회 상임위원, 한국노동연구원 7대, 8대 원장, 한국고용노사관계학회 회장을 역임했다.
미국 텍사스 대학교(오스틴)에서 경제학 박사 학위를 취득하고 1988년 이후 한국노동연구원에서

노사 관계와 고용정책 연구 활동에 매진했으며, 1996년 이후 정부의 노동개혁정책을 지원하기 위해 청와대 비서실과 노사정위원회 등에 파견근무를 하며 정책 개발에 참여한 바 있다.

김주형

현 서울대학교 경제학부 객원교수이자 LG경제연구원 고문이다. 미국 위스콘신 대학교(매디슨)에서 경제학 박사를 취득했고, 산업연구원 책임연구원, NH투자증권 리서치센터장, LG경제연구원 원장 등을 역임했다. 디지털 혁신이 산업과 경제에 끼친, 그리고 미래에 끼칠 영향에 대해 연구하고 있다.

김호원

현 서울대학교 산학협력 중점교수이자 경제추격연구소 이사장이다. 23회 행정고시 합격 후 산업자원부와 국무총리실에서 산업정책국장, 미래생활산업본부장, 규제개혁실장, 국정운영2실장을 거쳐 제22대 특허청장을 역임했다. 퇴직 후에는 국가지식재산위원회 위원, 경제자유구역위원회 부위원장, 한국창의성학회 부회장, 벤처정책자문단 자문위원 등으로 활동 중이며, '한국경제의 새로운 성공 방정식'을 화두로 신산업 정책의 방향과 방법론 등에 대해 연구하고 있다.

| 개별 저자

권혁욱 _ 일본 니혼대학교 경제학부 교수

> 관심 분야: 생산성 분석과 기업 경제학의 관점에서 일본 경제 연구

김대호 _ 인하대학교 언론정보학과 교수

> 관심 분야: 디지털 거버넌스, 디지털경제와 문화

김병연 _ 서울대학교 경제학부 교수

> 관심 분야: 북한경제, 체제이행 경제, 남북한 경제교류 전망

김상배 _ 서울대학교 정치외교학부 교수

> 관심 분야: 정보혁명과 네트워크의 세계정치

김양팽 _ KIET 산업연구원 산업경쟁력연구본부 신산업연구실 연구원

> 관심 분야: 반도체 산업, 신산업, 과업형 기업과 소호 경제

김준연 _ 소프트웨어정책연구소 산업·제도연구실장

   관심 분야: 산업과 기업의 디지털전환, 기술추격과 혁신

김형우 _ 미국 어번 대학교 경제학과 교수

   관심 분야: 재정 정책, 통화정책, 환율, 시계열 분석, 미국경제

문우식 _ 서울대 국제대학원 교수, 전 금융통화위원

   관심 분야: 채권시장 전망, 금리 전망

박재환 _ 영국 미들섹스 대학교 경영학과 부교수

   관심 분야: 전환기의 기술 사회 변화

박천웅 _ 이스트스프링자산운용코리아 대표이사 사장

   관심 분야: 투자, 혁신, 경영

박태영 _ 한양대학교 경영대학 경영학과 교수

   관심 분야: 기술혁신전략 및 정책 기술추격, 스마트헬스케어

송민경 _ 한국기업지배구조원 선임연구위원

   관심 분야: 기업지배구조

송원진 _ 경제추격연구소 기획조정실장

   관심 분야: 공급경제, 중국경제, 기업 전략, 마케팅, 프랜차이즈, 유통

심동녁 _ 정보통신정책연구원 ICT통계정보연구실 부연구위원

   관심 분야: ICT 전략, ICT 정책, ICT 시장전망

양평섭 _ 대외경제정책연구원 세계지역연구센터 소장

   관심 분야: 중국경제, 한중관계

오 철 _ 상명대학교 글로벌경영학과 교수

   관심 분야: 기술혁신, 중국기업 연구

온기운 _ 숭실대학교 경제학과 교수

   관심 분야: 산업일반, 에너지산업

저자 소개

왕윤종 _경희대학교 국제학부 교수

    관심 분야: 국제통상, 중국경제

우경봉 _ 한국방송통신대학교 무역학과 부교수

    관심 분야: 경제 주체의 선택 행위 분석, 산업구조 분석, 해외지역연구

이강국 _ 일본 리쓰메이칸 대학교 경제학부 교수

    관심 분야: 글로벌 경제와 거시경제 전망

이종원 _전 LG경제연구원 비즈니스 인사이트 편집인

    관심 분야: 인공지능, 블록체인

이주호 _KDI 국제정책대학원 교수, 글로벌교육재정위원회 커미셔너, 전 교육과학기술부 장관

    관심 분야: 인적자본과 혁신

이중엽 _소프트정책연구원 선임연구원

    관심 분야: 분산경제 거버넌스, 플랫폼 비즈니스 전략

이지평 _LG경제연구원 상근자문위원

    관심 분야: 일본산업 및 기업, 에너지, 디지털 혁신 등

이철희 _서울대학교 경제학부 교수

    관심 분야: 노령화와 인구 정책

이치훈 _국제금융센터 신흥경제부장

    관심 분야: 차이나리스크, 중국경제 중국금융

임지선 _ 육군사관학교 경제법학과 조교수

    관심 분야: 기술 혁신, 고용, ICT, 양극화, 일자리 문제

장종회 _ 매일경제신문 전국취재부 부국장

    관심 분야: 지역간 기업간 격차, 뉴미디어산업

정무섭 _ 동아대학교 국제무역학과 부교수

    관심 분야: 글로벌가치사슬, 외국인직접투자, 국제전자상거래

정미영 _삼성선물 리서치센터 리서치센터장

　　　관심 분야: 환율, 국제금융시장, 국제경제

정승연 _인하대학교 국제통상학과 교수

　　　관심 분야: 기술혁신, 일본경제, 동북아경제공동체

최병일 _이화여자대학교 국제대학원 교수

　　　관심 분야: 미중 패권 전쟁의 전개와 전망

최윤희 _산업연구원 성장동력산업연구본부 선임연구위원

　　　관심 분야: 바이오헬스산업, 바이오경제, 혁신정책

최준용 _ 뉴마진캐피탈코리아 대표이사, 성신여자대학교 경제학과 겸임교수

　　　관심 분야: 플랫폼경제, 공유경제, 블록체인, 한·중 금융협력

하준경 _한양대학교 경상대학 경제학부 교수

　　　관심 분야: 거시경제, 경제성장

홍석철 _ 서울대학교 경제학부 교수

　　　관심 분야: 서양경제사, 보건의료 경제학, 복지/의료정책 전망

KI신서 8761

2020 한국경제 대전망

1판 1쇄 인쇄 2019년 10월 31일
1판 1쇄 발행 2019년 11월 8일

지은이 이근, 류덕현 외 경제추격연구소, 서울대 비교경제연구센터 편저
펴낸이 김영곤 박선영   **펴낸이** ㈜북이십일 21세기북스
콘텐츠개발본부 윤예영 이아림 신채윤   **책임편집** 윤예영
마케팅1팀 왕인정 나은경 김보희 정유진
마케팅2팀 이득재 한경화 박화인
출판영업팀 한충희 김수현 최명열 윤승환
제작팀 이영민 권경민
표지디자인 디자인 마망   **본문디자인** 두리반

출판등록 2000년 5월 6일 제406-2003-061호
주소 (우 10881) 경기도 파주시 회동길 201(문발동)
대표전화 031-955-2100   **팩스** 031-955-2151   **이메일** book21@book21.co.kr

㈜북이십일 경계를 허무는 콘텐츠 리더

21세기북스 채널에서 도서 정보와 다양한 영상자료, 이벤트를 만나세요!
페이스북 facebook.com/jiinpill21   포스트 post.naver.com/21c_editors
인스타그램 instagram.com/jiinpill21   홈페이지 www.book21.com
유튜브 www.youtube.com/book21pub

서울대 가지 않아도 들을 수 있는 명강의! 〈서가명강〉
네이버 오디오클립, 팟빵, 팟캐스트에서 '서가명강'을 검색해보세요!

ⓒ 이근, 류덕현 외 경제추격연구소, 서울대 비교경제연구센터 2019

ISBN 978-89-509-8417-5 03320